POUR UNE SOCIOLOGIE DU

NAZISME

D1664992

Collection **Logiques Sociales**
fondée par Dominique Desjeux
et dirigée par Bruno Péquignot

En réunissant des chercheurs, des praticiens et des essayistes, même si la dominante reste universitaire, la collection *Logiques Sociales* entend favoriser les liens entre la recherche non finalisée et l'action sociale. En laissant toute liberté théorique aux auteurs, elle cherche à promouvoir les recherches qui partent d'un terrain, d'une enquête ou d'une expérience qui augmentent la connaissance empirique des phénomènes sociaux ou qui proposent une innovation méthodologique ou théorique, voire une réévaluation de méthodes ou de systèmes conceptuels classiques.

Dernières parutions

ZHENG Lihua et Dominique DESJEUX, *Entreprises et vie quotidienne en Chine*, 2002.

Nicole ROUX, *Sociologie du monde politique d'ouvriers de l'Ouest*, 2002.

Christian PAPILLOUD, *Le don de relation. Georg Simmel – Marcel Mauss*, 2002.

Emmanuel AMOUGOU, *Un village nègre sous le froid : la construction de l'inconscient colonial en Alsace*, 2002.

Gabriel GOSSELIN, *Sociologie interprétative et autres essais*, 2002.

Marco PITZALIS, *Réformes et continuités dans l'université italienne*, 2002.

Pierre V. ZIMA, *L'ambivalence romanesque : Proust, Kafka, Musil*, 2002.

Isabelle GARABUAU-MOUSSAOUI, *Cuisine et indépendances, jeunesse et alimentation*, 2002.

Ana VELASCO ARRANZ, *Les contradictions de la modernisation en agriculture*, 2002.

Michèle SAINT-JEAN, *Le bilan de compétences*, 2002.s

Michel VANDENBERGHE, *Les médecins inspecteurs de santé publique.Aux frontières des soins et des politiques*, 2002.

H.Y. MEYNAUD et X. MARC, *Entreprise et société: dialogues de chercheur(e)s à EDF*, 2002.

E. RAMOS, *Rester enfant, devenir adulte*, 2002.

R. LE SAOUT et J-P. SAULNIER, *L'encadrement intermédiaire : les contraintes d'une position ambivalente*, 2002.

Jean HARTLEYB

Pour une sociologie du nazisme

L'Harmattan
5-7, rue de l'École-Polytechnique
75005 Paris
FRANCE

L'Harmattan Hongrie
Hargita u. 3
1026 Budapest
HONGRIE

L'Harmattan Italia
Via Bava, 37
10214 Torino
ITALIE

ISBN : 2-7475-3394-8

INTRODUCTION

> « *La pensée naît d'événements de l'expérience vécue et doit leur demeurer liée comme aux seuls guides propres à l'orienter* »[1].

1. Le sens d'un "événement".

La compréhension historique d'un "événement" aussi singulier que le nazisme, subi par une partie des communautés nationales comme traumatisme inaugural et césure irréversible dans leur expérience vécue tend, par une sorte de renversement dans l'ordre des faits, à les priver *a posteriori* de leurs compétences d'acteurs sociaux. Le sens dont une collectivité crédite les accès de fièvre de l'histoire dépend étroitement de schémas d'interprétation et d'orientations réciproques correspondants à l'état présent de leur rapport au monde : l'agent appréhende l'environnement immédiat, rationalise la confusion de ses impressions et sentiments en modelant ce qu'il pense saisir de la "réalité" à l'image de ses propres critères d'évaluation. Si les "formes sociales" (dans l'acception simmélienne du terme) naissent de ses manières d'être et d'agir, l'individu est en retour façonné par une conjoncture dont il ne peut saisir toute la portée signifiante et les implications qu'elle suppose sur sa propre existence : "témoin" d'événements dont la logique se dérobe à l'entendement, sa position d'actant peut se voir instrumentalisée par le pouvoir et participe de sa destitution programmée en tant que sujet politique. La "guerre totale" institue un ordre de pratiques inédit ; ce qui tenait lieu jusqu'alors de normes de l'action se voit contesté et remis en cause au nom d'un principe supérieur subordonnant la survie communautaire au risque du sacrifice de ses membres. Le paradoxe n'est qu'apparent : la solitude, la suspension de l'agir-ensemble, définissant ontologiquement les frontières d'une identité politique commune, justifient en dernier ressort la violence d'un régime trouvant en elle les conditions de son affirmation. L'exclusion de la communauté élective se double d'une absolue non-appartenance au monde : le déni de citoyenneté instruit le règne de la Vérité une et indivise. La critique devient de facto l'instrument illicite des réprouvés et des faibles ; la dénonciation et la mise en accusation du système ne peuvent trouver dans la médiation du langage l'instrument formalisant leurs souffrances et leurs désillusions.

L'écriture du règne national-socialiste ne diffère pas de l'explication narrative des autres périodes de l'histoire : la postérité se nourrit de la mémoire de ces actes hors du commun qui furent le fait des bourreaux, des victimes et de tous ceux qui vinrent s'interposer pour interrompre l'inexorable emballement de la répression et du meurtre. La tripartition de la société ne suffit pas pour autant à épuiser la sémantique des attitudes, des sentiments, des conduites, la grammaire des passions, des émotions et du doute : en deçà de la visibilité des actes d'engagement se dessine l'équivocité de l'indifférence, de l'attentisme et de la schizophrénie sociale, activités rationnelles en finalité et stratégies défensives de préservation de soi. Dans une sorte d'évidence éthique indiscutable et dans la nécessité du jugement incantatoire, ces déterminations dévoilent l'identité des sujets, responsables sur un plan moral précisément de n'avoir rien fait qui soit de nature à modifier l'ordre des choses, ou à tout le moins d'en infléchir le déroulement. Nous pensons que leur expérience doive être restituée dans toute son ambiguïté, non dans le dessein de les exonérer d'une culpabilité de principe, ni de les confondre du simple fait de leur éloignement de l'avant-scène du drame, mais dans le souci de rendre compte d'une conjoncture complexe où, au bout du compte, tout le monde dans la conscience collective semble se rejoindre. Le travail d'euphémisation des actes de la vie quotidienne sous le nazisme induisait une forme d'acceptation tacite des rôles et des statuts impartis à chacun : les sous-ensembles d'individus sont associés à une représentation catégorielle qui fixe chacun dans un schéma préétabli de motivations, d'agissements et de prises de position. Tout se passe comme si l'ambivalence des attitudes, l'hésitation précédant l'action, la sensibilité aux événements, le rôle de la rumeur, le questionnement sur les fins dernières des décisions engageant la collectivité, l'absence de « sérénité de la conscience » (Kant) tenaient lieu d'arguments de substitution n'ayant qu'une légitimité heuristique limitée. Le procès d'élucidation de la "normalité" nazie fait s'entremêler différents systèmes interprétatifs et grilles d'analyse participant d'un travail de validation et de recherche de sens : l'identité des témoins directs de l'événement se brouille, adopte les traits de l'adversaire pour mieux en souligner la duplicité constitutive. Les visages du meurtre, de la traîtrise, de l'insignifiance, du bien qu'ils proposent, ne referment pas la compréhension sur elle-même ; ils ramènent tout au contraire le champ de l'étude à son origine : l'"insociable sociabilité" des agents, l'être social pris dans la tourmente de situations interactionnelles privées du substrat de la *confiance*. Le nazisme repousse les limites du raisonnement hypothético-déductif ; il échappe à tout recouvrement qui confinerait en quelque manière l'interprétation à être le simple support d'une image immuable, aux contours définis une fois pour toutes. Les règles de la méthode scientifique doivent s'accommoder d'un "objet" fuyant, échappant aux tentatives de systématisation et supplantant les motions des acteurs qui le fondent, en fait et en droit, et lui donnent à la fois une légitimité et un contenu. La prééminence accordée à l'une ou l'autre catégorie d'acteurs ; la primauté des impératifs politiques, militaires, idéologiques, raciologiques ; l'analyse des rapports de force entre les différentes entités nationales ; le jeu de la rivalité entre potentats du régime ; le phénomène bureaucratique et ses dérives fonctionnelles_ leur réunion ou leur disjonction dans un même ensemble théorique _inscrivent les individus dans des rôles et des logiques passablement différenciés, voire en apparence contradictoires.

De fait, les apports des disciplines sociologiques, anthropologiques, psychologiques ou philosophiques enrichissent les différents courants interprétatifs de l'historiographie contemporaine de leurs corpus conceptuels, de paradigmes et d'axiomes de base désormais incontournables. L'approche empirique se nourrit de ces emprunts qui permettent de penser la cohérence de tout ensemble social, la diversité des situations concrètes, les relations de causalité, l'interpénétration des volontés et du contexte structural ; en un mot, d'assumer la prise en charge de la dimension proprement historisée de toute analyse sur le social. L'épistémologie des sciences humaines institue des modalités d'analyse reposant sur des « raisonnements naturels »[2], des constructions typifiées de « second degré, c'est-à-dire des constructions de constructions faites par les acteurs sur la scène sociale, dont le chercheur doit observer le comportement et l'expliquer selon les règles procédurales de sa science »[3] ; la mise en évidence de la typicalité des motifs de l'action et des attentes de rôles n'a de sens que si l'on concède à l'ensemble des acteurs sociaux un « savoir partagé » et partant, « une socialisation structurelle de la connaissance »[4]. L'action est investie de structures de pensée logiques permettant de rationaliser l'échange (entre individus ou entre individus et système) et d'en établir une détermination pertinente. Les conduites humaines sont toujours en quelque façon intelligibles ; à défaut d'être absolument rationnelles, elles sont intentionnelles : chaque individu sensé possède toujours une bonne raison d'agir (pour satisfaire ses penchants égoïstes, au nom de l'intérêt commun, en vue de la réalisation d'une idée transcendant les pratiques courantes, par obéissance à un ordre...), quand bien même il ne serait pas en mesure d'en expliciter les raisons *a posteriori*.

La spécificité de la période étudiée réside dans l'attentisme des acteurs renonçant à user de leur inclination délibérative, privilégiant le calcul par intérêt, se rendant complice d'une politique de déstructuration du corps politique. Il serait absurde de vouloir nier l'existence de comportements investis de sens et de valeurs, quelque soit leur degré d'éloignement du centre névralgique du pouvoir. On pouvait alors vivre dans une forme de mésestimation des fins dernières de la politique hitlérienne tout en participant à sa pleine réussite. L'agent social, même manipulé et enfermé dans les stéréotypes ressassés avec méthode par les organes d'information du Parti et de l'Etat, demeure un sujet objectivant ses pratiques, mais hors du champ politique dont il participe indirectement. Cette inclusion/exclusion définit la sphère de compétences des acteurs, l'étendue de leurs prérogatives, la réalité des interdits. La dialectique du lointain et du proche requiert une variation continue des angles de vue ; les changements de plan sont permanents et l'entrecroisement des champs disciplinaires une tentative visant à objectiver la réalité sociale.

La "réalité en soi" du passé échappe nécessairement à toute tentative de recouvrement par le discours : si une simple occurrence historique accède au statut d'"événement" par la double médiation du langage et d'une mise en forme par le récit, « *aucun récit n'est en mesure de saisir dans sa totalité ce qui a été ou ce qui est jadis advenu* »[5]. L'événement naît à lui-même dans les actions interpersonnelles quotidiennes ; à la volonté des agents sociaux de raconter les épisodes fondateurs de leur expérience sociale répond la nécessité de s'en remettre à l'unicité d'un ordre de sens signifiant pour tous. Pour autant, le biais de la conceptualisation excède les significations que les acteurs se donnent des péripéties de leur existence ; les catégorisations conceptuelles sont des structures structurantes des modalités de l'action, elles intègrent une multiplicité de conduites, autorisent l'évaluation du « *champ de l'expérience et de l'attente dans le passé* »[6], modèlent les perceptions et représentations que les individus se font de leur environnement physique, normatif, institutionnel, politique. Bien que « *les hommes n'ont pas coutume, chaque fois qu'ils changent de mœurs, de changer de vocabulaire* »[7], le passé n'est connaissable que dans la réciprocité de sa relation compréhensive avec le présent ; il s'écrit, se reconstruit sans cesse. Reinhart Koselleck lie les trois perspectives temporelles et insiste sur leur influence corrélative permettant le procès d'"individuation des événements" : « *puisque la réalité du passé est relative au présent, où s'articulent et entrent en tension champ d'expérience et horizon d'attente, que la réception du passé et les anticipations du futur sont en perpétuel mouvement, et que de nouvelles attentes peuvent toujours s'insérer rétroactivement dans ces expériences et les modifier, les événements, qui sont certes survenus une fois pour toutes, et ont des coordonnées spatiotemporelles stables, ont une individualité mouvante. Ils peuvent changer d'identité* »[8].

Le régime de temporalité du nazisme exemplifie la "structure sémantique des événements" proposée : la dépendance des séquences historiques était érigée en véritable praxis de pouvoir; les temps étaient étroitement imbriqués, se légitimaient l'un l'autre dans une même célébration de l'éternité. Le champ d'expérience tendait dans le discours officiel et dans la réalité factuelle à se confondre avec l'horizon d'attente : les citoyens du Reich devaient acquiescer aux invectives mortifères par un engagement constant et jusqu'au-boutiste dans le combat contre l'Ennemi : mourir pour le Führer, pour un homme n'avait plus guère d'équivalent avec la mort patriotique, pour laquelle le sacrifice n'était qu'une possibilité contingente.

L'entreprise de captation idéologique national-socialiste est sous-tendue par l'utilisation de termes formalisant une procédure de catégorisation et de classification sociale des groupes humains en fonction de leur utilité ; un dispositif lexicologique légitime les pratiques du pouvoir en leur donnant la force de l'évidence. La réalité est perçue à travers le prisme des jeux et rejeux conceptuels qui initient à la violence du verbe et préparent l'esprit à la négation des corps. Les individus "comprennent" le monde dans le déchiffrement de ces signes, qui sont autant d'annonces d'un futur à construire dans l'action présente. L'adhésion à un système commence dès l'instant où la constitution de la réalité par les mots ne fait plus l'objet de débats, de mises en perspective de nature à ouvrir le champ à la critique et à l'expression d'une liberté éminemment politique : le respect d'un principe de discussion sur les affaires touchant à l'organisation et à l'équilibre des rapports de force dans la Cité. Du silence à l'enthousiasme, de l'indifférence bienveillante à l'activisme outrancier se joue la destitution de la parole citoyenne : la fascination du nazisme commence précisément à l'endroit où les individus ne cherchent plus à construire la société dans laquelle ils vivent, mais invoquent la médiation d'un tiers.

Que pouvait bien signifier être "citoyen allemand" pour un individu ? Quelles conséquences ce sentiment d'appartenance impliquait-il dans l'expérience quotidienne de la vie sociale ? Si l'on peut présumer que l'intégration à la communauté élective SS pouvait s'avérer être une fin en soi conditionnant certaines conduites et prises de position partisanes, elle requérait compromissions et mise en parenthèses de ce qui fonde ordinairement l'éthique de responsabilité. La conscience citoyenne était une abstraction exigeant des acteurs une conviction inextinguible bien plus impérative et radicale que dans toute autre forme de régime politique : il fallait pour survivre "adhérer" aux discours, i.e. conformer ses actes aux réquisits idéologiques et "croire" en leur évidence logique. Ce procès en conversion des opinions, mais aussi des schèmes de pensée et d'analyse, des modalités du croire et du paraître constituait l'enjeu des pratiques du pouvoir et de l'esthétisation du politique : l'individu devait se convaincre du bien-fondé du message, mais également en déchiffrer les implicites et en anticiper les attendus. De l'émission, de la réception et de la circulation de l'information à leurs multiples avatars, d'un vécu problématique à sa réécriture permanente au gré de l'exigence en besoins explicatifs, de la réalité effectivement accessible à l'entendement à ses formes fuyantes et incompréhensibles, se noue l'intrication du souci identitaire, de la mise en scène de soi et des *logiques d'action*. L'indétermination des fins de l'action, les difficultés du choix des moyens _susceptibles d'initier la finalité de l'acte lui-même, comme de n'en être que la résultante_, les multiples sources de conflits entre identités réelles et virtuelles, la nature des relations liant les acteurs sociaux dépendent étroitement du fonds culturel commun donné en partages, des différentes formes d'habitudes de pensée admises et des systèmes de représentations : autant de perspectives dont il nous faut prendre la mesure afin de comprendre les diverses modalités de l'expérience vécue, le maintien des formes sociales, « *les "affinités électives" ou l'affinité structurelle entre le style des agents, liés à leurs caractéristiques sociales et à leur socialisation* »[9] et les contraintes introduites par un tel vecteur idéologique. Rendre intelligibles les faits et gestes de la vie quotidienne, déceler au-delà de l'apparence des choses et du vernis de la normalité et de l'anomie les non-dits, les raisons sous-jacentes, les circonlocutions, les stratégies permettant de donner à voir sans dire, d'affirmer ses appartenances et ses idées par l'entremise de pratiques dérivées. La rencontre, l'interaction sociale est ainsi placée sous le sceau de l'obligation, du calcul, du lien dialectique entre l'absence de confiance et le nécessaire crédit accordé à l'autre : elle est le lieu de confluence où s'opposent et s'affrontent tous les désirs, les attentes, les appétences, les inimitiés, l'indifférence. La confiance est elle-même une présupposition permettant une compréhension possible des processus de reconnaissance à l'œuvre. Il nous faut concevoir les actes comme psychiquement motivés, c'est-à-dire invoquer une compréhension immanente, sans laquelle la possibilité même de pouvoir imputer à l'autre des dispositions, des motifs, des sentiments n'aurait aucune effectivité théorique.

Le nazisme est à la fois une forme culturelle autonome (un *objet* ayant gagné en densité et en complexité au fur et à mesure de l'évolution de la situation), le produit des intentions subjectives des acteurs sociaux et l'effet induit par la dissymétrie des volontés et des motivations à l'origine de l'action. Le modèle de société nazi consiste en une curieuse combinaison de *déterminisme* _concernant aussi bien l'évolution des sociétés historiques que les comportements individuels ou collectifs, les manières d'être, de paraître, de penser_, de *foi* en l'existence d'une essence supra-individuelle (la surhumanité des élus) appelée à étendre son emprise auratique sur le monde et de *réalisme politique* incitant à accélérer le cours ordinaire de l'histoire en marche.

De la fascination au sentiment d'être manipulé, de la peur de l'ennemi aux comportements les plus irrationnels, de l'enfermement au repli sur soi, de l'attentisme au désir d'action se dessinent les contours d'une identité en quête de points de fixation et de repères normatifs, épuisant dans la contrainte de la rencontre ami/ennemi l'essentiel de ce qui était exigé par le pouvoir. La confusion initiale des sentiments devait, par le libre jeu des rapports interindividuels, la réorganisation des relations formalisées institutions/agents sociaux et le poids de l'événement, évoluer, se soustraire en partie aux effets d'imposition des pratiques et des comportements pour ne laisser apparaître que la couche superficielle de l'être et la surface des choses. Dans cette société de communication à outrance et de manipulation idéologique, le "sens" de l'existence restait tributaire du maintien de référents universalistes, de certaines conceptions déterminées du bien. La volonté de convaincre la

13

collectivité de la validité des messages doctrinaires ne pouvait faire l'économie de méthodes de médiatisation, de persuasion, de commandement éthique, de violence physique ou de menace ; dans un tel contexte, la constitution d'une identité qui soit en accord avec les préceptes éthiques et politiques définissant les comportements présageait d'une nécessaire faculté d'adaptation, d'une manière d'être et de paraître qui s'inscrivent dans des configurations, elles-mêmes au fondement du maintien des formes sociales.

2. Mémoires équivoques d'une réalité incertaine.

La mémoire d'un "événement" n'est que rarement l'effet d'une expérience collective *directe*, *in situ*, s'inscrivant non seulement dans une certaine durée, mais aussi caractérisée par le partage d'états affectifs proches en nature et en intensité. Les témoignages de tiers tiennent lieu de succédanés de mémoire individuelle ; ils pallient l'absence sur les lieux du déroulement de l'action en permettant la mise en forme d'un récit et ultérieurement d'un discours sur le récit. L'agent social est, en quelque sorte, le « *point de rencontre d'une pluralité de mémoires collectives* » et « *un point de vue totalisant sur la mémoire collective* »[10]. Il n'est pas lui-même l'initiateur de ses souvenirs : la mémoire individuelle doit s'accorder à celles de ses contemporains qui en ont conservé la trace et la virtualité de résurgence. La mémoire collective sert dès lors de support à l'expression structurée de simples réminiscences et assume leur formulation dans l'ordre du discours identitaire.

Les événements fondateurs "négatifs" ou "positifs" mentionnés par Ricoeur[11] peuvent être conçus comme des "épisodes" exemplaires ou traumatiques de la vie des peuples (ou d'ensembles sociaux de taille conséquente) à l'aune desquels une mémoire collective singulière se structure en dépit de la diversité des souvenirs communs et des lectures personnelles. « *Il ne s'agit plus de dire que le souvenir est une reconstruction faite du passé en fonction du présent : c'est bien plutôt une reconstitution du passé ; c'est essentiellement une reconstruction du présent en fonction du passé »*[12].

Le souvenir se dérobe, il n'est jamais fidèle à ce qu'il a été. Dès lors, « *le passé se conserve-t-il dans les mémoires individuelles ou bien est-il sans cesse reconstruit à partir du présent ? La mémoire doit-elle être définie comme un attribut des individus ou bien faut-il considérer que ce sont les groupes qui, proposant à leurs membres des cadres et des repères collectifs, autorisent le souvenir ? »*[13]. De l'organisation interne du groupe, de ses aspirations à une légitimité politique vont dépendre les « *conditions sociales de production du souvenir et de l'oubli (...) interactions dynamiques entre passé et présent, individus et groupes, expériences vécues ou transmises et usages sociaux de l'histoire »*[14].

« *L'histoire n'est pas tout le passé, mais elle n'est pas, non plus, tout ce qui reste du passé. Ou, si l'on veut, à côté d'une histoire écrite, il y a une histoire vivante qui se perpétue ou se renouvelle à travers le temps et où il est possible de retrouver un grand nombre de ces courants anciens qui n'avaient disparu qu'en apparence »*[15] ; « *Si un événement, si l'initiative d'un ou de quelques-uns des membres [du groupe], ou enfin, si des circonstances extérieures introduisaient dans la vie du groupe un élément nouveau, incompatible avec son passé, un autre groupe prendrait naissance, avec une mémoire propre, où ne subsisterait qu'un souvenir incomplet et confus de ce qui a précédé cette crise »*[16].

La faculté d'oubli[17] est contingente : la volonté d'effacement d'un *mouvement émotionnel* ne peut se soustraire au processus de retour du refoulé provoqué à la simple vue d'un tiers-témoin, d'une image[18] ou lors d'un retour sur le lieu de l'action. Entrer en contact avec un contemporain des faits incriminés replonge l'individu dans des états psychiques et réflexifs propres à remettre en cause l'équilibre de ses repères : les sensations fragmentaires, sentiments vagues du passé, dits et non-dits de l'événement affluent et s'imbriquent en un ensemble plus ou moins homogène qui n'est qu'un reflet de la réalité des représentations d'hier. Se souvenir est un acte contraignant, "politique" en ce qu'il instruit deux sortes d'entretiens, intime et dialogique, dont on ne peut connaître à l'avance toutes les implications sur l'unité du moi. Réunir, hiérarchiser puis organiser les souvenirs de telle sorte qu'ils soient dicibles et assumés par la totalité du groupe peuvent nécessiter l'utilisation de procédés de dérivation tels que mensonge, omission, arrangement des faits, dénonciation, justification, critique, opacité, héroïsation, victimisation, expertise. Certains silences sont plus éloquents que d'autres et laissent supposer d'un accord tacite, d'un consentement mutuel implicite à taire le passé.

Les acteurs, inextricablement liés les uns aux autres par une commune expérience de témoins, épousent une sémantique de l'histoire collective qui les consacre en tant que communauté politique indivisible, en dépit de leurs dissensions intestines et de leurs rancœurs inavouées. En recouvrant un pouvoir de réexamen de son passé, l'Etat évince tout citoyen d'un dialogue possible avec l'esprit de son époque, ses événements marquants, ses soubresauts anodins mais significatifs de la nature du lien social et politique. Une culture du silence, le repli dans la conscience, le besoin de témoigner ne trouvant bien souvent un espace d'expression que dans les sphères familiales et amicales ne facilitent pas l'intelligence du phénomène de destitution en cours. L'improbabilité d'une publicité donnée à la "monstration" de la souffrance, du deuil ou du malaise rend difficile toute élaboration mémorielle en rupture avec la mémoire sociale instituée. La scène publique est le théâtre de l'éclosion de récits isolés, rattachés à l'exemplarité du vécu national lorsqu'ils en confirment les lignes de force, déniés s'ils ne peuvent s'y intégrer. Mémoires et oublis collectifs, mémoires et oublis individuels obéissent au même impératif de préservation de la "substance" nationale : les agents sociaux sont placés au service d'une Idée transcendant leurs intérêts particuliers ; leurs émotions, leur sensibilité à l'événement, leurs systèmes de représentations sont instrumentalisés.

A la différence de l'histoire académique, non orale, l'histoire vécue « *a tout ce qu'il faut pour constituer un cadre vivant et naturel sur quoi une pensée peut s'appuyer pour conserver et retrouver l'image de son passé* »[19]. En tirant un trait sur le passé proche, dans les artifices de la fiction, de la banalisation, de l'outrance ou du silence, les individus interrompent les mécanismes de résurgence des souvenirs collectifs : ils participent de la politique de dévoiement de la mémoire du passé _en France, la thématique de la responsabilité collective est indissociablement liée à la formation d'une mémoire de la déportation_, d'une inclination pour les demi-vérités et la description institutionnelle, idéologisante, élitaire des pratiques de gouvernement. « *La nécessité où sont les hommes de s'enfermer dans des groupes limités, famille, groupe religieux, classe sociale...s'oppose au besoin social de continuité. C'est pourquoi la société tend à écarter de sa mémoire tout ce qui pourrait séparer les individus, éloigner les groupes les uns des autres et qu'à chaque époque elle remanie ses souvenirs de manière à les mettre en accord avec les conditions variables de son équilibre* »[20]. Le travail de la mémoire expose le groupe à la magistrature de la critique et au risque de scission : l'effet de bascule de la mémoire vers l'histoire, la cristallisation de multiples sédiments de mémoires individuelles amènent le groupe à devoir repenser le rapport à son passé. Chaque mémoire collective suit des itinéraires sociaux, se plie à certaines règles de temporalité et de conformation. A l'heure où l'historiographie s'attelle à retracer la singularité absolue des mécanismes institutionnels, politiques, culturels, conjoncturels, psychiques dans les différentes régions de l'Europe occupée ayant permis l'entreprise de déportation de masse, les arrestations arbitraires, la mise au ban de populations entières, puis dans un second temps, les processus de normalisation à l'œuvre ayant abouti à l'acceptation d'une situation de fait, le *devoir de mémoire* doit-il être envisagé comme l'expression de plaies mal refermées de la conscience collective ?

3. Les apories d'une compréhension du passé par le présent.

« *L'histoire n'est histoire que dans la mesure où elle n'a accédé, ni au discours absolu ni à la singularité absolue, dans la mesure où le sens en reste confus, mêlé...L'histoire est essentiellement équivoque, en ce sens qu'elle est virtuellement événementielle et virtuellement structurale. L'histoire est vraiment le royaume de l'inexact. Cette découverte n'est pas vaine ; elle justifie l'historien. Elle le justifie de tous ses embarras. La méthode historique ne peut être qu'une méthode inexacte...L'histoire veut être objective, et elle ne peut pas l'être. Elle veut faire revivre et elle ne peut que reconstruire. Elle veut rendre les choses contemporaines, mais en même temps, il lui faut restituer la distance et la profondeur de l'éloignement historique. Finalement, cette réflexion tend à justifier toutes les apories du métier d'historien* »[21].*

La discipline historique et la mémoire collective imputent aux mêmes faits sociaux et événements vécus une visée différente, dépendant étroitement des nécessités présentes dans le domaine de la recherche et dans l'affirmation d'une identité singulière. Il arrive, en fonction de circonstances particulières, que les deux champs s'entrecroisent, voire se confondent et produisent un discours consensuel et univoque : l'accord sur les fins donne à voir une représentation du passé conforme au besoin de "vérité" historique dont se soucient Etat et groupements sociaux. La description raisonnée d'une situation complexe permet, dans un premier temps qui est celui de l'apaisement, de circonscrire la vision d'ensemble de l'"événement" à un discours débarrassé des atours polémiques ; l'évocation du passé obéit à des règles strictes d'énonciation qui ne seront remises en cause que si le présent devient l'avant-scène de nouveaux rapports du sujet à l'objet. Les jeux et rejeux de la mémoire sont dépendants de la volonté de comprendre, du besoin collectif de dépasser la récitation du passé pour s'instruire de la réalité des pratiques, de la "logique en actes", de l'intentionnalité des interactants, pour cesser, en somme, de se satisfaire d'une histoire positiviste d'inspiration rankienne consacrant une histoire telle qu'elle « a réellement eu lieu ».

L'évolution des structures mentales tend à remettre en question les options politiques passées, les prises de position idéologiques valables dans leurs conditions propres d'émergence mais rendues caduques dans les modalités du rapport politique contemporain au présent : le réexamen des procédures d'occultation et d'oubli sélectif exprime le désir de réinvestir les événements, de faire la lumière sur la responsabilité avérée de certains acteurs et de la communauté dans son ensemble. Le temps présent devient la catégorie de compréhension unique permettant d'apprécier les bouleversements successifs de la mémoire, d'en retracer le parcours semé d'aléas contingents, de facteurs involutifs et évolutifs : le décalage croissant entre l'appréhension collective du passé et l'état de la recherche en sciences sociales et historiques révèle la difficulté de s'accommoder d'une image définitive et annonce des changements fondamentaux dans le mode d'être politique. L'oubli n'est pas l'envers de la mémoire ; ils relèvent tous deux d'un choix politique conscient et revendiqué lorsqu'ils réfèrent au substrat collectif : ils ne sauraient être dès lors involontaires, non réflexifs, ni idéologiquement neutres. Certes, si la mémoire collective n'est pas assignable et réductible aux mêmes inflexions que la mémoire individuelle (le raisonnement analogique possède ses propres limites que la raison ne saurait ignorer), une maîtrise du passé passe par l'abolition des notions de temps et de distance et par l'accord au temps présent de la sensibilité et du rapport-au-monde et à-l'autre propre à nos devanciers.

Lorsqu'une étude porte sur l'histoire d'une mémoire collective et les conditions de sa transmission à travers le temps, sur la perdurance de "traces" ayant survécu au travail de l'effacement et de la conservation, vouloir réinvestir les facteurs de discontinuité et de ruptures passe par l'explicitation des pratiques des agents qui, placés dans une situation inédite, usent de ressources à des fins bien souvent opposées à toute tentative de rationalisation. L'écriture de l'histoire est une re-création, une "mise à jour" interprétative de l'événement, elle cherche à « *voir les actions humaines comme une suite de séquences où les personnes, engagées dans des moments successifs, doivent mobiliser en elles des compétences diverses pour réaliser, au fur et à mesure des rencontres avec les circonstances, une adéquation à la situation présente* »[22]. Elle ne consiste pas expressément dans l'accommodation, la mise en forme de faits historiques avec les nécessités de compréhension présentes de l'événement, elle n'est pas davantage la quête d'un passé dans la fidélité à ce qu'il a été : elle en assume la déclinaison dans le temps en prenant en charge les conditions de passation de sa mémoire, les modalités de sa réécriture et de sa recevabilité dans l'opinion populaire. Ce qui importe dès lors n'est plus tant de vouloir substituer une représentation de la réalité passée à une autre en niant les dissemblances idéologiques irréductibles, d'approcher au plus près les pesanteurs structurelles et le climat mental d'une période à travers les prismes de notre quotidienneté, mais de restituer le rapport au passé dans ses modalités toujours singulières d'émergence. Le passé est une catégorie méta-historique enchevêtrant les acceptions successives d'un même événement dans un récit-cristallisation dominant, invoqué comme véritable médium de communication politique, confirmant la communauté dans sa volonté d'inscription spatiale et temporelle. Ne plus juger les individus en fonction du contexte de leur "naissance" ou de leur "destitution" citoyenne, mais souligner notre responsabilité dans la manipulation des faits incriminant la normalité, stigmatisant les comportements défensifs de repli sur soi, "pariatisant" sans souci de clarification, ni d'exhaustivité des situations particulières en fonction de la non-participation présumée à l'action politique. Etrange inversion des valeurs qui nous fait intenter des procès d'intention sans nous sentir autrement coupables de négligence à l'endroit de la souffrance de nos ascendants envers lesquels nous endossons allègrement, et avec quel esprit de suffisance, les habits de la justice. L'intérêt que représentent l'analyse des mécanismes de pouvoir du nazisme, la personnalisation de l'autorité, la genèse et la réalisation du délire concentrationnaire n'aurait l'importance qu'il revêt dans nos cultures s'il ne venait interroger le dépérissement du politique dans nos démocraties parlementaires. Le refus de l'oubli relève d'une volonté individuelle ou collective manifeste de ne pas voir s'évanouir les leçons de l'arbitraire sur l'autel de la refondation du politique : *"ne pas oublier"* ne consiste pas uniquement en une révérence faite à nos aînés, héros ou victimes, qui continueraient de nous léguer, par-delà le fossé générationnel, une précieuse profession de foi pour leur pays, leur famille ou leur identité. "Se souvenir" n'est pas équivalent à la nécessité de *"faire mémoire"* si l'acte de remémoration devait se limiter à une ritualisation cérémonielle, une liturgie historique sans une mise à distance qui soit en même temps dépossession de ses certitudes ordinaires sur l'événement. Comme l'affirmait H.Arendt, « le besoin de raison n'est pas inspiré par la recherche de la vérité, mais par la recherche du sens. Et sens et vérité ne sont pas la même chose » (*La Vie de l'esprit*). L'idéal républicain postule le consentement lucide et raisonné à une histoire nationale concentrique, lacunaire à force d'amnésie volontaire. Comment la communauté accède-t-elle au besoin de partage de l'expérience, au souci éthique de rétablir un dialogue intergénérationnel ?

Quel dispositif lui permet d'annuler les effets de conversion et de redéfinition du lien politique engendrés par l'inévitable dissociation de la "mémoire du vécu" (ou "spontanée"[23]) et de la "mémoire apprise" ?

4. L'acteur social, unité heuristique de base ?

Si l'individu se singularise dans ses actes de la structure sociale complexe dans laquelle il est inséré, s'il réinvestit les données factuelles en se les réappropriant, en les médiatisant et en les adaptant à son univers symbolique et à ses propres capacités de compréhension, il n'en demeure pas moins que la compréhension du social dont il peut légitimement se prévaloir dépend dans une large mesure de ses multiples appartenances à des groupes sociaux.

L'acteur perçoit et réinterprète chacune de ses adhésions selon une perspective personnelle répondant à un besoin d'intellection du social, mais aussi de compréhension du rôle que le groupe attend de lui : il opère une totalisation originale et infiniment complexe, agrégeant différents fragments de réalité pour n'en laisser subsister qu'une représentation synoptique satisfaisant son propre besoin d'explication.

Le sens commun savant prononce des exordes sommaires, des discours convenus faisant la part belle aux descriptions réductrices et schématiques qui tiennent lieu de véritables catégories explicatives de la réalité.

L'individu voit son identité se dissoudre en traits de caractère, archétypes comportementaux du groupe d'"appartenance" auquel il a été "affecté" par le reste de la société.

Les actes de discours voués à la description de l'Autre, de l'étranger ou de l'exclu sont dépendants de la forme même du récit, du souci de totalisation et de vraisemblance des faits, de la volonté manifeste de donner une signifiance, une cohérence et une logique au vécu lors même qu'il s'agirait d'insister sur les déplacements dans l'espace social, l'émiettement de toute existence et la difficulté à décrire tout processus d'individuation (ou de subjectivation[24]). Si la conscience d'appartenance peut, dans des circonstances particulières, prévaloir sur le souci de construction de soi, l'agent social ne se soumet jamais totalement aux injonctions de son groupe, ni à celles de la société. Ainsi que le souligne Giovanni Levi, « *aucun système normatif n'est de fait assez structuré pour éliminer toute possibilité de choix conscient, de manipulations ou d'interprétations individuelles des rêves. Il existe pour chaque individu un espace de liberté significatif qui trouve précisément son origine dans les incohérences des confins sociaux et qui donne naissance au changement social* »[25]. A.Corbin place l'émotion comme catalyseur du savoir dans les représentations et souligne l'incidence du temps bref, la difficulté pour l'acteur de choisir entre les multiples déterminants de l'événement en train de se produire et de s'accommoder de différents processus à l'œuvre simultanément : la sincérité dans l'incompréhension, le besoin d'opérer des ruptures dans son existence, le désir d'influer sur l'histoire, le refus de capituler constituent des expériences émergentes à ne pas disjoindre de la réflexion.

« *J'écris pour ne pas être écrit. J'ai longtemps vécu écrit, j'étais récit. Je suppose que j'écris pour écrire les autres, pour agir sur l'imagination, sur la révélation, sur la connaissance des autres. Peut-être sur le comportement littéraire des autres* »[26].

Un corpus biographique est autant la résultante d'une pratique sociale, d'une convention culturelle autorisant les agents à donner un "sens" à leur existence, ponctuée complaisamment d'épisodes édifiants et valorisants, s'insérant parfaitement dans la linéarité du propos, que le produit d'une interaction mettant aux prises deux stratégies de divulgation d'une image de soi concurrentes mais en relation de corrélation, ouvrant à une "vérité relationnelle" informant la compréhension du récit créé à cette occasion. La possibilité de "lire une société" à travers la biographie d'un groupe primaire comme unité heuristique de base, que F.Ferrarotti appelle de ses vœux pour « *éliminer l'étape la plus complexe de toute méthode biographique : la compréhension de la totalisation infiniment riche qu'un individu opère dans son contexte et qu'il exprime à travers les formes cryptiques d'un récit biographique* »[27], ne permet pas de contourner les apories épistémologiques soulevées par la technique d'entretien. En effet, en hypostasiant le groupe comme unité élémentaire de compréhension de la quotidienneté et en le concevant comme radicalement distinct de ses éléments constitutifs, d'autres difficultés apparaissent qui ne font qu'ajouter aux interrogations initiales : en quoi la biographie d'un groupe permettrait-elle de contourner les procédures de manipulations réciproques auxquelles se livrent les interactants, d'abstraire l'analyse de l'exigence de vérification des faits allégués? Qui serait légitimé à parler au nom de celui-ci et de tous les membres qui en ont un jour fait partie ? Si l'on se réfère à de telles hypothèses programmatiques, force est d'admettre qu'un tel individu n'existe pas, ou plus précisément que tous les membres du groupe seraient habilités à se présenter face à l'enquêteur pour donner les raisons personnelles de leur appartenance et leur propre vision des événements ayant influé sur sa *forme sociale.* On disposerait dès lors d'une multitude de récits historicisés, conçus, vécus comme exemplaires et autonomes, offrant certes une abondance de descriptions, de données factuelles informant sur les pratiques, les comportements et les motivations des acteurs, mais obligeant à un travail de classification, d'analyses de corrélation et de combinaison entre variables ramenant insensiblement l'interprétation dans la sphère quantitativiste. Le matériau biographique permet de saisir la nature des réseaux de sociabilité, des passions ordinaires, de l'organisation des émotions, des modalités d'expression de l'intentionnalité à condition de replacer l'action dans son cadre d'émergence ; autrement dit, le sujet ne peut être rendu à son ambiguïté, les écarts individuels rapportés que si les revendications d'exhaustivité et de représentativité de tout témoignage se trouvent directement relativisées par l'affrontement aux autres mises en intrigue de la réalité.

Celle-ci est soumise à un processus continu d'écriture et de réécriture, d'appropriation et de refoulement dont aucun récit ne peut rendre compte, ni prétendre à l'exhaustivité, à la littéralité ou à l'authenticité. Dès lors, la compréhension du réel historique ouvre la voie à une multitude de récits possibles, de constructions mentales et théoriques, d'édifications instables qui ne tiennent leur légitimité que de l'état momentané de la recherche, des rapports de force à l'intérieur de chaque champ institutionnel, de la réceptivité par nature aléatoire de l'information divulguée du public auquel elle s'adresse. L'identité sociale construite dans la situation d'entretien révèle le souci d'une présentation de soi satisfaisant à certaines règles d'énonciation, conformes à la double nécessité de donner une consistance, une solennité et une dimension épique à son existence, et d'accorder son récit aux principes formels d'unité, de sens, de trajectoire, d'intention, de volonté qui structurent la narration romancée, socialement admise, de sa vie. Les différents champs sociaux dans lesquels l'agent se meut divisent son identité en autant de manifestations de son individualité : prétendre à l'unité du moi sans recourir à l'artefact de la fiction relève si ce n'est de l'impossibilité, du moins de la gageure.

L'*hubris* du pouvoir ne se laisse mettre en équations que dans un souci d'exemplarité illustrative : il faut se résoudre à l'idée que la représentation proposée de la société des individus, la description des affects, la mise en lumière de motivations affectivement et cognitivement structurées n'acquièrent valeur et sens que dans les limites étroites de la démonstration.

Les bouleversements organisationnels, le déclassement de certaines normes culturelles, l'instauration d'un nouveau rapport au politique, la dissolution partielle de réseaux anciens de sociabilité, le renversement de valeurs instituées constituent parmi bien d'autres des données pouvant être intégrées au titre de variables significatives à un modèle théorique en participant de la compréhension du phénomène social étudié. Elles n'ont de validité que dans la mesure où elles viennent corroborer des inférences qui les incorporent et les réunissent en un cadre formalisé ouvert aux apports pluridisciplinaires : l'analyse doit nécessairement prendre en considération la pluralité et l'équivocité fondamentale des points de vue et leur équivalence intrinsèque à expliquer une situation donnée. Le raisonnement faisant de l'action la résultante de l'influence des structures de disposition objectives sur les structures subjectives se heurte aux variations comportementales et réflexives en dépit des codifications culturelles, à l'autonomisation des acteurs lorsque les circonstances conjoncturelles imposent l'adoption de nouvelles pratiques. Ainsi « *les valeurs possèdent-elles une relative indépendance vis-à-vis des structures sociales (...) parce que [les idéaux universalistes] connaissent une tendance intrinsèque à se poser comme des principes demandant à être généralisés de manière "non pratique"* »[28]. De la même manière, les choix collectifs ne s'indexent pas de manière mécanique, prévisible sur les faits événementiels ; une grande part d'entre eux échappe au travail d'objectivation et à la perspicacité du chercheur, il n'est pas envisageable d'en détailler toutes les conditions d'émergence, « *l'existence de liens de causalité entre le fait, la réaction au fait, et les effets de l'un et l'autre sur les comportements collectifs. Le tout dans un enchaînement de type rationnel où l'évolution des esprits répondrait à des orientations cohérentes et progresserait selon des tracés de type linéaire. C'est attribuer, par là, un fonctionnement logique et raisonné à des manifestations de psychologie collective qui évoluent incontestablement selon d'autres règles. C'est entrer enfin dans un découpage du temps mental qui peut se révéler artificiel, parce que trop calqué sur une périodisation établie en fonction du rythme saccadé et des ruptures spectaculaires du temps politique »*[29]. L'étude des phénomènes d'opinion doit contourner les obstacles constitués par le non-dit, l'indécision, la prise de distance à l'événement, les discours de valorisation et d'omission, les affleurements rétrospectifs d'une conscience collective restée à l'état de projet, l'oubli des faits par les acteurs eux-mêmes, les "biais" déjà mentionnés de tout témoignage, en objectivant les données recueillies après s'être partiellement affranchie de leur tutelle par la confrontation des représentations collectives, la reconstitution de la sensibilité collective liée à une période déterminée ; en un mot par la prise en compte de l'imaginaire social, défini par P.Laborie comme la résultante de l'interférence des effets engendrés par la superposition et le chevauchement des systèmes de représentations qui structurent les schémas et les lignes de force des perceptions collectives[30]. Les comportements extériorisent en actes la réception et l'assimilation dans l'univers mental des faits sociaux de manière différenciée selon les positions occupées par les acteurs dans la stratification sociale. Ce qui lui permet de soutenir que « *les comportements qui se dévoilent (...) ne pouvaient pas être prévus et qu'ils ne sont en aucun cas l'aboutissement implacable de la situation [de crise] qui précède »*[31].

L'acteur dès lors ne disparaît plus dans les arcanes de systèmes complexes :
« *bien que la structure sociale influence empiriquement la culture (et vice versa), il faut cependant d'abord analyser celle-ci comme une structure indépendante formée de symboles codés et de normes universelles qui suivent leurs propres lois, pour pouvoir ensuite étudier la façon dont la culture surplombante structure concrètement les institutions sociales et les actions personnelles, celles-ci pouvant à leur tour induire une restructuration de la culture »*[32] ; enfin, « *l'action _conçue de façon multidimensionnelle comme mélange de stratégies rationnelles,*

27

d'interprétations typifiantes et d'inventions créatrices_ est systématiquement
reliée aux systèmes différenciés de la personnalité, de la culture et de la
société »[33].

Ces réquisits épistémologiques ne sont pas indépendants les uns des autres ;
ils sont bien au contraire dans une relation d'interdépendance et de
congruence : le choix entre "théorie" et "méthode" ou entre "modèle" et
"récit" n'a, selon J.-C.Chamboredon, guère de sens sinon de venir justifier
une compétence scientifique supposée. « *C'est dans le va-et-vient d'une*
technique de production et de mise en forme de l'information à l'autre, en posant
à l'une les mêmes questions auxquelles on soumet l'autre, en les mettant en
correspondance et en réciprocité de perspective, que peut se définir un usage
rationnel et systématique des différents instruments de collecte et d'organisation
des faits sociologiques »[34].

5. Types idéaux et catégorisations.

La nature idéologique du national-socialisme inclinerait *a priori* à postuler
l'absolue singularité de ses pratiques de pouvoir, la rendant de fait rétive à
toute classification dans un type de régime déjà recensé ; la parenté d'*espèce*
avec des coutumes de gouvernementalité autres ne la rend pourtant assignable
à un *genre* déterminé qu'au prix de contorsions avec la réalité, d'une sujétion
et d'une dénaturation partielle des faits pour mieux les incorporer à un angle
d'approche investi de sens. Du structuralo-fonctionnalisme à l'analyse
systémique, de la démonisation à la mise en évidence de l'essence
charismatique du pouvoir, de la congruence des régimes nazi et stalinien à
leur nécessaire distinction…toutes les mises en perspective théoriques,
méthodes comparatives, emprunts disciplinaires, constructions hypothético-
déductives ou inductives permettent la mise en relief de "reflets" de la réalité,
sans que l'on puisse jamais gager de leur pertinence dernière. Pour soustraire

les faits aux excès de sens et aux risques de manipulation, il faut en épurer les contours, en évaluer la portée signifiante, définir un cadre théorique susceptible de les accueillir pour en restituer la part fondamentale de diachronie et de synchronie : l'*action* ne prend sens que si elle est "individuée", "incarnée" et replacée dans la contextualité qui lui a donné naissance. Le nazisme, en tant que sujet de recherche, soulève un certain nombre de difficultés aussi bien théoriques que pratiques à toutes les étapes de construction de l'objet : il nous faut postuler de manière inductive l'univers mental et affectif, le poids de l'événement sur les conduites, l'influence de la sur-médiatisation, de l'esthétisation du politique, de la fascination du message sur les masses, le poids de la contingence sur la quotidienneté, la disqualification sociale de certains groupes et la crainte d'être affublé à son tour d'une identité sociale négative. Il ne semble, en vérité, guère exister de domaines de la vie communautaire et politique, de "facettes" du pouvoir qui ne nécessitent un compromis avec les principes logico-formels de démonstration et d'administration de la preuve. La chape de plomb qui s'abat sur plusieurs sociétés européennes, à des degrés certes variables, n'est pas seulement une figure stylistique commode pour traduire l'atmosphère d'une période : le silence, l'indifférence, l'indétermination, l'attentisme ne sont pas de simples catégories descriptives répondant au besoin de trouver une "raison" aux actes. Ces attitudes correspondent à des traits de comportements, à des choix motivés, à une recherche d'autonomisation ou au contraire de normalisation des conduites : elles sont une réponse à la peur, aux périls objectifs et imaginaires, à la primauté accordée à l'instinct de préservation de soi et de ses proches. Elles protègent, identifient, dépolitisent ou déstructurent la confiance, les liens de sociation, les solidarités affectives et coutumières, ethniques, de genre, la nature même du lien social et politique. Les témoignages d'incivilité et de désobéissance, les convictions idéologiques, les sentiments d'appartenance politique se dérobent en partie à l'analyse du fait qu'ils n'ont pas laissé de "traces" autres que mémorielles (à l'exception notable des "faits de résistance" ayant été pénalement sanctionnés), qu'ils n'ont eu que peu l'opportunité de se manifester et d'être revendiqués pour ce qu'ils étaient : des actes de volonté exprimant une politique du refus. L'absence de visibilité, de publicité n'est ainsi en rien synonyme d'acquiescement ou d'adhésion implicites : les significations socialement investies de certains agissements ne sont que l'émanation et la conséquence d'un renversement de perspectives afférent aux champs politique, juridique et institutionnel. En dépit de l'apparente irrationalité du système et des contradictions manifestes qu'il impose, les acteurs sociaux n'en intériorisent pas moins les règles de fonctionnement, les normes instituées et instituantes d'une position statutaire : en s'y conformant, ils maintiennent leur faculté de formalisation de la réalité, attribuant un sens, une directionnalité à l'événement. La contrainte, légitimée par une Constitution, incarnée par un régime, exprimée dans un discours idéologique doit être appréhendée « *sous la forme d'une puissance indissociablement extérieure et intérieure à la personne, comme une extériorité intériorisée : une force qui, si elle devait s'imposer de l'extérieur se manifesterait comme violence, vient habiter les personnes, les contraindre de l'intérieur, déterminer les conduites en épousant les contours de leur volonté* »[35]. En clair, appréhender l'actant en le réinsérant dans ce qui, dans une large mesure, échappe à sa conscience ou ne fait guère l'objet de questionnement du fait de l'antériorité constitutive des « *structures symboliques (compétences cognitives et communicationnelles, des connaissances pratiques routinières, connaissances tacites, traditions, conventions, idéologies, etc.), des artefacts matériels (ustensiles, instruments, œuvres d'art, bâtiments, infrastructures de toutes sortes, facteurs morphologiques, etc.), des structures de subordination et de délégation des compétences (structures de représentation du pouvoir légitime, systèmes abstraits d'experts, etc.), ou encore des mécanismes systémiques de coordination de l'action (le marché, l'administration, le droit, etc.)* »[36].

Une forme de prédisposition ou de surdétermination de l'action porte à sérier les agents sociaux dans des fonctions, particularisantes et exemplaires à la fois, en les confinant dans l'interprétation de rôles de composition conformes à l'idée que le chercheur s'en fait. Les incohérences apparentes du système de pouvoir nazi, l'inconcevabilité sur un plan moral de certaines pratiques, l'impossibilité d'affilier des prises de position politiques à des inférences interprétatives ne sauraient occulter l'essentiel : la volonté exprimée dans les discours et dans certaines décisions réglementaires de portée générale de soustraire les agents à leur compétence et à leurs prérogatives d'acteurs s'est affrontée directement à une double forme de résistance _ institutionnelle (structurelle), individuelle (subjective).

« *En s'en tenant à ce qui est et en refusant de prendre position au nom d'une interprétation erronée de la théorie de la neutralité axiologique de Weber, en s'en tenant aux faits observés et en refusant de les médiatiser en les plaçant dans le champ de tension entre le réel et le possible, entre ce qui est et ce qui pourrait ou devrait être, [le scientifique] aboutit à une réification de second degré et hypostasie l'état présent. En revanche, lorsque la théorie sociale et la recherche sociologique sont guidées par une philosophie défétichisante du social, par exemple par la philosophie de la praxis qui ne redouble pas la conscience réifiée, mais qui déréifie les faits sociaux en les dissolvant en actions et en processus, la dimension socio-historique et socioculturelle des structures sociales réifiées devient visible et leur transformation pratique, alors une mouvance du social devient à nouveau pensable* »[37].

Toute réification (de second degré) procède de la tendance à réduire la réalité à ses caractères émergents les plus significatifs de l'*image* que l'ensemble d'une société s'en fait, en fonction de ses valeurs politiques, culturelles et éthiques présentes. Elle guette le chercheur en l'exposant au risque d'une complaisance avec les faits et d'une validation pseudo-scientifique du sens

31

commun. En désubjectivant les serviteurs du nazisme, en les privant de toute trace de moralité et de compassion envers l'Autre, en naturalisant d'une certaine manière l'idéal SS du "surhomme" _dans son être, son paraître, ses convictions doctrinales et ses certitudes quasi-mystiques d'immortalité_ par l'insistance portée à son altérité radicale, le scientifique *typifie* l'individualité en en faisant l'instrument d'une idéologie "totale", ou à tout le moins la personnification de l'actionnisme stratégique (utilitaire) et de l'"éthique de conviction". L'idéologie nazie peut être appréhendée comme une tentative visant à imposer à l'ensemble d'une collectivité ses propres normes morales, règles de sociabilité, principes d'organisation des affaires de la cité, impératifs catégoriques, conditions particulières de résolution des antagonismes interindividuels et collectifs dans l'espace social, modalités, enfin, du rapport à l'autre. Si une communauté adhère à la doctrine d'un parti politique et aux conditions du vivre-ensemble qu'il instaure à travers elle, si elle en entérine les grands traits par son silence, ses compromissions ou sa participation active, il est dès lors nécessaire de lire les événements, les relations interindividuelles et le rapport à l'autorité à l'aune du vecteur idéologique lui-même. Les procédures de conceptualisation, par lesquelles nous reconstruisons le réel selon la représentation que nous nous en faisons *a priori*, sont en vérité communes, dans leur forme aussi bien que dans leur contenu, à celles dont usèrent les promoteurs et zélateurs du national-socialisme pour dessiner les contours d'une société allemande millénaire. Comment concevoir autrement les mythes de l'*Ubermensch*, du Juif, du Communiste, du Führer sinon comme l'expression d'une volonté d'infléchir les faits, d'"euphémiser" la réalité par abstractions successives ? L'imposition de vérités dernières définies en extériorité de la sphère publique n'acquiert une puissance évocatrice et une force de persuasion que si l'on finit par leur prêter une validité conventionnelle ne nécessitant pas de vérification sur leur *sens* correct ; qu'elles soient normativement fausses au niveau de l'interprétation rationnelle ne les rendent pas moins légitimes à exprimer les attentes du plus grand nombre et à justifier d'une pratique de pouvoir. La médiatisation du dogme nazi rejoignait, corroborait, redoublait le sens commun gagné par les déclinaisons exclusionnistes et purificatrices de mouvances culturelles et idéologiques dont le national-socialisme n'a été pour un temps que le plagiaire opportuniste et radical.

« *Pour faire l'imputation causale des phénomènes empiriques nous avons besoin de constructions rationnelles qui, suivant les cas, ont un caractère empirico-technique ou encore logique et qui répondent à la question : Comment un état de choses qui peut consister aussi bien en une relation externe de l'activité qu'en un tableau de pensées se présenterait-il ou se serait-il présenté s'il obéissait à une "justesse" et à une "absence de contradiction" absolument rationnelles d'ordre empirique ou logique ?* »[38]. Les idéaltypes ne décrivent pas les comportements, les motifs de l'action ou les faits dans leurs circonstances d'émergence respectives, leur nature intrinsèque, ni dans les liens de causalité et d'influence dialectique réciproque ; ils consistent en une élaboration conceptuelle permettant dans un va-et-vient heuristique incessant entre la "réalité" et le *type* d'évaluer leur proximité ou leur distance.

Dans l'insistance à déceler la multiplicité des logiques rationnelles au fondement des conduites individuelles s'élabore une réflexion visant à comprendre le *sens* que l'individu donne d'une situation sociale déterminée, de ses propres actes et des formes de l'interaction. L'analyse typologique repose sur le présupposé théorique d'une compétence actorielle sans lequel la construction d'une "individualité historique" quelconque n'aurait aucune signification ; tout idéaltype énonce le principe de conduites conformes à la rationalité, sollicitant des moyens en vue d'objectifs distincts et clarifiés. La praxis individuelle, quel que soit le régime politique dans lequel elle est

33

amenée à s'exprimer, s'organise et se structure autour de notions abstraites, idéaltypiques (institutions, Etat, citoyenneté,...). Donner un contenu, une visibilité, une réalité sociale à des abstractions est l'enjeu de conflits de légitimation, de luttes hégémoniques entre postulants aux rênes du pouvoir à la recherche d'une double légitimité, réelle et symbolique.

L'idéologie nazie conteste la validité de certains principes éthiques, règles de droit et lois non organiques favorisant l'expression d'une amitié civique échappant au contrôle de l'Etat ; elle leur substitue une série de concepts référentiels résumant chacun l'essentiel de la doctrine : ceux-ci forment un cadre formalisé rigide, structuré, organisant sur un plan théorique l'ensemble de la vie sociale et politique. L'instauration d'une domination politique, inédite dans son caractère systématique, fausse, vicie les relations interpersonnelles en tentant de les ramener à un simple devoir d'obéissance, à des commandements catégoriques, à l'intériorisation autoritaire de préceptes explicitant les conditions objectives des pratiques individuelles et de la vie en commun. Le modèle de société imaginé et partiellement institué relève d'un projet "romanesque", d'une écriture souveraine et péremptoire de la vie, d'une éducation du regard où l'autre serait la personnification d'une représentation abstraite ; le *Juif* des nazis devient ce que le *Bourgeois* ou le *Capitaliste* étaient alors pour le régime stalinien : une représentation typique de l'ennemi communautaire, une figuration littéraire et politique à la fois de la différence de nature entre l'idéal SS et tous ceux qui ne seront que les *moyens* de sa politique. L'identification au dogme nourrit le sentiment d'appartenance à une communauté élective ; la doctrine est première en ce sens qu'elle définit les conditions de cooptation, d'association et de collaboration auxquelles l'individu est tenu de se plier et d'adhérer pour que puisse s'écrire le *mythe* et s'inscrire son nom sur le frontispice du temple de la mémoire commune. L'affirmation d'une identité ethnique, raciale et politique permet aux agents de l'idéologie national-socialiste de se reconnaître, de s'identifier (dans toutes les acceptions du terme), de se revendiquer d'une idée transcendant les intérêts particuliers (identité dite "réelle") et imposant le devoir d'une charge impérieuse. L'objectif de la recherche consiste précisément à énoncer des *relations abstraites* susceptibles de permettre une compréhension des enjeux, des motivations et des logiques d'action à l'origine des conduites et des discours. Elle repose sur une série de propositions axiomatiques fondamentales :

1) aucun système n'est en mesure d'annexer *totalement* la conscience individuelle ;

2) l'individu conserve une autonomie relative dans la définition de soi à l'égard d'un système en constante évolution, lui-même soumis aux effets de contingence de l'événement ;

3) si la forme sociétale voulue par le nazisme requiert une coopération de tous les instants, elle incline à une recherche permanente d'avantages personnels nécessaires à la préservation d'une structure identitaire stable (obligeant au dépassement de la peur de l'autre et des incertitudes afférentes à la succession accélérée d'événements, susceptibles de provoquer un processus de désocialisation partielle, voire d'exclusion définitive).

Il s'agit dès lors de montrer « *comment les acteurs sociaux intériorisent les contraintes de la vie collective et réinterprètent leur sens, comment ils renégocient leurs identités en fonction des exigences des divers systèmes sociaux, comment ils aménagent des modes d'appropriation, de distanciation ou de traduction de ces contraintes pour se réserver quelques marges d'autonomie* » tout en portant à la connaissance « *les processus de l'intégration sociale* » par la révélation de la « *dialectique entre les contraintes du collectif et les relations entre les hommes* » et du « *sens de l'interaction sociale* »[39]. L'analyse typologique n'est pas destinée à reproduire par l'intermédiaire d'un travail de catégorisation et de classification les discours sur les expériences individuelles et collectives ; elle vise à rendre compte des modalités complexes de la relation sociale par comparaison avec ce qu'elle serait si elle se conformait à des conditions d'expression pures et parfaites. L'indétermination constitutive de l'ordre social instauré, l'autonomisation et le renversement possible des sphères de l'activité et de leurs structures, la remise en question de certains invariants culturels (l'amitié, l'amour, la quête de l'autre, la solidarité, la discussion, le respect de la règle de droit,...) face aux dérives idéologiques dénaturent les catégories de perception et d'appréhension de la "réalité" sociale, des rapports interindividuels et de la morale publique. Dans une société où les individus sont conduits à se comporter selon une conception *stratégique* de l'action, reposant sur le souci de préservation de soi et de ses proches, la référence à des préceptes et considérations éthiques n'authentifie plus la valeur des actes ; comme le souligne Kant, « *Celui qui veut la fin pour autant que la raison a une influence décisive sur son action, veut également les moyens indispensables et nécessaires qui sont dans son pouvoir*»[40]. La question n'est pas tant d'énoncer de nouvelles prises de position _sur l'"esprit" (*Zeitgeist*) d'une époque, son lot de contraintes et de compromissions avec la morale coutumière, ou de refonder le sens et les motifs des conduites individuelles qui viendraient en quelque sorte se surajouter aux analyses plurielles préexistantes_ que de tenter de se montrer fidèle à la lettre de la compréhension sociologique wébérienne en ne sous-estimant pas le fait que les idéaltypes recouvrent une certaine réalité dans le sens commun : « *les idéaltypes ne sont pas des constructions analytiques mais des constructions synthétiques des catégories que les acteurs (sociologues inclus) utilisent pour s'orienter dans le monde social*»[41].

On ne peut, d'un côté, accorder à l'agent une compétence actancielle lui permettant de s'extraire ponctuellement et conjoncturellement de la sujétion d'un système coercitif pesant sur lui et en dénier, dans le même temps, toute la portée en réduisant ses actes à quelques-unes de ses manifestations les plus visibles. Il est hors de doute que l'indécision, les revirements éthiques, l'incertitude quant aux fins de l'action, l'intérêt, l'autocensure, le désir de reconnaissance ou l'affectation se soient manifestés sous différentes formes et à des degrés variables au quotidien, l'obligeant à constamment s'adapter à une nouvelle configuration sociale. Entre le refus radical et l'acceptation inconditionnelle du régime s'exprimait un "travail d'acculturation éthique", consistant en un réajustement des normes du jugement individuel aux conditions objectives d'expression autorisées de celui-ci. L'insistance à vouloir réduire une vie à l'un de ses épisodes les plus politiquement engagés satisfait au souci de hiérarchiser les responsabilités, de désigner à l'appréciation collective les formes de transgression et leurs auteurs ; elle réconforte l'opinion dans les lieux communs et réflexes qui lui sont aussi nécessaires que constitutifs, mais dénie à l'action individuelle son caractère éminemment ambigu, ambivalent, insaisissable, voire incompréhensible pour qui n'en connaîtrait pas tous les tenants et aboutissants. Il s'avère dès lors nécessaire de postuler la variabilité des sphères d'appartenance, l'inconstance des certitudes identitaires, le poids de la contingence événementielle ballottant l'individu au gré de courants contraires dont il ne pouvait qu'en de rares circonstances se donner l'illusion de pouvoir infléchir le déroulement. La frontière entre un déterminisme absolu, faisant _pour filer la métaphore simmélienne/schützienne[42]_ de l'acteur une marionnette assujettie aux conditions matérielles extérieures à l'action, et la conviction qu'il conserve une certaine maîtrise de son existence, perd quelque peu de son évidence heuristique. Le « *moyen terme psychologique* », « *l'algorithme entre les conditions objectives et le sujet* »[43] que constitue le *sens* donné de (à) l'action rend au choix individuel sa portée signifiante : il est dès lors possible d'inférer

37

un antagonisme des valeurs, une perplexité devant les fins à donner à l'action, l'existence de sentiments simultanés et contradictoires, vouant à l'indécision, l'enchevêtrement de considérations éthiques, politiques, égotiques antinomiques et irréconciliables. Autant de marques du trouble, dont il est légitime de supposer l'émergence, permettant de comprendre par intropathie (« *destinée à faire connaître compréhensivement des relations affectives et sentimentales, logiquement irrationnelles* »[44]) la nature des motivations, des typifications, des décisions à l'origine des engagements, des renoncements et du refus.

Notes de l'Introduction

[1] H.Arendt, *La crise de la culture*, Paris, Gallimard éd. (coll. « folio essais »), 1995, p.26.

[2] P.Watier, *Le savoir sociologique*, Paris, Desclée de Brouwer éd., 2000, p.15.

[3] A.Schütz, *Le chercheur et le quotidien*, Paris, Méridiens Klincksieck éd., 1987, p.79.

[4] idem, p.19.

[5] R.Koselleck, *Le futur passé. Contribution à la sémantique des temps historiques*, Paris, Editions de l'EHESS, 1990, p.264.

[6] idem.

[7] M.Bloch, *Apologie pour l'histoire ou Métier d'historien*, Paris, Armand Colin éd., 1998, p.57.

[8] L.Quéré, « Evénement et temps de l'histoire », *Raisons Pratiques*, 2, Paris, Editions de l'Ecole des Hautes Etudes en Sciences Sociales, 1991, pp.278-279.

[9] D.Schnapper, *La compréhension sociologique. Démarche de l'analyse typologique*, Paris, P.U.F. éd. (coll. « Le Lien social »), 1999, p.83.

[10] G.Namer, « Postface », in M.Halbwachs, *La mémoire collective*, Paris, Albin Michel éd., 1997, p.269.

[11] P.Ricoeur, « Evénement et sens », *Raisons Pratiques*, op.cit..

[12] G.Namer, op.cit., p.272.

[13] M-C.Lavabre, « Maurice Halbwachs et la sociologie de la mémoire », *Raison présente*, 128, 4ᵉ trimestre 98, p.51.

[14] idem, p.55.

[15] M.Halbwachs, op.cit., p.113.

[16] ibid., p.139.

[17] « moins refus de se souvenir que façon de se souvenir » in P.Laborie, *Les Français des années troubles. De la guerre d'Espagne à la Libération*, Paris, Desclée de Brouwer éd., 2001, p.57.

[18] « Reconnaître par images, au contraire c'est rattacher l'image (perçue ou évoquée) d'un objet à d'autres images qui forment avec elle un ensemble et comme un tableau, c'est retrouver les liaisons de cet objet avec d'autres objets qui peuvent être aussi des pensées ou des sentiments », in M.Halbwachs, op.cit., pp.79-80.

[19] M.Halbwachs, ibid., p.118.

[20] M.Halbwachs, *Les Cadres sociaux de la mémoire*, Paris/La Haye, Mouton éd., 1976, p.290.

[21] P.Ricoeur, « Histoire de la philosophie et historicité », in R.Aron, *L'histoire et ses interprétations. Entretiens autour d'Arnold Toynbee*, Paris/La Haye, Mouton éd., 1961, p.226.

[22] N.Dodier, « Agir dans plusieurs mondes », *Critique*, juin-juillet 1991, pp.427-458.

[23] J-J.Becker, « La mémoire, objet d'histoire ? », in *Ecrire l'histoire du temps présent. Hommage à François Bédarida*, Paris, CNRS Editions, 1993, pp.115-121.

[24] B.Pudal, « Du biographique entre "science" et "fiction" », *Politix*, 27, 1994, pp.5-24.

[25] G.Levi, cité in A.Corbin, « Histoires et subjectivités individuelles », L'Université de tous les savoirs, conférence du 23.04.00.

[26] Fogwill, cité in E.Vila-Matas, *Bartleby et compagnie*, Paris, Christian Bourgois éditeur, 2002, pp.124-125.

[27] F.Ferrarotti, *Histoire et histoires de vie. La méthode biographique dans les sciences sociales*, Paris, Méridiens Klincksieck éd., 1990, p.64.

[28] J.C.Alexander, *La réduction. Critique de Bourdieu*, Paris, Les Editions du Cerf, 2000, pp.41-42.

[29] P.Laborie, « Vichy et ses représentations dans l'imaginaire social », in J.-P.Azéma, F.Bédarida (dir.), *Vichy et les Français*, Paris, Fayard éd., 1996, p.494.

[30] idem, p.495.

[31] ibid., p.498.

[32] J.C.Alexander, op.cit., p.16.

[33] ibid., p.15.

[34] J.-C.Chamboredon, « Pertinence et fécondité des histoires de vie ? », in P.Fritsch (dir.), *Le sens de l'ordinaire*, Paris, CNRS Editions, 1983.

[35] L.Boltanski, L.Thévenot, *De la justification. Les économies de la grandeur*, Paris, Gallimard éd. (coll. « nrf essais »), 1991, p.419.

[36] F.Vandenberghe, *Une histoire critique de la sociologie allemande. Aliénation et réification*, t.I, Paris, Editions La Découverte/M.A.U.S.S., 1997, p.11.

[37] idem, p.40.

[38] M.Weber, *Essais sur la théorie de la science*, Paris, Librairie Plon (coll. « Presses Pocket »), 1992, p.423.

[39] D.Schnapper, op.cit., p.101.

[40] E.Kant, *Fondements de la métaphysique des mœurs*, Paris, Vrin éd., 1992, p.84.

[41] F.Vandenberghe, op.cit., p.178.

[42] « Quel que soit l'événement extérieur que nous désignerons comme étant société, il serait un théâtre de marionnettes, pas plus compréhensible et significatif que l'emmêlement l'un dans l'autre des nuages ou la végétation confuse des branches d'arbres, si nous en reconnaissons pas ainsi qu'il va de soi les motivations psychiques_ sentiments, pensées, besoins _non seulement comme support de chaque extériorisation, mais comme étant son essence et ce qui réellement nous intéresse seul comme connaissance », G.Simmel, « Le problème de la sociologie », cité in O.Rammstedt, P.Watier (dir.), *G.Simmel et les sciences humaines*, Paris, Méridiens Klincksieck éd., 1992, p.35.

[43] F.Vandenberghe, op.cit., p.176.

[44] M.Weber, op.cit., p.423.

PREMIÈRE PARTIE

Le chercheur entre engagement et implication : la nécessaire mise à distance du paradigme "Auschwitz".

« *Que m'importe, à moi, promeneur qui parcours la diagonale d'une fin de journée printanière, la grande tragédie de l'histoire mondiale consignée dans les éditoriaux des journaux. (...) Tout pathos sonne faux, part en vaine fumée, en face des événements microscopiques. Le diminutif des composantes est plus impressionnant que la monumentalité de l'ensemble. Je n'ai plus de sensibilité pour le héros de la scène mondiale et son large et enveloppant mouvement du bras* » (Joseph Roth).

1.1. Une sociologie de l'"événement".

L'individualité dynamique d'un "événement" dépend de la « structuration sémantique de base » (Koselleck) qui lui attribue une signification intersubjective, un contenu intrinsèque objectivé par le langage et, de ce fait, accessible à tous les membres de la communauté. La complexité de l'objet vient du grand nombre d'interactions entre un grand nombre d'éléments de niveaux différents : autrement dit, la somme de ses parties ne suffit pas à rendre compte de sa singularité. Chaque individu se caractérise par des appartenances multiples à des sous-ensembles sociaux de structure variable requérant de sa part des conduites compatibles avec des préceptes réglementaires, édictés de manière plus ou moins contraignante. Le chercheur témoigne, à travers les effets de basculement continu de son approche dans les théories objectiviste et intentionnaliste, de la difficulté de rendre compte du "dispositif situationnel" s'il entend se passer du dispositif heuristique de l'empathie. La démarche compréhensive s'affronte ordinairement aux ambivalences du regard porté par les acteurs sur leur propre quotidienneté, au recouvrement des souvenirs par une mémoire devenue "prédicative" à force de se complaire dans l'univers de la fiction et de l'esthétisation de la réalité. L'individuation des croyances, des intentions et des désirs, en tant qu'ils constituent les raisons d'agir présumés des agents sociaux, procède de la nécessité de soumettre les conduites aux critères de vraisemblance et de plausibilité sans lesquels un énoncé ne pourrait trouver audience auprès de ceux auxquels il est supposé s'adresser : cette condition liminaire, pour essentielle qu'elle soit, soulève davantage de difficultés qu'elle ne permet d'en résoudre. Les systèmes de représentation, les idéaux communautaires, les valeurs que nous endossons ou réfutons en fonction des

43

circonstances n'épousent à la vérité que très imparfaitement les logiques d'action que nous mettons en œuvre en vue de réaliser les fins poursuivies (à condition d'être en mesure de pouvoir effectivement rapporter nos raisons aux causes de nos actions). L'interdépendance des schèmes d'action et des principes rationnels, l'enchevêtrement de raisons signifiantes lient les destinées bien souvent contre le gré des actants et en dépit de la primauté accordée à leurs intérêts respectifs. « *L'histoire commence quand on cesse de comprendre immédiatement, et qu'on entreprend de reconstruire l'enchaînement des antécédents selon des articulations différentes de celle des motifs et des raisons alléguées par les acteurs de l'histoire. La difficulté pour l'épistémologie est bien de montrer comment l'explication s'ajoute, se superpose ou même se substitue à la compréhension immédiate du cours de l'histoire passée* »[1]. Dans la mise-en-intrigue particulière à chaque témoignage se joue le rapport à soi d'un sujet en quête de réponses sur le "sens" et la portée historique de ses conduites passées : la mémoire, sollicitée par l'institution judiciaire, la recherche ou le milieu journalistique, a en tout état de cause toujours la possibilité de taire les épisodes troubles, les comportements confus et ambigus (dont les chaînes causales conservent une part de mystère pour les individus eux-mêmes) en refusant de donner une structure formelle à leur récit. Sauf à être mis nommément en accusation et dans l'obligation de répondre de leurs actes, les témoins mettent en scène une vision du monde émaillée de quelques unités dramatiques servant de points d'ancrage à la valorisation de leur vécu (Kipling affirmait dans cette mesure que la mémoire consiste dans la remémoration non pas de l'événement lui-même mais du dernier discours en tenant lieu) : la recherche de la signification des axes sémantiques du texte et la saisie de ses inflexions manifestes, l'analyse de la situation d'entretien et des intentions du locuteur ménagent les conditions d'objectivation du discours qui constitue en propre le projet herméneutique[2].

La fiction narrative réinstitue la réalité praxique en proposant une nouvelle lecture de la factualité historique : tout témoignage tente de concilier la description métaphorique de la réalité à la fonction mimétique, "imitative" de la fiction. L'action se voit investie d'une dimension éthique, d'une finalité distincte qu'elle n'avait pas nécessairement au moment même où elle fut initiée ; des valeurs axiologiques, pathiques, sensorielles se surajoutent dans le même temps afin de venir en justifier la pertinence. Aristote, en définitive, ne dit pas autre chose lorsqu'il soutient que nous ne délibérons pas sur les fins mais seulement sur ce qui mène à leur réalisation (*Ethique*, 1112 b11-12).

L'interprétation suppose une compétence, un savoir-faire autorisant la mise à jour de la « *grammaire de surface du récit* », des codes, genres et modes narratifs utilisés à la fois pour le configurer et transfigurer une quotidienneté révolue : « *l'intrigue* [*est*] *un "prendre ensemble", qui intègre des événements dans une histoire, et qui compose ensemble des facteurs aussi hétérogènes que les circonstances, les caractères avec leurs projets et leurs motifs, des interactions impliquant coopération ou hostilité, aide ou empêchement, enfin des hasards. Chaque intrigue est une telle synthèse de l'hétérogène* »[3]. L'unité narrative d'une vie ne peut être atteinte que dans la falsification de la "part maudite de l'être" (Nietzsche) susceptible dans son évocation d'annuler la cohérence et l'homogénéité des propos et dans la mise à l'écart de ce qui ne relève pas expressément de la démonstration. Les actes locutionnaires médiatisent une volonté de *se* dire, de *se* raconter, de traduire par les actes de discours une vision singulière du passé afin de rendre ses agissements et opinions compréhensibles des autres individualités psychiques et de s'opposer, d'une certaine manière, aux *paradoxes terminaux* consubstantiels à notre modernité : le récit devient semblable à la Vérité totalitaire excluant la relativité, le doute et l'interrogation[4]. Rares sont ceux qui déploient une réelle force heuristique et nous donnent à voir les errements de l'âme, la diversité des possibles, la plurivocité des dimensions du réel ; la frontière entre réalité et expérience vécue devient indistincte, la vérité n'est plus recherchée pour elle-même mais pour ce qu'elle représente au regard des impératifs de connaissance contemporains et des enjeux structurant le champ politique. Le discours fictionnel comme totalité intelligible et autoréférentielle lève le voile sur des significations laissées en suspens en choisissant de corréler des événements dans une composante narrative : « *le passé, en tant qu'il n'est plus, n'est visé qu'indirectement par le discours de l'histoire. L'historien (...) configure des intrigues que les documents autorisent ou interdisent, mais qu'ils ne contiennent jamais. (...) C'est à la faveur de ce jeu complexe entre la référence indirecte au passé et la référence productrice de la fiction que l'expérience humaine, dans sa dimension temporelle profonde, ne cesse d'être refigurée* »[5]. Dans la focale interprétative wébérienne, le rapport aux valeurs (*Wertbeziehung*) se rapportant à une éthique spécifique au champ scientifique ne saurait se confondre avec le jugement de valeur (*Werturteil*) bien que toute procédure de construction d'un objet de recherche repose implicitement sur une visée particulière : « *dans chaque cas, une portion seulement de la réalité singulière prend de l'intérêt et de la signification à nos yeux, parce que cette portion est en rapport avec les idées de valeurs culturelles avec lesquelles nous abordons la réalité concrète. Ce ne sont que certains aspects de la diversité toujours infinie des phénomènes singuliers, à savoir ceux auxquels nous attribuons une signification générale pour la culture, qui valent donc la peine d'être connus ; seuls aussi ils sont l'objet de l'explication causale. Cette dernière manifeste à son tour le même caractère : non seulement il est pratiquement impossible de faire une régression causale exhaustive à partir d'un quelconque phénomène concret pour le saisir dans sa pleine réalité, mais cette tentative constitue tout simplement un non-sens* »[6]. Le choix d'interlocuteurs jugés représentatifs, la sélection de modalités descriptives, la mise en exergue des lois de composition produites, la nature des faits de discours utilisés (locutionnaire, illocutionnaire, perlocutionnaire) confèrent à tout événement une matérialité propre, une autonomie à l'égard des considérations circonstanciées qu'il révèle. L'indépendance du chercheur envers les référents discursifs et les données recueillies ne peut jamais être totalement recouvrée en dépit du fait que l'acte d'écriture crée une distance, une disjonction, sans lesquelles le texte ne pourrait advenir à lui-même ni s'inscrire dans une perspective temporelle définie. Pour satisfaire aux exigences posées par l'axiome de la neutralité axiologique, l'intropathie (*Einfühlung*) doit s'accommoder de l'examen critique par lequel le chercheur peut signifier la dimension éminemment interprétative, et partant relative, de son engagement. Il nous faut admettre à la suite de F.Muller qu'en « *considérant l'activité "réelle" du savant comme une action rationnelle pure, Weber en vient à nier sa propre conception de la réalité sociale* »[7] : « *la séparation jugement de valeur_jugement de fait n'est* [dès lors] *que le résultat théorique inévitable d'une démonstration ayant pour prémisse le type idéal* »[8].

Discerner dans les activités routinisées les signes d'une adhésion tacite aux injonctions de l'autorité tutélaire n'équivaut dès lors en aucune manière à une condamnation, à un jugement d'intention à l'encontre de ceux qui surent mieux que d'autres s'acquitter (ou échappèrent à la surveillance policière et à la dénonciation publique) des obligations imposées par le régime. La mémoire des événements est parcourue de ces faits reconnus comme atypiques, non contingents, imprévisibles, crédités d'une signifiance et d'une fonction proprement symbolique que les approches historiennes et sociologiques viennent remettre en cause en ouvrant de nouveaux débats sur la scène publique. Les souvenirs enfouis sous un voile pudique, plausible conséquence d'une *volonté* de non-savoir, resurgissent à la faveur de la violation des principes implicites organisant les conditions de l'oubli institutionnel : la nécessité éthique d'un travail de mémoire doit s'affronter à la tentation de juger le passé selon nos propres catégories morales. « *La croyance, vivante en chacun de nous sous une forme ou une autre, en la validité supra-empirique d'idées de valeur ultimes et suprêmes auxquelles nous ancrons le sens de notre existence n'exclut pas, mais inclut la variabilité incessante des points de vue concrets sous lesquels la réalité empirique prend une signification. La réalité irrationnelle de la vie et sa capacité en significations possibles restent inépuisables ; aussi la structure concrète de la relation aux valeurs reste-t-elle mouvante, soumise qu'elle est aux variations possibles dans l'avenir obscur de la culture humaine* »[9]. Le risque n'est-il pas grand de confondre dans un même mouvement fiction et réalité à mesure que la dénonciation des termes mêmes du consensus s'apparente à une réécriture légitimante de l'histoire ? « *La place de la victime n'est pas le fauteuil du juge* »[10] ; au-delà de l'invocation au maintien d'une séparation et d'une délimitation des sphères de compétence clairement établie, une telle proposition ne résiste pas au reflux de pans entiers de la mémoire individuelle trouvant face à elle une demande sociale relayée par un champ éditorial en quête de témoignages édifiants et circonstanciés. Les manifestations de la mémoire collective et les conditions de son émergence (complaisante, anamnestique, sélective, politique, unifiée, plurielle, encadrée, longue, parcellaire, résistante, falsifiée) sont fonction de la composition et de l'aménagement des différentes perspectives temporelles ayant partie liée avec des événements en cours d'objectivation et endossant par là même une consistance provisoire dans laquelle une partie au moins de la communauté peut reconnaître ses propres attentes. La construction sociale de l'événement consiste en « *une activité constituante située dans le temps, lui [reconnaissant] une structure temporelle et [l'ancrant] dans une organisation, socialement et historiquement déterminée, de perspectives* »[11]. Le silence entourant la factualité de l'événement et les conditions du vivre-ensemble constitue-t-il le signe manifeste d'un apaisement, d'une volonté d'en effacer la part obscure, d'une mauvaise conscience, de la crainte de ne pas être compris ? Les raisons

d'occulter les compromissions s'affrontent aux scansions de cultes mémoriels rappelant l'existence de réseaux de résistance et de foyers d'insoumission souvent absents de la morgue des célébrations officielles. La convocation de la mémoire nécessite de rompre le charme d'une mémoire de l'esquive, de rendre certaines données à leur hétérogénéité constitutive, de décrire les schèmes d'action possibles sans prétendre pour autant donner au *récit* une amplitude qu'il ne peut être en mesure de revendiquer. Si certains intellectuels en Allemagne voudraient tourner la page et pouvoir choisir leurs propres modalités du souvenir[12], d'autres caressent le désir de trouver un langage commun à toutes les souffrances humaines favorisant la remémoration d'épisodes sombres de l'histoire du pays : « *Ce qui a toujours un son étrange et dérangeant est qu'on ne rappelle que tardivement et toujours encore en hésitant les souffrances infligées pendant la guerre aux Allemands. Les conséquences de la guerre commencée sans scrupule et poursuivie dans le crime, à savoir la destruction des villes allemandes, la mort de centaines de milliers de civils dues au bombardement en surface et l'expulsion, la détresse de douze millions d'Allemands de l'Est prenant la fuite, cela n'était évoqué qu'en fond de tableau. (...) Ainsi, bien des choses restent tues, même quand elles se pressent à la conscience de façon répétée comme des souvenirs douloureux* »[13].
L'inscription matérielle dans le paysage urbain du souvenir des exactions ne rend pas nécessairement plus lisible le legs du passé, ni les conditions de transmission de cet héritage mieux acceptées : la vulgate commémorative s'apparente dès lors à une intrusion dans un espace que certains voudraient vierge de toute atteinte et délesté des affres de la culpabilité ; réminiscences et phénomènes de rémanence se télescopent en donnant à voir une représentation esthétisante de la réalité. Les dispositifs interactifs imaginés par Jochen Gerz[14] ou Frieder Schnock en vue d'éveiller une sensibilité à l'événement suppléent avec réussite, mais en ouvrant à d'autres questionnements, à l'exigence d'exactitude de la mémoire_ « *Ce passé on ne*

peut le vivre, c'est un héritage impossible. Il est impossible d'établir une relation juste avec l'absence, il y a même un non-sens là-dedans. L'œuvre dans toute l'opulence de ses qualités visuelles, de sa visibilité même ne peut pas traiter l'absence de façon adéquate. (...) Il faut que l'œuvre fasse le sacrifice de sa présence afin que nous puissions nous rapprocher du noyau central de notre passé. Nous ne pouvons pas rester à la périphérie de notre passé. Il faut retrouver la place de la responsabilité»[15]. L'art comme mise à distance de la vérité historique[16], véritable envers des expériences fusionnelles vécues en leur temps par les témoins des décorums et entrées en scène du Führer.

L'identité des personnes et la qualification des "objets" sont redéfinies au gré du déplacement des enjeux, du besoin exprimé par les individus de sortir de l'obscurité certains faits laissés en souffrance impliquant un ensemble d'agents ou un groupe social en particulier : la mise en évidence des *raisons* d'agir est bien souvent insuffisante à *expliquer* certaines conduites, tant il appert qu'elles sont loin de toutes relever d'une problématique authentiquement causale. L'action exercée par un individu sur un autre est rarement pure de toute interférence avec son environnement ; les chaînes causales sont subordonnées aux conditions formelles structurant les relations de réciprocité. Les critères de distinction et d'identification d'une intention supposent la mise en évidence de croyances et de désirs _jugés plausibles au regard du point de vue adopté_ prêtés à tout agent placé dans une configuration sociale identique : l'*intensionnalité*[17] des énoncés décrivant en creux la nature particulière des raisons à l'origine du comportement des agents permet d'affirmer que les relations causales ne sont en aucune manière validées sous toutes les descriptions. La difficulté à discerner parmi la multiplicité des causes possibles d'un événement celles participant effectivement à sa formalisation repose implicitement sur le postulat que « *la chaîne des raisons a un terme alors que la chaîne des causes n'en a pas*»[18].

La délation optique[19], l'interpénétration des intérêts individuels, le quadrillage et la mise sous surveillance de l'ensemble de la société empêchaient l'agent de s'attribuer ou d'imputer directement à autrui la responsabilité d'une action (hormis précisément dans l'acte de dénonciation des agissements suspects). La connaissance des pensées, des désirs et aspirations de l'autre n'était pas assujettie à des conditions strictes de vérifiabilité : la présomption de culpabilité avait pour effet d'accoler une identité *fictive* à l'agent incriminé, identité participant de son éviction de la communauté nationale. La tentation de ne pas rechercher de relation de conjonction constante entre des événements interagissant aboutit à déduire de raisons *probables* les causes *certaines* de l'action d'autrui : la causalité ne pouvant être établie selon les critères formels de l'*indépendance logique*, de l'*extensionnalité* et de la *directionnalité*, il y a dès lors tout lieu de référer les conduites individuelles à un changement d'état du système social et de postuler l'usage de la confiance comme d'une interface entre le système et les acteurs qui y évoluent. « *On a trop souvent examiné l'intérieur des intentions, des motifs, en oubliant qu'agir signifie avant tout opérer un changement dans le monde. Dès lors, comment un projet peut-il changer le monde ?*»[20]. Si tout changement constitue un événement en soi, deux événements liés en apparence l'un à l'autre par une relation de cause à effet doivent pouvoir être subsumés sous une loi générale : selon Davidson, si l'on parvient à établir qu'un événement mental $\varkappa$ (croyance, perception, description) est cause d'une action y (événement actanciel), leur interdépendance relève d'une loi dite *stricte* définissant les propriétés d'un système fermé. L'approche systémique repose sur le postulat d'une compétence sémantique des acteurs sociaux : les schèmes ordinaires et procédures d'explication de l'action, les contenus de pensée, les attitudes propositionnelles, les significations

51

partagées sont présupposés dans toute démarche compréhensive du sens visé de l'action. Les individus sont considérés comme aptes à se mouvoir au cœur des systèmes en participant de leur permanence : ils sont les indispensables agents de liaison grâce auxquels les informations peuvent circuler d'un système à un autre. L'appréhension de l'action réciproque en terme de "système fermé" offre l'avantage de souligner le « *savoir-faire nécessaire pour identifier l'état initial d'un système, l'isoler et définir ses conditions de clôture* »[21] : « *L'intervention consiste à conjoindre le pouvoir-faire dont un agent a la compréhension immédiate avec les relations internes de conditionnalité d'un système. [La clôture du système] n'est pas donnée en soi, mais toujours relative aux interventions d'un agent qui peut faire quelque chose. L'action réalise ainsi un type remarquable de clôture, en ceci que c'est en faisant quelque chose qu'un agent apprend à isoler un système clos de son environnement et découvre les possibilités de développement inhérentes à ce système* »[22]. Le pouvoir de porter préjudice à autrui par la voie légale, le "devoir citoyen" de dénoncer les écarts à la norme accentuaient le sentiment d'oppression : un climat de suspicion et de compétition pesait sur les rencontres qui n'étaient pas placées sous le sceau de l'amitié ou de la philia, autrement dit au sein desquelles la confiance interpersonnelle (*trust*) était absente. Ce qui relevait auparavant de la plus absolue banalité, de la routine, nécessitait une forme de dépassement de la psychologie ordinaire comme condition de la préservation de soi : en raison des coûts élevés de la désobéissance et des comportements déviants, les conduites individuelles se conformaient à une rationalité égoïste (prédominance des intérêts sur les préférences), imparfaite (difficulté à agir au mieux de ses préférences), stratégique (non paramétrique[23]), subjective, immatérielle (la recherche d'avantages matériels ne constituant pas la finalité exclusive au fondement des engagements dans l'action) et non archimédienne (les différentes dimensions de l'action ne sont pas substituables l'une à l'autre). Les agents étaient fréquemment placés dans une situation de *choix forcé*, voire de *satisficing* : les habitudes s'effaçaient devant la primauté de certaines valeurs sociales s'imposant à eux de par l'application de sanctions que leur transgression provoquait. La subordination des sphères institutionnelles aux visées de la doctrine national-socialiste n'entraîne pas *de facto* l'utilisation de schèmes déterministes qu'il suffirait d'apposer sur les faits sociaux ou à un domaine de réalité donné pour en saisir toute la complexité : les programmes (actionnisme, interactionnisme, utilitarisme méthodologique, systémisme, théorie du choix rationnel[24]) et les différents schèmes et modèles (actanciel, fonctionnel et économique) doivent être convoqués en vue de souligner la place centrale de l'individu dans l'économie générale de pratiques se constituant en dépit des contraintes fortes pesant sur les interrelations. Au-delà d'un apparent lieu commun, nous voudrions opposer une fin de non-recevoir à certains programmes théoriques catégorisant les comportements en les réduisant à l'une de leurs manifestations : la tripartition historienne, passée dans le langage courant, d'une société composée de collaborateurs, de résistants et d'indifférents "essencialise" les conduites au point de retirer toute valeur heuristique aux démonstrations développées. Que le sens commun n'en retienne que ce qui contribue à un accord de la théorie et de l'intuition ne peut que nous inciter à en discuter la pertinence. Si certaines conduites peuvent bien entendu être intentionnelles sans être pour autant rationnelles, l'interprétation que nous souhaiterions soumettre postule l'existence de mécanismes d'agrégation d'actions individuelles relevant essentiellement des approches rationnelle et systémique : l'agent social évoluait dans un environnement désinstituant certaines activités routinisées, créant obligations et devoirs envers le peuple (donc envers soi-même) et prescrivant des affiliations à des cercles sociaux non désirées. Les attentes de rôle, les engagements mutuels à coopérer devaient s'accommoder des risques inhérents à toute relation de réciprocité ;

l'imprévisibilité des conséquences involontaires et perverses de ses actes, l'interférence de croyances spontanées et de règles informelles tendaient à soumettre toute situation d'interaction aux critères de la rationalité limitée. La pérennité du système politique reposait sur la stabilisation des affects, des schèmes d'action, des intérêts comme des préférences. Le principe de charité commande d'accorder davantage de prérogatives, de facultés, de volonté aux acteurs qu'ils n'en revendiquent pour eux-mêmes dans leur quotidienneté : en ce sens, les conduites relèvent d'une description idéalisée accentuant unilatéralement certains traits pour en faire ressortir les significations présupposées. Elles s'inscrivent de fait dans la démarche nominaliste wébérienne scellant le double rejet des valeurs ultimes et de l'objectivation des faits sociaux : refusant l'invocation de concepts hypostasiés et d'instances transcendantales, Weber dénonce la subjectivisation de la raison en constatant l'impossibilité dans laquelle toute discipline scientifique est placée de pouvoir engager une délibération rationnelle sur les fins dernières de l'action[25].

La doctrine nazie était d'inspiration nietzschéenne dans la tonalité des propos qu'elle adoptait pour décrire ce qu'elle considérait comme étant une situation de déclin civilisationnel et de décadence des mœurs (les emprunts ne dépassaient guère le stade de l'évocation) ; en rendant certaines valeurs objectives à leur signification originaire, le processus de réenchantement incitait les acteurs sociaux à se détourner des chimères de la fraternité interpersonnelle. Le nazisme proposait une voie originale entre modèles décisionniste et technocratique, une république fonctionnariale (dont la légitimité reposait toute entière sur une autorité charismatique et les principes d'acclamation et de foi inconditionnelle la fondant) réifiant les valeurs publiques en vue de permettre aux aspirations individuelles de trouver dans l'espace public un cadre propice à leur actualisation. L'ethos bureaucratique s'insinuait au cœur des actions réciproques et dans les manières d'être et de paraître. Les questions métathéoriques, ontologiques et idéologiques du chercheur s'affrontent à une réalité dont il tente de réduire la complexité, à un arbitraire des valeurs qu'il s'applique à reconstituer et à la nécessité d'énoncer réflexivement des constructions analytiques en fonction de l'idée qu'il se fait d'une situation donnée et des positions occupées par les agents. « *Une forme de "mise en intrigue" réunit spéculativement les fragments chaotiques de la réalité en une totalité fermée qui réorganise les éléments contingents en une série onto-téléologique ordonnée investissant rétrospectivement les événements individuels d'une signification* »[26]. Il ne peut ignorer les propositions épistémiques et éthiques fondant son propos ; à moins d'ôter aux faits de leur substance, ce qui reviendrait à faire de la sociologie une discipline autonome, autopoïétiquement fermée[27], la modélisation de la réalité, la conceptualisation des phénomènes sociaux en domaine d'objets relèvent de considérations métaphysiques. Les hypothèses constituent des affirmations ontologiques implicites : la présomption d'innocence comme de culpabilité transparaît dans toute démarche interprétative, de l'individualisme méthodologique jusqu'au fonctionnalisme parsonien[28], *a fortiori* pour toute question afférente à une période sensible de l'histoire du temps présent. Les constructions idéaltypiques laissent apparaître les catégories cognitives, normatives, existentielles du chercheur davantage que celles utilisées par les acteurs sociaux dans leur existence quotidienne, les intérêts de connaissance (*Erkenntnisinteresse*) étant commandés par le souci de faire prévaloir la légitimité du point de vue adopté et la pertinence de la sélection des faits jugés signifiants. La fécondité de toute démarche scientifique tient dans l'irréductibilité des points de vue, la disjonction entre catégories épistémiques et sens commun fondatrice de points de vue différenciés sur le monde. Weber s'oppose ainsi à l'idée que les jugements de valeur irrationnels et les questions morales soient autre chose que de simples prémisses du raisonnement (contrairement au cognitivisme éthique de Habermas). Le relativisme éthique et la neutralité axiologique ne sont pas *axiologiquement neutres* ; en déniant toute validation des principes et normes issus des délibérations entre agents sociaux, l'épistémologie wébérienne scinde en quelque sorte la société des représentations individuelles qui la fondent en accordant aux « *politiciens la liberté de poursuivre passionnément leurs valeurs privées dans la sphère publique* (...) *nous sommes donc fatalement laissés avec le démonisme dans la sphère privée et le décisionnisme dans la sphère publique* »[29]. Les conduites, même rapportées à la seule rationalité en finalité, sont, en toute rigueur, investies d'une perspective proprement éthique assimilant la personnalité d'un individu à l'une de ses occurrences manifestes. Il nous semble illusoire de prétendre vouloir affronter une "réalité" se dérobant sans cesse davantage aux tentatives de systématisation, de formalisation et de rationalisation communes à la plupart des approches disciplinaires. Parallèlement à l'élaboration d'idéaltypes donnant naissance à une réalité modélisée grâce au recoupement des sources et des informations collectées, il nous faut définir les moyens permettant l'analyse des relations entre les caractéristiques objectives d'un contexte historique et leur incidence sur la construction de la réalité par les individus qui en subissent les formes contraignantes. La réflexion méthodologique se doit de poser les conditions d'obtention des éléments susceptibles de « *tester l'interprétation générale et le sens des relations mises en évidence par l'élaboration de la typologie* »[30] : le risque d'introduire un mode de pensée classificatoire disposant plus ou moins arbitrairement les acteurs sur un axe de conformité au système menace l'intelligibilité même des interactions sociales et la compréhension des schèmes d'action mis en œuvre. Tout événement était investi d'un "sens" individué en fonction de la configuration sociale particulière à laquelle chaque existence était en quelque sorte liée. « *Une réalité ne reçoit le statut de* fait *qu'à partir du moment où elle est observée et décrite. Voir, être certain de ce que l'on voit, ne suffit pas à établir des faits. Il y faut une proposition, une intention insérées dans un système logique de référence. Mais aussi la conscience d'une interprétation et un mode de savoir-faire. La réalité n'est reconnue comme fait que par le témoignage. Et le fait n'existe pas sans le témoin. Juxtaposer des faits ne suffit cependant pas à constituer un témoignage. Celui-ci n'existe que par le récit et l'interprétation* »[31]. Certes, les souvenirs ne parlent pas d'eux-mêmes, mais quels souvenirs ? sous couvert de quelle procédure évaluative (intuitive, inductive, incitative, contrainte ?) peut-on dire d'un fait constaté, vécu ou relaté par un tiers qu'il "fait" véritablement événement ? Etre témoin auriculaire, oculaire, participant ou non des actions évoquées confère une forme de légitimité publique ne présageant en rien de la qualité de la restitution, de l'analyse circonstanciée et de la nécessaire prise de distance _peu d'individus ont les capacités d'observation, de mise en récit d'un Pérec et si l'on ne saurait s'en étonner, du moins nous faut-il en souligner les inévitables conséquences. En définissant l'idéaltype comme « *un tableau de pensée réunissant des relations et des événements déterminés de la vie historique* en un cosmos non contradictoire de relation pensées (nous soulignons) »[32], Weber souligne l'une des limites proprement constitutives de la démarche compréhensive qu'il initie : le processus de réduction opéré révèle ce qui, dans les attitudes comme dans les représentations des acteurs sociaux, se soustrait invariablement au cadre de l'analyse. D'une certaine manière, chaque étape de l'objectivation, le choix des modalités de l'enquête, le relevé des données empiriques démontrent les conditions de dépendance à l'égard des valeurs défendues par chacun des acteurs mis en présence : il n'est, en ce sens, pas fortuit qu'il se soit attaché à l'étude d'"individualités historiques", « *significatifs dans leur singularité* »[33] ne pouvant relever pour des raisons évidentes d'une méthodologie proprement sociologique. La désynchronisation et l'achronie des expériences, le morcellement et l'absence d'unité entre les discours, le désir d'oubli et le "devoir" de mémoire conduisent à une forme de distorsion des faits facilitant leur inscription dans une représentation en idéaltypes de la réalité. Les sémiophores, le matériau archivistique, les supports sonores constituent les sources les plus communément utilisées dans l'historiographie contemporaine[34] ; ils procèdent de la tendance à la "patrimonialisation", à la volonté éperdue de conserver une trace des faits, décisions et pratiques pour des raisons didactiques, informationnelles ou simplement formalistes. La difficulté lorsque l'on est en possession d'une archive administrative consiste le plus souvent à en déchiffrer, par-delà les écueils syntaxiques et lexicaux, les significations implicites ; chaque document possède sa propre ascendance, ses renvois, ses sous-entendus déstabilisant les quelques certitudes du néophyte. Ce que nous souhaiterions mettre en exergue pour l'heure se situe néanmoins à un tout autre niveau : il est admis dans le champ disciplinaire sociologique que la spécificité de l'objet "commande" l'usage de la méthode ; de plus, « *privilégier le mode de pensée classificatoire à travers l'enquête statistique tend à développer une sociologie plus déterminante [risquant] de devenir déterministe en passant du raisonnement en probabilité à l'établissement de lois. Privilégier les méthodes de l'approche dite qualitative tend à mettre au jour les marges de liberté dont disposent les acteurs sociaux, mais la démarche comporte le risque de faire oublier les contraintes à l'intérieur desquelles ils agissent* »[35]. La conformité de l'idéaltype à la rationalité en finalité (telle que Weber le préconise) est passablement restrictive : le réel est trop complexe pour que nous puissions espérer le réduire à certaines combinaisons logiques de variables indépendantes, *a fortiori* si les méthodes d'enquête quantitatives sont inapplicables en l'espèce. Une analyse typologique, reposant sur des types idéaux assujettis à toutes les formes de rationalité, peut-elle dès lors constituer une méthode d'enquête en tant que telle ?

Les intuitions de base doivent prendre en compte et s'accommoder de l'imprévisibilité et de l'impondérabilité de certains faits, de l'enchevêtrement des motifs, de conséquences non voulues : pour comprendre comment un régime a pu se maintenir en dépit de ses incohérences, de ses dysfonctionnements, de contraintes fortes et de l'exercice d'une violence inconsidérée le rendant impopulaire auprès de la société civile, la participation (ne valant pas nécessairement acquiescement) d'une frange non négligeable de la population doit être posée au moins à titre d'hypothèse. « La dimension collective est au cœur des systèmes de vérité impliquant des témoins »[36] : le recoupement des informations produites par la situation d'entretien est délicat (cela suppose de trouver des agents placés dans des cadres d'observation identiques, ayant des schèmes d'action proches et des systèmes de valeur et d'interprétation sensiblement similaires) et il ne nous semble pas abusif de relever la probable impossibilité dans laquelle un individu se trouvait de pouvoir saisir avec acuité et discernement les mécanismes à l'œuvre, les processus complexes dans lesquels il était engagé. L'entretien, s'il offre une incontestable plus-value et des bénéfices notoires pour connaître la façon dont un individu réélabore sa propre expérience passée, reconstruit ses souvenirs en étant attaché à respecter une linéarité discursive essentiellement chronologique, à accorder foi à sa propre vision des faits et au jugement d'une contextualité convoquée par ses soins, ne saurait constituer à lui seul sa propre fin.

L'individu est un agent rationnel, réflexif, doté de visées et d'aspirations subjectives, susceptible d'expectations et de projections élaborées qui en font un *zôon politikon*, soucieux de se ménager des "niches" de liberté, aussi dérisoires et suspendues à la pure contingence nous apparaissent-elles un demi-siècle après les faits. La prise en compte d'actions jugées pertinentes dans des types constitue l'étape liminaire supposée permettre l'évaluation de l'écart entre le modèle et les faits recensés : l'énoncé des obligations posées par les différents systèmes comme signes d'une intériorisation des contraintes de la vie collective vient interroger l'imputation causale postulée initialement entre les différents points de vue et éléments extraits de la factualité. La typologie de J.H.Golthorpe[37] construite autour des différents modes d'orientation et de relations au travail peut dans cette mesure être réinvestie : les types idéaux de l'orientation *instrumentale, bureaucratique, systémique* et *solidariste* permettent la description des *types de relation aux systèmes* en vertu de déterminations rationnelles différenciées (bien que confondues dans les conduites quotidiennes). Le premier type d'orientation réfère aux actions rationnelles en finalité restreinte (rationalité instrumentale-technique), le second aux actions rationnelles en finalité restreinte *et* élargie (rationalité formelle), le troisième aux modes opératoires des communications à l'intérieur des différents systèmes (rationalité systémique), le dernier aux actions rationnelles en valeur (rationalité matérielle).

Le paradigme systémique nous conduit à ne pas aborder la question identitaire sous l'angle de la dialectique Eux/Nous : l'unicité récente de discours devenus (momentanément ?) dominants, l'omniprésence de cérémonies célébrant essentiellement le souvenir de l'oppression d'un "groupe" social spécifique, la parcimonie des référents communautaires dans la plupart des recensions factuelles (hormis ceux qui ont été amenés sous la contrainte à vivre une expérience collective) en discréditent le recours. La construction des identités sociales s'effectuait alors à l'aune des différentes positions occupées par l'agent au cœur des systèmes et des possibilités qui lui étaient offertes de s'aménager des marges d'autonomie en coopérant. Le concept du *Nous* ressort à une abstraction subsumant des dimensions antithétiques correspondant à la perception actuelle de la réalité passée, il est l'émanation d'enjeux et de luttes politiques autour de la mémoire (faut-il y voir l'expression d'une distance réflexive à l'événement ou le symptôme plus profond d'une rupture volontaire à l'événement ?). Les identités étaient négociées dans les limites posées par le contexte, faisaient l'objet de transactions aux suites incertaines en raison des informations parcellaires à la disposition des sujets ; les attitudes et les logiques d'action n'en étaient guère dissociables et, de fait, participaient à la consolidation des principaux systèmes. La typologie des modes de relation aux systèmes autorise la prise en charge de ce qui constitue en propre la culture "sensible" et, plus généralement, l'intelligence du social afférente à la période : la nature singulière de l'événement ne pouvait être convenablement mise en perspective par les agents "frappés" d'apathie ou de déréliction _l'absence d'horizon d'attentes (certains auteurs parlent à ce propos de *tyrannie du présent*) les condamnant à en subir les effets négatifs avec davantage d'acuité que les autres[38]. Les aspirations individuelles ne pouvaient être que limitées, indexées sur la quotidienneté et ses aspérités ; dans le même temps, la préservation des intérêts égoïstes prévalaient, compte tenu des risques engendrés par les manifestations non conformes aux principes d'existence prescrits, sur les projets d'action collective concertée : la coopération aux systèmes, bien qu'elle ne constituât pas une garantie à l'épreuve de l'irrationalité des décisions politiques, demeurait l'unique voie empruntable. Paradoxalement, elle devait participer de la déstabilisation du régime en suscitant les convoitises, les prébendes et en générant des irritations systémiques : la confiance institutionnelle allait y exposer ses propres limites.

L'énoncé des contraintes, la nature des mesures oppressives et discriminatoires expliquent partiellement l'attentisme, une forme de renoncement à vouloir influer sur le cours des événements voire l'expression d'une improbable indifférence ; en partie seulement dans le sens où il nous semble légitime de tenter de nous soustraire aux lieux communs et prénotions savantes ayant valeur de loi d'explication causale ultime satisfaisant apparemment aux critères de véracité et de plausibilité exigés par le sens commun. La catégorisation tripartite de l'historiographie y trouve une résonance particulière bien qu'elle n'ait qu'une validité heuristique limitée : les actes individuels ont un degré d'incomplétude lié à la part inhérente de contingence de toute situation (qui le dispute en complexité à la multiplicité des raisons ayant pu pousser un individu à agir ou à se mettre en retrait). Dit autrement, l'agent trouve une place déterminée mais révocable dans la mémoire collective dès l'instant où l'une de ses conduites paraît traduire ostensiblement une nature en quelque sorte intrinsèque servant les intérêts actuels de la communauté. Cette représentation de la réalité épouse le sens commun sans trop s'encombrer des conséquences que ces modalités de lecture du passé pourraient avoir sur notre sensibilité au temps présent. Qu'un ancien président de la République ait pu avoir une personnalité multiple et ambigu alliant successivement ou concurremment plusieurs dispositifs comportementaux adaptés aux circonstances et aux raisons qu'il se sera lui-même fixé ou qui auront été dictés par l'événement ne devrait tout au plus susciter qu'un légitime souci d'éclaircissement et de connaissance. Pourquoi veut-on qu'un "prince" soit blâmé sur un passé trouble, placé sous les feux de l'actualité éditoriale, judiciaire et médiatique, alors même que seule son activité d'homme d'Etat appartient de fait au domaine public et se trouve par là même dans cette seule perspective passible d'un jugement devant l'Histoire ?[39] Les emprunts conceptuels au champ psychanalytique constituent de commodes expédients supplantant les insuffisances de programmes théoriques longtemps soucieux d'établir des frontières hermétiques démontrant l'utilité (la supériorité ?) de leur démarche (H.Rousso en a justifié le recours en soulignant le *pouvoir d'évocation* des référents psychanalytiques) : la présence de *signes* d'une pathologie liée aux événements confine au lieu commun. Les médias semblent par instants au service du politique tant leur approche de la question est investie de prénotions empruntées au champ scientifique appelant au consensus des valeurs et des points de vue. Une approche sociologique du nazisme, en tant que vecteur idéologique et *système* politique, se situe à l'intersection de différents champs disciplinaires et de programmes théoriques spécifiques à l'intérieur de ceux-ci, le paradigme systémique présentant l'inestimable avantage de ne pas relayer le sens commun dans ses développements et son souci de cohérence démonstrative. Toute la difficulté étant de parvenir à intégrer dans un modèle interprétatif les réactions d'une population bousculée dans ses routines et ses activités coutumières, de mettre en perspective les risques objectifs de dissociation de multiples groupes sociaux et de vérifier l'adéquation des instruments de propagande et de répression.

Ni « *réeffectuation du passé* », ni « *connaissance historique fondée par les œuvres émanées des consciences* »[40], « *l'être-comme de l'événement passé* »[41] s'appuie sur l'opérativité de concepts sans lesquels le fait historique ne se laisserait pas appréhender sous une unité de sens. « *On ne peut raconter un événement, représenter une structure, décrire un processus sans que soient employées des notions historiques permettant de saisir le passé. Or toute conceptualisation dépasse la singularité passée qu'il s'agit de comprendre. Il n'est pas un seul événement singulier qui se laisse raconter dans des catégories d'une unicité semblable à celle que l'événement singulier peut exiger à bon droit* »[42]. La conception dynamique et intersubjective de l'individualité des événements mise en exergue par R.Koselleck souligne la dimension notoirement aporétique de l'approche considérée : en l'absence de débat sur la scène publique, quels concepts sont-ils à même d'assumer une fonction constituante de nature à articuler les situations historiques, à dé-distancier l'événement de manière à lui redonner une proximité le rendant

63

réappropriable et familier. Les formes de socialisation promues laissaient en définitive peu de latitude aux agents de poursuivre leurs activités routinières d'avant-guerre : la méfiance, la suspicion, les pratiques de délation répondaient en écho aux mesures discriminatoires remettant en cause leurs droits les plus élémentaires. Le foisonnement de mythes en est bien souvent le signe incident ; certains d'entre eux préparèrent-ils le terrain à une acceptation tacite (sous la forme de l'apathie, de l'attentisme, de l'indécision ou de l'accommodement) des formes de pouvoir vichyste et nazi ? Les dimensions plurielles de l'événement ont été depuis en quelque sorte recouvertes d'un halo commémoratif, d'une logique de la mêmeté dont on peut s'étonner, tant leur univocité semble destinée à soustraire la collectivité de doutes légitimes. Il y a loin de la contrainte par corps d'une législation nazie, souveraine et peu soucieuse de s'allier les consciences à la fiction d'un combat pour la France. La question d'un fédéralisme[43] ou d'une "Europe unie des Etats", les débats ayant entouré la réunification, les tensions nées de la possible (bien que très hypothétique) résurgence d'une politique de puissance, la crise présumée de l'identité nationale allemande, la question des suffrages frontistes laissent présager de la difficulté d'une prise de distance à l'égard d'une période de notre histoire qui continue à susciter la polémique. Le silence de certains vaut-il aveu de responsabilité, de faiblesse du lien politique et communautaire contredisant le mythe d'une communauté unie dans l'adversité ? En paraphrasant la proposition de Yerushalmi[44] et en la déclinant selon d'autres modalités, une population ne peut avoir oublié ce qu'elle a choisi d'omettre, le passé dans ses morphologies éphémères se rappelle au souvenir de ceux qui ne peuvent vivre dans une totale ignorance de ce qui a été fait, dit, préservé ou trahi. La conscience d'une communauté de destin affleure-t-elle désormais de ces expériences extraites de leur réclusion, de ces incitations à témoigner, à produire un récit ou faut-il s'arrêter un instant au constat que la déstructuration partielle de certains groupes constitués à l'époque des faits limite considérablement les possibilités de voir émerger une identité de sentiments postérieure aux événements et répondant au souci d'une légitimation sans cesse à définir ?

1.2. L'historien, un "témoin" assermenté ?

Les reflux mémoriels contemporains ne sont plus en butte à un refus de dialogue, à une absence de volonté d'écoute, ni exposés à une procédure de dessaisissement de même nature que ceux auxquels les témoins et rescapés durent faire face dès la restauration des lois républicaines. La condamnation de l'activisme antisémite et collaborateur du régime vichyste ne nous semble pas remplir les conditions de contre-exemplarité, d'anti-modèle assumé par d'autres événements, faits et comportements illustrant de manière paradigmatique la période étudiée. La déclaration du Président de la République en 1995, lors de la commémoration du Vel' d'Hiv', a permis de rappeler que seul *le* politique est à même de condamner une faute qui relève de son propre cadre d'explicitation :

« *Ces heures noires sont une injure à notre passé et à notre tradition,*
oui, la folie criminelle des occupants fut secondée par des Français, par l'Etat
français ».

La loi Gayssot, en dépit du bien-fondé de l'élargissement de la compétence du juge pour ce qui touche aux atteintes à l'intégrité et au respect de la personne, oriente la sanction judiciaire, prononcée en stricte application de la règle de droit, dans le sens d'une passation de compétence concédant aux

65

tribunaux le pouvoir exorbitant de *"dire l'Histoire"* en lieu et place des spécialistes de la discipline. Le recours à l'expertise historienne s'est traduit par une ingérence du champ juridique dans la sphère scientifique, une instrumentalisation d'un savoir mis au service d'une conception de la justice en appelant d'une vérité historique indiscutable pour juger de la culpabilité exemplaire d'un individu et d'un système. De fait, monde politique, opinion publique et communauté scientifique semblent confier à l'institution judiciaire le soin d'avaliser l'Histoire en jugeant de la recevabilité de certains travaux et au-delà de la place de l'historien sur la scène publique. La judiciarisation du passé pousse l'historien dans les prétoires ; son témoignage fait passer au second plan les difficultés épistémologiques et méthodologiques de sa démarche, la relativité de ses interprétations et consacre un discours débarrassé de toute ambiguïté, adapté au lieu, aux formes rhétoriques particulières et aux attentes d'un auditoire en demande d'exposés de synthèse.

Ces témoignages tiennent leur validité de la réputation scientifique et de la position institutionnelle occupée par les témoins assermentés ; la responsabilité professionnelle de l'historien du temps présent est directement engagée dans sa déposition à charge ou à décharge : la vision personnelle des faits soulevés, le regard qu'il porte sur les hommes influencent certes directement le libellé du verdict mais trouvent surtout une forme de légitimité dans la conscience collective. La publicité donnée aux opinions savantes consacre une présentation simplifiée et réductrice de la réalité passée et compromet déontologiquement l'historien dans son rôle de passeur et d'observateur distancié (ce qu'il est en toute hypothèse puisqu'il n'a généralement pas vécu les événements qu'il décrit) : en se prêtant à l'exercice de divulgation de "preuves" et d'éclaircissement des modes de fonctionnement d'un système, il devient complice d'une procédure accusatoire qui vise à juger un gouvernement et une époque à travers le dévouement et l'obéissance de l'un de ses serviteurs. « *C'est attribuer à l'historien une capacité probatoire qu'il ne possède pas, ce dont il est, dans son métier, parfaitement conscient : l'un des plus grands risques de la démarche historique est précisément de succomber à la tentation de la métonymie, de prendre la partie pour le tout et inversement, et de croire que ce qui est vrai dans telle situation l'est forcément dans telle autre, toutes choses étant égales par ailleurs* »[45].

Le procès Papon crée un précédent en ouvrant une brèche dans le domaine de prérogative de l'écriture historienne ; l'autorité de la chose jugée remet en question les principes mêmes commandant le travail scientifique, les conditions de son énonciation et de sa diffusion. La parole de l'historien finit par suppléer celle du témoin ; elle n'a plus pour fonction d'en corroborer les dires mais d'en définir les limites d'expression. Elle la précède dans l'ordre hiérarchique des discours, préfigurant en cela l'avènement possible d'une justice sans témoins s'appuyant sur une reconstruction intégrale et hypothético-inductive des faits. La nature génocidaire et les formes prises par les conflits militaires et civils contemporains généralisent le recours aux juridictions d'exception et donnent à la recherche une place éminente dans le régime d'administration de la preuve juridique. Faut-il présager de la subordination du témoignage au récit historien des événements ?

En vertu de leur double composition rétrospective et prospective, la déposition du témoin et la démonstration scientifique devant un tribunal obéissent à des contraintes d'énonciation relativement similaires, même si elles n'engagent pas l'intervenant dans les mêmes replis de la conscience ; leur comparution répond à une sollicitation extérieure, un besoin exprimé par la collectivité de connaître leur interprétation de l'événement. La médiatisation de la parole se situe ainsi à la confluence d'une demande sociale_ la plupart du temps émanant des sphères judiciaire, scientifique et journalistique _, de conditions socialement définies d'expression de l'expérience individuelle, d'une capacité à pouvoir en exprimer les motivations et à mobiliser certaines ressources, à se voir doter d'une légitimité de représentant d'un groupe. La conformation des formes de l'exposé à la morale courante et leur adéquation aux circonstances singulières de l'interaction traduisent les luttes de légitimation à l'œuvre entre les différents acteurs ; un travail d'euphémisation parcourt les témoignages qui passent sous silence les compromissions intimes, anticipant la réception du discours auprès de l'auditoire. L'effet de socialisation (« *qui façonne les modes de maîtrise de la réalité, de perception et de mémorisation du monde social* »[46]) du procès finalise une pratique sociale, une position sur le marché des échanges linguistiques et offre un espace de constitution à une mémoire collective rationnelle-légale. Les attendus du jugement motivent un arbitrage inédit entre mémoire(s) et histoire, en détournant l'une et l'autre de leur vocation : ils entérinent le risque de clôture de la réflexion historique et la stabilisation mnésique des mémoires individuelles et collectives.

La labilité de tout témoignage, les réserves de circonstance entourant toute déposition portant sur des faits souvent éloignés dans le temps, la difficulté d'une mise en ordre du récit lorsque l'individu s'est mué en acteur directement impliqué et partie prenante de l'événement, la nécessité de justifier de ses choix, prises de position ou opinions, d'auto-légitimer ses actes en leur conférant un sens qu'ils ne recouvraient pas nécessairement alors constituent les "biais" communs à l'établissement d'un échantillon[47] ne pouvant en toute hypothèse prétendre à l'exhaustivité. Le témoignage, comme le récit, possède ses propres principes d'écriture, d'exposé et de diction qui ont en commun de se former au moment même où ils sont exprimés ; il n'en demeure pas moins soumis au principe d'historisation : « *L'histoire est quasi fictive, dès lors que la quasi-présence des événements placés « sous les yeux » du lecteur par un récit animé supplée, par son intuitivité, sa vivacité, au caractère élusif de la passéité du passé* (...) *Le récit de fiction est quasi historique dans la mesure où les événements irréels qu'il rapporte sont des faits passés pour la voix narrative qui s'adresse au lecteur ; c'est ainsi qu'ils ressemblent à des événements passés et que la fiction ressemble à l'histoire »*[48]. Le témoignage restreint, de par les sentiments et les émotions qui en émanent, la portée signifiante et exemplaire du récit historien ; ils entrent en concurrence et proposent une forme de hiérarchisation des savoirs acquis qui tend à limiter l'autorité du discours scientifique. Le récit biographique n'est plus dès lors une technique de recueil de données au service d'une discipline, mais un méta-discours à la fois descriptif et analytique, récit au-delà du récit, *narration* de l'événement visant dans un double mouvement à emporter la conviction et à surseoir pour une durée indéterminée à la critique.

La quotidienneté, les conditions toujours singulières de maintien des formes sociales ne se laissent pour autant appréhender que dans le recoupement des sources, l'évaluation de leurs apports respectifs eu égard aux impératifs de la recherche, le respect de règles constitutives de scientificité. L'analyse de contenu de témoignages n'a de sens que si elle est rapportée aux caractéristiques structurelles d'une situation historique donnée ; le "détour compréhensif" doit permettre de resituer les logiques de l'action dans leur ambivalence, leur duplicité constitutive et de porter les possibles non avérés à jour. L'oubli n'est pas l'antonyme de la mémoire : un peuple, pour conserver la trace de son passé, le souvenir des conflits qui l'ont traversé et éduqué, désigne des médiateurs, des "passeurs", des *« canaux et réceptacles de la mémoire »*[49], une tradition, une politique enfin de transmission mémorielle d'événements jugés essentiels dans la constitution de l'identité communautaire. La mémoire refusée d'un passé problématique suppose un consentement collectif éludant non seulement l'évocation de séquences historiques "sensibles", mais refoulant dans les marges de l'espace public la description de la trame des jours, la confusion des sentiments et les faits et gestes individuels et collectifs. La mémoire civique instruit un procès en légitimation des flux et reflux anamnésiques (à l'exception notoire de certains crimes d'Etat), elle dessine un "cadre" *institutionnel, politique* aux velléités de remémoration (sauf « *lorsque l'objet en est source de deuil pour le soi civique* »[50]) et tendances mémorialistes de recouvrement d'une image du passé par une autre. La Cité instruit ainsi une politique méthodique du souvenir et de l'effacement de ses dissensions, de ces épisodes historiques de rupture du lien social ; la restauration de la paix civile s'effectue dans l'instrumentalisation matérielle et métaphorique du malheur, dans son inscription monumentale. La symbolique des pierres se substitue au legs dialogique du vécu collectif, à la communion intergénérationnelle par évocation de l'expérience d'un événement déterminé.

« *La simple anticipation d'une telle exigence [à savoir le comportement constamment héroïque permettant la survie dans la dignité] rend extrêmement difficile toute communication sur l'expérience concentrationnaire, dans la mesure où il est très peu probable que ceux qui écoutent soient capables de se défaire de préceptes moraux et de conceptions de la dignité dont le caractère absolu constitue justement une bonne part de leur efficacité ordinaire* »[51]. Les conditions de passation de la mémoire des naufragés s'exposent aux scansions rhétoriques de l'indicible : l'unicité revendiquée de la Shoah dénie, bien qu'elle ne puisse se soustraire à la souveraineté du témoignage, à la parole des survivants la sacralité qu'elle accorde à ceux qui ont atteint les rives de la "zone grise". La mémoire des camps, la thématique de l'irreprésentable, la parole et l'image pour remédier à la quasi-absence de traces[52] constituent les contrepoints d'un discours en suspens, sans cesse réinstruit sur l'événement :

« *Pour moi, rien des camps n'est indicible. Le langage nous permet tout. Mais c'est une écriture interminable, jamais achevée, parce qu'aucune œuvre isolée ne peut donner par elle-même plus qu'une sorte d'allusion à des fragments de réalité, parce qu'il y a un infini travail de mémoire, d'anamnèse allant de pair avec l'infini travail d'écriture* »[53]. Tout se passe comme si un étatisme républicain repentant semblait devoir répliquer au risque d'émiettement commémoratif _consenti à travers la maîtrise d'une politique de délégation et de décentralisation des pratiques rituelles et esthétiques_ et au renforcement des différentes instances sociales de jugement, par l'adoption d'une pratique mémorielle réflexive, didactique mais privée du souvenir des conduites et opinions d'une large frange des acteurs contemporains des faits. L'absence de la "majorité silencieuse", en tant qu'acteur de l'histoire, des actes d'accusation procède du souci pour l'Etat, par l'intermédiaire de ses organes institutionnels, de se voir défini par opposition à un régime, dont un discours péremptoire s'évertue à dépeindre le caractère illégitime, invoquant un anti-républicanisme rétrograde, oubliant d'en souligner l'étroite parenté avec certaines pratiques[54]. En jugeant de la culpabilité d'un système à travers la responsabilité de l'un de ses serviteurs, les juridictions républicaines entérinent la prééminence de la mémoire afférente à l'expérience des camps d'extermination dans le débat public sur la parenthèse vichyste ; elles posent, dans le même temps, les conditions d'une résolution consensuelle et amnistiante des procédures intentées contre les bureaucraties d'Etat et les gouvernements. Pour preuve de cet apparent paradoxe les déclarations du premier ministre, Lionel Jospin, le 22 octobre 1997 à l'Assemblée nationale :

« *Y a-t-il une culpabilité de la France ? Je ne le crois pas. Oui, des policiers, des administrateurs, des gendarmes, une administration, un Etat français ont perpétré, ont assumé devant l'histoire des actes terrifiants, collaborant avec l'ennemi et avec la "solution finale". (...) il n'y a pas de culpabilité de la France parce que, pour moi, la France était à Londres ou dans le Vercors (...) le procès d'un homme ne doit pas être celui d'une époque, même s'il convient, en dehors des prétoires, d'éclairer les enjeux de cette période* ». Rhétorique ambiguë et normative d'une "France" divisée, mythique, résistante et exilée (intérieure et extérieure), impossibilité de juger une époque à travers le procès d'un homme. Mais dès lors qui juge-t-on, et que juge-t-on ? Un haut fonctionnaire, un collaborateur, un individu, une idéologie, un régime, l'histoire ? Décide-t-on de la nature d'une conduite en fonction de la morale civique passée, recontextualisée dans toute sa singularité ou au contraire à l'aune de la nécessité présente de compréhension de l'événement au risque d'absoudre, de condamner, de jeter l'opprobre publique sur ceux qui furent en leur temps (et pour des raisons éminemment politiques), au nom de la "réconciliation nationale", dédouanés pour partie de leur participation au vichysme ? Loin de nous l'idée de vouloir remettre en cause l'intérêt et la portée symbolique, paradigmatique de ce procès de la mémoire imprescriptible, de l'effacement impossible de la faute, mais quel crime spécifique a été porté à l'appréciation des jurés de la cour d'assises de la Gironde ? Envoyer Maurice Papon sous les verrous suppose qu'une punition adéquate ait pu ressortir du jugement ; en le condamnant à une peine à durée déterminée (dix ans de réclusion criminelle pour « *complicité de crimes contre l'humanité* ») _ce que ni son âge, ni son état de santé ne peuvent venir justifier au regard de la gravité des faits et de la personnalité du justiciable_ et non à perpétuité, la justice rend la sanction commensurable avec le crime commis, qui en devient expiable, réparable et donc pardonnable (alors même qu'il avait été affirmé « *La France, ce jour-là, accomplissait l'irréparable* » J.Chirac). Les apories soulevées par la nécessité de sortir d'une logique de la proportionnalité ouvrent la voie à un règlement pacifié, "politique" de la question : si la culpabilité du "fonctionnaire politique" (M.Duverger) Papon, en tant que rouage administratif ayant participé à la Solution finale, est un fait désormais validé par un acte de justice, l'étendue et la nature même de sa responsabilité reste problématique. En effet, « *la reconnaissance d'une responsabilité morale n'a de valeur que si l'on se montre prêt à en subir les conséquences pénales* »[55], ce que viennent contredire ses prises de position, son attitude et la tonalité générale de ses interventions tout au long des délibérations. Ce procès permet au politique de se réapproprier implicitement une partie de ses prérogatives souveraines, dont il a été partiellement dessaisi par le champ juridique (loi du 26 décembre 1964 ; arrêt de la Cour de cassation du 20 décembre 1985), visant la définition de l'appartenance citoyenne (la citoyenneté étant une "idée régulatrice" selon D.Schnapper), la délimitation d'un espace discursif de "résolution" du conflit, le pouvoir d'instrumenter le passé d'un agent de l'Etat, et à travers lui la possibilité de mise à l'index de certains corps constitués, pour ne pas avoir à juger de la responsabilité collective. Juger la fonction, les motivations présumées, l'opportunisme, l'aveuglement utilitaire plutôt que la conformité, l'obéissance, la "normalité", la contrainte des événements.

Du fait même de sa complexité, le procès Papon instruit la communauté de certaines idées-forces et considérations sur le sens de l'histoire : en dépit de l'avancée incontestable sur le plan juridique que constitue l'ouverture d'une instruction et de poursuites pénales, l'introduction de catégories conceptuelles ("criminel de bureau", "éthique bureaucratique", "agent d'exécution"...) idéaltypiques participe d'un déplacement des perspectives tendant à la réification des conduites et des motifs de l'action. A travers le personnage Papon, le gouvernement vichyste est jugé pour sa seule complicité dans la politique antijuive ; de fait, non seulement les individus n'ayant pas participé directement au processus d'exclusion n'ont pas à répondre de leurs agissements ni de leurs opinions passés, mais les conditions de l'adhésion au régime et à sa doctrine ne sont pas débattues, spécifiées et mises en perspective.

« *Que le droit soit un instrument de régulation sociale, en ce qu'il contribue à* *l'adaptation réciproque des comportements et par conséquent au fonctionnement* *harmonieux de la société globale ou des institutions, c'est difficilement niable.* *Mais cette régulation ne résulte pas seulement, ni même peut-être* *essentiellement, des effets directs, quasi-mécaniques, de l'application de la règle* *de droit, qui contraint les comportements à se plier à des prescriptions* *obligatoires : la régulation s'opère aussi à travers les effets symboliques du droit,* *par le biais des représentations liées à l'existence ou au contenu des règles* *existantes* »[56].

La quotidienneté ne peut s'abstraire de la force d'inertie des habitudes, du jeu des compromissions avec les valeurs éthiques, du souci de préservation de soi au détriment de l'intérêt collectif ; elle n'offre, en définitive, que peu de prise à l'inclination mémorialiste des peuples et de leurs milieux dirigeants. L'usure commémoriale, observée par G.Namer au début des années quatre-vingt, « *due d'abord à la multiplication des tonalités qui ont été imposées aux* *souvenirs* »[57], est une donnée factuelle incontournable : « *commémorer c'est* *jouer une représentation où le metteur en scène redistribue sans cesse les acteurs* *et les spectateurs. C'est vrai en particulier, de par la structure temporelle de toute* *commémoration, qui a tendance à aller, après un premier temps de fiction du* *passé se poursuivant jusqu'au mythe, vers une reprise du théâtre par les* *passions du présent, par les idéologies qui mobilisent acteurs et spectateurs, en* *une dramaturgie tournée vers un public futur* »[58]. L'actualisation du souvenir ne s'opère plus dans l'investiture d'un passé mythifié ; la perte d'audience du gaullisme de première obédience, le recul du parti communiste en tant que dépositaire de la contestation sociale, les avancées de l'historiographie et des sciences sociales dans la compréhension des enjeux politiques, idéologiques et culturels, le besoin de faire table rase d'un passé "problématique", le consensus républicain en dépit de la diversité des lignages politiques : l'énumération non exhaustive des facteurs influençant les formes politiques de sociabilité permet d'inférer de la difficulté d'investir un espace de légitimation reconnu comme tel par l'ensemble de la société civile. L'affirmation du caractère obsessionnel du souvenir de Vichy[59] est consécutive d'une évolution des mentalités, d'une sensibilité différente et évolutive à l'événement, d'une maturation de l'opinion populaire à l'endroit de la responsabilité de l'Etat français dans la politique de persécution des Juifs présents dans l'hexagone, qui est elle-même à la convergence des enjeux de mémoire, des conflits d'appropriation, à l'échelle nationale, des lieux et symboles de la lutte contre l'occupant. « *Les représentations mentales occupent une position stratégique dans la structuration des attitudes collectives. Elles constituent une articulation décisive entre le poids intrinsèque des héritages culturels et la puissance d'impact des événements extérieurs, entre la modification des équilibres internes sous les pressions contraires de rapports de forces qui reflètent les tendances profondes de l'univers mental et tout un enchaînement d'effets mécaniques liés à l'interaction d'influences multiples. Indissociables du travail de structuration de l'opinion, elles sont l'un des reflets de sa complexité et peuvent donc devenir elles-mêmes, à ce titre, objet d'analyse pour l'histoire* »[60].

1.3. Auschwitz, un événement incontournable ?

« *attaquant la question par des côtés si multiples et si divers, nous nous rencontrions au cœur même du sujet* »[61].

La compréhension du phénomène nazi s'institue à l'aune des camps de la mort ; le référent "Auschwitz" est en filigrane de toute analyse sur la période quels que soient l'enjeu de la démonstration, le poids des certitudes idéologiques du chercheur ou le souci d'exhaustivité de la démarche. « *Quiconque pénétrait dans un camp entrait dans une zone d'indistinction entre dedans et dehors, exception et règle, licite et illicite, où les concepts mêmes de droit subjectif et de protection juridique n'avait plus aucun sens (...) le camp est le paradigme même de l'espace politique au moment où la politique devient biopolitique et où l'homo* sacer *se confond virtuellement avec le citoyen»*[62].

L'histoire orale et l'accumulation de preuves tangibles ont démontré que le secret entourant la Solution finale n'était pas un présupposé totalement infondé[63] ; le "camp", bien au contraire, structurait l'opinion populaire, conformait la geste à la nécessité du maintien de l'ordre, décrivait en creux le processus de judiciarisation de la vie courante. Attester, dans la continuité des témoignages de rescapés, du caractère indépassable du méthodisme exterminateur, donner à "voir" la « *vie sans valeur* »[64] des camps relève ainsi d'une double logique : garder la mémoire du traumatisme et de ses conditions de réalisation ; prendre la mesure de la dimension symbolique du camp dans l'esprit de ses contemporains. La peur n'aurait eu que peu de chances de s'installer et de se démocratiser si elle n'avait pu s'inscrire dans un lieu d'internement qui authentifie la transcendance de l'Idée raciologique; le droit de punir en tant que principe de restauration d'un ordre bafoué ne requérait pas la mise en scène de la puissance du pouvoir : les paroles du Führer avaient force de loi, elles "disaient" le droit. La philosophie du droit nazie criminalisait la naissance dans le même temps où les tribunaux civils apportaient leur caution à l'état de non-droit pour ceux qui étaient exclus de la communauté élective. De fait, la connaissance circonstanciée de l'activité des camps de la mort et du sort réservé aux détenus ne constituait pas une condition *sine qua non* de sa puissance évocatrice : l'usage du substantif "camp" véhiculait une pluralité de significations dont le degré de véracité importait peu du moment qu'elles ne venaient pas interférer avec son acception instituée. "Auschwitz" est un "monde en soi" dans le "monde commun" ; il marque les limites de notre savoir sur l'expérience du désastre et nous rappelle instamment à notre responsabilité : "il" ne nous parle que si nous l'interrogeons _nous ne pouvons lutter à armes égales contre le négationnisme et l'oubli volontaire que si nous déclinons les étapes du déni légalisé de la "vie nue" sur le mode de l'actualisation (politique, symbolique, institutionnelle, juridique, normative). "Il" a une familiarité qu'il ne possédait pas ou différemment alors ; nous ne pouvons transposer nos émotions et en déduire leur absolue congruence avec celles des acteurs contemporains des faits. D'une certaine manière, nous le "connaissons" mieux du fait d'une double distanciation : de par le recul historique vis-à-vis de l'événement et sa mise en perspective dans une problématique générale ; du fait de l'apport de certains outils de l'interprétation (du consensus relatif qui s'en dégage) et de leur confrontation raisonnée dans des modèles d'analyse pertinents. Le principe de cumulativité de la connaissance est ici particulièrement prégnant : le nazisme est un "événement" qui ne se referme pas sur lui-même ; l'horizon, si l'on ose dire, reste ouvert. Toutefois, nous sommes dans l'impossibilité de retraduire à travers toutes les spécifications de l'acte de langage l'univers émotionnel, symbolique, normatif que recouvrait le terme dans l'ethos collectif. Quelle réalité dévoilait-il dans la conscience des individus lorsqu'ils y avaient recours ou lorsqu'ils l'entendaient prononcer par un tiers ? Le savoir spontané lui attribuait une consistance topique ; les individus accordaient d'autant plus foi à son évocation que de nombreux dérivés locutoires et lexicaux matérialisaient sa présence dans l'imaginaire collectif. Quelles représentations des faits nous faut-il accréditer ? Celles des agents ayant vécu l'événement ou celles contemporaines qui sont à l'origine de notre réflexion ? Qui serait possesseur en droit de ce surcroît de légitimité qui imprimerait à la recherche ses principes directeurs et ses conditions propres d'établissement de la preuve ?

Faut-il se prévaloir de ce que nous savons de manière très parcellaire des agents sociaux dans leur contexte historique d'existence ou devons-nous nous résoudre à "juger" selon notre connaissance a posteriorique des faits ? L'une et l'autre séquence ne sont-elles pas intimement liées tant les critères d'évaluation de la pertinence des données dépendent d'une préfiguration de la structure de l'événement par le chercheur ? Comment dépasser la dimension aporétique de toute entreprise de divulgation et de compréhension historique sans manipuler les faits à convenance de telle sorte qu'ils viennent s'harmoniser dans le cadre théorique prédéfini ?

Comment retrouver la façon dont les individus se représentaient les faits observables, les orientations générales du pouvoir, leur éviction du champ politique ? Comment ressentir le rapport quasi-mystique au Führer, leur passion pour un homme pour lequel ils estimèrent trop coûteux de réfuter les sentences ? Qu'évoquait pour eux la simple prononciation de son nom ?

Le pouvoir d'attraction et de fascination du Führer sur les foules en liesse, son autorité charismatique reposant sur la dimension messianique de son personnage, sa connaissance des arcanes de la psychologie humaine, sa capacité à fédérer les énergies derrière un projet politique (aussi absurde qu'il ait été) et à saisir les opportunités qui s'offraient à lui font en quelque sorte "système" avec les circonstances socio-politiques de son accession au pouvoir et des compromissions ayant gangrené les rapports interindividuels dans la société civile. Son image ne fut, en définitive, que partiellement écornée par ses errements et l'aberration de sa politique militaire et d'expansion territoriale ; son retrait progressif de la scène publique semblait alors accréditer la dimension auratique de sa personne. Son *nom* "explique" pour une part la force et l'intensité de l'adhésion de ses sujets à une économie du pouvoir créant des besoins en termes de "visibilité" statutaire, hiérarchique, symbolique, un désir de reconnaissance associé à une peur instinctive de l'Autre, mais il ne saurait clore l'événement "Hitler" en substituant à une analyse interdisciplinaire du phénomène un hitlérocentrisme solipsiste : « *l'approche sociale du phénomène biographique doit avant tout montrer comment celui-ci opérait à l'intérieur d'un système. (...) La contingence va de pair avec l'explication structurelle* »[65]. L'omniscience sociale du Maître et la mise en forme politique de ses différentes figurations, l'influence des travaux de psychologie sociale, l'analyse des conditions de formation et de maintien de la foule (« *le chef (le Duce ou le Führer) s'impose à tous comme unique "être-pour-soi" ou, si l'on veut, comme "souverain" mais, en même temps, il a l'habileté de se présenter comme "être-pour-un autre" ou, si l'on préfère, comme fonctionnaire mandaté* »[66]), l'érotisme de la relation Pouvoir/société civile renvoient au "théâtre de marionnettes" de Schütz et à la tentation du psychologisme destituant l'acteur de sa liberté de choix. En référer aux catégories élémentaires et axiomatiques des disciplines psychologiques et psychanalytiques condamne les individus en présence à épouser les conduites, à conformer leurs actes de manière à s'inscrire dans les différents modèles interprétatifs : en dépit de la mise en exergue de la loi de causalité efficiente ("telle cause conduit à tel effet"), il n'existe pas de relation "nécessaire" entre un message, un ordre, une règle et les comportements qui leur sont en apparence corrélés. L'idée de ne considérer que l'action stratégique visant le succès et concomitamment la tendance à déresponsabiliser l'acteur en en faisant le prolongement docile d'une autorité tutélaire marque le désintéressement pour l'analyse des motivations de l'action _en un mot, ce qui peut "inciter" un individu à agir de telle ou telle manière.

Les concepts ont une fonction constituante ; ils sont une commodité de langage, résultant de généralisations successives, décrivant certaines caractéristiques jugées pertinentes. Ils permettent une « *schématisation active du cours du monde, l'articulation des situations historiques et l'individuation des événements* »[67], mais ils ne sont pas en mesure d'inférer l'expérience et les contraintes de la quotidienneté, ni de replacer les « vécus » individuels s'affrontant à la contingence. « *Sous un concept se subsument la multiplicité de l'expérience historique et une somme de rapports théoriques et pratiques en un seul ensemble qui, en tant que tel, n'est donné et objet d'expérience que par ce concept* »[68] ; « *tout historiographie se meut sur deux niveaux : ou bien elle analyse des faits qui ont déjà été exprimés auparavant, ou bien elle reconstruit des faits qui auparavant n'ont pas été exprimés dans le langage mais avec l'aide de certaines méthodes et indices qui ont en quelque sorte été "préparés". Dans le premier cas, les concepts hérités du passé servent d'éléments heuristiques pour saisir la réalité passée. Dans le second cas, l'histoire se sert de catégories formées et définies ex post, qui ne sont pas contenues dans les sources utilisées* »[69].

De fait, le réel résiste à la rationalisation ; une part d'inaperçu reste en marge de la formalisation scientifique. Si la « *mise en réseau* »[70] conceptuelle permet l'éclaircissement de certains mécanismes à l'œuvre dans la construction sociale de la réalité, l'individu n'est plus l'acteur de son histoire, tout au plus son interprète. L'étape de la conceptualisation consiste dans la mise en évidence d'*a priori* et d'un corps d'hypothèses qui organisent la pensée, cautionnent les raisonnements inductifs en justifiant de leur lien de solidarité et de leur adéquation au modèle interprétatif. Se priver de l'apport de l'un ou l'autre niveau conceptuel n'a pas de sens tant la dialectique passé/présent conditionne la démarche démonstrative. L'intelligibilité historienne passe certes par l'inventaire des sources, l'estimation des acquis de la recherche, l'évaluation de ses manques, lacunes et prises de position théorique contestables, mais aussi par la soumission aux impératifs du modèle choisi et la mise en perspective singulière de l'"événement" qu'il prescrit. Une "atmosphère" sociale doit être resituée et décrite dans toute sa complexité générique, l'interdépendance des différents facteurs structurels, politiques, culturels, exploitée afin de démontrer les obstacles d'un travail de reconstitution, qui n'est jamais qu'une reconstruction idéologique arbitraire et partiale d'une situation, émanée des typifications générales du chercheur, de la perception de son métier et du rôle qu'il pense devoir jouer au sein de son propre groupe d'appartenance. Démontrer la pertinence que peut receler la mise en évidence de la compétence des acteurs ("psychologie conventionnelle") dans l'influence réciproque de l'"événement" (en tant que principe de configuration et d'organisation de la réalité sociale) et de ses procédures d'actualisation dans l'ordre des représentations sociales : cerner les conséquences à la fois prévisibles et non attendues de certains faits sur les conduites et en retour saisir la reformulation partielle de la conjoncture par les agents à travers une réinscription des faits dans un univers de catégorisations familières. Appréhender l'*Autre* dans sa proximité constitutive, mais aussi dans ses écarts, ses faiblesses, ses dissemblances, ses certitudes fondées sur des idées fausses ; pénétrer toute l'ambiguïté du consentement voisinant avec le refus, l'affiliation au système avec la désobéissance civile ; éclaircir les structures formelles de l'action sur lesquelles il assoit ses pratiques, les raisons qui peuvent le pousser à certains choix ; en somme, comprendre son présent pour mieux le relier à notre contemporanéité.

La promesse d'une égalité de conditions recèle son envers dramatique, la discrimination sociale dans une nouvelle définition de la différence, « *la dissolution des sociétés nationales en agrégats d'hommes superflus* »[71]. L'agent se trouvait dans l'obligation d'endosser des rôles et de se choisir un personnage public : il était le plus souvent face à l'alternative de s'extraire purement et simplement de la communauté ou d'y accéder dans une position précaire. Le nazisme proposait une insertion dans le monde commun, une raison politique réifiée, une massification retranchant de l'espace du *paraître* : il instituait la primauté du droit, d'un Parti-Etat, de la Nation et de la force sur l'individu. De la Solution finale au recul des autorités devant de sporadiques protestations populaires (manifestations de colère de femmes aryennes s'opposant à l'arrestation de leurs maris juifs en février-mars 1943 dans la *Rosenstrasse* à Berlin), la liturgie légaliste ne s'effacera jamais sous la norme de la nécessité. La privation de tout ou partie des droits politiques supposés "acquis" (droits-créances, droits-libertés, droits de l'homme) est une dimension indépassable et généralisée du fait de leur inapplicabilité même : la déclivité de l'idée républicaine et la mise sous éteignoir des principes sociaux de solidarité et de fraternité soulignent la facticité du référentiel pluraliste dans des situations de crise internationale : « *On promet le bonheur universel, mais en dernier ressort il ne reste plus rien qui puisse être heureux* »[72]. Suppléer la déliaison constitutive de nos sociétés en lui substituant la force incantatoire et impérative du mythe, donner à voir le langage des idées, prescrire l'illusion d'une maîtrise de l'évènement, de la nature, de l'homme dans la confusion du sens et de la forme. La corruption des consciences individuelles est au fondement de l'énoncé sémiotique du national-socialisme : les représentations collectives sont pénétrées d'une « *parole innocente* »[73] qui en modifie le sens et les conditions d'explicitation. L'espace de création mythique répond à une « *dialectique spécifique d'auto-prolifération et d'auto-cristallisation qui est à soi-même son propre ressort et sa propre syntaxe* »[74]. Le déploiement du récit politique obéit à certaines règles de fonctionnalité et de signifiance épousant les attentes du groupe, dont l'adhésion est visée, et les certitudes des détenteurs légitimes de la parole publique. Conformer le regard et l'esprit aux *idées* au prix d'un renoncement à la vérité : le langage totalitaire clôt la société sur elle-même dans l'imposition de nouvelles hiérarchies, une économie du renoncement et de la tutelle, une praxis délestée de sa dimension morale. Loin des exposés analytiques de W.Reich entrevoyant à travers la doctrine nazie, « *une* mentalité de *"simple d'esprit"* opprimé, avide d'autorité et en même temps séditieux »[75], « *l'expression de la structure irrationnelle de l'homme nivelé dans la foule* »[76], « *la pensée métaphysique, le sentiment religieux, la soumission à des idéaux abstraits et moraux, la croyance à la mission divine du "Führer"* »[77], la quotidienneté se trouve structurellement enserrée dans le Mythe raciste, auquel elle est subordonnée, la réalité qui en est déduite se plie à ses injonctions morphologiques : « *le Mythe du Mythe a la nature d'une hypothèse. Mais le conventionnel est aussi bien catégorique, lorsqu'il s'agit du Mythe. En effet, l'hypothèse fausse peut être prise comme vérité "au plus haut degré"* »[78].

Cette lecture de la réalité est soit trop distante des sentiments exprimés par les agents sociaux, soit trop proche de leur univers psychique pour ne pas voir ce qui se joue à travers leur participation. L'alliance du sol et du sang résout les apories constitutives de toute appartenance ethnique, nationale et citoyenne : la pensée totalisante transcende la disjonction entre raison politique et contingence des relations humaines en introduisant une confusion entre autorité et légalité, un amour inconditionnel et sacrificiel envers la patrie, une inclusion définitive du religieux dans l'ordre temporel, la victoire de l'Etat-nation sur l'Etat républicain. L'Homme nouveau incarne l'Idée, territorialise la domination bien au-delà des frontières nationales, renforce le sentiment d'effacement du moi et de prééminence de la Volonté au service de la réalisation mythique : il se place résolument dans une situation de surplomb, contemplant la désagrégation d'un individu-masse à son service et la déliaison des règles de sociabilité. La pensée prospective nazie se charge des accents du pessimisme et du déclin, renforçant l'idée sous-jacente d'une Chute nécessaire avant une renaissance annonçant l'avènement d'une société SS. Le sens immanent de la rénovation spirituelle repose sur un certain nombre d'énoncés théoriques normatifs et programmatiques reliés par un fil invisible leur conférant une cohérence intrinsèque. « *Le Mythe nazi s'établit*

83

par la fusion hybride entre l'arbitraire de l'hypothèse, la nécessité de l'évidence, la violence de la passion et l'extase de l'intuition»[79]. La logique inhérente du discours s'appuie sur les principes formels propres à toute démonstration : un corpus argumentatif soluble dans une "dérivation conceptuelle" (Lukacs) utilisée à seule fin de persuasion, suscitant l'enthousiasme durable ou le rejet coupable. La substitution d'une "guerre des races" à une "lutte des classes" doit, avant toute chose, être replacée dans la perspective d'un marxisme "inversé". Une sociologie du corps électoral et des reports (conjoncturels et loin d'être acquis) de voix en faveur du parti hitlérien ont mis en lumière l'interpénétration de thèmes politisés, évocateurs et momentanément consensuels ayant convergé dans un vote antirépublicain fortement inséré dans les réalités matérielles et économiques du moment, s'en remettant à un pouvoir charismatique fort (à l'instabilité générique) autant par déception face aux errances de la social-démocratie, mécontentement devant les incohérences des partis au pouvoir et du régime parlementaire que par conviction réelle. L'antisémitisme en est le point de fixation, l'aire de synthèse où s'agglomèrent toutes les catégories du ressentiment, où se résolvent les réticences ultimes avant le passage à l'acte. Les voies d'accès au cœur de l'idéologie égarent ou désarçonnent si l'on ne prend garde aux nombreux chemins de traverse qui émaillent le parcours ; toute la difficulté étant de ne pas se laisser submerger par la profusion, l'éparpillement et les fréquentes incohérences d'un "système" envisagé en tant que "globalité" homogène et ordonnée : la médiane *Hitler* est très loin d'en être le référent unique.

Le nazisme échappe à toute classification définitive du fait même de la dynamique qui le sous-tend : l'élan vitaliste se brise sur la dimension fatale, mortifère de la politique belliqueuse du pouvoir ; l'éducation fondée sur un déni de l'intelligence cultivée, mais cultivant l'élitisme et la préciosité de la vie, s'affronte au théorème sacrificiel de la jeunesse en armes ; le mythe de la communauté populaire se dissout dans la mythification raciale. La contre-utopie sociale nazie concentre l'*essence* du peuple allemand, débarrassée de ses éléments parasitaires, énergétise ses potentialités enfouies, fond sur les nations affaiblies, répand la férocité (au nom du Mythe) et le malheur comme invariants incarnant sa volonté de puissance. Elle est résolument volontariste, tournée vers la conquête d'un espace vital, reflet de l'admiration indéfectible du Führer pour l'*ingénieur-entrepreneur*, seul capable d'assumer la responsabilité de veiller au maintien de l'ordre établi. Contenir toute raison politique, refréner les courants réformateurs à l'intérieur du Parti et de l'Etat, instaurer le règne de la Loi dans les marges de la société civile, dérober la finalité à la perception en exposant au regard la fatalité de l'engagement. Seule prévalait la dynamique d'entraînement de l'ensemble mise au service de la SS ; « *n'est-ce pas une humilité arrogante et agressive, mais humilité quand même, que de n'attendre ni collaboration, ni sympathie, ni admiration, mais exclusivement respect et crainte de la part du peuple à la grandeur duquel on déclare se vouer entièrement ?* »[80]. Une "dictature de la voix", comparable à celle que connut Florence au XVème siècle, s'installe dans l'annihilation de tout espace de contestation : la parole impose, oppresse, fédère ; elle prescrit dans le dépassement du cadre contraignant de la persuasion. L'ordre social dépend de la péréquation des responsabilités et des tâches, de la conviction d'une mobilité statutaire "ouverte", de la croyance en la récompense du mérite. La dialectique hitlérienne ne peut renoncer au contrepoint de l'*artifice* décrivant la dimension factice du discours d'autorité. Convertir la conscience des hommes avant même de transformer les conditions d'évolution sociale objective, mystifier la foule en la convainquant d'une emprise surnaturelle sur les choses : les diatribes en direction de la foule sont en vérité, le plus souvent, à l'adresse de ses troupes d'élite unies dans un même sentiment de haine. L'équilibre apparent du système trouve dans la compromission des corps intermédiaires administratifs, scientifiques et juridiques, une source de légitimation publique et une justification in *cauda venenum* : les élucubrations mythiques sont mitoyennes des sentences scientifiques, les *regalia* de l'autorité savante.

Hitler sut individualiser les besoins, engendrer de nouvelles attentes et révoquer en doute les craintes de dislocation de certains groupes sociaux : le "fascisme total" bascule toute une société dans une "politique pure"[81], dans l'institution mythique d'une identité-à-soi, vécue, "rêvée" en tant qu'"auto-effectuation"[82] de la race aryenne. L'absence de toute *dissimulation*, la visibilité des actes du pouvoir enjoignant à une *conformation* comportementale, la médiatisation de tous les faits sociaux à travers l'idéologie, le rapport d'homologie entre ce même vecteur et la structure sociale résolvant toutes les contradictions pouvant apparaître dans la réalité créent un espace homogène de réconciliation. La doctrine nazie constitue une tentative sans précédent d'unification d'un peuple avec son histoire, l'affirmation d'une unité complexe de destin, la présomption d'immortalité de la Communauté. Curieuse tyrannie vérifiant les descriptions platoniciennes ("en chacun de nous sommeille un tyran") tout en en réfutant l'enseignement initial : la passion, rejetée dans les marges par l'auteur de *La République*, consolide la force de persuasion de l'autorité hitlérienne. L'Etat n'obéit à aucune dialectique de la réciprocité le liant consubstanciellement à l'individu, l'égalité étant de toute évidence un principe aristocratique de cooptation entre élus : « *c'est, en dernière instance, dans la philosophie moderne ou dans la métaphysique accomplie du Sujet que l'idéologie trouve malgré tout sa caution véritable: c'est-à-dire dans cette pensée de l'être (et/ou du devenir, de l'histoire) en tant que subjectivité présente à soi, support, source et fin de la représentation, de la certitude et de la volonté* »[83]. L'Etat conserve sa puissance légitimatrice et organisationnelle de par son aptitude à assumer sa propre conversion, endossant la responsabilité d'une ultime transition vers un "état" défini de l'évolution des rapports sociaux, économiques, institutionnels; instrumentalisé, il est le lieu de résolution provisoire de toutes les contradictions, dérives, concurrences et inimitiés inhérentes à tout système oligarchique. L'ordination de la SS trahit la *forme* de gouvernementalité imaginée en cas de victoire des nations de l'Axe ; elle n'est pas sans rappeler l'espérance théosophique et élitaire de certaines utopies mystiques ou la vision républicaine de la cité platonicienne instruite et défendue par les philosophes, conservateurs de ses lois intangibles, dont il nous est dit : « *Et comme l'union est la condition principale de la force d'un Etat, nous l'affermirons en lui donnant un fondement mythique. Nous dirons en substance aux citoyens qu'ils sont tous frères, étant tous fils de la Terre ; que les uns cependant ont reçu à leur naissance de l'or ou de l'argent dans leur âme, et les autres du fer ou de l'airain. Aux premiers conviennent les fonctions du gouvernement et de la garde de la cité, au second les professions manuelles. Toutefois, comme il importe que les différentes classes ne soient pas des castes fermées, nous ajouterons que l'or et l'argent peuvent échoir aux enfants des laboureurs, aussi bien que le fer et l'airain à ceux des guerriers. Il incombera aux magistrats d'attribuer à chacun, selon sa nature, le rang qu'il mérite, sans tenir compte des liens de parenté ; car le salut de la cité serait compromis le jour où le pouvoir n'y serait plus exercé par des hommes de la race d'or* » (415 a-d)[84].

Les luttes intestines entre échelons administratifs, Parti, SS, *Gestapo* et *Sicherheitsdienst* (SD) réduisent l'amplitude et l'effet de la volonté décisionnaire du fait de l'apparition d'irritations systémiques. Chaque segment du pouvoir joue une partition codifiée, régie par des constantes rationalisées à l'extrême : les empiétements et conflits entre services apparaissent d'autant plus contre-productifs qu'ils ne semblent mûs que par la seule recherche de leur propre intérêt. Les pratiques de la SS s'affrontent aux réticences de la société civile à voir s'exercer une justice aveugle. « *La domination totale qui s'efforce d'organiser la pluralité et la différenciation infinies des êtres humains, comme si l'humanité ne formait qu'un seul individu, n'est possible que si tout le monde sans exception peut être réduit à une identité immuable de réactions : ainsi, chacun de ces ensembles de réactions peut à volonté être substitué à n'importe quel autre* »[85]. La population est partie prenante, sujet et objet du processus de nazification : le politique franchit le seuil de la conscience individuelle, ajourne les appartenances traditionnelles et sanctionne les "dérives" constatées ; l'insignifiance de la geste quotidienne est disséquée, inventoriée, réifiée. La connivence idéologique, la participation active sont exigibles à tout moment par les autorités, dont l'intransigeance affirme une mainmise dans l'ordre des représentations symboliques ; indissociable de la détermination à vouloir nier les spécificités identitaires des populations annexées, l'assimilation au substrat germanique entraîne la systématisation de la violence d'Etat (le nazisme est une déclamation, une célébration ordinaire de la haine refusant le voyage du "même au même", sans retour vers une rive habitée par l'homme ; après le temps de la séduction, vient celui de la terreur et de la fatalité) en tant que mode de gouvernement des affaires publiques et l'adoption nécessaire par les individus de raisons fortes d'agir (contredisant les perspectives arendtiennes selon lesquelles « *le sujet idéal du règne totalitaire n'est ni le nazi convaincu, ni le communiste convaincu, mais l'homme pour qui la distinction entre fait et fiction et entre vrai et faux n'existe plus* »[86]). La politique de la terre brûlée à l'Est (dont l'appropriation était la condition incontournable de l'expansionnisme continental), les mesures de déportation et d'extermination de masse des Juifs d'Europe, l'ordre de détruire Paris et ses œuvres d'art, le télégramme 71 (par lequel Hitler ordonne l'anéantissement du tissu industriel et productif allemand) corroborent l'idée d'une désespérance mythique ne pouvant aboutir qu'à une mort collective libératrice.

La politique de nazification met en exergue la conflictualité et la concurrence entre instances du pouvoir dans l'élaboration de l'institution imaginaire de la réalité (« *Les raisons de la soumission continue doivent être cherchées ailleurs que chez Hitler, dans les structures de commandement de l'Etat nazi, dans les intérêts acquis qui s'imbriquaient encore avec le régime à l'agonie, dans les réserves d'allégeances qui n'étaient pas encore épuisées et dans le niveau de répression qui ne laissait guère de choix à la plupart des simples citoyens* »[87]) ; les compétences respectives s'affrontent et se dévoilent. En ce sens, la nomination de Gauleiters dans les territoires occupés, l'établissement d'une bureaucratie administrative préparent les auspices d'un encadrement se voulant rationnel et structuré. « *C'est à la condition de masquer une part importante de lui-même que le pouvoir est tolérable. Sa réussite est en proportion de ce qu'il parvient à cacher de ses mécanismes* »[88]. L'idéologie nazie assouvit une "rationalité de l'abominable"[89], elle rend compte de l'étendue de la perversion de la réalité, inhérente à toute immixtion autoritaire du politique dans le fait social, réduisant la richesse des rapports interactionnels à de simples variables numériques : la morale est en partie invalidée dans ses rapports avec le droit *et* le politique. Dans ce qui put tenir lieu d'expérience ultime rendant illusoire toute idée même de Sens, rendre compte de la singularité de l'extermination de masse a longtemps semblé devoir se résumer à la résolution d'un conflit sémantique autour de représentations divergentes. La classe politique d'après-guerre, incapable d'appréhender l'événement dans sa complexité, soumettait la réalité des faits aux mêmes distorsions coupables ayant favorisé la possibilité d'une trahison ontologique. Il ne s'agissait pas moins de dissimuler la fragilité constitutive de nos propres systèmes républicains parlementaires en sauvegardant les apparences d'une dérive incontrôlée mais ponctuelle de la sociabilité politique tout en confinant la pensée dans quelques conventions analytiques de circonstance : processus d'institution sociale d'une "réalité" prétendument objective. Davantage que de s'interroger sur la permanence d'un national-populisme puisant désormais dans toutes les strates de la société son électorat, la classe politique française, par la voix de quelques-uns de ses représentants les plus éminents, persiste à n'y voir que la manifestation d'une dérive extrémiste toute temporaire et en définitive très circonstanciée. Entre fracture culturelle, crise des identités masculine et ouvrière, concentrations urbaines, rejet des institutions et insécurité, la thématique explicative est toute trouvée. L'interrogation n'est plus dès lors "comment cela peut-il se produire ?" mais "comment certains peuvent-ils à ce point se compromettre ?" En mauvais juges de paix, nous nous faisons les agents de nos rares certitudes_ nos considérations morales achevant de disjoindre nos propres représentations du phénomène avec les faits estimés à bon droit incontestables. Nous installons à demeure la tyrannie dans ses rêves d'immortalité ; convaincus du didactisme d'une mémoire sélective par omission, nous déjugeons parfois, refaisons l'Histoire souvent, comme pour mieux confirmer nos préjugés, exorciser nos peurs, asseoir nos vérités et consolider les schèmes de pensée dont les institutions tirent leur légitimité. Ni empathie, ni impuissance, peut-on saisir l'obéissance d'alors, la geste du bourreau, en refusant de se tenir aux côtés du bureaucrate, du soldat ou de l'individu, acteurs d'une histoire qui les dépasse, quitte à encourir le risque d'un effet de miroir toujours plus dévastateur?

La Shoah reste une décision politique relayée par une administration, la radicalisation d'une politique d'exclusion et d'expansion territoriale qui ne pouvait qu'exterminer pour survivre, la résultante de prises de décision autonomes, fruits de dysfonctionnements internes de la bureaucratie nazie, enfin, la prééminence de la violence sur la compassion, de la persuasion brutale sur la discussion, de l'instinct sur la politique. L'asymétrie des notions, à dire vrai, n'est qu'apparente : appréhender les mentalités, les croyances, les prises de position, les exactions des acteurs du drame constitue un défi à l'unicité interprétative ; la philosophie morale, les disciplines historique, économique, psychosociologique ou sociologique se répondent, s'opposent pour nous confirmer dans l'idée d'une rationalité imparfaite, d'une obsédante incertitude sur la légitimité de nos propres régimes politiques à pouvoir se protéger des passions et de l'obscurantisme.

L'étonnement présent s'inscrit dans la constatation que *tout* n'a pas encore été dit, peut-être parce que la totalité est l'ennemi du Bien : les Camps nous *parlent* de la nature du lien social, de la polycratisation du pouvoir, de l'esthétisation du politique, de la déraison antisémite, de la compromission des instance juridiques et légales. La Shoah confirme l'historicité d'une idéologie dont elle constitue l'exigence ultime.

1.4. Obéir pour survivre.

L'entendement se satisfait communément du principe de non-contradiction dans les questions morales même si leur inadéquation manifeste rend toute certitude dans la démarche à adopter hasardeuse ; se défiant de toute assurance pouvant donner sens à l'action, l'exemplarité du réquisit éthique ne résout pas l'équivocité des conflits intérieurs. Le réenchantement du monde opéré par l'agent s'envisage dans l'assomption d'une recomposition religieuse et politique; autrement dit, dans une société en voie de laïcisation et se privant d'une culpabilité rattachée consubstanciellement au principe de rédemption dans l'au-delà, l'individu est contraint de conformer ses actes à de nouveaux référentiels. Derrière les conventions de langage, les signes de ralliement opportunistes et l'attentisme apparent se déclinent en filigrane les croyances et représentations individuelles de l'événement, la volonté de maintenir certaines habitudes ancrées dans la quotidienneté. L'obstination à vouloir ajourner l'écoute des récits-témoignages des rescapés fait écho à l'univers concentrationnaire _"Hier, ist kein warum" (Lévi)_ où l'entendement se voyait spolier de la certitude d'être. Si l'obéissance à l'ordonnance nazie défie la raison pratique _les droits de l'homme ne sont-ils pas continuellement fragilisés par l'absence de caractère obligatoire de la règle qu'ils tentent d'asseoir ?_ elle ne s'explique pas par une spécificité culturelle allemande. Les succès électoraux des nazis résultaient d'une fragmentation structurelle de la répartition des votes : chaque catégorie socioprofessionnelle possédait dans ses rangs une frange réceptive au choix de société proposé par Hitler, les résultats traduisant essentiellement le renoncement aux idéaux républicains, l'éviction légale d'un régime de gouvernement et d'une classe politique. L'avènement du national-socialisme faisait suite à une dérive du sentiment politique préparant l'accession d'un déclassé animé d'un esprit de revanche, constitutif de son programme. L'idéologie nazie a triomphé de la désertion de débats sur la citoyenneté ; son succès procède d'une trahison aux conséquences imprévisibles des élites politiques, économiques, socioculturelles d'ordinaire détentrices du pouvoir et à un degré moindre du milieu intellectuel s'arrogeant traditionnellement un droit d'ingérence dans la sphère politique. « Faire l'histoire d'un régime politique implique qu'on considère celui-ci comme la traduction institutionnelle, à un moment de l'histoire, de l'équilibre provisoire qui s'est instauré entre les diverses forces qui agissent sur une société donnée »[90]. La victoire du nazisme n'est pas celle d'un parti sur tous les autres mais découle d'une coalition contre nature d'intérêts, de compromissions, de calculs utilitaires sanctifiant d'une certaine manière certaines disjonctions culturelles. Le retournement dialectique s'effectue dans une réification des principes directeurs fondant la communauté : l'appartenance nationale et l'affirmation d'un particularisme culturel se consolident dans l'aristocratie des idéaux racistes et nationalistes en s'émancipant de la juridiction des droits-créances en en conservant la facture universalisante. Mais davantage que de démission ou de trahison, ne faut-il pas insister sur la complicité mêlée de sympathie, prétextant la nécessité du changement, le désir de mésestimer le danger objectif que la violence d'un discours agressant autant la conscience que le sens critique faisait peser sur les sentiments politiques. Les écoles historiques, les sciences humaines et politiques, la psychohistoire plongent le lecteur dans l'embarras: le foisonnement des différents corpus sensés participer de l'intelligence du fascisme allemand fragilisent les rares certitudes en multipliant les symptômes pathologiques. Un regard circulaire invite à s'interroger sur ce que l'on souhaite précisément mettre en avant : une analyse du pourquoi, du comment? quels acteurs pour quelle forme de trahison ? « *Nous nous sommes intéressés à un phénomène culturel qui ne peut pas être inclus dans les grandes théories politiques traditionnelles. En effet, il n'a pas été construit comme un système cohérent et logique qui pouvait être compris par une analyse rationnelle d'écrits philosophiques. Le phénomène qui nous concerne était une religion séculière prolongeant les temps primitifs et chrétiens qui percevaient le monde à travers le mythe et le symbole, et sublimaient les espoirs et les peurs dans des formes liturgiques et cérémonielles* »[91]. Faut-il privilégier les acteurs ayant laissé une trace de leurs actes, ce qui supposerait d'épouser leur propre vision de l'Histoire, leur manière d'être et de réécrire par empathie une quotidienneté mise en intrigue par leur soin ? La critique de l'histoire finit par s'épanouir en histoire de la critique. Tout commentaire devient une prise de position s'inscrivant dans une problématique plus large et s'appuyant sur l'absence de débat contradictoire s'apparentant par instant à une volonté sectaire visant à dégager les motivations des acteurs à seule fin de démontrer la pertinence des "intuitions" originelles de la recherche. Les enjeux politiques de la question nazie dépassent les frontières de l'Allemagne, de sa culture et des rapports à sa propre histoire : ils sollicitent une réflexion approfondie sur l'identité du détenteur de la souveraineté, sur la démocratie et les principes contraignants de la Loi, sur les conditions de publicité, sur le silence de l'expression individuelle par l'investiture d'une opinion publique, enfin et peut-être surtout sur la responsabilité de l'agent "engagé" dans le procès de domination le confrontant aux incertitudes de la morale aussi bien qu'aux apories de la raison moderne. La plupart des champs de recherche focalisent leur démarche sur des aspects de la réalité non dénués d'arrière-pensées : l'"exception allemande" (*Sonderweg*), la subordination de la politique à l'économie du marxisme orthodoxe, l'historicisation du national-socialisme de Broszat ou l'approche en terme systémique des dérives institutionnelles et de l'autonomisation des centres de décision sont mises au service d'une réappropriation politique du passé[92].

L'intelligence politique de l'événement, traduisant une volonté commune de comprendre, émane d'une sensibilité mûrie d'expériences, de douleurs, qui, de quelque façon, nous mettent en demeure de leur faire face. Arendt pouvait bien constater avec une forme de dépit le refuge dans la « *contemplation de la réalité grandiose de la nature où le soleil brille sur tous également* »[93], l'incertitude emplit celui qui n'a d'autres ressources que de tenter de s'immerger dans la conscience du paria. Pour survivre dans la société national-socialiste, il ne suffisait pas d'acquiescer, de participer ou de préférer le silence de la résistance intérieure : l'individu devait faire quotidiennement la démonstration de ses compétences d'acteur, endosser les habits de personnages affectés à des fonctions particulières, devenir non pas schizophrène comme a pu le soutenir Kershaw mais multiples.

La description de l'Allemand, devenu simple caractérisation abstraite d'un *type*, devient l'incarnation de caractères dont on modifierait, en fonction des impératifs de l'exposé, l'ordre de prééminence. Dans le champ historiographique, Hitler est indifféremment un chef de gouvernement à la tête d'une communauté de fonctionnaires exauçant ses moindres désirs ou un simple pion soumis aux aléas d'un processus dont les tenants auraient fini par lui échapper ; d'idéologue de la Solution finale, il devient ignorant des basses œuvres de criminels de bureau en quête d'accessits et de positions statutaires.

Tout discours de *vérité* est en proie à une sorte d'errance nécessaire dans les écueils de l'interdisciplinarité_ l'interprétation révèle une dissymétrie entre différents ordres de discours, oscillant invariablement entre légitimation et dénonciation. Il nous faut réinvestir la quotidienneté de l'homme du commun, contraindre la mémoire en soumettant les oublis aux feux de la rigueur critique, renoncer aux conventions explicatives pour privilégier l'examen des schèmes d'action et des alternatives se présentant aux agents en situation de décider d'un comportement à tenir. L'intérêt porté aux groupes sociaux accaparant le pouvoir au détriment des individus n'ayant pas de responsabilité ou ne participant pas directement à l'événement en cours perpétue d'une autre manière les rapports de domination et la violence symbolique se faisant jour au cœur des interrelations ordinaires de la vie sociale. Si d'aucuns ont pu y déceler une singularité qui est pourtant loin d'être unique dans l'histoire, la dictature hitlérienne, au moins jusqu'en 1942, n'est pas parvenue à se déprendre des conventions de la communication politique nécessitant le maintien d'un certain nombre d'obligations coutumières consistant à rendre compte de ses actes, à expliquer ses choix et à s'appuyer, en première instance, sur l'opinion. La sortie *du* Politique ne se serait pas traduite par un déni de *la* politique : si certaines pratiques furent détournées de leur cadre de manifestation traditionnel, on a assisté à une augmentation exponentielle du nombre de titulaires d'une forme d'"expression" de l'autorité et/ou du pouvoir dans la bureaucratie, le Parti et les différentes administrations, en dehors de toute référence au droit. L'implication dans les affaires publiques d'agents situés jusque-là dans les marges du système administratif constituait aussi bien la cause que la conséquence de ce besoin d'Etat fort, présumé réglementer l'horizon institutionnel de la vie quotidienne en se déclarant dépositaire du sens de la germanité. L'administration allemande s'est-elle scindée en instances décisionnelles autonomes sous l'effet de l'évolution négative du conflit ou de contradictions non solutionnées par le régime : faut-il en déduire l'existence d'une résistance individuelle ou au contraire une désagrégation fonctionnelle, structurelle, indépendante dans une large mesure des choix poursuivis par les acteurs ? Dans l'apostrophe *Hitler, mon frère*, T.Mann signalait sa parenté ontique, culturelle, métaphysique, explicitant l'idée d'une responsabilité nécessairement communautaire : « *la catastrophe allemande ne fut pas seulement causée par ce que Hitler a fait de nous, mais aussi par ce que nous avons fait de lui. Hitler ne venait pas d'ailleurs, il n'était pas comme le voient aujourd'hui beaucoup de gens, la brute démoniaque qui s'est emparée du pouvoir. Il était l'homme que le peuple allemand voulait et dont nous avons fait nous-mêmes, par une vénération sans bornes, la maître de notre destin* »[94] : selon cette interprétation des faits, l'individu n'adhérait pas par devoir patriotique, par soumission idéologique ou pragmatique, par habitude, mais parce qu'il avait fini par se convaincre qu'il existait une bonne *raison* de le faire.

« *On n'est pas obligé de croire vrai tout ce que le gardien dit, il suffit qu'on le tienne pour nécessaire.*

Triste opinion, dit K., elle élèverait le mensonge à la hauteur d'une règle du monde »[95].

1.5. Le dépérissement du politique.

« *La race, c'est un idéal à accomplir* »[96] : la doctrine raciologique nazie, inspirée d'un darwinisme social et biologique réexaminé, énonçait les conditions de visibilité et de dévoilement du corps, conçu non plus en tant que vecteur d'individuation, mais instrument d'une domination au centre d'une pratique de pouvoir, substrat d'une idéologie affirmant le principe d'absoluité du droit de « *faire vivre et de laisser mourir* »[97]. La casuistique nationale-socialiste annonçait l'avènement d'une communauté organique, célébrant l'abandon dans le *Tout* pour contrepartie de l'élection. La reconnaissance sociale de l'Autre s'effectuait selon des dispositifs affectifs de nature à bouleverser les repères d'identification habituels : l'architectonie des sentiments requérait une familiarité mêlée d'affinités avec l'ordre symbolique nazi, personnifié par la « *magie singulière d'une voix* »[98] supposée investir des consciences en quête de certitudes ontologiques. Un faisceau d'attentes, de valeurs en déshérence, un univers flottant de signifiants se voyaient subordonner à une nouvelle axiologie politique consacrant la destitution des valeurs et idéaux du libéralisme politique. Le nazisme constituait une réponse aux modifications structurelles d'une société en voie de rationalisation et au processus de différenciation sapant les perceptions subjectives et objectives des rapports sociaux traditionnels : il était une tentative de résolution du paradoxe de la confiance prescrivant que « *toute institutionnalisation exige un certain renoncement au principe fondateur dans sa pureté* »[99]. Les rapports de sociabilité nécessitaient dès lors l'intercession d'un médiateur, transcendant les conflits en souffrance et les apories dogmatiques, éteignant les doutes en levant les contradictions patentes des discours. Les rituels aménageant l'échange des regards et la réalité d'une expérience vécue comme connivence avec la figure "fantasmatique" du

97

pouvoir confinaient à l'adulation ostensible et à l'obéissance aveugle.

L'individu-masse, œuvrant indirectement à la radicalisation des usages sociaux au fondement de la liberté politique, se voyait subséquemment privé de son droit de parole et de ses attributions citoyennes : les Lois de Nuremberg du 15 septembre 1935 introduisaient une série de distinctions juridiques entre citoyens du Reich (*Reichsbürger*) et ressortissants allemands (*Staatsangehörigen*) appartenant à la communauté de protection du Reich (*Schutzverband des deutschen Reiches*) et entre personnes de souche et de sang allemand. L'"amitié" politique nazie ouvrait à un mode d'accès singulier de l'altérité où ni le Visage familier, ni le corps, ni la conscience ne peuvent plus se dérober à l'obédience du Mythe : l'acteur social était célébré dans l'abandon de sa conscience d'être-au-monde, il était un personnage de l'Histoire dont la postérité retiendrait le nom, apprendrait le martyre, mais à qui il était demandé de mourir pour la postérité de l'Idée. « *Si la faute n'est plus à la mesure d'un examen de conscience, l'homme comme intériorité perd toute importance. Nous sommes dès lors, non pas ce que nous avons conscience d'être, mais le rôle que nous jouons dans un drame dont nous ne sommes plus les auteurs, figures ou instruments d'un ordre étranger (...). Personne ne peut plus trouver la loi de son action au fond de son cœur* »[100]. « *Rationalité spécifique, mal spécifique, telle est la double et paradoxale originalité du politique. Il faut tenir ce paradoxe, que le plus grand mal adhère à la plus grande rationalité, qu'il y a une aliénation politique parce que le politique est relativement autonome* »[101]. Exploitant certaines attentes de l'opinion, le pouvoir définissait une gamme émotionnelle, mobilisait les passions, explorait la plausibilité d'une unité de langage sanctionnant les écarts de pensée comme de conduite. La réalité quotidienne exaspérée par l'emprise de l'*Idée* insinuait la *Vérité* intrinsèque de l'idéologie national-socialiste dans les esprits et dans la *geste*, dans les visions différenciées de l'avenir et dans les représentations référentielles d'un passé glorieux : elle donnait à voir la cohérence apparente d'un système mis au service d'un absolu. La survie biologique dépendait de la conformation des conduites individuelles en public à une axiomatique émotionnelle ; le nazisme initiait par là même une démarche radicalisant les points de vue, repoussant les derniers garde-fous éthiques avant un éventuel passage à l'acte, exacerbant les différences, avivant les inimitiés, détruisant la plausibilité même du débat public. Il n'offrait pas seulement en partage une doctrine proposant un regard singulier porté sur le monde, mais exprimait aussi la destitution inconditionnelle de la figure du bouc émissaire en tant qu'ennemi symbolique de la communauté et vecteur de restauration de la paix civile. « *Pour que la violence finisse par se taire, pour qu'il y eut un dernier mot de la violence et qu'il passe pour divin, il faut que le mécanisme de l'unanimité soit toujours ignoré. Le religieux protège les hommes tant que son fondement ultime n'est pas dévoilé. A débusquer le monstre de son ultime repaire, on risque de le déchaîner à tout jamais*»[102]. L'indistinction entre sphères privée et publique donne pouvoir à tout agent de juger de la conformité des actes d'autrui, produisant le paradoxe d'engendrer la crainte et le sentiment d'isolement précisément là où elle en appelait à une forme de participation, apportant un démenti aux propos d'Anne Amiel s'inspirant des analyses arendtiennes sur le totalitarisme : « *il ne peut être question pour les sujets d'agir par peur (puisque culpabilité et innocence ont perdu tout sens), ni par conviction, puisque le régime entend éradiquer jusqu'à la possibilité de former des convictions*»[103]. Les mises en scène de l'autorité plénipotentiaire _des manifestations ostentatoires de la puissance militaire et culturelle aux réunions de quartier_ transgressaient les conventions de la sociabilité politique : la population était mise en demeure de s'adapter à un nouvel univers sémantique sans que le temps lui ait été donné de s'en accommoder, d'y puiser matière à réflexion ou d'en saisir toute les implications. La vigilance des actes, l'éducation de la pensée, le sentiment d'une épaisseur de l'événement précisent les contours d'un rapport réflexif au réel, "protègent" l'individu en l'enserrant dans une routine codifiée, une trame d'habitudes, un dispositif répertorié de conduites. L'individu ne pouvait envisager un travail de réappropriation ou d'acculturation de passions politiques sans devoir rompre avec ses propres référents culturels : tout se passait comme s'il fallait « *ne plus concevoir les affects comme des motivations du comportement, mais comme les éléments d'un système de communication et de reconnaissance entre les agents* »[104]. La volonté d'ingérence du pouvoir s'affrontait au maintien de relations coutumières suscitant affectivité, émotion et sécurité ontologique : un "orchestre de personnalités" (Robert Walser) voit le jour, enfermées dans des postures convenues, ne montrant d'elles-mêmes que ce qui était exigé par les circonstances. La confiance ne désertait pas les interactions sociales ; elle référait à l'utilité espérée des choix et des motifs qui les sous-tendaient, la transgression de la norme s'inscrivant dans la continuité d'une réflexion sur le sens, la portée politique et les conséquences présumées de ses actes. La doctrine puisait dans les substrats culturel, mythologique et biologique, dans la manipulation de la mémoire collective et de ses usages politiques, dans la transfiguration de l'acte violent une densité symbolique qui n'échappait pas au *grotesque* (Foucault). La filiation idéologique de l'hitlérisme l'inscrit dans le lignage des messianismes séculiers énonçant les termes d'une économie de la promesse et de la punition dans l'ici-bas : ni régime d'usurpation abusant de la confiance de ses sympathisants, ni principe d'explicitation d'une nouvelle axiologie du mensonge, il conquiert sa légitimité populaire de la réalisation d'un programme, d'une lente adéquation des mentalités avec ses aspirations à « *la réalisation de l'auto-affirmation factuelle et permanente du système face à l'environnement complexe, avec pour but de réduire la complexité menaçante de celui-ci en augmentant la complexité interne du système. [Elle] consiste donc d'un côté dans le fait que le système définit toujours ses propres frontières, et de l'autre qu'il produit et reproduit ses propres éléments à partir d'eux-mêmes* »[105]. Le maintien des formes de la réciprocité relevant de la nécessité fonctionnelle et de l'efficacité propre à la prise de décision, les agents servaient en quelque sorte de relais de communication, assignés à comparaître dans un cadre réglementaire et hiérarchique régi par une codification comportementale restreignant considérablement les marges de liberté. La politique raciale et ses dérivatifs constituent la seule constante idéologique dont on puisse affirmer qu'elle n'ait jamais été subvertie par la réalité : les principaux acteurs multiplient les discours pour en signifier l'évidence. Si le « *principe d'indifférence* »[106] relève d'une anthropologie politique et d'un ethos aristocratique, la politique d'annexion et d'occupation de territoires se voit subordonnée à des impératifs idéologiques usant du détour mythique et historiciste en tant que procédés de légitimation politique. La "liberté des peuples à disposer d'eux-mêmes" est renversée au détriment précisément de la norme défendant l'intégrité individuelle énoncée dans les droits de l'homme, la citoyenneté constitutionnelle et le devoir des nations au respect mutuel de leurs frontières historiques. L'intérêt pour les espaces frontaliers progresse au rythme de l'évolution des rapports de force et de la tournure prise par la guerre psychologique engagée contre l'ennemi "naturel"; dans cet « *affrontement définitif* », « *à la vie à la mort* »[107], le sens de la *Rückdeutschung* échappe à toute compréhension si l'on refuse de mettre résolument en perspective la signifiance d'une telle démarche avec le projet de société appelé à instruire la quotidienneté des survivants.

L'ambiguïté d'un suivisme opportuniste ou mimétique, d'une résistance assidue ou momentanée, d'un irrédentisme culturel ou d'une sympathie admirative nécessite d'identifier au-delà de la complexité des attitudes, comportements et attentes les raisons fortes sous-jacentes qui leur ont donné naissance. L'attentisme, l'expression d'un refus partisan, le détachement relèvent dès lors d'une combinatoire associant discontinuités, comportements antinomiques, autocensures et digressions. Les conduites ne sauraient s'apprécier dans la complaisance de nos catégories mentales : le renversement des valeurs, la perte des repères institutionnel, linguistique, historique, artistique nécessitaient une accoutumance et une adaptation à une nouvelle réalité institutionnelle. « *Quelle chance pour le gouvernement que le peuple ne pense pas* » ; « *Ils ne seront plus libres de toute leur vie* »[108]. Au-delà de la contrainte des mots, des idées-images, de la sanction juridique ou administrative inclinant à la renonciation partielle ou plénière de ses prérogatives citoyennes, un pouvoir n'est à même de se maintenir que dans la maîtrise de symboles spontanés, la prise de possession du champ linguistique, la capacité ultime à susciter la cohésion sociale à travers une adhésion continuée à la politique poursuivie. Le degré d'acceptation de réquisits exigés par une autorité dépend étroitement de l'intérêt individuel à s'y conformer et de la somme des avantages objectivés ou supposés d'une telle affiliation. La mise sous tutelle de l'opinion publique par un régime dictatorial, sous couvert de la nécessité et de la défense des intérêts supérieurs de la nation, s'énonce dans l'infirmation des préceptes de liberté et d'égalité au bénéfice d'un renforcement des attributions de l'Etat et de l'administration, dans un souci de contrôle de la population. Les réticences politiciennes se mâtineront de plaidoyers en vue d'une rationalisation du mode de fonctionnement de l'Etat, en appelant d'une forme d'autorité nouvelle mise au service de l'intérêt général. Le contexte délétère et passionnel dans le champ politique finit de contaminer les discours sur le social : l'heure est aux harangues publiques, aux accusations personnelles de trahison et d'incompétence, aux conflits de légitimité. L'Autre devient un adversaire potentiel dont il faut circonscrire l'appétit de pouvoir, les prétentions légales, le besoin égalitaire. « *Comme toute unité politique, la nation se définit par sa souveraineté qui s'exerce, à l'intérieur, pour intégrer les populations qu'elle inclut et, à l'extérieur, pour s'affirmer en tant que sujet historique dans un ordre mondial fondé sur l'existence et les relations entre nations-unités politiques. Mais sa spécificité est qu'elle intègre les populations en une communauté de citoyens, dont l'existence légitime l'action intérieure et extérieure de l'Etat»*[109]. L'individualité est annulée dans l'investiture d'une communauté organique ne se prévalant plus d'aucune référence à la dogmatique républicaine ; l'ère des foules traduit l'éclatement des ensembles constitués, homogènes, unis dans leur dissension, s'auto-disciplinant par souci de reproduction et de préservation des avantages acquis. Les communautés émotionnelles "accueillent" désormais l'agent social, en déshérence idéologique, elles objectivent son appartenance au monde. La défiance envers certains "groupes" sociaux nécessitait un retraitement des imaginaires sociaux, une mise en perspective des conditions de sociation culturelle et politique. Les enjeux développés autour de l'idée de nation confirmaient une volonté de réfutation systématique de la question du fondement du lien social, dérivé du principe de souveraineté et d'une acception entendue de la citoyenneté. Le temps de la régénération sociale ne coïncide plus avec la "reconstitution d'une nouvelle innocence" (M.Ozouf), le culte majoritaire est moins que jamais source de ralliement, ni garant de l'épanouissement de la liberté, de l'égalité et de la justice. L'affectivité sociale déplace les frontières de la tolérance, des éthiques de responsabilité et de conviction, de l'appartenance ethnique : « *les formes concrètes du processus de singularisation dans chaque nation historique* »[110] s'orientent vers des formes de banalisation de l'Autre, de remobilisation partisane et de renforcement d'une culture politique centrée autour de considérations désindexées de toute argumentation raisonnable.

« *On ne peut intégrer [les individus] qu'au nom d'un certain nombre de réalités concrètes, valeurs et intérêts, qui justifient les inévitables contraintes de la vie collective et leur adhésion à l'action extérieure_ qui peut aller jusqu'à leur imposer le sacrifice de leur vie. On ne peut les intégrer que par l'action continue d'institutions communes, au sens large que Durkheim donne à ce terme, formes constituées de pratiques par lesquelles les générations se transmettent les manières d'être et de vivre ensemble caractéristiques d'une collectivité historique particulière »* [111].

Avant de devoir enfreindre ses propres convictions fondant le sens de ses appartenances aux cercles sociaux dont il est l'une des composantes, l'agent social se replie dans un premier temps dans un univers fait de familiarité et de certitude. La formation d'une identité adaptée aux conditions nouvelles du vivre-ensemble se résume en un rapport aux valeurs éminemment problématique, tentative visant à réconcilier les aspérités du politique avec les conformations psychiques, les réquisits partagés ou les "significations imaginaires sociales" (Castoriadis) : le degré d'intensité de la dissociation se mesure dès lors à l'aune d'une situation *agonistique*, présageant d'une clôture de l'*être* et d'un repliement contraint vers les intérêts égoïstes. Les conduites constituent, en semblable hypothèse, des artifices investis de croyances, de figurations, d'idéalités dont les acteurs sociaux se prévalent dans l'affirmation d'un monde commun. L'institution imaginaire de la société résulte d'une représentation de soi partagée, auto-référentielle, définissant l'essence même de *la* politique : une volonté de constituer une communauté de semblables, partageant les mêmes valeurs substantives, résolvant collégialement les déclivités du social ; en somme, une "capacité de gouverner et d'être gouvernés", comme condition de l'agir. Une scission s'opère dès l'instant où les agents, sur lesquels tout régime politique s'appuie pour légitimer son pouvoir, n'entrent plus en conformation avec les nécessités objectives d'une société : la mainmise des organes étatiques dans la vie quotidienne dénature fonctionnellement les principes de solidarité, les déclinaisons statutaires, les rôles dévolus à chacun au sein du substrat sociétal. Les desseins de reproduction du système, de concentration du pouvoir aux mains d'une oligarchie de bureaucrates, de transformation du social par les tentatives visant à réconcilier les intentions avec une réalité "projetée" et théorisée participent d'un procès en dépolitisation du sujet politique, d'un renoncement au souci de l'autre. Les conduites sociales, les dispositions symboliques, le travail de l'*œuvre* (au sens où l'entendait Ignace Meyerson) traduisent une lente dérive des sentiments politiques hors de toute référence à une altérité radicale questionnant notre appartenance à une communauté de vie. La disjonction du rapport-à-l'autre dans un oubli de la différence (montée de l'intolérance, résurgence nationaliste, thèse déniant toute légitimité à la discussion) et l'équivocité des signifiants et des valeurs fondant la légitimité des institutions sociales sollicitent une réinscription de la *persona* dans l'espace même de sa destitution. L'individu n'est jamais une émanation *ex nihilo*, un être-en-soi, autonome, "agi" par les institutions : les relations interpersonnelles structurent l'architectonie sociale, sans que les agents en saisissent toutes les implications, ni même la nécessité contingente. Cet « *imperçu immanent* »[112] investit toute société organisée en inférant du rôle de chacun dans la destinée collective : le sujet naît à *la* politique en prenant toute la mesure des conséquences non prévisibles de ses actes, en privilégiant la *prudence* et la phronèsis, l'autorité de la parole sur la violence indifférenciée. Le groupe social au pouvoir édicte un ensemble sérié de normes, de compositions, de finalités destinées à relier chaque membre à un Tout transcendant les discontinuités, l'énoncé de Lois intangibles attestant d'une inscription identitaire dans une multiplicité de "lieux" différents. Pour saisir la portée d'un événement, en circonscrire les conditions d'émergence, l'individu procède à des rationalisations, des mises en perspective exprimant son besoin de donner un sens à la réalité. Face à une défaite apparente de la pensée et à la folie meurtrière s'emparant d'êtres supposés "raisonnables", il trouve refuge dans la familiarité de ses relations coutumières, ses amitiés enracinées (vécues comme tel), l'entrelacs de ses multiples appartenances :

un régime d'oppression détruit la substance même de la *philia*, la raison d'être des sentiments profonds tissés dans l'exclusive de l'autre : l'homogénéité du cercle d'élus célébrée dans la Grèce ancienne présupposait une acceptation tacite des termes du conflit entre *égaux* ; la rivalité, *eris*, affirmait le besoin de s'affronter à l'autre par le mérite et pour la gloire dans un défi à la raison raisonnable. Dès l'instant où les modes de résolution des conflits s'effectuent dans l'anonymat des administrations, la "visibilité" de la faute n'étant que prétexte à une mise en scène de la contrainte instituée et légitime, la publicité de la relation ne possède plus aucune effectivité sociale. La permanence de la division empêche toute unicité de la polis ; l'hétéronomie des lois destitue le "nous" dans son désir de s'auto-instituer, de désigner les conditions d'un ordre social reflétant les choix d'un groupe de vivre selon certaine règles. La personne se construit dès lors selon des modalités *réactives*, en opposition ou en accord explicite avec l'uniformité contraignante de l'ordre établi ; la liberté d'objectiver, de formaliser les sentiments dans une pensée incarnée se réduit à une compulsion à s'abstraire de l'événement, à un repli méthodique dans l'intimité. La souveraineté d'un nouvel ordre idéologique, l'esthétisation du politique annoncent l'avènement d'une économie dirigée : le puzzle nazi se met méthodiquement en place, ébauche d'une dictature de l'Homme nouveau dans l'ombre des idéaux pragmatiques et dogmatiques du « *Führer-entrepreneur* »[113]. La mise en perspective scientifique d'un phénomène social et politique d'une telle amplitude répond à un questionnement sur la formation d'une identité politique, la dislocation progressive et inévitable des enracinements communautaires sous l'effet d'une déprise affective et d'une propagande structurant les schèmes de pensée.

1.6. L'ethnicité comme vecteur de l'unité nationale.

Dans les discours et écrits programmatiques, les revendications légitimistes, historiques s'effacent devant une rhétorique millénariste, impérialiste et belliciste. La nature même du pouvoir suppose la mise en place d'un système de contraintes systématisées, méthodiquement légitimées, en vue de conformer les comportements à des pratiques sociales inédites. La définition extensive de l'idéologie national -socialiste laisse en suspens un certain nombre de questions touchant à l'expression et au respect des libertés pour les populations mises sous tutelle administrative par les autorités de Berlin. La collaboration spontanée est ainsi teintée d'opportunisme et de prévarication morale, d'illusion fantasmatique et d'irresponsabilité : la contagion de la rumeur, empreinte d'exactitudes comme de déformations, noircie de récits des exactions et de l'emploi de la violence en tant que procédé de gouvernement, tout en témoignant dans le même temps d'une insolente réussite économique achève de brouiller les capacités de jugement, endort le sens critique susceptible d'éveiller à une juste appréhension du risque potentiel de basculement des données géopolitiques en Europe. La dimension auratique du Führer, les succès enregistrés en politique extérieure, la "fascisation de la raison pratique" (B.de Jouvenel) concourent à un obscurcissement des enjeux politiques et moraux : l'inquiétude sourde montant des travées de l'opinion se mue en sentiment d'angoisse de lendemains indécis. Les sentiments d'abandon et d'isolement, la confusion des impressions premières ne laissent pas de dérouter et d'incliner à la réserve, à l'observation distante, à l'attentisme : s'ouvrir à l'Autre pour tenter de mieux en circonscrire les intentions, sérier des conduites adaptatives, hiérarchiser la nature des risques objectifs et leurs conséquences probables.

Dans une zone annexée comme l'Alsace-Moselle, une certaine confusion règne en raison de directives contradictoires et de conflits de compétence entre instances institutionnelles ; la délégation de pouvoir accordée aux gauleiters par le Führer leur autorise une liberté d'action et de décision sans commune mesure avec celle dont pouvaient se prévaloir quelques-uns des plus hauts dignitaires du régime. Des considérations concurrentes en particulier en matière d'obtention de la nationalité allemande et de définition des modalités d'appartenance au *Volkstum* donnèrent lieu à des conflits de légitimité entre sphères de pouvoir : à l'appréciation de la "valeur" d'un individu fondée sur le degré de *confiance* que les autorités pouvaient lui porter s'opposait le formalisme du scientisme biologique auquel se référaient les services du "Reichskommisar für die Festigung des deutschen Volkstum" avant que la notion de *Volksdeutsche* ne soit définie de manière un peu plus précise (circulaire du 26 août 1942). « *Si tu dois quitter maintenant ce pays, ce n'est pas une vengeance de l'Allemagne. Ce pays est allemand depuis son origine. Tu es un étranger dans ce pays. Enfin ce pays doit revenir à ces habitants allemands. L'ordre et la sécurité exigent une séparation entière entre les Allemands et ses ennemis. En 1918, les Allemands durent quitter l'Alsace allemande. En 1940, les étrangers et les ennemis des Allemands quittent l'Alsace allemande* »[114]. L'adaptation de l'appareil juridique aux exigences du système politique passait par la promulgation de décrets, d'ordonnances et de circulaires d'application visant à faciliter l'octroi de la nationalité allemande aux ressortissants étrangers du Reich[115], soumis de ce fait à la loi sur l'obligation militaire de 1935, qui dans son §18 énonçait : « Est Allemand dans les sens de cette loi, chaque citoyen du Reich même si en outre il possède une nationalité étrangère ». Les nombreuses restrictions posées permettant la révocabilité et la déchéance de la nationalité soulignent la suspicion et la méfiance à l'égard d'une population à maintes reprises jugées trop attentistes ; les conduites individuelles et collectives faisaient l'objet de nombreux rapports du *Sicherheitsdienst* et semblent avoir donner lieu à des commentaires peu amènes de Wagner dans ces rapports annuels. « *En théorie, dans le domaine du droit international, il avait toujours été vrai que la souveraineté n'est nulle part plus absolue qu'en matière d'émigration, de naturalisation, de nationalité et d'expulsion ; mais, quoi qu'il en soit, les considérations pratiques et le sentiment tacite d'intérêts communs avaient restreint la souveraineté nationale jusqu'à l'essor des régimes totalitaires* »[116]. La novation radicale d'une telle situation réside dans l'absence même de précédent : la population alsacienne n'est pas destituée de ses attributs nationaux par une procédure relevant du droit international ; ralliée de force à une patrie dont elle n'agrée pas majoritairement (du moins le suppose-t-on) l'affiliation, placée sous la protection d'un Etat non reconnu comme légitime, elle conserve le privilège de pouvoir demeurer sur son territoire de naissance à condition de répondre à un certain nombre de critères. Si les premières expulsions avaient été dictées par la volonté d'introduire et de mettre en application au plus vite la législation nazie, les mesures ultérieures traduisaient le désir d'épurer la communauté en favorisant l'obtention de la nationalité pour ceux répondant aux conditions restrictives (juxtaposition des critères raciaux et du mérite personnel) posées par les textes de loi. Minorité appelée à se fondre progressivement dans la *Volksgemeinschaft*, son destin se confondait avec le sacrifice nécessaire de ses forces vives, la démonstration de sa dévotion, l'abjuration de la culture française et la démonstration d'actes de foi répétés. Si la population a pu, un temps, bénéficier de lenteurs administratives dans la promulgation des ordonnances, imputables aux dysfonctionnements de l'appareil d'Etat et des relations entre services possédant des compétences proches, l'ordonnance du 24 août 1942 fixe de manière définitive les principes de la naturalisation. Dans son §1 alinéa b, il est stipulé que la nationalité allemande sera accordée à "ceux qui auront été reconnus comme des Allemands ayant fait leurs preuves", dernier avatar légal de pratiques de discrimination fondées sur des considérations subjectives. Bien que laissée à la libre appréciation du *CdZ* (qui n'usera jamais de la possibilité qui lui était accordée par le §3 d'accorder la nationalité allemande à titre révocable), agissant en tant que mandataire du *ReichsKommissar für die Festigung deutschen Volkstums*, l'entrée dans la communauté du peuple était suspendue à l'existence de nombreuses clauses exécutoires tendant à en faciliter la mise en pratique : "on pourra faire *confiance* dans la plupart des cas aux Alsaciens résidant dans le Reich, souvent depuis de longues années" (circulaire du 26 août 1942). Une série de règlements particuliers tenteront d'éclaircir la situation et de conférer à l'ensemble du dispositif un semblant de cohérence ; sont ainsi bénéficiaires des mesures de naturalisation : les incorporés de force dans la Wehrmacht et dans les Waffen SS ainsi que les membres de leur famille (Ordonnance du Ministère de l'intérieur du Reich du 23.08.42), les Nanziger (Erlass du 25.08.42), les combattants du Volkstum internés dans les camps de rassemblement français en 1939 et 1940 (Erlass du 01.09.42), les Alsaciens membres du NSDAP (Erlass du 15.09.42), les Alsaciens titulaires de hautes décorations pour fait de bravoure durant la Première Guerre mondiale, les grands blessés, veuves et orphelins de la même guerre (Erlass du 17.09.42), les Alsaciens membres de la police (Erlass du 26.11.42), les parents et ascendants des soldats morts pendant les deux guerres, les parents, femmes et enfants mineurs des policiers morts pour l'Allemagne avant le 26.11.42 (Erlass du 04.01.43), les volontaires des services auxiliaires de la Wehrmacht, du NSKK, de l'organisation Todt et volontaires féminines (*Nachrichtenhelferinnen*) (Erlass du 11.02.43), à tous les Alsaciens, y compris aux transplantés à l'intérieur du Reich à partir du 1er août 1943, à titre révocable répondant aux critères raciaux (Circulaire du Ministère de l'intérieur du Reich du 09.07.43), les responsables alsaciens du RAD (Erlass du 04.01.44), enfin les fonctionnaires alsaciens en poste et ceux à venir (Erlass du 21.06.44). Les individus assujettis à ces dispositions, dont le nombre semble équivaloir à environ la moitié de la population (à l'exception de ceux couverts par la Circulaire du 09 juillet 1943), étaient de fait considérés comme citoyens du Reich et par là même tenus au "civisme de guerre" et à ses exigences. La création de catégories juridiques supposées pouvoir apporter une réponse définitive à la confusion régnante et offrir un cadre légal sanctionnant les comportements déviants eut pour effet d'affecter autoritairement les agents dans des cercles sociaux spécifiques : leur identité sociale dépendait dans une large mesure de leur capacité à endosser les rôles et schèmes d'action qui leur étaient propres, autrement dit, de conformer leurs attitudes aux usages prescrits. L'Etat nazi proclamait non seulement représenter la volonté générale, mais il défendait la pureté ethnonationale par le recours à des référents juridiques crées *ex nihilo nihil* : le principe d'exclusion des *fremdvölkisch* promu par la *Reichsbürgergesetz* de 1935 codifiait l'usage de l'expulsion et d'une législation sur les étrangers. Ils étaient placés sous l'"association de protection" (*Schutzverband*) du Reich, ce qui n'était pas le cas, par exemple, des Juifs de nationalité non allemande « *déchus de leur citoyenneté (qu'ils conservaient en raison du flou de l'article 5) soit avant, soit au plus tard le jour de leur déportation* »[117]. La rareté relative des actes de désobéissance en raison des risques encourus nous oblige à prendre la mesure des faits de résistance comme de collaboration en les rapportant à une situation politique tout à fait particulière : la criminalisation du moindre acte déviant, la stigmatisation sociale, la mise en danger de la vie des proches, la suspicion généralisée, les difficultés de discernement de l'ami politique procèdent directement de facteurs repérables liés à une conjoncture inédite. Toute société est composée « *tout comme la vie, d'imbéciles, de naïfs et de braves gens, arrêtés net dans leur élan (...), victimes des pièges tendus par leur pays et leur époque, et par l'irréductible goût de l'espèce humaine pour la trahison (betrayal pouvant se traduire également par "divulgation", "manifestation", "révélation") et la vengeance»*[118]. Une méfiance réciproque semble s'être instaurée, s'exprimant de manière différenciée en fonction de l'intérêt à coopérer (ou non) et des représentations de l'Autre préexistant à la situation. Dans l'univers festif des rassemblements populaires organisés par les autorités s'élaborait une nouvelle dialectique de la reconnaissance engendrant davantage de devoirs que de droits, suscitant la ferveur dans une manifestation renouvelée d'agrégation collective : « *tous les efforts pour pratiquer l'esthétisation de la politique culminent au même point. Ce point unique, c'est la guerre. La guerre, et elle seule, permet de donner un objectif à des mouvements de masse d'une très grande dimension sans rien changer aux rapports traditionnels de propriété*»[119]. A tous les stades de la mise en œuvre du nazisme, les acteurs sociaux "prolongent" ses postulats, entérinent ses réquisits : une forme pernicieuse de consentement, née de l'incrédulité et de l'accommodement, brouille les solidarités traditionnelles, fige les hiérarchies sociétales, catégorise les individus en agrégats humains, constitue une nouvelle praxis. Les délires et contrevérités rhétoriques se disputaient alors à la violence quotidienne dans l'administration de la contrainte. Apprécier la "conformation" idéologique dans toutes ses acceptions et modes de signifiance nécessite l'adoption d'une perspective biographique approfondie des figures éponymes du régime, imprégnant de leurs idées, représentations et croyances le monde "sensible" de toute une société : le prestige des potentats dû à leur déférence inconditionnelle au Mythe et à leur rôle éminent dans la tragédie portée sur scènes explique les déclivités irrationnelles *et* rationnelles imprimées par la politique d'oppression des masses. Naturalisant les dissemblances en usant d'un argumentaire fécond en représentations suggestives, l'idéologie nazie catégorise la population en amis et ennemis, assimilables ou non à l'ethnie alémanique, rejetant dans les marges ceux-là mêmes qui sont indignes d'une appartenance à la communauté. Projetée malgré elles dans les turbulences de la modernité biologique et de « *politisation de la vie nue* »[120], les populations subissent l'influence de pratiques de mobilisation des masses. L'opinion publique n'a plus dès lors d'existence formelle, toute attitude autre que le consentement ne faisant que précipiter les formes et l'intensité de la répression. Depuis l'accession au pouvoir du Parti national-socialiste, l'Allemagne est parcourue de courants de contestation, de critiques informelles, de désapprobation s'exprimant au gré de la divulgation publique de décisions heurtant par trop les sensibilités populaires. La circonspection précédait fréquemment l'engagement escompté de la foule ; le « *dynamisme négatif* »[121] suppléait aux contradictions et à l'irrationalité croissante du système : la guerre totale ne reflétait pas la réalité des relations sociales à l'intérieur du Reich, la disparition de l'espace libre de discussion ne ruinant pas toute dimension citoyenne. La plupart des différends entre individus continuaient de se résoudre à l'amiable ou en application des lois en vigueur, mais ce qui apparaîtrait comme vecteurs d'instabilité et de discorde dans une société *ouverte* participait de l'assimilation de schèmes de pensée tendant invariablement vers une même finalité idéologique. Déplorant, à la fin des années trente, l'absence de conscience raciale des agents sociaux, les rapports non rendus publics des services de renseignement annoncent avant l'heure un constat désenchanté, à propos du moral et du comportement quotidiens des effectifs SS, dont Himmler se fera l'écho en octobre 1943 à Poznan au cours d'un discours resté célèbre. L'opinion publique est gagnée par des tropismes et certaines conventions interprétatives de la "réalité" tout en conservant ses dispositions et habitus particuliers : le centre de gravité de son attention se déplace invariablement sur une échelle allant de l'approbation à la réfutation, de la mobilisation au retrait, de l'allégeance à l'intérêt égoïste. Le régime trouve dans la continuité des luttes "historiques", dans la critique sociale dirigée contre les excès inhérents à toute forme autocratique du pouvoir (prébendes et enrichissements délictueux contrastant avec les difficultés endurées) les conditions mêmes de son renforcement. La terreur constitue un processus de légitimation en soi, stigmatisant les écarts de conduite et disjonctions éthiques, amenant à une prise de conscience collective du sens et de la valeur de l'engagement et du principe de responsabilité individuelle dans l'accomplissement du destin mythique ; elle est l'aveu d'une politique s'aliénant à sa propre réalité et à ses circonstances d'objectivation. Elle vise à la délimitation d'une nouvelle territorialité communautaire à travers la modification des conditions de l'appartenance au groupe : l'état d'exception énonce la norme ; le meurtre comme violence souveraine s'effectue « *dans une zone d'indifférence* (...) *qui, en dernière analyse, finit nécessairement par agir contre* [*le nomos de la terre*] *comme un principe de déplacement infini.*(...) *Lorsque notre époque a tenté de donner une localisation visible et permanente à ce non-localisable, le résultat en fut le camp de concentration* »[122]. La réalité gagne d'autant plus en complexité qu'elle ne se conforme jamais intégralement aux représentations que l'on s'en fait : l'intérêt d'une recherche réside dans son équivocité même, dans la remise en cause souvent délicate de conventions analytiques et de faisceaux d'hypothèses à l'origine de la démarche (« *La répression nazie a creusé des différences qui existaient déjà* »[123]). Ainsi, la thématique du mal absolu réfère-t-elle à une représentation impressionniste de la complexité sociale en réduisant la multiplicité des points de vue à leurs expressions les plus singulières ; dans cette mesure, il nous semble erroné d'affirmer : « *Les individus qui ont perdu le sens de la différence entre sens et non-sens, et corrélativement le sens de leur responsabilité pour le sens, sont prêts à défendre tout et n'importe quoi, aussi bien le sur-sens de l'idéologie venant coiffer le non-sens de la réalité, car ils ne croient plus en rien* »[124]. Le conformisme apparent des conduites ne signifie en aucune manière que les individus se soient fiés au contenu du discours politique ou qu'ils se soient accommodés des exigences posées par le régime dans l'ignorance des conséquences de leurs actes. « *Le mal est finalement moins un thème philosophique qu'une réalité monotone décelable au ras du quotidien et justiciable d'une analyse plus politique que psychologique, plus phénoménologique que métaphysique* »[125]. La dialectique commandement/obéissance perd dès lors de sa pertinence en voulant réduire la complexité des dispositions et attitudes à des conventions psychologiques et comportementales "gouvernées", suscitées par l'idéologie environnante.

Notes de la Première partie

[1] P.Ricœur, *Du texte à l'action. Essais d'herméneutique II*, Paris, Editions du Seuil (coll. « Points Essais »), 1998, pp.197-198.

[2] « les sciences humaines peuvent être dites herméneutiques 1) dans la mesure où leur *objet* offre quelques-uns des traits constitutifs du texte en tant que texte et 2) dans la mesure où leur *méthodologie* déploie la même sorte de procédure que ceux de l'*Auslegung* ou de l'interprétation des textes », in idem, p.205.

[3] ibid., p.25.

[4] M.Kundera, *L'art du roman*, Paris, Gallimard éd., 1986, p.29.

[5] P.Ricœur, 1998, op.cit., p.21.

[6] M.Weber, 1992, op.cit., p.157. Nota : ces remarques sont explicitées dans une perspective plus élaborée dans les travaux de R.Boudon sur l'idéologie et l'analyse du trilemme de Münchhausen.

[7] F.Muller, « Max Weber et les apories de la neutralité axiologique », *Revue du M.A.U.S.S.*, 8, 2ᵉ semestre 1996, p.344.

[8] idem, p.345.

[9] M.Weber, 1992, op.cit., p.199.

[10] L.Baier, « Les bénéfices de la mauvaise conscience », *Le Genre humain*, oct.1988, p.222.

[11] L.Quéré, op.cit., p.275.

[12] cf. le discours de Martin Walser le 11 octobre 1998 lors de la remise du Prix de la paix à Francfort.

[13] G.Grass, « Je me souviens.. », *Le Monde* du 26.10.2000.

[14] F.Docquiert, F.Piron, *Image et politique*, Arles, Actes Sud/AFAA éd., 1998, pp.67-73.

[15] J.Gerz, « Sous les pavés la mémoire », propos recueillis par M.Rosen, *Libération* du 17.03.1992.

[16] E.Rohmer, « Seul l'art permet de voir le monde passé », *Le Monde* du 05.09.2001.

[17] « dire qu'un énoncé est "intensionnel", au sens logico-linguistique, signifie qu'on ne peut remplacer une expression de cet énoncé par une autre qui fait référence à la *même* chose (qui est équivalente au point de vue *extensionnel*) sans altérer la valeur de vérité de l'énoncé », R.Ogien, « Philosophie des sciences sociales », in J.-M.Berthelot, *Epistémologie des sciences sociales*, Paris, P.U.F. éd., 2001, p.560.

[18] idem, p.558.

[19] P.Virilio, « S'observer et se comparer sans cesse. Le règne de la délation optique », *Le Monde diplomatique*, août 1998.

[20] P.Ricœur,1998, op.cit., p.191.

[21] ibid., p.193.

[22] ibid., p.299.

[23] « L'agent paramétriquement rationnel suppose que son environnement n'est pas constitué d'agents rationnels dont les actions dépendent de leurs attentes relatives aux

effets de ces actions sur les décisions d'autres agents, en particulier les siennes », in P.Van Parijs, *Le modèle économique et ses rivaux. Introduction à la pratique de l'épistémologie des sciences sociales*, Genève-Paris, Librairie DROZ, 1990, p.33.

[24] « Elster avance que tout aspect du comportement humain peut s'envisager comme le résultat de deux processus de filtrage. Le premier consiste en des contraintes structurelles (échappant au contrôle immédiat de l'agent) réduisant l'ensemble des actions possibles d'un point de vue abstrait à l'ensemble des actions *faisables*. Le second est le mécanisme qui sélectionne quel élément de l'ensemble des actions faisables sera réalisé », in idem, p.51.

[25] « "Etant donné la défaillance de la science, qui pourra nous donner une réponse à la question : que devons-nous faire et comment devons-nous organiser notre vie ?" (...) "Quel Dieu devons-nous servir parmi tous ceux qui se combattent ? devons-nous peut-être servir un tout autre Dieu, mais quel est-il ?" », in M.Weber, *Le savant et le politique*, Paris, 10/18 éd., 1990, p.92.

[26] F.Vandenberghe, « La philosophie marginale de Max Weber » in S.Bateman-Novaes et al., *Raison pratique et sociologie de l'éthique. Autour des travaux de Paul Ladrière*, Paris, CNRS Editions, 2000, p.83.

[27] idem, p.72.

[28] « Si nos pulsions, nos intentions, et enfin nos décisions ultimes doivent être jugées *a priori* comme irrationnelles, alors la raison substantielle devient sans plus un facteur de corrélation et donc essentiellement "fonctionnelle" », M.Horkeimer, *Eclipse of Reason*, Seabury Press, New York, p.6, cité in ibid., p.75, n.9.

[29] ibid., p.87.

[30] D.Schnapper, 1999, op.cit., p.109.

[31] M.Sicard, « Qu'est-ce qu'un témoin ? », *Les Cahiers de médiologie*, « Croyances en guerre. L'effet Kosovo », 8, 2ème semestre 1999, p.78.

[32] M.Weber, 1992, op.cit., pp.171-172.

[33] ibid., p.156.

[34] voir R.Hilberg, *Holocauste : les sources de l'histoire*, Paris, Gallimard éd. (coll. « nrf essais »), 2001.

[35] D.Schnapper, 1999, op.cit., p.13.

[36] M.Sicard, op.cit., p.75.

[37] J.H.Golthorpe, D.Lockwood, F.Bechhofer, J.Platt, *The affluent worker in the class structure*, Cambridge University Press, 1969.

[38] la description des "musulmans" dans les camps en compose le cas-limite

[39] voir P.Veyne, « Pourquoi veut-on qu'un prince ait des vertus privées ? Ou de la nécessité de savoir à qui on a affaire », *Informations sur les Sciences Sociales*, vol.37, 3, 1998, pp.407-415.

[40] P.Ricœur, *Temps et récit. Le temps raconté*, t.3, Paris, Editions du Seuil (coll. « Points essais »), 1991, p.265, n.1.

[41] idem, p.279.

[42] R.Koselleck, op.cit., p.140.

[43] voir « Le face-à-face Chevènement-Fischer » in *Le Monde* du 21.06.00.

[44] Y.H.Yerushalmi, in *Usages de l'oubli* (ouvrage collectif), Paris, Editions du Seuil, 1988, p.11.

[45] H.Rousso, *La hantise du passé*, Paris, Les éditions Textuel, 1998, p.102.

[46] M.Pollak, *L'expérience concentrationnaire. Essai sur le maintien de l'identité sociale*, Paris, Editions Métailié, 2000, p.233.

[47] « (...) tout témoignage se situe dans un espace du dicible, que limitent le silence absolu par la destruction physique (...) et les silences partiels dus à la destruction des dispositions "morales" (psychiques, sociales, éthiques, etc.) autorisant le témoignage », in idem, p.183.

[48] P.Ricœur, 1991, op.cit., p.345.

[49] Y.H.Yerushalmi, op.cit., p.11.

[50] N.Loraux, ibid., p.25.

[51] M.Pollak, op.cit., p.250.

[52] « *Shoah* n'est pas un film sur l'Holocauste, pas un dérivé, pas un produit, mais un événement originaire. (...) mon film ne fait pas seulement partie de l'événement de la *Shoah* : il contribue à la constituer comme événement », C.Lanzmann, « Parler pour les morts », in *Le Monde des débats*, mai 2000, pp.14-15 (voir également P.Mesnard, *Consciences de la Shoah. Critique des discours et des représentations*, Paris, Kimé, 2000).

[53] J.Semprun, « L'écriture ravive la mémoire », idem, pp.10-13. Wittgenstein, se jouant des mots et de leur sens consacré, affirmait pour sa part « Il y a assurément de l'indicible ».

[54] voir « Vichy et la matrice républicaine », in G.Noiriel, *Les origines républicaines de Vichy*, Paris, Hachette Littératures éd., 1999, pp.89-98.

[55] G.Agamben, *Ce qui reste d'Auschwitz*, Paris, Bibliothèque Rivages éd., 1999, p.27.

[56] D.Lochak, *Les Usages du droit*, Paris, P.U.F. éd., 1989, p.6.

[57] G.Namer, *Batailles pour la mémoire. La commémoration en France de 1945 à nos jours*, Paris, Papyrus éd., 1983, p.211.

[58] idem, p.161.

[59] P.Nora, « Tout concourt aujourd'hui au souvenir obsédant de Vichy », *Le Monde* du 1er octobre 1997.

[60] P.Laborie, « Vichy et ses représentations dans l'imaginaire social », in J.-P.Azéma, F.Bédarida, op.cit., p.494.

[61] Goethe, cité in C.Meier, *La naissance du politique*, Paris, Gallimard éd., 1995, p.351.

[62] G.Agamben, *Homo sacer. Le pouvoir souverain et la vie nue*, Paris, Editions du Seuil, 1997, p.184.

[63] « Auschwitz avait précisément été absent de l'horizon de pensée de la majorité de la population allemande », P.Burrin, « L'historien et l'"historisation" », in *Ecrire l'histoire du temps présent*, op.cit., p.77.

[64] G.Agamben, 1997, op.cit., p.149.

[65] N.Weill, « Quand un biographe de Hitler récuse l'"hitlérocentrisme" », Entretien avec I.Kershaw, *Le Monde des Débats*, décembre 1999, pp.28-29.

[66] J.M.Besnier, « Bataille. La structure psychologique du fascisme », in F.Châtelet et al., *Dictionnaire des œuvres politiques*, Paris, P.U.F. éd., 1995, p.81.

[67] L.Quéré, op.cit., p.270.

[68] R.Koselleck, op.cit., p.109.

[69] ibid., p.115.

[70] A.Prost, *Douze leçons sur l'histoire*, Paris, Editions du Seuil (coll. « Points histoire »), 1996, p.134.

[71] A.Enegrén, *La pensée politique chez Hannah Arendt*, Paris, P.U.F. éd., 1984, p.192.

[72] J.Patocka, *Liberté et Sacrifice. Ecrits politiques*, Grenoble, J.Million éd., 1990, p.166.

[73] R.Barthes, *Mythologies*, Paris, Editions du Seuil (coll. "Points Essais"), 1996, p.204.

[74] R.Caillois, *Le mythe et l'homme*, Paris, Gallimard éd. (coll. "Folio"), 1994, p.22.

[75] W.Reich, *La psychologie de masse du fascisme*, Paris, Petite Bibliothèque Payot, 1979, p.13.

[76] idem, p.18.

[77] ibid., p.89.

[78] J.Billig, *L'hitlérisme et le système concentrationnaire*, Paris, P.U.F. éd., 1967, p.51.

[79] idem, p.138.

[80] ibid., p.170.

[81] P.Ayçoberry, *La question nazie. Les interprétations du national-socialisme 1922-1975*, Paris, Editions du Seuil (coll. "Points Histoire"), 1979, pp.205-208.

[82] P.Lacoue-Labarthe, J.-L.Nancy, *Le mythe nazi*, La Tour d'Aigues, Editions de l'Aube, 1991, p.67.

[83] idem, p.24.

[84] Platon, *La République*, Paris, Flammarion éd. (coll. "GF"), 1996, v.405 a-d, p.27.

[85] H.Arendt, *L'Impérialisme*, Paris, Editions du Seuil (coll. « Points Politique »), 1984, p.173.

[86] idem, p.224.

[87] I.Kershaw, *Hitler. Essai sur le charisme en politique*, Paris, Gallimard éd., 1995, pp.179-180.

[88] M.Foucault, *Histoire de la sexualité*, t.I, *La Volonté de savoir*, Paris, Gallimard éd., 1976, p.113.

[89] M.Foucault, *L'Impossible Prison. Recherches sur le système pénitentiaire au XIXème siècle réunies par Michelle Perrot*, Paris, Editions du Seuil, 1980, p.317.

[90] voir S.Bernstein, *La démocratie libérale*, Paris, P.U.F. éd., 1998.

[91] G.L.Mosse, cité in R.A.Pois, *La religion de la nature et le national-socialisme*, Paris, Editions du Cerf, 1993.

[92] cf. E.Husson, *Comprendre Hitler et la Shoah. Les historiens de la République fédérale d'Allemagne et l'identité allemande depuis 1949*, Paris, P.U.F. éd., 2000.

[93] H.Arendt, *La tradition cachée*, Paris, Editions Bourgois, 1987, p.18.

[94] B. von Schirach, *J'ai cru en Hitler*, Paris, Librairie Plon, p.149.

[95] F.Kafka, *Le Procès*, Paris, Gallimard éd. (coll. "Folio"), 1994, p.271.

[96] cité in P.Ayçoberry, *La société allemande sous le IIIème Reich*, Paris, Editions du Seuil, 1998, p.334.

[97] M.Foucault, "Il faut défendre la société". Cours au Collège de France 1976, Paris, Gallimard /Seuil, 1997, p.220.

[98] A.Speer, *Au cœur du Troisième Reich*, Paris, Fayard éd., 1971, p.31.

[99] M.Hollis, A.B.Seligman, « Le paradoxe de la confiance », *Critique*, juin-juillet 1999, p.578.

[100] E.Lévinas, *Entre nous. Le penser à l'autre*, Paris, Le Livre de Poche, 1993, p.33.
[101] P.Ricœur, in J.Rolland (éd.), *Emmanuel Lévinas*, 3, Lagrasse, Verdier éd. (coll. "Les cahiers de la nuit surveillée"), 1984, pp.299-300.
[102] R.Girard, *La violence et le sacré*, Paris, Grasset éd., 1972, p.192.
[103] A.Amiel, *Hannah Arendt. Politique et événement*, Paris, P.U.F. éd., 1996, pp.35-36.
[104] M.Hollis, A.B.Seligman, op.cit., p.578.
[105] J.Schmutz, « Préface », in N.Luhmann, *Politique et complexité*, Paris, Les Editions du Cerf, 1999, p.23.
[106] A.Finkielkraut, *La sagesse de l'amour*, Paris, Gallimard éd. (coll. "Folio"), 1994, p.167.
[107] L.Kettenacker, « La politique de nazification en Alsace », *Saisons d'Alsace*, 65, p.40.
[108] A.Hitler, discours tenu à Reichenberg le 4.12.1938.
[109] D.Schnapper, La communauté des citoyens. Sur l'idée moderne de nation, Paris, Gallimard éd., 1994, p.28.
[110] idem, p.24.
[111] ibid., p.50.
[112] C.Castoriadis, *La montée de l'insignifiance. Les carrefours du labyrinthe IV*, Paris, Editions du Seuil, 1996, p.116.
[113] J.Billig, op.cit., p.88.
[114] R.Wagner, « L'Alsace et la Lorraine terres françaises », in *Cahiers du témoignage chrétien*, 1943, p.7.
[115] « la nationalité allemande peut être accordée à un étranger sans justification de son établissement à l'intérieur du Reich (...) le ministre de l'Intérieur du Reich peut accorder la nationalité allemande à des groupes d'étrangers habitant dans une région placée sous souveraineté ou puissance souveraine allemande, ou qui sont originaires d'une de ces régions », ordonnance du 20.01.1942.
[116] H.Arendt, 1984, op.cit., p.255.
[117] Documents de Nuremberg, N° RF.1216, cité in ibid., p.257.
[118] P.Roth, « Ma vie d'Américain », *Le Monde* du 23.04.1999.
[119] W.Benjamin, *Das Kunstwerk im Zeitalter seiner technischen Reproduzierbarkeit*, Francfort sur le Main, 1963, postface.
[120] G.Agamben, 1997, op.cit., p.12.
[121] I.Kershaw, *L'opinion allemande sous le nazisme. Bavière 1933-1945*, Paris, CNRS Editions, 1995, p.213.
[122] G.Agamben, 1997, op.cit., p.27.
[123] I.Kershaw, *L'opinion...*, op.cit., p.115.
[124] A.-M.Roviello, *Sens commun et modernité chez Hannah Arendt*, Bruxelles, Ousia éd., 1987, p.154.
[125] A.Enegrén, op.cit., p.217.

DEUXIÈME PARTIE

Le Discours de la méthode : pourquoi les formes sociales étaient appelées à se maintenir.

2.1. L'hitlérisme, une réponse à la tragédie de la culture ?

« *La structure d'une société dans laquelle la grande masse subit la domination d'un seul n'a de valeur normative que si la masse, c'est-à-dire l'élément dominé, ne contient qu'une partie de chaque personne qu'elle englobe, alors que le maître met sa personne toute entière dans cette relation. Le maître et l'individu dominé n'entrent pas du tout dans cette relation avec la même mesure de leur personnalité. La "masse" est formée par un grand nombre d'individus unissant des fragments de leurs personnalités, des pulsions, des intérêts, des forces unilatérales_ tandis que ce qui fait une personne en tant que telle se situe au-delà de ce plan de nivellement et ne pénètre pas la "masse", c'est-à-dire ce qui est vraiment dominé par ce maître unique* »[1].

La sociologie *formale* ou *pure* simmélienne repose sur la distinction entre les *contenus* de la socialisation (intérêts, tendances, états et mouvements psychiques)[2] et ses *formes*, définies en tant que médiations émanant de l'action réciproque, modalités structurantes du social et conditions d'intelligibilité de celui-ci. Simmel ne conçoit pas la Société et l'Individu comme deux entités distinctes dont la mise en opposition constituerait en quelque sorte le principe *sine qua non* d'une élucidation du procès de production du social. Les *formes* naissent de la tension dynamique des contraires, de la réciprocité des altérités, sans pour autant parvenir à en résoudre les apories, les effets non prévisibles qui en découlent ; la dialectique de la distance/ proximité constitutive de toute relation sociale y trouve les conditions de sa mise en perspective, mais aussi ses propres limites : l'aliénation des rapports intersubjectifs dans des formes "chosifiées", objectivées, autonomes et instituées, privant par là même la société d'une « *puissance d'intensification de la vie* »[3], relève de la contingence historique.

« *La socialisation est donc la forme, aux réalisations innombrables et diverses, dans laquelle les individus constituent une unité fondée sur ces intérêts_* *matériels ou idéaux, momentanés ou durables, conscients ou inconscients, agissant comme des causes motrices ou des aspirations téléologiques _et à l'intérieur de laquelle ces intérêts se réalisent* »[4] ;

« *Les processus de conscience par lesquels s'accomplit la socialisation_ l'unité à partir du grand nombre, la détermination réciproque des individus, la signification mutuelle de l'individu pour la totalité des autres et de cette totalité pour l'individu _s'accomplissent à cette condition tout à fait fondamentale, qui n'est pas abstraitement consciente, mais s'exprime dans la réalité de la praxis : l'individualité de chacun en particulier trouve sa place dans la structure de l'universalité, et même, dans une certaine mesure, cette structure est organisée d'avance malgré le caractère imprévisible de l'individu, pour cette individualité et ses prestations* »[5].

L'institution du social n'a de réalité que dans la mesure où elle résulte de l'activité de la conscience[6] qui élabore par typifications (i.e. comprendre un *individu* sous des concepts généraux d'appartenance) les contours de l'environnement sociatif permettant aux *individus* (désignant « *toute unité dotée de singularité et [s'appliquant] donc aux groupes, aux situations, aux états sociaux, aux processus aussi bien qu'aux personnes considérées dans leur être et leur avenir* »[7]) d'entrer en interrelation. Le savoir commun, les psychologies conventionnelle et méthodique des acteurs sociaux médiatisent les *a priori* sociologiques « *qui détermineront, plus ou moins parfaitement, les faits de socialisation réels comme fonctions ou activités de l'activité psychique* »[8]. La fidélité, la reconnaissance, la gratitude, les règles et normes juridiques dans leurs différents versants contraignants et uniformisants, les habitudes, la violence et la routine fixent les cadres d'explicitation des normes de l'activité sociale en instruisant directement les pratiques. « *La fidélité est un état psychique par elle-même, visant à la prolongation de la relation pour elle-même, indépendamment des vecteurs spécifiques de son contenu, sentiments ou volontés* »[9]. L'amour, le sens du devoir, l'intérêt,...tout sentiment, valeur, norme, pensée ou besoin, légitimé ou non *a priori* par la communauté ou l'individu s'originent dans des états psychiques appelés à se figer, à se cristalliser dans des formes structurant à leur tour les actions réciproques et leur assurant une continuité dans le temps et l'espace : la dynamique du système de la personnalité est en relation de corrélation étroite avec le système social et culturel. « (...) *ce n'est pas la série psychique qui se déroule dans chacun des deux individus qui est intéressante en soi, mais leur réunion sous la catégorie de l'unité et de la dualité : quelle mesure d'antagonisme ou d'affinité la relation de deux individus ou de deux partis peut-elle inclure pour que l'ensemble garde encore une apparence d'affinité ou devienne antagoniste ?* »[10].

« [*Les formes*] *préjugeront plus ou moins rigidement de la suite de la relation, alors qu'elles restent de leur côté tout à fait incapables de s'adapter aux oscillations vivantes de la relation réciproque concrète, à ses modifications légères ou violents*»[11] : l'instabilité des formes constitue toutefois la condition intrinsèque de leur historicité, synchronique et diachronique. De l'interdépendance liant les formes entre elles et de leur corrélation avec les idées, valeurs et théories structurant le social (le pouvoir, les rapports de domination, de subordination et de concurrence, le conflit, l'imitation, la division du travail...) découle la cohésion de l'organisation sociale ; ainsi, paradoxalement, « *la société ne subsiste qu'à travers des conflits entre diverses forces d'attraction et de répulsion*»[12]. « *Ce n'est pas seulement la relation égale des subordonnés à leur chef qui donne sa solidité à la forme sociale ainsi définie, mais bien leur relation inégale. Les diverses formes d'éloignement ou de proximité produisent une articulation qui n'est pas moins solide et formellement déterminée du fait que la face interne de cette distance est souvent la jalousie, la répulsion, l'arrogance* »[13]. La réalité sociale n'est dès lors saisie par abstraction que dans l'une de ces configurations possibles et par accentuation de certains de ses aspects singuliers : la "totalité" que nous appréhendons par l'intermédiaire de la typification est la marque de notre incapacité à dépeindre la réalité dans toute sa complexité.

L'action réciproque (*Wechselwirkung*) suppose une relation d'agrégation ou de dissociation des formes déjà existantes « *sur la base d'intérêts ou d'idées, en instituant d'autres rapports de hiérarchies, d'égalité, de représentation, de liberté, de révolution, de tradition ou d'hostilité.* (...) *L'erreur consisterait à figer la vie sociale dans un rapport privilégié ou prédominant, puisqu'elle est faite de successions, de coexistences, de participations, de superpositions, d'oppositions, de connivences, de séparations.* (...) *Ce qui anime une forme est aussi important que la forme* »[14]. L.Deroche-Gurcel, dans la préface qu'elle a consacrée à *Soziologie. Untersuchungen über Formen der Vergesellschaftung*, énonce une typologie (non exhaustive) en tout point remarquable des différentes sortes de socialisation ; nous nous permettons ici d'en reproduire les développements :

« *on peut lire ces différents chapitres d'abord comme l'articulation de deux formes d'action réciproque :*

1/ les actions réciproques attendues, immédiatement ou médiatement perceptibles ;

2/ les actions réciproques inattendues, immédiatement ou médiatement manifestées, dont la seule réflexion permet d'attester la dynamique par-delà l'apparence de relations unilatérales.

On compte au titre de la première catégorie différentes sortes de socialisation qui_ immédiates lorsqu'elles mettent en relation deux personnes ou deux groupes, ou médiates lorsque trois personnes ou plus, trois groupes ou plus sont en relation par la médiation d'un tiers _assurent la dynamique de la vie sociale sur le mode de la réciprocité *et de la* réversibilité *des rapports de domination et de subordination, en particulier les relations dites « en réseau » où la distribution de l'autorité s'opère de façon réciproque, de telle sorte que la même personne qui dépend d'une autre pour certains domaines exerce à l'égard de la même personne une fonction d'autorité pour d'autres tâches* (...) ; *de la* coopération ; *de* la ruse *pour l'accaparement du pouvoir et des richesses ; de l'*hostilité *déclarée ou larvée ; de la* sociabilité, *lorsqu'un groupe se définit en fonction de son attrait pour ses relations formelles liées à l'égalité réelle ou supposée de ses membres, sans référence à un contenu de socialisation qui ne constitue au mieux que le prétexte des rencontres ; de la* fidélité *et de la* gratitude ; *de l'*intérêt *bien*

126

compris, *lorsque l'autoconservation du groupe social repose sur l'aliénation partielle des biens de ses membres, peu enclins dès lors à se désolidariser du groupe ; d'une* ruse de la raison, *lorsque le souci de son honneur incite l'homme à « faire de son devoir social son salut personnel »;* de sa pérennisation, *par la fonction héréditaire ou la cooptation ; de son* inscription dans l'espace, à *la fois intellectuelle et matérielle.*

On compte au titre de la seconde catégorie les actions réciproques inattendues, insoupçonnées, médiates ou immédiates, qui n'apparaissent comme telles qu'au terme d'un effort de réflexion. Au-delà de l'aspect primitivement perçu comme unilatéral des relations sociales, une dimension réelle d'action réciproque est à l'œuvre, même si elle est asymétrique : dans des rapports hiérarchiques *apparemment unilatéraux où le chef, le tyran, doit pourtant compter sur l'adhésion minimale de ses subordonnés (...) ; dans le choix de la* solitude *ou la conquête de la* liberté *(celle-ci étant le premier pas vers la conquête d'une domination) ; dans la pratique du* don *; dans les situations sociologiquement proches, de l'*étranger *et du pauvre dont l'exclusion apparente définit en fait un mode spécifique de socialisation ; dans les phénomènes du* conflit, *lutte directe, et de la concurrence (...) car les causes réelles de la dissociation, haine et envie, misère et convoitise, provoquent une lutte dont l'issue, aussi coûteuse soit-elle pour une des parties ou pour les deux, s'apparentera à une résolution des tensions »*[15].

Les stratégies d'appartenance à différents cercles sociaux, la part de lui-même que l'individu consent à mettre dans les relations qu'il engage avec l'autre, les aspirations, passions affectives et appétences donnant leur tonalité aux actions réciproques participent de la phylogenèse des formes ; celles-ci s'affranchissent de la tutelle des volontés individuelles en obéissant, d'une part, à leur propre logique fonctionnelle, en structurant en systèmes les expectations collectives, d'autre part. Elles synthétisent les mouvements d'oscillation, de fluctuation, d'attraction, de répulsion, d'homogénéisation et de différenciation structurant l'espace de socialisation : le risque de décomposition sociale peut être écarté précisément du fait que la société trouve dans leur différence de nature et de fonction (formes à caractère impersonnel/formes valorisant les échanges personnels) les vecteurs de son autorégulation. Le doute légitime sur les attitudes à adopter à l'égard des autorités comme de son voisin (« *le facteur crucial, dans le fonctionnement régulier de la Gestapo, était assurément les informations reçues de la population sous forme de dénonciations* »[16]) dénaturaient les relations de sociabilité ordinaire et nécessitaient de la part des acteurs qu'ils fassent la démonstration de compétences particulières tout en renonçant à une partie de leurs habitudes. Le risque de spoliation des biens et de confiscation des avoirs, les ventes d'entreprises, des biens industriels et commerciaux, les mesures de séquestre, la subordination du milieu associatif aux nouveaux impératifs formulés, le démantèlement des mouvements de jeunesse, la nomination de responsables proches du pouvoir à la tête (entre autres) des organisations culturelles (le cumul des mandats constituaient la règle), la mise sous tutelle de la presse empêchaient que puissent se développer au cœur même des principales organisations nazies des relations fondées sur la confiance et le désintéressement entre individus ne partageant pas la même vision de la réalité. L'évolution significative de la définition des devoirs exigibles du *Politische Leiter* en Alsace doit être à cet endroit soulignée pour son exemplarité : en 1941, il était supposé être un militant devant faire preuve d'ardeur, de dynamisme, d'esprit de camaraderie, de fidélité, avoir une confiance aveugle dans le Führer tout en étant un exemple, un éducateur, une aide, un camarade ; en 1942, il était tenu de combattre toute forme d'opposition au régime, d'accomplir son devoir de soldat, de lutter contre la corruption avec un zèle fanatique : l'adhésion définitive à la *Volksgemeinschaft* ne passait plus par le seul critère de la consanguinité mais par les signes probatoires du désir d'y adhérer (les premières inscriptions officielles au NSDAP interviendront le 26 janvier 1942 mais dès le mois de juin les demandes d'admission à l'*Opferring* seront toutes rejetées).

Dans la perspective simmélienne, le procès d'individuation découle des appartenances multiples à des groupements sociaux, pouvant être très différents dans leurs visées aussi bien que dans les modalités de leur rapport avec les autres ; aussi, certains cercles d'association ont-ils tendance à faire reposer leur existence non plus sur des penchants ou dispositions communs à leurs membres mais sur des relations de contenu, sur une idée-force permettant de créer des liens continus et discontinus entre eux. Ce que l'on peut désigner sous le terme de "communautarisme forcé" fait référence à des affiliations consenties par intérêt bien compris, n'exigeant pas de la part de l'individu, sauf situations exceptionnelles où la survie du système est d'une manière ou d'une autre mise en jeu, un investissement personnel de nature à porter atteinte à son intégrité physique et morale. La capacité de modélisation et d'abstraction de la réalité ouvre la possibilité de ne plus s'impliquer totalement dans la vie de groupes naturels en n'y investissant que la part de soi-même effectivement exigible. Le surcroît de liberté dû à l'extension de la taille des cercles sociaux et à l'apparition de formes de plus en plus élaborées oblige à s'interroger sur l'intensité de ses propres motivations, sur le degré d'attachement ou de rejet ressenti : la compréhension des conséquences d'une expérience morcelée sur diverses scènes sociales induit certes une réévaluation de la *personne* et la possibilité d'affirmer des *idéaux* collectifs communs, mais favorise aussi dans le même temps l'apparition d'échanges impersonnels et la défense de valeurs individualistes. « *Les groupes dont l'individu fait partie constituent en quelque sorte un système de coordonnées tel que chaque coordonnée nouvelle qui vient s'y ajouter le détermine de façon plus exacte et plus nette. L'appartenance à l'un d'entre eux laisse encore une marge d'action assez vaste à l'individualité ; mais plus ils sont nombreux, moins il y a de chances que d'autres personnes présentent la même combinaison de groupes, que ces nombreux cercles se recoupent encore en un autre point »*[17]. Le national-socialisme peut se lire comme une tentative visant à répondre à certaines interrogations fondamentales sur le sens de l'existence et les conditions du vivre-ensemble par l'imposition arbitraire d'une série de raisonnements péremptoires clôturant toute discussion sur elle-même. L'énoncé de discours métaphysiques ou magiques[18], révélant les chaînes de causalité sous-tendant l'armature superstructurelle de la société, venait contredire le relâchement des relations "sensibles" entre les individus en réduisant les *distances* engendrées par les conditions d'échanges élargis et diversifiés propres à la modernité démocratique. Assujettis par des objectifs communs, liés organiquement à la destinée du système dans lequel ils avaient été placés, les individus passaient du statut d'acteur et de sujet à celui d'agent et d'objet. Une axiomatique nouvelle dénaturait le lien social et politique en instituant un cadre rigide auquel ils devaient se plier pour pouvoir recouvrer une part de leur liberté perdue : une appartenance contrainte formalisait leur rapport-au-monde et surdéterminait l'action réciproque en faisant du conformisme des comportements la condition même de leur survie sociale. Le nazisme plaquait sur la réalité une représentation de substitution enserrant les institutions, les acteurs et leur être-ensemble, les utopies sociales et les cultures politiques pour n'en conserver que ce qui venait étayer la démonstration et asseoir la Vérité. Un palimpseste idéologique d'une amplitude sans précédent historique subvertissait les équilibres entre les cercles d'association, les solidarités traditionnelles et réseaux de relations institués, et faisait voisiner dans une même configuration dialectique contrevérités/ falsifications/ affirmations inexactes (assénées sans discontinuer)/ mise en scène du pouvoir/ suggestibilité des masses/ prédictibilité des actes/ accomplissement des promesses. Les valeurs fondamentales incarnant les paradigmes de la vie sociale voyaient leurs significations varier, leur polarité s'inverser ; elles pouvaient ainsi légitimer les actions en révision, les réhabilitations posthumes de figures ou d'idéaux opposés aux principes républicains et démocratiques, l'usage généralisé des prolepses dans le discours politique : le juste, le vrai, le bon et leurs dérivés, la justice, la vérité, la bienveillance ne conservaient de leurs acceptions génériques que ce qui pouvait conforter le pouvoir dans ses certitudes.

La cooptation des membres-élus procédait directement de leur appartenance à un groupe communautaire hautement différencié se définissant à l'exclusion de tout autre : la dépendance et les devoirs de l'individu à l'égard du *Volk* lui donnaient en partage le sentiment de la race allemande (*Volksgefühl*) et lui autorisaient le maintien de ses multiples affiliations à des cercles sociaux désormais placés sous l'égide et le contrôle de l'Etat et du Parti. Un halo idéologique visait à réglementer l'ensemble des rapports actionnels, structurels et systémiques (relations interindividuelles, institutionnelles, économiques, confessionnelles et symboliques) en cherchant à en maîtriser toutes les séquences d'élaboration et de formalisation (phases de redéfinition des identités individuelles et collectives et des conditions contractuelles liant les acteurs entre eux, quête de légitimité des différents organes institutionnels, autonomisation des sphères administratives, renforcement de compétence des instances décisionnelles, personnalisation du pouvoir et de l'autorité à tous les échelons de la hiérarchie sociale).

« *Si la pluralité des appartenances sociologiques engendre des conflits internes et externes qui menacent l'individu de dualité psychique, voire de déchirement, cela ne prouve pas qu'elles n'ont pas d'effet stabilisateur, renforçant l'unité de la personne. Car cette dualité et cette unité se soutiennent mutuellement : c'est justement parce que la personne est une unité qu'elle court le risque d'être divisée ; plus la variété des intérêts de groupe qui se rencontrent en nous et veulent s'exprimer est grande, plus le moi prend nettement conscience de son unité* »[19]. Nulle trace dès lors d'une crise psychotique ou d'une perte de contact avec la réalité, mais, bien au contraire, affirmation d'une expertise actorielle permettant de donner le change, l'illusion d'une totale adhésion aux idéaux du pouvoir et une apparence de conformisme. Difficile exercice que celui de vouloir sérier, épuiser toutes les situations potentielles où une décision engageant l'existence et la survie sociale du sujet devait être adoptée : la réactivité, la présentation de soi, l'anticipation étaient quelques-uns des attributs requis pour réduire la dangerosité inhérente à toute confrontation avec autrui. Les appartenances auxquelles les individus étaient assignés par le système politique incitaient soit à la recherche d'une forme d'insignifiance, de transparence sociale, soit à une mise en scène de soi, faite de conduites d'allégeance et de déclarations performatives. La dictature de l'événement, l'opacité cultivée en tant que stratégie de communication, le suivisme comme seul moyen de prouver son adhésion donnaient une tonalité particulière aux rapports sociaux et remettaient singulièrement en cause les repères structurant d'ordinaire l'intelligence du social : « *le "dénigrement tous azimuts" dissimulait en fait le déclin de l'intérêt pour la politique intérieure, elle-même conséquence de la résignation et du fatalisme croissants face à la puissance de l'Etat et à l'absence de toute solution de rechange. La critique était donc totalement sans effet. Un autre rapport du Sopade expliquait qu'on se tromperait du tout au tout en voyant dans le malaise général l'expression d'une hostilité directe envers le régime, précisant qu'on obéissait volontiers aux ordres malgré les critiques et que, souvent, les gens qui se plaignent amèrement des conditions sont ceux qui crient avec le plus de force leur enthousiasme lorsque, dans un rassemblement ou dans un autre, les orateurs nazis parviennent à les mobiliser* »[20]. L'individu évoluait dans des univers intriqués, reliés par un fil invisible assurant l'intégrité et la cohérence de chaque système ; qu'il vienne à se rompre et toute la structure se désolidarise et se fragmente en davantage d'éléments qu'il n'en existait à l'origine.

De la déshérence idéologique et de la dissolution partielle des groupements sociaux naissent généralement de nouvelles configurations sociales qui ne survivent que dans l'hypothèse où les individus sont en mesure de pouvoir y investir une grande part d'eux-mêmes. Le risque qu'une redéfinition des attachements et des énoncés sémantiques inédits qui leur sont associés ne vienne contrarier l'équilibre global du système "légitime" les pratiques du pouvoir et "justifie" en définitive que tout écart soit sévèrement réprimé et requalifié en crime ou délit contre la nation.

Le bio-pouvoir nazi attribuait à tout agent social un statut dans son modèle hiérarchique de société et lui intimait d'observer une série de rôles dont il est possible d'affirmer qu'ils l'enfermaient davantage dans des représentations abstraites et rigides de lui-même qu'ils ne lui offraient de réelles opportunités d'ascension sociale et d'élargissement de ses propres prérogatives : la faible exigence de différenciation des personnes, de leur sensibilité et de leurs désirs requise par le pouvoir contrastait avec l'extrême diversité (théorique) des positions hiérarchiques proposées (rappelons l'importance des "positions sociales moyennes" comme milieu de diffusion des idéaux de conformité sociale dans la réflexion simmélienne). Le système devait trouver sa cohésion et son unité non pas dans les relations entre individus, ni même dans le lien quasi mystique entre le Führer et ses sujets, mais dans le jeu des intersections entre les différents cercles sociaux.

La dynamique révolutionnaire du nazisme est d'essence conservatrice ; elle a pour finalité, une fois les réformes initiées légitimées sur le plan juridique et mises en application, d'asseoir les pratiques et de convaincre de la fatuité de toute marque d'opposition. L'autocensure des faits et gestes s'instaurait de manière d'autant plus pernicieuse qu'elle n'était pas nécessairement ressentie comme telle ; le croisement des ensembles sociaux dans chaque individu tendait à le faire douter de la légitimité de ses propres attachements et de ses certitudes ontiques. La dénonciation publique, les mises à l'index arbitraires viciaient les rapports interindividuels et instauraient un climat troublé où l'autre pouvait prendre indifféremment les visages de l'ami ou de l'ennemi. La suprématie de l'Idée était supposée régir les relations entre les acteurs en leur donnant un "sens", une direction, une signifiance partagée, un télos ; elle devait dans le même temps s'inscrire dans les corps, emporter l'adhésion par l'entremise d'un certain nombre d'exposés axiomatiques détruisant d'avance toute objection. L'*autre* n'est plus qu'une représentation désubjectivée, désincarnée : l'universel abstrait enjoint davantage à penser l'altérité sous l'angle de la différence radicale que de la similitude. *Je* est définitivement étranger dans le regard de l'autre, les yeux ont perdu, pour ainsi dire, le pouvoir de regarder (Benjamin) ; la subsomption sous un même type négatif _l'étranger_ condamne à un destin identique d'*objet*, de vecteur de généralité. L'individu singulier sera tenté de se retrancher dans la sphère privée, faute de pouvoir accorder foi et confiance à ses condisciples, collègues, compagnons d'armes, amis, coreligionnaires,... Faits d'obéissance et concurremment dénis du politique, la suspicion et la délation, en tant que pratiques de discrimination et marques d'incivilités, preuves ordinaires de bassesse morale et de médiocrité, menaçaient les actions réciproques et détournaient les situations de face-à-face de leur fondement : le mimétisme, la réduction des distances entre les êtres, l'observation des détails et les relations spéculaires relevaient dès lors d'une praxis pleinement justifiée par la nécessité. Dénoncer l'autre/l'étranger était un acte consacrant le repliement sur soi comme manières d'être et de paraître sur la scène publique _repli sur ses intérêts égoïstes et privés, calcul utilitaire en terme de rapport coûts/bénéfices, hausse de l'autocontrôle des émotions, expression de passions jugées négativement dans l'idéal républicain, négation de l'expérience auratique, au sens où l'entendait W.Benjamin, comme échange de regards, promesse d'une réponse à venir, unicité des sensibilités. Le nazisme constitue une tentative avortée de réappropriation de l'espace public, eût-il pour vocation de catégoriser et *in fine* d'exclure. La prise de parole en tant que matrice de l'effacement et du meurtre, autrement dit, inclusion dans la communauté élective par défaut de « *solidarité socialisante* »[21] comme a pu le soutenir G.Simmel en son temps. Elle exprimait un désir de domination et une volonté de participer à l'événement en cours d'écriture, de partager une expérience commune sans préjuger des conséquences réelles de ses actes, de garantir la légitimité du groupe, de s'autodéfinir collectivement : l'indifférence au sort de la victime n'était que le contrepoint d'une croyance en la possibilité de participer activement aux affaires de la cité. Les liens d'ingérence et de réciprocité créaient, quoi qu'on en dise, du lien social à haute valeur ajoutée : en effet, les individus étaient voués à s'observer, à déceler le signe trahissant la déloyauté et l'hypocrisie (dans le sens où les Comités de Salut public révolutionnaires l'entendirent) tout en cherchant à se soustraire aux regards portés sur eux-mêmes. Il était indifférent au maintien des formes sociales qu'ils fassent la démonstration d'un esprit de discernement particulier tant les raisonnements et interprétations qu'ils (se) donnaient de cette dialectique de la dépendance et de l'observation interféraient peu avec la dynamique générale du système politique. La vision qu'ils élaboraient de "l'histoire immédiate" et de l'environnement comme événement[22] relevait du sens commun, de la vraisemblance théorique, nonobstant, bien entendu, la nature de leur propre engagement et des passions qui les animaient.

La conscience historique se dérobe dès l'instant où chaque individu devient système : « *Le champ d'action de telles causes aura fait passer les rapports de domination produits cas par cas, de personne à personne, à la forme objective dans laquelle ce n'est pas l'homme qui domine, pourrait-on dire, mais la position. L'a priori de la relation, ce ne sont plus les hommes, avec leurs qualités, qui engendrent la relation sociale, mais ces relations qui sont des formes objectives, des "positions", en quelque sorte des espaces et des contours vides, qui doivent d'abord être "remplis" par des individus* »[23]. Les socialisations durables existent par-delà les volontés individuelles ayant participé à leur constitution ; seule une action emportant l'adhésion de la majorité des acteurs serait à même d'infléchir, voire de contrarier, l'autonomisation des formes sociales. Les intuitions simméliennes introduisent à une compréhension critique de la différenciation fonctionnelle des sociétés modernes et de l'autopoïèsis des systèmes de N.Luhmann lorsqu'elles signalent les mécanismes conduisant à l'atomisation des existences, à la désidentification des acteurs à leurs institutions et aux principes qui en formalisent les rapports : « *Bien des relations de domination ou de subordination qui portaient autrefois un caractère personnel, de sorte que dans le rapport en question l'un était simplement le dominant, l'autre le subordonné, se sont modifiées de telle sorte que l'un et l'autre sont également assujettis à une fin objective, et c'est seulement à l'intérieur de cette relation commune au principe supérieur que la domination de l'un sur l'autre existe toujours, comme une nécessité technique* »[24]. Le sentiment de n'être plus un acteur de la vie publique, mais un simple agent au service d'une idéologie totale, peut inciter à s'en remettre à un homme ou à une idée transcendant la solitude ontique, sinon le sentiment d'abandon, l'espacement entre les êtres définissant les conditions de socialité de nos métropoles. Le nazisme est le substrat idéologique du ressentiment, du refus de l'irréversibilité du déclin culturel, de l'éclatement des certitudes ontiques déniant la valeur d'une vie humaine au profit d'un achèvement idéal et transcendantal du groupe.

Postuler que le choix d'un médium de communication unique, quand bien même il n'aurait eu de cesse de décrire une "réalité" confuse à force d'être biaisée, ait pu constituer un recours face au dépérissement du politique relève, nous semble-t-il, de la plausibilité théorique.

L'hitlérisme défiait les principes rationnels dictant les règles de la démonstration en cherchant à organiser la société comme on résout une équation algébrique à une inconnue, en dépit des difficultés d'ordre logique que la suppression de l'acteur pouvait induire ; idéologie de portée universalisante, elle conçoit l'*individu* en tant que catégorie conceptuelle, les *actions réciproques* entre ennemis comme une condition nécessaire à l'homogénéité des formes sociales et le *conflit*, non comme « *un mouvement de protection contre le dualisme [psychique] qui sépare et une voie menant à une sorte d'unité* »[25], mais comme une socialisation de nature exclusivement politique. Le doute, l'irrésolution, la perplexité, l'attentisme, le refus, la désobéissance étaient purement et simplement réfutés, niés comme sentiments contingents : la lutte de survie était engagée contre des Etats-nations, des peuples, ennemis héréditaires, des communautés minoritaires dont la seule présence suffisait à justifier l'usage de la violence physique et l'arbitraire de la loi. L'idéologie national-socialiste prônait une théocratie de puissants, d'élus, d'archétypes, de subordonnés au Führer et à l'Idée, autrement dit, faisait se côtoyer des abstractions *pures*. L'image de l'autre véhiculée par le discours officiel ne souffrait aucun sentimentalisme, ni pardon, ni compassion ; la casuistique se réduisait à ses plus simples rudiments en jugeant la philosophie des droits de l'homme inepte et sans fondements. Les formes sociales étaient closes sur elles-mêmes ; l'hétérogénéité des sentiments et des modes d'appartenance à l'idéal communautaire s'affrontait directement à la nécessité d'une philosophie de l'unicité. Que la certitude de posséder une mémoire, une âme, une volonté communes ait trouvé sa source dans la négation de l'autre prouve, si besoin en était, à quel degré de compromission avec le réel il fallait consentir : l'aporie était en partie résolue par la conviction que l'histoire, tout comme la mémoire, était falsifiable et subordonnée à la volonté collective. Le risque d'anéantissement contraignait à l'approbation inconditionnelle au *Nous*, création *ad hoc* agrégeant de l'hétéronomie, de la dissemblance, de la diversité, recomposant les oppositions, les antagonismes, l'hostilité, exacerbant les différences pour mieux en signifier l'irréductibilité, usant de la rhétorique de l'inversion victime/agresseur pour souligner la probité morale de ses membres, la légitimité de la répression et *in fine* l'innocence collective des crimes perpétrés. Aussi, l'hitlérisme en appelait-il d'une communauté d'"égaux" issus des élites raciales et économiques, d'une oligarchie méritocratique et d'un régime fondé sur une stricte hiérarchie entre les groupes sociaux. Mais ne postulait-il pas, dans le même temps, la soumission des groupes au dogme de l'incarnation via le consentement tacite à une forme de gouvernement théocratique ? ; autrement dit, n'affirmait-il pas de manière sous-jacente la prise de possession par quelques-uns du pouvoir dans leurs sphères de prérogatives et de compétences respectives du moment que leur activité participait de la permanence du régime ? La compétition qu'il suscitait en vue de l'obtention de privilèges dans tous les échelons de l'administration et de la hiérarchie militaire eut une incidence manifeste pour tous ceux qui ne pouvaient se mêler à cette lutte de suprématie et à qui étaient directement destinés les ordonnances, décrets-lois et règlements discriminatoires émanant des services de l'Etat : « *Quand quelqu'un est assujetti à plusieurs personnes ou groupes de manière totale, _c'est-à-dire de telle sorte qu'il ne peut investir aucune spontanéité dans cette relation, mais qu'il est totalement dépendant de chacun de ceux qui le dominent_ il aura beaucoup à souffrir de leur opposition. Car chacun va le revendiquer entièrement pour soi, sa personne, ses forces et ses services, et d'un autre côté va le rendre aussi responsable de ce qu'il fait ou ne fait pas sous la contrainte de l'autre que si c'était un acte spontané* »[26]. L'institutionnalisation d'une rivalité entre les personnels fonctionnarisés était la condition même de leur subordination à un principe supérieur transcendant les pratiques ; l'autonomisation des domaines d'attribution relevait d'une politique visant à s'approprier et régir tous les aspects de la vie culturelle en niant sa dimension éminemment supra-individuelle. Cette idéologie proposait, après bien d'autres systèmes de pensée philosophique, métaphysique ou politique, un modèle de société, d'interrelations, de conflits qui sache convaincre l'individu que l'espace dans lequel il se meut est un "monde commun" qu'il ne possède en partage qu'avec quelques autres, que la fuite du temps ranimant les enjeux de mémoire et l'impression de discontinuités des affinités est relative et appelée à se soumettre à l'arbitrage de la raison historique.

2.2. L'individu, agent de totalisation du politique.

« *Quel est donc le fondement tout à fait général et a priori, quelles sont les conditions qui permettront que les faits isolés, concrets, deviennent vraiment des processus de socialisation dans la conscience individuelle, quels éléments contiennent-ils pour qu'ils aboutissent, en termes abstraits, à la production d'une unité sociale (Gesellschaftliche Einheit) à partir des individus ?* »[27].

L'appartenance à différents cercles sociaux et réseaux de sociabilité pallie au sentiment de division identitaire (« *Nous tous sommes des fragments, non seulement de l'homme en général, mais aussi de nous-mêmes* »[28]), de discontinuité et d'incomplétude. L'existence dès lors se conçoit sous le signe de la « *synthèse ou de la simultanéité des deux déterminations logiquement opposées que sont la position de membre d'un organisme et l'être-pour-soi, le fait d'être un produit de la société et d'être impliqué en elle, et la vie à partir d'un centre propre et pour ce centre propre* »[29]. Si l'appartenance à un système suppose d'en connaître les contraintes, les règles normatives en vigueur, les conditions d'accès, les principes de fonctionnement et les modes spécifiques de résolution des conflits, elle nécessite concurremment une propension à se mettre au service d'un ordre de représentations transcendant les intérêts particuliers s'énonçant d'ordinaire au nom de certitudes et de convictions égoïstes. Les agents peuvent être tentés d'adopter des comportements témoignant d'une réticence certaine à une intégration trop contraignante, mais instruits d'une "image interne de leur propre réussite organisationnelle", ils seront pour les mêmes raisons enclins à s'abandonner à la pure logique du système. Au sein d'une organisation, « *on aboutit à un rapport bien plus étroit des différentes opérations individuelles : cela peut passer par la hiérarchisation des instructions, par des programmes complexes, par l'emploi des mêmes personnes pour l'exécution d'une multitude d'opérations ou encore par la coordination et l'adaptation de ces différentes prémices organisationnelles, programmatiques et personnelles les unes aux autres* »[30]. Au risque de ne plus être en phase avec les exigences induites par une refondation des critères d'appréhension de la réalité sociale, l'institution bureaucratique tend à ne privilégier que les conditions d'explicitation de sa seule reproductibilité systémique. La prééminence des instances politique, économique, artistique, juridique, scientifique, éducative ou religieuse découle, d'une part, du degré d'autoréférentialité inhérente à chaque sous-système et, d'autre part, de leur aptitude à emporter la conviction, à séduire les croyances, à empiéter sur les champs concurrents de lutte d'appropriation du pouvoir. Les motivations, intentions et projections présidant aux conduites sont en quelque sorte sous-tendues par le degré d'investissement personnel minimum requis par les différents systèmes fonctionnels et par la somme des avantages escomptées amenant tout individu à s'y assujettir. Ce que d'aucuns assimileront à une perte d'initiative, un dessaisissement de prérogatives inacceptable, d'autres lui porteront crédit en prévision de dividendes (statut social, pouvoir ou autorité sur tiers, enrichissement matériel) espérées. L'individu ne consent à *se* perdre, à s'affronter au risque de sa propre finitude que dans la mesure où le rapport qu'il engage avec le *Toi*, lui donnant conscience de l'être-pour-soi de l'autre, le conforte dans son « *être-là* » (*Dasein*), sa mienneté, caractérisant son ouverture à lui-même et aux autres étants. Cette dimension fondamentalement non substantifique définit la structure ontologique de l'être par opposition à l'essence du *sujet* moderne, autocentré et se suffisant à lui-même pour exister. L'analytique existentiale heideggérienne participe de l'élucidation de la philosophie du nazisme en ce qu'elle nous permet de saisir l'effacement du sujet conçu comme origine et fin du politique. La « force spirituelle » (*geistige Kraft*) qu'il appelle de ses vœux consiste en l'expérience d'un dépassement, d'un refus de la déchéance, de la médiocrité (*Durchschnittlichkeit*) en tant que réalité ontique, de « *l'être-dans* » ou mode d'être quotidien. Dans la dénonciation de la faiblesse du caractère, d'une forme de nonchalance métaphysique, le credo nazi tente d'établir une pensée de la mondanéité qui soit l'expression de la rencontre de l'être-dans-le-monde quotidien et de l'étant intramondain (*Umwelt*) : « *Dans l'utilisation de moyens de transports publics, dans l'emploi de l'information (journal), tout ressemble à l'autre. Cet être-l'un-avec-l'autre dissout totalement le* Dasein *propre dans le mode d'être "des autres", de telle sorte que les autres s'évanouissent encore davantage quant à leur différenciation et leur particularité expresse. C'est dans cette non-imposition et cette im-perceptibilité que le On déploie sa véritable dictature* »[31]. Cet « être en vue de la mort » annonce « l'être-pour-la-mort » du nazisme, défini comme *a priori* de l'action justifiant l'absence de sollicitude et de préoccupation envers le sort de ceux qui ne pouvaient partager les mêmes présupposés, ni la même conscience historique. Le « *discernement* » (Descartes) invoqué implicitement dans l'idéologie nazie entre le sens de l'être, la Vérité et la responsabilité morale entérinait les limites de la pensée spéculative et tendait à proscrire l'expression des sentiments universels abstraits au bénéfice de ceux orientés vers l'achèvement communautaire. Le quotidien y est événement par essence ; l'*amor fati* prescrivant le vouloir, et par là même, l'acceptation "de ce que l'on a été forcé de faire" limite l'individu dans sa liberté d'action tout en lui concédant l'immunité de ses actes : le rapport ontologique à l'altérité s'accomplit dans la quotidienneté, dans un ici et maintenant qui lie sur le mode négatif de la déficience les individus entre eux. Ainsi si la thèse soutenue dans les chapitres quatre et cinq de *Sein und Zeit* semble sous-entendre que dans sa quotidienneté le *Dasein* appréhende les choses avec la familiarité de l'être-sous-la-main, le concept de *"choséité"* en tant que détermination métaphysique frappant tout *étant* permet de retracer les logiques à l'œuvre empruntées par l'idéologie national-socialiste pour instrumenter l'individu, lui-même confiné à un rôle de simple outil : ce double mouvement dialectique de destitution et de chosification, d'"ustensilité de l'outil" fait du meurtre productiviste l'horizon normatif de la pensée du politique. En dépit de l'injonction vouant l'*ennemi* à l'ostracisme social et à l'éviction de la scène publique, cette doctrine dut user de la propagande, des mass media, de la publicité, détourner la portée signifiante de la Loi, révoquer en doute une certaine idée de la valeur d'une vie humaine pour faire accepter dans les faits ce qu'elle ne pouvait imposer sur un plan théorique : autrui vécu sous le mode de l'*être-sans-l'autre*, de l'*éloignement*, enfin de l'*absence* ; autrement dit, pour ne pas avoir à reconnaître que l'autre oblige en quelque manière à ce que l'on se soucie de sa présence, le stigmatiser, l'isoler, l'affaiblir, l'effacer, l'anéantir. La Solution finale, en tant qu'ensemble *socioculturel* (nous soulignons pour contester l'idée d'unicité de la Shoah) autoréférentiel et autonome, personnifiera ces atteintes aux droits de la personne en humiliant les populations déportées avant qu'elles ne soient exterminées ou assassinées. La réduction instrumentaliste du concept d'action introduit l'idée d'une domination de l'individu par des formes de contrainte qui lui sont extérieures ; en ce sens, il nous faut questionner le sens du *conflit* comme forme prépondérante de socialisation ainsi que la nature des « *énergies créatrices d'unité* »[32] qui lui sont corrélées. Si l'action réciproque s'institue dans les clairs-obscurs du quotidien, dans les jeux d'ombre et de lumière où l'autre apparaît tantôt sous les contours d'un visage connu, rassurant, ami, tantôt sous les traits angoissants de l'ennemi, de celui qui précisément est immédiatement reconnaissable par l'inquiétante étrangeté de ses traits et de ses attitudes, la place du conflit est centrale en tant que matrice de la réciprocité et vecteur du lien social. Pourtant, certaines questions restent en suspens : quelles formes prend l'interaction sociale dès l'instant où les modalités du rapport-à-l'autre ne reposent que sur leur versant conflictuel ?

Le mode d'appréhension de la réalité sociale présentait l'autonomisation aliénante et aliénée de la société comme réversible à condition de faire table rase d'un passé jugé spiritualiste et décadent auquel il fallait substituer une vision mythico-héroïsante (comme refus de la mort et annonce d'un salut à conquérir ici-bas), raciologique et violente fondée sur la conjonction des volontés, le recours systématique de la force comme but en soi.

« A y regarder de près, le rapport de dominant à dominé ne détruit la liberté du dominé que dans le cas de violences physiques immédiates ; sinon il ne fait qu'exiger un prix que nous ne sommes pas enclins à payer pour réaliser notre liberté, et s'il peut resserrer de plus en plus le cercle des conditions extérieures dans lesquelles elle est réalisable, ce n'est jamais, sauf dans ce cas de supériorité physique, jusqu'à sa disparition totale »[33]. Lorsque le seuil de la violence physique légitime se mue en arbitraire de la raison d'Etat, en une répression aussi aveugle qu'inconditionnelle à l'encontre des ennemis de la nation, se jouent non seulement le destin, l'existence de communautés entières en tant que groupes constitués, mais aussi la survie des individus qui les composent. Enoncer une typologie des modes de subordination sous le nazisme nécessite d'inventorier les différentes situations sociales au cours desquelles l'individu n'est pas seul, où il se trouve d'une manière ou d'une autre sous la juridiction d'un regard, livré à l'appréciation d'une ou plusieurs subjectivités, de prendre en considération les "positions" respectives des acteurs et la nature du rapport de force qu'elles induisent, les possibilités objectives de se défaire des déterminismes sociaux et idéologiques attribuant un rôle et une fonction à chacun en se retirant de la pièce en train de se jouer, d'évaluer enfin les marges de liberté, de spontanéité et d'improvisation dont il peut user sous certaines conditions. La scène sociale analysée du point de vue du dominé n'aurait aucune portée heuristique si les motivations, les attentes, les prérogatives réelles et supposées, la licence prise avec les règlements, normes et régimes particuliers n'étaient intégrées au titre d'hypothèses à la réflexion.

L'*étranger* ne pouvait intégrer la foule : si le caractère pragmatique de son éviction de la condition citoyenne prenait sa source dans les thématiques de la dégénérescence morale, du "péché contre le sang" et de la "logique raciale" avant de venir trouver *in fine* un espace d'appropriation dans le champ juridique et une justification dans le sens commun, son retrait définitif de la scène publique aurait constitué un non-sens fragilisant l'ensemble de la doctrine. La nature des pratiques de pouvoir s'inspirait du principe de *nécessité* dicté par le souci du renouveau racial du peuple allemand : le régime n'allait pas tarder à percevoir les limites de cette dialectique de l'absence/présence reposant sur la quête obsessionnelle de l'autre (abus de pratiques discriminantes, délations, peurs irrationnelles, désillusions mais aussi actes de désobéissance civile et de résistance civique, ébauche diffuse de mouvements d'opinions contestataires, perte de *confiance* dans le *proche*). Le mépris ressenti envers ceux qui étaient désormais voués à vivre dans les marges de la société s'actualisait dans la praxis individuelle des dominants comme des dominés : écueil de ces existences illicites placées sous le signe d'une appartenance non consentie à un groupe social stigmatisé, sans perspectives ni horizon d'attentes, ne pouvant se revendiquer (la naissance de la *judéité* semble, par exemple, subordonnée en partie à la conscience de l'irréversibilité) d'aucune identité culturelle différente de celle qui leur avait été assignée, dont la "visibilité" sociale et la présence physique dans la cité venaient cautionner les idées reçues et significations acquises. Il était dit que la victime serait consentante ou ne serait pas (cette thématique perdurera bien au-delà du moment de sa première explicitation, jusqu'aux écrits de Sartre sur la question).

Les contenus psychiques survenant au cours d'un "conflit" sont d'ordinaire le produit de l'*habitude* _désignant une routine non réflexive, une disposition éthique (ou politique) intimant l'obéissance au logos, une « *contrainte* [de répétition] *interne inclinant à se conduire de la même façon que par le passé* »[34] _ et de processus de socialisation reposant sur des énoncés axiologiques : les individus interagissent non pour reconnaître dans l'autre la différence, ce qui ontologiquement les distingue les uns des autres, mais pour éprouver leur similitude, leur mêmeté dans l'expérience de la dissociation. De fait, l'action n'est "conjonctive" (Mannheim), affectuelle, émotionnelle que lorsqu'elle réfère à la communauté élective et désigne l'unicité des passions et sentiments animant ses membres. L'acception moderne du concept de communauté se détourne de sa signification étymologique : loin de l'idée d'obligation envers les autres, d'altération, de dette qui initiait son emploi, le principe d'un recouvrement, d'une clôture identitaire, d'une appropriation de ce qui appartiendrait en "droit" à un groupe social donné définit la nature du lien social et politique agrégeant les individus d'un même ensemble ethnique, religieux ou territorial[35]. Le glissement de sens entre ce qui appartient en "propre" à une collectivité déterminée et ce qui précisément ne peut être accaparé parce que donné en partage traduit moins une dérive sémantique singulière qu'une évolution du rapport-à-l'autre modifiant les modalités des relations entre individus, entre individus et groupes, et entre sujets collectifs.

Le racisme ordinaire, l'idée de nation, l'ethnocentrisme relèvent, à des échelles différentes et selon des problématiques décalées, d'une même volonté de mise à distance de la singularité et des particularismes culturels (au sens large) : le rejet n'est dès lors qu'une autre manière de signifier la crainte d'un monde sans frontières remettant en cause les conditions d'appartenance au groupe et l'identité qui leur donne sens. Le nazisme oppose à l'autonomie du sujet une "liberté" devant prendre toutes les apparences de la servitude volontaire : les contraintes d'affiliation structurent les faits et gestes de la quotidienneté en créant un faisceau d'obligations dont la finalité ne pouvait échapper aux acteurs. En ce sens, elle s'inscrit dans une voie médiane entre l'indépendance et l'absence d'obstacles à la liberté de l'individu et le « *libre renoncement à la liberté* », l'idée d'une mise en commun de ce qui est par définition sans "essence"_ l'*existence* _et auquel nul ne saurait renoncer, ni être tenté de se dessaisir pour le compte d'autrui. « *La liberté se renonce partout où l'existence, comme existence (...) est assujettie et ruinée par une forme d'essence, une Idée, une structure, l'érection d'une (ir)rationalité ; dans le Manchester de Marx, dans notre "tiers" et dans notre "quart" monde, dans tous les camps, tous les apartheids et tous les fanatismes. Mais aussi (...) là où l'essence concentrée en soi d'un processus, d'une institution (technique, sociale, culturelle, politique) empêche l'existence d'exister, c'est-à-dire d'accéder à sa propre essence. La liberté se renonce dans l'échange de cette essence pour l'identification à l'autre (à l'Idée), et la liberté renoncée abat la liberté du même et de l'autre* (nous soulignons) »[36]. La communion de la foule supplée ainsi l'absoluité du lien communautaire dont le degré d'exigence excède de beaucoup le besoin ordinairement ressenti par les individus de s'y investir. La société élitaire imaginée par les idéologues du Parti n'offrait que peu de perspectives à tous ceux qui étaient trop éloignés du pouvoir pour espérer apporter la preuve de leur mérite : sous les dehors d'une allégeance inconditionnelle au peuple, les hautes sphères de l'Etat étaient pour ainsi dire inaccessibles et les arcanes du pouvoir une source de spéculation entourée d'un halo de chimères fantasmagoriques. La foule, un remède à l'éviction des agents du champ politique ? L'effervescence pour pallier au sentiment d'incomplétude et moyen de redonner du *sens* à une existence en marge des centres décisionnaires ? Les rassemblements collectifs où l'âme du peuple allemand était sensée devoir s'exprimer étaient destinés à surseoir à l'avènement d'un *Volk* régénéré, purifié et triomphant ; instants interstitiels au cours desquels les frontières de l'*étant* tombaient, la crainte de l'autre s'estompait et la religiosité fusionnelle l'emportait et taisait les dissonances, les hiatus infranchissables et les dissentiments. Comment refonder dès lors l'altérité, réinstruire l'entre-deux sans lequel aucune identité collective ne saurait survivre à son explicitation première ?

Le *Nous* nazi désignait une épure du monde de demain dirigé par une élite biologique, intellectuelle, morale aux convictions infrangibles et non contestables. En faisant "exister" les êtres sociaux dans l'artificialité de la foule et la pesanteur d'un quotidien dénaturé à force de violences, le nazisme apposait une *aura* à ce qui n'était qu'un halo, image de soi perdue dans la masse, ne pouvant s'en extraire qu'au prix d'une trahison des valeurs de la "grande" culture. Sujet devant acquérir une consistance dans le prosaïsme de l'action, dans le dépassement d'une morale de l'engagement, *Je* n'en demeurait pas moins « *un certain refrain, un pli, une qualité seconde et relative* »[37] dont les limites ne s'éprouvaient que dans le passage à l'acte, dans une praxis collectivement investie de sens. « *Les meilleures cachettes, dans ce monde, nous sont fournies par les personnes grammaticales. Le Je, cachette en verre, offre un camouflage idéal et souvent méconnu. Le Je ne vient pas en premier pour rien. Il avance, gonflé d'importance, lourd de nos ulcères, de nos pieds endoloris et de nos âmes cornées. Il transporte ce qui compte le plus pour nous. Le Je engendre des Tu et des Vous, des Ils et des Elles à volonté. Si la première personne n'existait pas, les autres seraient des oiseaux sans ciel* »[38].

147

« *Plus un cercle est grand, plus le secteur d'idées et d'intérêts, de sentiments et de qualités où les individus se rejoignent et constituent une "masse" deviendra petit (...). Par conséquent, dans la mesure où la domination s'étend sur ce qu'ils ont en commun, elle sera plus facilement supportée par les individus en fonction de la dimension du cercle (...) : plus le maître unique règne sur un grand nombre, moins sa domination touchera une part importante de chacun des individus dominés. (...) il est d'une importance décisive que les individus soient suffisamment différenciés dans leur structure psychique pour maintenir une séparation, dans le domaine pratique et dans celui de la sensibilité, entre les éléments de leur être situés dans le champ d'action de la domination et ceux qui restent en dehors de celui-ci* »[39]. L'esthétisation nazie du politique consistait en une tentative visant à la monopolisation de l'être, à l'annexion *totale* de la psyché individuelle quelles qu'ait pu être la nature des affinités idéologiques et des motivations respectives des agents sociaux ; l'universel n'était plus une virtualité mais s'inscrivait directement dans les corps, dans l'entendement, dans les institutions. Le discours abondait en moyens termes et hypothèses psychologiques, en *a priori* axiomatiques, preuve de l'influence des travaux de psychologie des masses et de la mise en évidence des mécanismes de formation de la foule dans la problématique de la domination du nazisme. Les individus devaient renoncer, tout en conservant une lucidité suffisante pour leur permettre de discerner le normal du pathologique, le déterminisme de la contingence, la conformité des différentes formes de déviance sociale, à leur faculté de juger de la pertinence des choix politiques, militaires, stratégiques du pouvoir _choix cornéliens s'il en est et dilemme moral autour de l'autonomie du sujet et du libre-arbitre : ne pas voir, ne pas entendre, absoudre lorsque la *nécessité* l'imposait, faire preuve d'initiatives, anticiper, agir si la situation le prescrivait. Le principe de coopération qui sous-tendait toute l'armature idéologique amenait l'agent à se dissocier, à entamer une négociation avec ses propres catégories de jugement et à les confronter incessamment à l'exigence de ses devoirs envers la communauté. Les prémisses d'une pensée critique renaissaient dans les replis d'une conscience de soi étouffée par l'ampleur des enjeux, mais renaissant à elle-même à la faveur des sophismes de l'amitié politique, du lien communautaire, de la violence comme civilité, et des incohérences qu'ils introduisaient. Cette duplicité des appartenances aux collectifs scindait la personne en lui attribuant des rôles distincts, en définitive antinomiques par certains aspects, et n'ayant pas la même visibilité sociale : là où le nazisme subsumait les différences sous un *type* sur-déterminé, l'action réciproque, l'inaccessibilité de certaines strates de la société, la structure en réseaux des modes communicationnelles, l'autonomisation tendancielle des sous-systèmes achevaient de couper la foule de ses élites, ou si l'on veut de disjoindre l'*acteur* de l'*agent*.

Au-delà du travail de conceptualisation et de formalisation à l'œuvre dans toute pensée systématisée se jouent le statut et le rôle de l'individu. Le travail d'élucidation autour des relations entre l'individu, le pouvoir et les instances de domination, dans des disciplines aussi hétéroclites dans leur manière d'aborder le sujet que peuvent l'être l'économie politique dans sa version rationaliste, la philosophie, la sociologie ou la physique sociale, engendre des difficultés inhérentes à toute production d'un discours que chacune d'entre elles doit assumer dans son registre spécifique : maîtriser les conditions de diffusion de l'information, trouver une visibilité dans l'espace de discussion et par là même un public, s'attribuer une compétence reconnue par la communauté scientifique et intellectuelle. L'objet dévoilé possède à la fois le caractère d'un fait rendu compréhensible et la qualité d'une valeur absolue, i.e. non appropriable dans un autre contexte et dans une problématique différente : son inscription dans des discours nécessairement délestés dénature l'ensemble de la démarche qui le sous-tend, il gagne en lisibilité ce qu'il perd en complexité. Le passage d'un ordre de discours à un autre déprécie bien souvent la rigueur et l'application investies dans la démonstration et prouve d'une certaine manière le besoin implicitement exprimé par les agents sociaux de laisser libre cours à l'expression de leurs passions et talents, à leur préférence pour les idées fausses ou douteuses du moment qu'elles semblent reposer sur des argumentations valides. La confusion découle autant de la perversion de sens d'une démarche, de la remise en cause des "acquis" de la recherche, de l'exploitation "politique" de certaines failles dans la démonstration, que du processus de dévalorisation de tout message dès lors qu'il entre dans le débat public. Si le mensonge et la violence sont consubstantiels à la politique, l'aveuglement consisterait à figer l'individu dans une représentation lui déniant toute conscience intime, toute faculté de penser et de juger d'une situation donnée sous le prétexte que la nature du régime dont il dépendrait aurait vocation à l'en empêcher ; écueil que ne sut pas déjouer G.Orwell : « *L'illusion est de croire que, sous un gouvernement totalitaire, on pourrait demeurer intérieurement libre (...), que dans leurs mansardes des ennemis clandestins du régime pourraient continuer à noter leurs pensées (...). La grande erreur est d'imaginer que l'être humain soit un individu autonome. (...) les pensées ne vous appartiennent jamais entièrement* »[40]. Que des agents se compromettent avec le pouvoir en place, qu'ils estiment plus sûr, plus cohérent ou plus judicieux de renoncer à certaines de leurs prérogatives d'acteurs à la suite d'un calcul utilitaire, qu'ils sacrifient volontairement une part de leur liberté dans l'idée de renforcer leurs positions hiérarchiques, qu'ils modèrent leurs désirs en vue d'en recueillir les bénéfices ultérieurement et sous une autre forme, que, par suite, le différentiel d'opinions et la diversité des choix individuels aboutissent non à un "désordre" inextricable mais à un ordre relatif apparaissant de manière spontanée, la sociologie et la théorie des jeux en ont démontré l'évidence. Aussi, faut-il se distancier résolument de toute proposition déduisant de l'observation de la ferveur d'un rassemblement les marques d'une cécité collective et individuelle, d'une contagion qui atteindrait l'être jusque dans ses moindres replis et le condamnerait au suivisme. Si Etienne de La Boétie _en réfutant toute imputation causale liant en quelque manière un comportement politique ou une loi universelle de l'obéissance à un fondement anthropologique et en soulignant la nécessaire distinction entre la *servitude volontaire*, qui présuppose la pleine lucidité des agents sur leur condition et contient donc en germe l'esprit de la révolte, et l'*amour de la domination*_ maintient le désir de liberté en équilibre entre le refus et la résignation à la soumission, Rousseau parsème son propos de considérations et de présupposés qui ne sont pas sans rappeler les inspirations et analyses contemporaines de la montée des fascismes : « *les citoyens ne se laissent opprimer qu'autant qu'entraînés par une aveugle ambition et regardant plus au-dessous qu'au-dessus d'eux, la domination leur devient plus chère que l'indépendance, et qu'ils consentent à porter des fers pour en pouvoir donner à leur tour. Il est très difficile de réduire à l'obéissance celui qui ne cherche point à commander et le politique le plus adroit ne viendrait pas à bout d'assujettir des hommes qui ne voudraient qu'être libres ; mais l'inégalité s'étend sans peine parmi des âmes ambitieuses et lâches, toujours prêtes à courir les risques de la fortune et à dominer ou servir presque indifféremment selon qu'elle leur devient favorable ou contraire. C'est ainsi qu'il dut venir un temps où les yeux du peuple furent fascinés à tel point que ses conducteurs n'avaient qu'à dire au plus petit des hommes : Sois grand, toi et toute ta race, aussitôt il paraissait grand à tout le monde ainsi qu'à ses propres yeux, et ses descendants s'élevaient encore à mesure qu'ils s'éloignaient de lui ; plus la cause était reculée et incertaine, plus l'effet augmentait* »[41].

Le fondement du lien politique résidait dans une forme intempestive de la dissimulation : le mensonge (les raisons de l'assassinat sacrificiel doivent échapper aux acteurs comme l'a clairement signifié René Girard) répondait à une logique de la dissociation. « (...) *dans une certaine mesure ou d'une certaine manière, le maître est presque toujours un adversaire. L'homme a une double relation interne au principe de subordination : d'un côté il veut bien être dominé, la plupart des hommes non seulement sont incapables de vivre sans être conduits, mais ils en ont aussi le sentiment, ils recherchent le pouvoir supérieur qui les déchargera de la responsabilité d'eux-mêmes, et des limites, des règles rigoureuses, qui ne les protégeront pas seulement contre l'extérieur, mais aussi contre eux-mêmes »*[42]. Les travaux de Klemperer, de Pommier, de Baczko ou d'Enriquez nous invitent à appréhender non plus seulement le rapport que nous entretenons avec les idées-images et représentations globales du passé, produit de notre propre dispositif imaginaire, ou à interroger la corrélation entre structures sociales et systèmes de représentations collectives présumées des acteurs sociaux, mais à consentir à pénétrer au cœur d'un système dont nous n'aurons au mieux que l'image d'une image, un contrepoint imparfait, opaque, incidemment compréhensible. Il nous faut prendre la mesure, évaluer *a priori*, comme la condition même de sa vraisemblance rationnelle, l'écart qui nous sépare irrémédiablement de ce que fut pour les acteurs le *fait vécu*, dans toute la diversité et selon la distance variable (« *verschiedene Distanz* »[43]) des angles d'approche dont ils étaient "capables". En concevant l'action réciproque comme le résultat de schèmes opératoires incorporés naturalisant la doctrine en en reproduisant ses codes culturels, le nazisme devait en supporter toutes les conséquences liées et indirectes : le poids de l'événement, la contingence, les formes du fanatisme modifiaient constamment les réquisits de l'action, la structure formelle de la foule, sa composition et ses modes d'expression, le sens de l'appartenance au Tout, l'équilibre de la relation Nous/les autres. Le pouvoir devait composer avec l'opinion populaire qu'il avait en quelque sorte auto-engendré. En démontrant l'intérêt, si ce n'est l'importance, qu'il accordait à celle-ci, il prouvait sa réceptivité à la variabilité des sentiments, aux fluctuations de l'adhésion, à la confiance accordée par les acteurs au système de pouvoir en place : une porte s'entrouvrait sur la faiblesse constitutive d'un régime qui, par obligation, réintroduisait l'acteur, ses doutes, ses espoirs, ses envies dans son appréhension de la réalité et lui concédait des libéralités, excédant de beaucoup celles que toute organisation autorise, au risque de l'entropie. Le nazisme s'accommodait des infractions aux procédures et règlements qui consistaient le plus souvent en de simples ajustements visant à maximiser le bénéfice de son engagement tout en se préservant de la sanction ; il lui fallait réprimer l'indocilité, l'insoumission ou les marques d'indiscipline qui auraient nui à sa crédibilité et à la légitimité de son autorité. La volonté de plaire, de séduire, de convaincre du Führer, véritable « *opérateur de totalisation du collectif* »[44], qui initiait l'organisation de ces rassemblements dont J.Duvignaud ou R.Brasillach[45] nous ont laissé des témoignages impressionnistes de premier plan, traduisait certes le projet de transformer une association d'individualités en une assistance fascinée, affectivement liée à l'egocrate, mais trahissait dans le même temps une crainte de désintégration, de dissémination des particules élémentaires dans l'espace social, reprenant leurs positions initiales et retournant à leurs préoccupations quotidiennes et égoïstes. La foule devait se survivre même après sa désagrégation apparente, les agents en ressentir l'unicité et se conduire comme si la communauté jugeait à tout moment de la sincérité de leurs pratiques. Le principe d'ignorance, d'externalité de l'agent vis-à-vis des mécanismes de régulation sociale à l'œuvre est en un certain sens contrebalancé par l'imitation des sentiments et des penchants affectuels ; contrairement au modèle walrassien de marché qui se destine à « *bloquer le jeu spéculaire des identifications mutuelles, sources potentielles de conflits et de dérapages collectifs* »[46], le nazisme admet une propension au conflit et à la rivalité entre les individus appartenant à la foule à condition qu'il vienne en renforcer la cohésion et asseoir l'autorité du discours. On pourrait même affirmer que non seulement il lui était consubstantiel, mais qu'il constituait le vecteur de transitivité entre les attentes collectives et un horizon de sens commun. Les intérêts particuliers et le libre-arbitre individuel n'avaient plus aucune légitimité dans l'emphase doctrinale dès l'instant où ils dérogeaient à leur vocation instituée. Les agents n'avaient pas besoin de s'aimer entre eux, ni de se mettre d'accord pour que le système fût en mesure d'absorber les passions politiques ou de parer aux risques d'éclatement : la *forme systémique* qui lui succède est consécutive au changement de nature de l'interaction. La différenciation fonctionnelle des sous-systèmes, l'autonomisation des cercles sociaux et des entités administratives pourraient en partie en découler et expliquer que l'ensemble du système ait fini par se dérober à ses initiateurs : une communauté ne peut fonder durablement son existence sur l'illusion d'une transparence des rapports sociaux, sur une sociabilité mimétique et conformiste ; il lui faut trouver des mécanismes de régulation sociale qui "accordent" les dissonances et résolvent les dysfonctionnements structurels sans mettre en péril l'ordre établi.

Cette thèse amène quelques commentaires : 1) il n'est pas concevable de faire l'économie des réflexions fondamentales engagées par I.Kershaw dans son essai sur le charisme en politique qui, nonobstant la pertinence de l'analyse circonstanciée de faits historiques rapportés à un modèle sociologique, offre la possibilité de comprendre le rôle joué par des comportements privilégiant l'intérêt particulier dans l'aggravation de l'instabilité institutionnelle ; 2) l'épuisement du charisme provoque un repli sur soi, une indifférence envers l'autre du fait de l'absence d'un principe supérieur susceptible d'unifier les pratiques et les opinions ; 3) la réciprocité des sentiments est un postulat, non une réalité nécessaire ; 4) l'insincérité, procédant à la fois de l'amour égotique du chef et du désir de reconnaissance de chaque individu composant la foule, est au fondement du lien social et politique : le principe de non-conscience s'en trouve dès lors invalidé _la dissociation des aspirations respectives, l'amertume d'espoirs évanouis, le conflit de volontés saturées de pensées désormais inconciliables favorisent le décentrement des conditions de la sociation. La pensée systémique déconstruit la réalité en réintroduisant de la complexité : ni l'amour des autres, ni le *self-love* (Smith) n'épuisent la question de l'émergence de certaines formes de socialisation, pas davantage l'absence d'intentionnalité des acteurs ou l'idée d'un équilibre spontané indépendant de la volonté des interactants. Les individus se représentent la société à laquelle ils prennent part *comme si* l'idéal pour lequel ils ont choisi de s'unir et d'investir leurs espérances devait effectivement prendre forme : le nazisme instaure la concurrence interindividuelle comme condition du vivre-ensemble. Là où l'économie politique voit dans le souci individuel de défendre ses propres intérêts le moyen de faire taire les passions et les exigences collectives, le nazisme y perçoit la condition même de sa permanence.

2.3. Hitler et le systémisme : histoire d'une rencontre fortuite.

Le projet de société nazie en filigrane d'une politique de refondation des conditions du vivre-ensemble emportait l'adhésion de ceux pour qui il revêtait un sens, finalisait leurs attentes ou suscitait une espérance d'absoluité, un rêve de grandeur qu'ils n'avaient jusque-là su ou osé exprimer. Les lectures plurielles, échanges et controverses se placent dans la continuité d'interrogations nées de l'investiture du parti national-socialiste sur la scène publique en tant que concepteur d'opinion, lieu de convergence de passions et sentiments politiques, courant de pensée visant à la monopolisation de la pensée sur le social, la citoyenneté, les conditions d'appartenance communautaire et la germanité. L'intelligibilité du social induit l'emploi d'une architectonique conceptuelle, le recours à des *opérateurs de différenciation* (paradigmes, traditions de recherche), le choix d'une procédure de modélisation et des cadres interprétatifs ayant vocation à *"expliquer"* causalement et fonctionnellement les conduites. La description des pratiques et comportements infère d'une sémantique de l'action qui concilie une axiomatique avec une sphère de valeurs métaphysiques[47], autrement dit assortissant réquisits épistémologiques et posture ontologique. L'adoption d'un *programme*, d'une orientation de recherche et d'une méthode d'analyse commande une esthétique de la forme, une écriture "fictionnelle", une mise à distance critique et raisonnée des fidélités doctrinales et intellectuelles par un travail d'objectivation, de complexification de la réalité et de confrontation de dispositifs logico-cognitifs, *in fine* le renoncement à prétendre à une totalisation, à un achèvement de la pensée. Dans la perspective qui est la nôtre, le schème actanciel met au cœur de son projet d'élucidation l'*intentionnalité* de l'acteur, dont les *motifs* et *dispositions*, à l'origine de ses choix, et le *contexte interactionnel*, dans lesquels ils viennent s'inscrire, constituent deux voies heuristiques à la fois distinctes et complémentaires : si chaque famille de programme possède son propre *"fondement ontologique"* définissant en quelque sorte les limites et les conditions de pertinence de ses propres présupposés, les croisements entre théories mènent la réflexion sur les rives de la *réduction* ou à l'inverse de la *complexité*. L'existence de schèmes communs à différents programmes permet la mise en exergue de similitudes et de dissemblances possibles entre systèmes d'action faisant eux-mêmes "système" autour d'une représentation de l'objet rapporté à un cadre formel d'explicitation : les va-et-vient entre les données empiriques, les divers aspects de l'expérience et un modèle configurant de manière originale réseaux conceptuels et des axiomes spécifiques sont soumis aux conditions de "réalisme" logique à défaut de pouvoir *vérifier* la plupart du temps les hypothèses posées. Les faits sociaux se laissent appréhender, investir à travers une procédure d'appropriation, d'attribution d'un sens et de significations plurielles supposées en décrire toutes les facettes ; le sens commun transige en réalité avec l'exigence d'exhaustivité au fondement d'une description de la contingence historique.

De la même manière, en sciences sociales, un choix dialectique entre heuristiques positive et négative[48] s'impose : procédant de la prééminence accordée à un cadre programmatique donné, la sélection d'un ou plusieurs courants théoriques précède l'"émondage" factuel, la mise en débats des données empiriques, leur insertion ou leur révocation de la problématisation mise en place. Pour ne pas verser dans un relativisme méthodologique propice à toutes les compromissions[49], ni dans un modèle d'affrontement inter- et intra-disciplinaire ramenant invariablement toute discussion sur les abords d'un raidissement doctrinal, les programmes résultant de la réunion de motifs et de systèmes d'action ne sauraient se donner pour vocation de refermer de manière ultime la réflexion sur elle-même, ni de circonscrire l'explication aux attendus développés initialement. La mixité des programmes traduit davantage une mise en perspective interrogeant les écarts et les rapprochements analytiques envisageables, l'intérêt de transferts et de conversions conceptuels et axiomatiques possibles qu'une volonté de créer une nouvelle "séquence" paradigmatique, un autre niveau d'intelligibilité. Les emprunts s'opérant d'un champ théorique à un autre valident sous certaines conditions le postulat d'une complémentarité des approches. Il n'est plus dès lors question de réduction mais de coexistence, de typologies plurielles et non dichotomiques : la congruence dans un espace ordonné de notions, concepts et axiomes de structuration en lieu et place d'une opposition entre systèmes implique un changement de focale, un déplacement du regard porté sur le réel. Les faits sociaux se laissent dès lors circonscrire à travers un *schéma formel* mobilisant des niveaux de complexité variables en fonction de l'état d'avancement de la réflexion.

L'analyse systémique de N.Luhmann offre la particularité d'appartenir aux trois *pôles* mis en exergue par Berthelot dans son analyse sur l'espace de connaissance en sciences sociales, en dépit de propositions et spécifications théoriques semblant suggérer le statut d'explication ultime de sa pensée sociologique. L'intérêt de l'approche luhmanienne ne saurait se limiter à son volet systémiste, bien qu'il en constitue en quelque sorte l'armature structurelle et épistémique : les différents schèmes (causal, fonctionnel, dialectique/évolutionniste, actanciel, structural et herméneutique) sont insérés dans un *modèle* épistémologique consistant en une sorte de dépassement de l'antinomie classique des modèles moniste et dualiste, placé sous la tutelle d'un « *engagement ontologique radical* »[50] subsumant les pôles naturaliste, intentionnaliste et symboliciste. La différenciation fonctionnelle de la société ne s'effectue pas à l'aune d'une opposition entre le système social global et les parties le constituant, mais en vertu de communications stabilisées et organisées réactualisant les formes sociales : si Luhmann retire aux individus et à leurs systèmes psychiques la faculté de pouvoir participer directement au système de la société, il n'en reste pas moins que le rapport de différenciation système/environnement, la mise en évidence de la régulation formelle accomplies au sein de toute organisation, la dialectique intégration/exclusion _conséquence de l'inachèvement des formes et de la multiplicité des cadres d'interaction_ intéressent particulièrement notre étude. Les communications fonctionnelles organisent les relations circulaires et d'interdépendance de leurs trois composantes _l'information, la diffusion, la compréhension_ s'effectuent à l'intérieur d'un système autonome, indépendant de son propre environnement constitué par l'ensemble des autres systèmes ou sous-systèmes : « *tout ce qui ne peut pas être opérationnalisé sous forme de communication fait partie de l'environnement de la société* »[51]. La construction sociale d'une réalité "objective" accorde aux structures des propriétés de compétence ordinairement attribuées aux acteurs sociaux : réflexivité, capacité d'observation du monde et faculté de s'observer soi-même, adaptabilité à de nouvelles configurations interactionnelles. Le processus d'autonomisation redéfinit sans cesse de nouvelles frontières, des codes et programmes spécifiques permettant une diffusion des informations, une fermeture opératoire qui prenne en compte « *à l'intérieur du système la différence de l'intérieur et de l'extérieur _une "re-entry" de la forme dans la forme aux conséquences très étendues* »[52] : l'indétermination dans laquelle se trouve placé tout système dévoile la tension qui le parcourt et le soumet à l'incomplétude des observations autocentrées qu'il convoque. Les systèmes incorporent et assimilent les individus en tant qu'ils sont le véhicule d'une communication médiatisant d'une certaine manière leurs couplages structurels : l'agent est porteur d'une information dont il n'est pas le sujet. Les interprétations qu'il pourrait en faire n'ont en soi aucune importance dans l'économie de la différenciation fonctionnelle ; la réciprocité des sentiments, l'intentionnalité de l'action, la rationalité des fins visées concourent au flottement des communications sociales _contingentes et dues au hasard de l'activité d'observation_ tout en contribuant de manière essentielle à l'entrecroisement des cercles systémiques et des dispositifs mis en œuvre. Si les processus de la conscience sont investis de propriétés autopoïétiques, autrement dit s'ils peuvent être conçus comme des systèmes à part entière se réappropriant certaines formes sociales, la position de Luhmann devient difficilement tenable lorsqu'il minimise le poids des valeurs morales en justifiant de leur déficit cognitif dans la procédure explicative. Il ne nie certes pas la polycontextualité des interactions et leur nature évolutive, la configuration des systèmes psychiques influençant le contenu et la forme des communications sociales ou le développement des énoncés sémantiques, résultant non de la seule morphogenèse systémique mais d'une intersubjectivité en actes, mais il pose l'auto-conservation de la société comme une réalité allant de soi sans que les individus n'aient à intervenir dans le procès phylogénétique en cours. S'il concède que « *la conscience des individus est absolument indispensable pour l'autopoïèse de la communication (sans qu'elle puisse, il faut toujours et encore le souligner, communiquer elle-même) car seule la conscience est susceptible de perturber la communication et de la stimuler à produire de l'information* (...) »[53], il refuse de faire du jeu de leurs volontés, solidaires ou non, un vecteur de la hiérarchisation ordonnée des systèmes. Chaque système témoigne d'une évolution propre, de phases de transition vers des situations et des niveaux de réalité complexes. L'individu est assigné à la fonction de *"moyen terme"*, il est partie prenante d'une procédure dans laquelle il ne peut tirer profit de ses acquis expérientiels, faire usage de contenus psychiques, d'affects, de sentiments et d'appétences : il en est réduit à intérioriser passivement des règles, des conventions, des protocoles de normes, à assister aux modifications inchoatives des formes sociales. Luhmann examine les conditions ménageant un procès en destitution de l'acteur : la différenciation fonctionnelle des systèmes dénie aux prérogatives et attributions définissant d'ordinaire les compétences actorielles toute incidence dans la constitution des formes sociales ; les volontés individuelles n'interférant pas dans leur élaboration, le sens même de l'action réciproque finit par s'en trouver posé. Faut-il déceler dans ce refus de voir les acteurs investir, se réapproprier les formes dont ils procèdent une difficulté d'ordre logique, un point aveugle dans la démonstration de nature à mettre en

160

cause les fondements de la théorie luhmanienne de la connaissance ? En subordonnant les rapports interindividuels à l'appréciation d'une causalité transitive _confinant l'agent dans les marges_ l'individu n'est-il pas irrémédiablement soustrait à son propre devenir historique, toute pensée de l'attestation et de l'ipséité étant jugée incidente et secondaire ?

La position épistémologique énoncée dans les analyses de Luhmann oriente l'ensemble de son programme dans le sillage des travaux de G.Simmel dont les développements théoriques annoncent, nous semble-t-il, certaines modélisations de la sociologie systémique. Les perspectives explicitées au fil de la démonstration s'inscrivent dans une volonté de mise à distance du schème actanciel auquel Luhmann ne semble consentir que pour mieux en souligner les déficiences heuristiques. La stabilité systémique, la circulation sans entraves des informations ne dépend en aucune façon de leurs contenus mais de la manière avec laquelle elles viennent s'inscrire et organisent tout à la fois une structure communicationnelle complexe. Les individus sont les particules élémentaires mais non indispensables de la reproduction des systèmes : tout se passe comme si l'historicité des formes, leur devoir-être ne nécessitaient pas la prise en charge de l'être-au-monde des individus singuliers ou collectifs. Rien de ce qui se joue dans le prosaïsme de la quotidienneté, "à hauteur d'homme", ne semble de nature à pouvoir perturber l'articulation fonctionnelle des systèmes. Les inégalités structurelles ou légitimées, les sentiments altruistes ou égoïstes, les affects conjonctifs ou individués agrègent ou éloignent les individus les uns des autres : ils sont le reflet de leur sensibilité, d'une insociable sociabilité et de formes défaillantes de solidarité nécessitant l'entremise des institutions, de collectifs de conciliation, de groupements sociaux organisés ou de corporations. La mise en équation des systèmes n'offre pas une description des *formes de socialisation* mais dépeint les mécanismes fonctionnels, les *formes de différenciation* favorisant leur émergence : l'intelligibilité du social commande une mise à distance, une profondeur de champ différente permettant à la fois l'élargissement des perspectives et le resserrement de l'analyse autour de l'apparition de codes et de réseaux de communication. Contrairement à Berger et Luckmann qui conçoivent la *réalité sociale* comme le produit de représentations et d'objectivations procédant de l'immersion ou du retrait des agents de configurations sociales, Luhmann n'invoque ni les conditions, ni les modalités d'appartenance à des formes pour expliquer ce qui précisément permet à une communauté d'individus de "faire société". Comment naissent et évoluent les codes et valeurs auxquels les agents peuvent se référer pour fonder et légitimer leurs actes ; comment justifier de l'attachement à une norme extrinsèque à l'interaction elle-même ?

L'individu luhmannien semble mener la vie transparente des abstractions _substrat de la différenciation fonctionnelle des systèmes ; élément insignifiant dans sa singularité mais essentiel dans sa fonction spécifique d'intermédiaire communicationnel_ son existence n'a de sens et de valeur qu'en tant que l'information qu'il transmet contraint les sous-systèmes à s'affronter à leur propre indétermination : les formes sociales n'exigent pas des individus qu'ils y investissent la totalité de leur être ou affectent d'y fonder un monde commun. L'autonomisation des systèmes psychiques engendre de nouveaux espaces de communication en deçà des liaisons opératoires établies entre un système et son environnement. L'équilibre homéostatique d'un système vient de ce qu'il ignore la confusion des sentiments, l'ambivalence des affiliations, la fragilité des engagements : les formes ne médiatisent pas au sein des cercles sociaux la charge affective et la pesanteur des affinités unissant ou séparant les individus. Les communications intra-systémiques ne sont pas de même nature que celles qui éclosent au cours des actions réciproques, caractérisées par ce que Luhmann nomme un « *découplage structurel (institutionnalisation des libertés individuelles) [ayant] pour effet de libérer plus et non moins d'interactions de type causal* »[54]. En faisant de la fermeture des systèmes et de l'auto-observation les réquisits fondamentaux de son programme, il disjoint de manière irréversible l'acteur du système, les causes (individuelles) de leurs effets (systémiques), les formes (agrégats de l'action) de leurs contenus (traductions fonctionnelles et structurelles) : la réalité se donne à voir par l'entremise de signifiants, de relations abstraites et de structurations élaborées exonérant les volontés individuelles de toute imputabilité *directe* dans la vie des systèmes. « *Pour autant que les actions produisent toujours des effets pervers et que ceux-ci se coagulent dans des systèmes sociaux qui fonctionnent effectivement et objectivement de façon relativement autonome par rapport aux individus, une disposition objectivante et un appareillage chosificateur, par exemple celui du structuralisme, du systémisme ou du béhaviorisme social, sont indiqués* »[55].

L'auto-observation de la société, le contrôle des flux informationnels et des attentes normatives, la volonté de contrarier le dysfonctionnement des mécanismes systémiques et d'atténuer les formes d'incohérence apparaissant dans le jeu communicationnel caractérisent la *praxis* politique du nazisme : les acteurs sont censés participer ainsi pleinement aux procédures de différenciation fonctionnelle à travers les pratiques, comportements et rapports sociaux qu'ils contribuent instamment à composer. Le champ politique élabore des énoncés sémantiques, fournit un espace d'explicitation permettant l'inscription des relations interindividuelles dans des cadres d'instanciation : si les agents "expliquent" leur adhésion à des ensembles communautaires par référence à des critères d'intentionnalité de type utilitaire ou affectuelle, les observations de deuxième et troisième degré suppléent en quelque sorte à la méconnaissance _voire à l'ignorance_ des différents processus fonctionnels à l'œuvre en faisant "correspondre" les motions individuelles exprimées à travers les actes de la vie quotidienne avec les positions occupées, définies par le système de relations convoquées. Les conduites ne doivent pas être rapportées à une configuration sociale donnée comme si elles ne faisaient qu'en entériner certaines propriétés institutionnelles et formelles et s'y réduisaient : aucune logique à l'œuvre n'induit un rapport nécessaire, fonctionnellement déterminé entre un système fermé sur lui-même, rationnellement organisé et les types de rapports sociaux qui s'y exprimeraient. La modélisation systémique luhmanienne se prémunit contre tout risque d'annexion idéologique "indésirable", toute velléité d'ingérence interprétative à la fois par son refus d'accorder créance à une quelconque dimension téléologique dans l'évolution des sociétés et par la dénégation de principes métasociaux instituant les conditions politiques du vivre-ensemble. Luhmann distingue entre les communications directement afférentes à un système et celles qui se déploient à l'extérieur de celui-ci : le "sens" d'une observation, les conséquences induites sur la nature des communications se déclinant au cours de l'interaction, modifient les termes de l'échange, ouvrent à de nouvelles attentes. D'une certaine manière, qu'ils en expriment la volonté, qu'ils en aient conscience ou non, les individus participent de la reproduction des systèmes et de la différenciation des différentes sphères d'activité : les fragments épars d'une vie, la quête désespérée d'une euphonie de l'être, le recours à des harmoniques aléatoires conjurent le sentiment d'inachèvement en donnant l'illusion de pouvoir intercéder dans le cours des événements, de reprendre possession de sa propre existence. L'acte d'observer le monde environnant, de juger de la légitimité de ses espérances et de ses doutes, être à l'écoute de soi en s'éveillant à l'altérité radicale et à la différence ouvrent la société à elle-même, à sa propre historicité. Le langage, dans sa fonction de découpage de signifiants et de description d'unités significatives, inféode la complexité en usant de catégories et de représentations symboliques de la réalité : la communication, produit de la division sociale des activités, libère de l'information à l'adresse d'un environnement dont elle ne saurait faire totalement abstraction, tant la configuration même des rapports sociaux fonde le social dans ses ambivalences et ses incertitudes. L'information peut-elle dès lors être porteuse d'un "sens" spécifique, univoque, universel (compréhensible de tous), suscitant en réponse des comportements de nature équivalente, influençant l'action en fonction de catégories normatives et de réquisits éthiques acceptés du plus grand nombre ? Le nazisme en affirme le principe, l'avènement nécessaire, non aléatoire.

En prenant résolument position en faveur d'une opinion partagée par d'autres, l'individu marque son appartenance à un nouveau cercle social et ajoute une composition à la combinaison d'identités qu'il convoque dans son rapport-à-l'autre. Les agents donnent ordinairement à leurs prises de position morale ou idéologique, aux formes de leurs adhésions partisanes et de leurs engagements ontologiques, à leurs choix de vie une réalité, une consistance, une "valeur" aux yeux de la société qui leur ménage en retour une visibilité, une identité réduite à ses manifestations les plus typiques. Les conflits et divergences susceptibles d'apparaître investissent les langages systémiques, perturbent les procédures de fermeture auto-référentielle en contraignant chaque système à s'ouvrir à la contradiction, à réviser les dispositifs mis en œuvre en vue de prévenir les risques de dissolution et de morcellement en sous-systèmes. L'ordre social étant la conséquence de rapports de force entre systèmes et sous-systèmes et non la résultante d'un "équilibre" structurel, une même information traverse différents espaces et cadres systémiques, épouse ou contredit les valeurs et représentations sociales qui leur sont en quelque sorte constitutives.

Rares étaient en vérité les opportunités autorisant les acteurs à en découdre dans l'espace public tant les instances institutionnelles semblaient vouées à surseoir à l'émergence de conflits sur les fins. L'individu s'abandonnait à la perspective d'une société consensuelle, apurée en se berçant de l'illusion de beaux lendemains donnés en partage. L'*Idée* raciste, le *Mythe* du *Mythe* de Rosenberg et Bäumler[56] n'a pas connu la même réception dans les différentes sphères où il eut à s'exprimer : les milieux industriels et la finance n'entendirent pas les propos infamants du Führer, ni ne perçurent ses cabotinages de parangon zélé de la même manière que d'autres couches de la société allemande de l'époque. Le *Juif* n'était pour les uns qu'un archétype commode qu'il était opportun pour des raisons utilitaires et intéressées d'extirper de la "communauté nationale", pour d'autres un symbole, un bouc émissaire, un sous-homme, un animal, pour une autre catégorie de personnes aucune de ces représentations ne pouvait tenir lieu de descriptifs moralement acceptables et politiquement recevables. Si les opinions individuelles évoluent au gré de la nécessité, de l'événement, de la contingence, de la subjectivité des sentiments et des émotions, des rêves, des désirs et du nimbe des légendes, l'opinion populaire se manifeste sans être en mesure de pouvoir prendre en charge l'ensemble des croyances et appréciations factuelles qui en constituent en quelque sorte le matériau. Elle s'arroge un droit de préemption et d'usage sur les courants de pensée _en attente d'être fondé en fait et en droit, ou en déshérence_, les visées, les expectations individuelles et/ou collectives : les flux communicationnels à l'intérieur d'un système donné, le libre-accès à une information porteuse de sens et fidèle à une sémantique de l'action ne résistent guère à l'effet de contrainte produite de manière plus ou moins systématique par les institutions, les groupes de pression, les milieux "autorisés", les groupements sociaux, les partis politiques, les syndicats et corporations professionnelles, certaines minorités ethniques ou communautaires, qui, en dépit de handicaps sociaux "structurels" (propriétés négatives) liés à un défaut d'intégration systémique n'en conquièrent pas moins une forme de représentativité dans le corps social. Derrière ces substrats et artefacts conceptuels désignant des entités collectives dans le sens commun se dissimulent les acteurs d'un processus de hiérarchisation des enjeux et de définition des identités sociales et politiques : la méconnaissance relative de conditions nouvelles de régulation dans le fonctionnement des institutions, de changements fonctionnels de perspectives dans l'approche de la réalité, de mécanismes de transferts de compétence d'un système à l'autre et de l'existence possible d'attentes collectives déraisonnables au fondement de principes de sociation empêche que ne se déploie une intelligence du social réduisant la diversité à la mise en évidence de propriétés fondamentales pertinentes. Le principe de non-conscience, présupposé théorique essentiel des maïeutiques durkheimienne et bourdivine, est éminemment problématique dès lors que l'unicité des liens de causalité et de corrélation se trouve posée et le rôle des agents dans les processus en cours d'institutionnalisation des formes sociales et de stabilisation des phénomènes sociaux interrogé. Dans quelle mesure le souci de soi, le sentiment de précarité de l'existence, les approximations de la mémoire et les incertitudes de l'être, le recours aux imaginaires sociaux comme remède à la violence du quotidien, l'exigence sociale de trouver une place conforme à ses aspirations et à ses besoins participent-ils de l'attestation de la société en tant que système créant des obligations de choix, instaurant des mécanismes insidieux de sélection, d'intégration à des ensembles collectifs, d'exclusion, sanctionnant les pratiques autant que les intentions, les appartenances réelles et celles qui sont par nécessité supposées ?

L'acteur vit l'incertitude sur le mode de la destitution. L'imagination vient à son chevet pour pallier aux signes d'une identité morcelée, en quête d'un absolu qui est à la fois refus d'un monde achevé et volonté de se créer des rêves à la mesure de sa difficulté d'être parmi les hommes : en cherchant à dévoiler le mystère du monde qui infailliblement l'environne, il ne met pas simplement à jour les structures qui soutiennent l'ensemble de l'œuvre, il se découvre lui-même en tant que sujet d'une fiction, celle de sa vie, et personnage d'une histoire qui n'est déjà plus la sienne. Cette inversion des rôles, ce renversement des appariements (sujet/fiction ; personnage/histoire) décrit en creux une "ontologie régionale" (Husserl) posant la réciprocité des catégories fondamentales de l'ego transcendantal comme motif de l'action :

« *chacune a son mode d'affection propre, sa façon spécifique d'appréhender son objet : le Je est marqué par l*'autoaffection *(l*'autosubjectivité*), le Tu par l*'interaffection *(l*'intersubjectivité*), le Nous par l*'écoaffection *(l*'écosubjectivité) et le Vous par la* hiéroaffection *(hiérosubjectivité)* »[57].

La compréhension ordinaire et réciproque nécessite que le sens partagé et le savoir de pertinence soient posés comme des *a priori* de la compétence actorielle, mais il faut postuler dans la même mesure que le *toi* et le *comprendre* puissent constituer des *a priori* de l'existence sociale[58]. L'agent simmélien ne se réduit pas à ce qu'il présente de lui-même lors de l'action réciproque ; la possession d'un «*plus être*» (*Ausserdem*), l'intangibilité de l'*être-pour-soi*, l'individu, la société et la nature comme unités fictives et axiomes de base de la perception de soi et du monde environnant définissent l'*a priori* de la société empirique comme fondamental : « *la manière dont il est socialisé est déterminée ou co-déterminée par la manière dont il ne l'est pas* » ; « *tout le commerce entre les hommes à l'intérieur des catégories sociales (Gesellschafftliche Kategorien) serait autre, si chacun apparaissait dans son rapport avec l'autre, exclusivement comme ce qu'il est dans sa catégorie respective, en tant que support du rôle social qui lui est dévolu à un moment donné* »[59]. L'individu ne peut jamais s'abstraire totalement de ses appartenances désirées ou socialement définies ; il doit adapter ses conduites, trouver une posture éthique, une position "statutaire" à l'intérieur des systèmes qui correspondent à ses intérêts, voire à ses aspirations si la société lui offre la possibilité de pouvoir les exprimer. L'hégémonie des systèmes économique, politique, idéologique, bureaucratique, juridique se heurte à la circulation des personnes, des biens et des idées, aux communications intersystémiques et aux distinctions auxquelles elles donnent lieu, dont les contenus varient en fonction de l'identité des interactants, des positions occupées dans la stratification sociale et surtout de la *valeur* au nom de quoi la différenciation s'opère, aux échanges symboliques, dans lesquels les sentiments, les codes affectifs, les appétences et motifs des adhésions entrent pour une large part. Un régime politique se destinant à imposer autoritairement la primauté de quelques systèmes doit s'en remettre à l'arbitrage d'effets non voulus et indésirables : les couplages systémiques sont structurellement instables du fait, d'une part, de leur subordination à des desseins et projets politiques dépassant de loin le cadre de leur propre champ d'explicitation, du jugement, du sens critique et de la confrontation des subjectivités d'autre part. L'apparition de dysfonctionnements dans les mécanismes de régulation systémiques, « *de distinctions déviantes et imprévues [introduisant] des incohérences dans le jeu communicationnel* »[60] crée les conditions d'émergence de nouvelles configurations sociales. La société ne peut être inféodée aux émotions, aux affects, à ce qui fonde constitutivement la nature de la relation-à-l'autre : les communications sociales relèvent de processus de formalisation complexes partiellement indépendantes des conditions dans lesquelles les acteurs sont amenés à les formuler. D'une certaine manière, un système préexiste aux volontés qui en légitiment la pertinence et les domaines de prérogatives ; il offre un cadre d'accueil structuré et structurant aux courants d'idées, opinions, perspectives et *a priori* dont il série les conditions de validité, énonce les limites injonctives et établit une hiérarchie en fonction des valeurs les sous-tendant. Il en intègre les particularités sans en refléter toutes les ambivalences, les contradictions ou les incohérences : de fait, il est un *tout* qui ne se laisse pas réduire à la somme de ses composantes ; la connaissance des valeurs le fondant n'épuise pas le sens assumé pour son environnement, ni pour les agents qui y investissent une part d'eux-mêmes.

Conçu comme *valeur* ultime et indépassable, le mythe SS de régénération de la race aryenne postule la soumission de la conscience individuelle en tant que *système* : l'analyse des discours du Führer et de ses séides révèle au-delà du mépris de la différence et de l'abjection des thèses défendues la croyance fondamentale en la possibilité d'éduquer non seulement le regard, la vision portée sur les choses, les sentiments, la sensibilité, mais aussi l'intellect, le rapport aux valeurs, la faculté de rationalisation. Le nazisme ambitionne de panser les plaies d'esprits meurtris, abîmés par des idéologies jugées délétères et portant atteinte à l'unité indissoluble de la communauté : réformant les institutions, accaparant les organes essentiels du pouvoir et s'arrogeant les attributs symboliques de l'autorité, son programme trahit une volonté d'amender, de corriger l'âme, la psyché à des fins politiques dans l'illusoire dessein de vouloir restaurer les lois naturelles de l'évolution. Cette conviction s'observe dans les moindres recoins de la vie sociale, dans les méandres de la quotidienneté asservie au régime de la violence et de l'exaltation morbide, mais elle ne constitue en rien une particularité historique ou une pratique de pouvoir particulièrement originale. Ce qui le différencie des autres formes de gouvernementalité consiste non dans la prétention à pouvoir exercer une fascination sur les individus, à leur servir de levain spirituel en captant leur attention et en les persuadant de la légitimité des combats à mener, mais dans celle présumant la conversion de l'être, la mise au pas de la volonté, la possibilité d'une oligarchie systémique sans entropie négative. Le *Moi* nazi désigne celui qui possède en discriminant, domine sans états d'âme, accrédite par principe, obéit par devoir. A l'instar du *Je* qui ne peut se muer en *Moi*[61], le

Toi ne s'appartient plus, il est un "consanguin politique" affecté de certitudes dont il s'accommode sans les questionner sous peine de vivre l'effroi d'une dégradation et d'un ostracisme communautaire. La confiance constituant une donnée *a priori* de l'interaction, elle est exigible de chacun sans être accordée à tous : en l'Autre sommeille un inquisiteur, appréciant la conformité de la conduite d'autrui sans être juge de ses propres actes. Le *Moi* qualifie un *étant*, une incarnation dont le SS compose la forme achevée. L'individu reconnaît l'*ennemi* dans ses apparences, l'*ami* dans sa transparence licite.

L'ordonnancement éthique du nazisme enjoint de se défendre de sacrifier à ses inclinations sociales et de laisser libre cours à ses passions, ses accointances avec les formes de l'excès et de la démesure : « *autrui,* (…) *un être dont l'autonomie, avant d'être un fait empiriquement constaté, est un* habitus [nous soulignons] *inscrit dans la catégorie transcendantale qui l'accueille, le Tu* (…), *catégorie formelle qui préexiste à toute personne réelle, mais qui en porte la trace indélébile dans son schématisme. Le Tu est une catégorie autonome, différente de celle du monde (le Nous) ; il se décline sous une forme qui n'implique pas la préexistence du monde en tant que condition formelle de son être. C'est à côté du monde et non pas en son sein, que le Tu existe en tant que catégorie, même s'il interagit par la suite avec celui-ci* »[62]. Le nazisme semble avoir voulu maintenir cette externalité première, désormais conçue comme condition ultime définissant les contours de l'existence sociale : la relation-à-l'autre ne se présente plus comme allant de soi, elle est entachée de vices de forme dès lors qu'elle ne met pas en présence des "camarades-citoyens", égaux devant la Loi et conjointement engagés dans le même procès historique. Loin des obligations morales et des devoirs de responsabilité envers autrui, il propose des valeurs de substitution en inversant les polarités de l'action, en déclinant à l'envi des énoncés sémantiques rivalisant de fureur et de violence non contenue.

Le conformisme des comportements voulu par le régime, la mimèsis instruisant les pratiques, la convergence apparente des points de vue décrivent des relations abstraites, idéaltypiques, des processus d'instanciation de conduites ne présageant pour autant aucunement des options choisies par les acteurs, la nature des affiliations dépendant par trop des configurations sociales particulières dans lesquelles ils se voient plongés. Les situations inédites au regard de celles qui ont cours dans d'autres régimes politiques n'induisent pas pour autant une uniformité des engagements individuels ou des motifs de l'action : le nazisme postulait une conversion de l'*être* conjointe à celle de l'*esprit* _la *personne* dans son intégrité, une et indivisible était impliquée, partie prenante de la politique suivie en son nom. Intériorisant les contraintes objectives liées aux conditions d'adhésion à un tel système, l'individu doit s'accommoder des contradictions insurmontables et ambiguïtés parant les discours et assumer l'imposition d'une loi déterministe d'évolution de l'identité sociale : les formes pronominales réfléchies, réciproques, à sens actif ou passif _*Je*/*Moi*/*Tu*/*Toi*/*Nous*/Vous/*On*/*Ils*_ attestent de positions et d'effets de disposition assujettis à un mode spécifique de rationalité déniant au jugement de l'observateur[63] l'importance lui revenant.

La doctrine SS fonde l'évolution morphogénétique des sociétés non sur une (illusoire) adhésion collective à un modèle de société donné s'organisant autour de valeurs et de normes éthiques consensuelles et plaçant l'individu au centre de son auto-légitimation, mais sur la prééminence accordée à certains systèmes dont les interrelations fonctionnelles sont supposées résorber les « *ratés de la communication* »[64] en modifiant la nature des énoncés sémantiques et en maintenant les individus en périphérie des processus d'instanciation du lien politique. S'ils assument dans la topique luhmannienne un rôle actif d'opérateurs de distinction transférant les informations produites d'un système à un autre, ils ne sont en vérité que *spectateurs* de procédures de différenciation dont ils ne fixent pas les règles. Quels réquisits invoquer dès lors pour décrire l'*action* ?

L'entropie constitutive des systèmes et l'improbable concordance entre une configuration systémique et les discours et représentations auxquels elle donne lieu démontrent, si besoin était, l'ambition démesurée et irréaliste d'une *idéologie* supposant que les individus n'useront de la marge d'autonomie et des compétences "concédées" qu'aux seules fins de servir les intérêts d'un *système* les niant en tant que *personne.* L'absence de considération pour les raisons vraisemblables que les acteurs pourraient alléguer pour expliquer leurs conduites, le mépris pour les valeurs morales "coutumières" fondant le lien social, la falsification à des fins politiques des acquis des sciences humaines et sociales dénoncent une politique de typification des attitudes et de catégorisation des formes de rationalité. Les comportements individuels se revendiqueraient de *raisons* jugées *bonnes*[65] au regard de leur utilité pratique et non de valeurs définissant le *juste* ou le *vrai* : les fins visées serviraient en toute hypothèse le régime dès lors qu'elles ne référeraient pas directement aux notions d'*équité*, de *sympathie* et de *doute.* L'effacement de ces *valeurs* qui sont des principes tout autant que des réquisits normatifs exonère le pouvoir de toute obligation d'assistance et de solidarité à l'égard des exclus, *a fortiori* lorsque les victimes de discrimination ont été définies par ses soins. Le renversement de sens des valeurs, auquel un nombre indéterminé d'individus souscrivent, interdit de s'en prévaloir et d'invoquer leur médiation au cours des innombrables conflits troublant les actions réciproques. L'architectonie idéologique est traversée par une conviction modale structurant l'ensemble de la démonstration : les rationalités utilitaire, téléologique, axiologique et "située" sont subordonnées à la *rationalité objectivée*[66] de type formelle qui constitue en l'espèce une forme de synthèse et de dépassement. La *fascination* du nazisme, dans ce qui la différencie fondamentalement de la *séduction*, résulte d'une procédure de conformation et d'uniformisation des opinions menée à son terme visant à obtenir l'adhésion inconditionnelle d'une population ; en cela, la disjonction entre les buts poursuivis, les moyens sélectionnés, les valeurs défendues et leurs conditions d'objectivation dans des modes de rationalité objectivée (instrumentale-technique et matérielle) "expliquent" en partie les difficultés ressenties par les individus à exprimer une *éthique de responsabilité*, jugée contraire aux valeurs organisant la vie des systèmes et des institutions d'Etat. La politisation de la foule sollicite d'une part les actions engageant l'affectivité et la sensibilité des acteurs, une motivation irrationnelle en tant que « *construit inaccessible et à l'expérience interne et à l'observation externe (l'"instinct d'imitation" de Tarde, le "désir mimétique" de Girard, la "résistance au changement", l'"aveuglement par l'intérêt" de Marx, les "pulsions inconscientes" du premier Freud, la "fausse conscience" de Mehring et Engels)* »[67] d'autre part. Les processus mentaux subjectifs prenant forme dans des activités sociales "légitimes", i.e. appropriées à la nature des interactions souhaitées par le régime, sont objectivés, systématisés et institutionnalisés conformément à l'*Idée*, elle-même soumise à la rationalité formelle du fait qu'elle organise les moyens de telle sorte que l'agir rationnel en vue d'une fin ait des conséquences attendues. Les impératifs absolus sur lesquels se fonde l'autorité du pouvoir nazi procèdent dans une large mesure de la faculté de réappropriation et de réinscription par les systèmes des actes les plus insignifiants de la quotidienneté qui sont de manière systématique ramenés à un dessein transcendant les volontés individuelles. « *La rationalité formelle (...) repose sur la calculabilité maximale des moyens et des procédures, ainsi que sur la prévisibilité maximale des règles abstraites et des activités déterminées dans une sphère particulière d'action. L'objectivité, l'impersonnalité, l'indifférence éthique et la discipline sont les caractéristiques distinctives de cette forme de rationalité qui est une propriété objective des structures sociales de la société moderne* »[68]. Il n'est pas possible comme le soutenait Weber de comprendre un tel système culturel, les entités collectives qui l'instruisent « *d'après le sens visé par les agents se [rapportant] au comportement d'autrui, par rapport auquel s'oriente le développement [de l'activité "sociale"]* »[69]. Les compétences requises pour en saisir les circonvolutions et les attentes témoignent d'une parfaite assimilation de règles systémiques, juridiques et administratives, de commandements éthiques et formels notifiant les conduites à respecter et les attitudes à observer dans des situations données ; l'appréhension de la "normalité" des comportements oblige à combiner les versants rationaliste, utilitariste et fonctionnaliste, à dépasser les antinomies et écueils apparaissant au cours de l'analyse, à se satisfaire des apories de l'interprétation. La compréhension d'une conduite suppose un savoir partagé, un stock de connaissances sériées et organisées en fonction de fins se définissant à mesure que les enjeux véritables prennent sens et forme pour les individus : les propriétés constitutives de l'action découlent de la nature de la rationalité à son fondement. L'agir rationnel en finalité postule une croyance partagée en un degré de prévisibilité et d'inférence des actions engagées, la conviction qu'elles puissent raisonnablement aboutir à un résultat escompté, en un mot, une confiance apriorique en la valeur des axiomes et règles de calculabilité informant ses pratiques. En ce sens, l'emprise de la rationalité formelle et le renoncement au politique, le consentement à la violence de la foule au nom de principes rendant incertain le devenir communautaire, la réification consécutive à l'autonomisation des systèmes s'opposeraient à la réalité de choix motivés, intentionnels adoptés par les acteurs : le nazisme en déduira la nécessité d'asseoir l'autorité charismatique du Führer en donnant toutes les apparences d'une faveur concédée à une élite dans un espace institutionnel sensé pouvoir exaucer leur désir de reconnaissance. L'attribution de postes et d'avantages, le clientélisme, la forfaiture tiendront lieu à la fois de modalités participatives et de facteurs aggravants de l'instabilité tendancielle des institutions ; en laissant à la rationalité subjective la possibilité d'investir et de perturber les communications à l'intérieur des systèmes, de dénaturer l'information et d'appauvrir les échanges, le nazisme ne pouvait mener à son terme un programme qui, bien qu'ayant mis en place les moyens de ses ambitions, sécrétait les conditions de sa propre désagrégation. La puissance disruptive d'une métaphysique du sujet tentant de donner corps aux horizons d'attentes d'une élite s'était muée en une forme de rationalité objectivée conduisant l'ensemble du corps social à se soumettre à la volonté d'un seul et, d'une certaine manière, de tous contre tous.

« *La désintégration de tous les corps intermédiaires et le droit de décider en dernière instance du Führer _indispensable à la préservation de son prestige_ avaient engendré une concentration extraordinaire du pouvoir, mais, simultanément, un niveau de personnalisation des décisions incompatible avec un gouvernement et une administration systématiques. (...) [Les dirigeants nazis ne pouvaient imaginer de lui désobéir ou de lui manquer de loyauté]* »[70].

La dynamique de rationalisation de toutes les sphères de la vie publique est en quelque sorte contrariée par un conflit des valeurs latent opposant les normes et règlements impersonnels prenant leur source au sein des institutions et les principes éthiques choisis par les individus. La popularité de Hitler ne se déduit, ni n'est réductible à une telle hypothèse de travail ; il n'en reste pas moins que l'appréhension du charisme en tant que fait social n'a guère de sens si on ne le réfère à la théorie des systèmes, explicitant le processus fonctionnel d'objectivation de l'action rationnelle en finalité. A l'encontre de la volonté politique d'instaurer un « *ordre macrosocial formellement rationnel et réifié* »[71] _traduisant le passage de la rationalisation à la réification_, les acteurs opposent une forme de désobéissance et de non-conformité dans les choix et décisions les impliquant en tant qu'agents d'un système, prouvant par là même le désir de fonder leurs conduites sur un « *sens du sens* »[72] qui soit l'expression non d'un déni explicite des fins métathéoriques visées par l'idéologie national-socialiste mais des conséquences induites dans leur être-au-monde, leur mondanéité. Les individus se nourrissent de l'espérance de pouvoir reprendre en partie possession de leur propre histoire en refusant précisément d'assister au spectacle d'une fin programmée de l'Histoire, de participer de la privation de leur substance, de l'illusion d'une unicité communautaire qui mènent à une montée aux extrêmes de leur propre déchéance. Elisant et soutenant dès l'origine un homme et ses idées ou se laissant convaincre au gré des succès enregistrés sur la scène intérieure et en politique internationale, tous sont désormais citoyens des "*provinces de l'empire*", décrits par Kojève, au sein desquels les événements vécus n'ont plus d'objets reconnus ni de conséquences assignables à une cause jugée légitime. Le sens du juste, l'esprit de résistance et d'insoumission de la conscience prennent leur source, une fois l'enthousiasme des temps de l'effervescence ou de la colère impuissante essoufflé, dans les affluents de l'arbitraire des valeurs et de l'indifférence d'Etat, dans les dispositifs compassionnels ou égotiques se substituant à l'imposition des sentiments, dans le choix assumé de perdre les dernières attaches liant la raison à la réalité du quotidien, au risque de soi et de la solitude de l'être. Dans la configuration sociétale singulière mise en place par le nazisme, la *subjectivisation de la raison* conduit, contrairement à ce que laissent à penser les intonations nietzschéennes de l'analyse wébérienne ou les propositions de Parsons dans sa « charte de 1937 » pour une théorie multidimensionnelle de l'action, l'individu à engager une discussion rationnelle sur les fins ultimes de l'action. L'*intentionnalité* suffit-elle pour autant à elle seule à entraver les visées utilitaristes et désubjectivantes de la rationalité formelle[73] ? Les hypothèses d'un rapport aux valeurs instruit par les individus eux-mêmes, le choix d'une subordination des conduites à des *valeurs* concurrentes de celles idéologiquement imposées, doivent être posées afin d'interroger les conditions d'institutionnalisation de formes de socialisation contraires à une culture politique : des formes sociales qui n'emporteraient pas l'adhésion des agents peuvent-elles résister aux mouvements diffus de contestation parcourant le social ?

2.4. La sociabilité entre conformisme et rituels d'évitement.

« Comment des expectations de comportements peuvent-elles être maintenues, alors même qu'elles ne sont pas réalisées, mais bien au contraire ouvertement déçues »[74].

Une action réciproque postule l'acceptation tacite de règles formelles et l'intériorisation par les agents de dispositifs d'interconnaissance permettant la finalisation de la relation autour d'enjeux repérables et d'attentes raisonnables. Sans présumer de l'existence d'un accord sur les fins, ni de la mise en œuvre de moyens adéquats, un *système d'action* pose un cadre, une structure durable visant au consentement des parties par la mise en place de procédures formalisées de résolution des différences de motivations, de visées ou d'attitudes susceptibles de s'exprimer d'un individu à l'autre : toute rencontre sollicite un modèle communicationnel identifiable permettant la détermination *a priori* d'un sens qui soit l'expression des positions et dispositions des agents. Selon Luhmann, stabilisation émotionnelle et stabilisation formelle sont équifonctionnelles : la réciprocité des sentiments, les convergences d'opinions, les accès affectuels d'un côté, les règlements, principes, conventions et différenciations internes de l'autre participent selon des modalités d'instanciation identiques de la reconnaissance de la structuration nécessaire des systèmes d'expectations en *formes interactionnelles* que les individus puissent s'approprier. Les "émotions complexes", les désirs, les appétences, les sentiments peuvent se spécifier dans des jugements normatifs dans la mesure où leur expression n'est pas entravée, contenue ou réprimée par une volonté contraire ou par des prescriptions émanant d'institutions ou d'organisations. Les affects forment système dans le sens où ils sont pré-formés, suscités, invoqués dans l'espace public pour asseoir les pratiques et structurer la nature des rapports entre l'individu et la société. Le lien social ne prend toute sa consistance que dans l'unicité des impératifs catégoriques déclinés dans les discours et formalisés dans les institutions et les procédures qui en règlent l'organisation et les rapports.

La véritable imposition de sentiments exacerbés dans des situations sociales particulières, la mise en scène de "signes" du pouvoir jalonnant le quotidien et orientant les conduites aliénaient les représentations portées sur l'autre dans son altérité radicale : les interactions se déployant à l'intérieur d'un système sont toujours corrélatives de l'acceptation de formes d'expression de l'affectivité et des règles régissant leur révocation. Le régime nazi opposait aux choix individuels, comportements ou visées éthiques des informations de nature à en contester la relevance : face aux réticences ou aux frustrations nées de résolutions avortées, les individus n'avaient d'autre issue que de donner les apparences de la conformité à leurs conduites et de la répression à leurs penchants naturels. La rigidité des mécanismes organisationnels mis en place, leur subordination au vecteur idéologique contraignaient de se plier aux prescriptions et recommandations énoncées dans des principes abstraits. Le nazisme prêtait aux individus appartenant à la communauté nationale la volonté de subsumer leurs décisions à certains réquisits normatifs, de s'en

spécialisées" appelées à former système et à s'opposer au réel inchoatif, à l'historicité des destinées individuelles et collectives : dans une société rétribuant le conformisme et le suivisme, les institutions de légitimation des conduites devaient être en mesure d'en garantir les conditions d'effectuation. La structuration en réseau des sous-systèmes, cercles et champs sociaux était supposée empêcher que ne se développent des îlots de résistance remettant en cause la reproduction à l'identique des rapports d'autorité, de domination et de pouvoir. La construction des identités actorielles n'obéissait pas à une logique de réconciliation ontologique de l'individu avec lui-même ; les stratégies mises en œuvre s'inscrivaient dans des espaces balisés, aux contours définis et connus de tous : le franchissement de la ligne rouge activait une procédure d'exclusion communautaire ayant des incidences dans le travail de différenciation des systèmes. Les changements morphologiques du groupe, l'évolution du *Volksgeist* étaient initiés décisionnairement (*Entscheidung*) du sommet de la hiérarchie sociale, par le déplacement des frontières démembrant la collectivité dans son ensemble en catégories d'appartenance.

Les identités "réelles" se diluaient dans des identités "virtuelles" prodiguant des règles de conduites, un ethos bureaucratique dans la geste quotidienne, des représentations cognitives, affectives et opératoires : la confusion instruite dénaturait le sens et la fonction symbolique de la relation-à-l'autre. La mise en intrigue des faits donnait lieu à un "théâtre de marionnettes", à un jeu de rôles faits de contrepoints et de typifications : l'identité des personnages constituait une donnée objective, une *valeur* en tant que telle.

La conception idéaltypique de l'identité devenait intenable pour les individus comme pour les institutions qui y étaient assujettis ; la division de l'identité _identité pour soi/ identité pour autrui ; *transaction interne/ transaction externe*_ définie par Freud comme « *intimité bien abritée d'une structure* *psychique commune* »[75] était subordonnée à une procédure attributive accordant des identités génériques (en tant que membres d'un groupe) aux individus en fonction de leurs origines raciales, de leurs prises de position idéologiques et partisanes et de l'intérêt représenté pour le régime. L'identité secondaire ne pouvait être revendiquée pour ce qu'elle est en réalité, un processus identificatoire non aléatoire : l'individu ne pouvait se dérober à la procédure nominative lui accolant une "étiquette". L'ensemble de la population allemande tombait sous le coup de pratiques discriminantes et classificatoires relayées par l'appareil administrativo-judiciaire ; les institutions d'Etat occupaient une position "surplombante" mais non indifférente à l'inclination que les agents leur témoignaient. L'autonomie des systèmes se renforçait paradoxalement de la confiance en leur capacité à mener à son terme le projet de société national-socialiste : face aux rigidités structurelles, au flou entourant leur fonctionnement, à la complexification croissante de leur organisation et de leurs interrelations, les individus trouvaient dans l'effervescence communielle, dans l'affection au Führer et dans le sentiment du devoir accompli les prédicats ou expédients palliant à leur incompréhension. L'impossibilité de s'affranchir des définitions idéologiquement assignées, l'indissociabilité du lien affectant les individus à des rôles sociaux éprouvés dénotaient une complexion doctrinale originale, des postulats formalistes, voire universalistes donnant une acception singulière à l'idée du *juste* et une conception du *bien* reposant sur des réquisits irrécusables bien que difficilement conciliables avec les valeurs et principes organisant les théologies judaïque et chrétienne, l'idéal républicain et les principes démocratiques.

La "visé éthique"[76] nazie référait à une définition de la "vie bonne" ancrée dans une téléologie interne de la praxis rapportée à son efficacité et à son utilité pour la communauté SS : l'unité narrative de la vie s'ébauchait dans des pratiques et plans de vie dont l'individu ne pouvait qu'esquisser les contours ; les étalons d'excellence _« *règles de comparaison appliquées à des aboutissements différents, en fonction d'idéaux de perfection communs à une certaine collectivité d'exécutants et intériorisés par les maîtres et les virtuoses de la pratique considérée* »[77] _ structuraient les formes de l'estime de soi, de la volonté, de l'appréciation de l'action *juste* au regard de l'intérêt d'une minorité. Les conduites individuelles étaient subordonnées à une norme morale déclinant des impératifs catégoriques "contraignants" dans le sens où ils n'avaient pas pour vocation de guider, d'orienter l'action mais de la gouverner, de la soumettre à leur arbitrage : le *Mythe* SS opposait au désaveu, à la critique raisonnée, au doute une idéologie de la prédestination et un darwinisme social, une logique en actes, des *biens immanents* fondés à légitimer l'accomplissement du pire. La confiscation de l'ensemble des "*biens sociaux*" et le contrôle des procédures d'attribution par le champ politique redoublaient la croyance en l'absence d'alternatives possibles et en la nécessité de faire la démonstration de compétences excédant de loin ce qui est communément exigible dans un régime libéral.

Spécifier la nature de l'action en la résumant à l'expression de ses manifestations les plus visibles et significatives consiste à abstraire le sens visé par l'acteur de ses circonstances conjoncturelles d'explicitation : la *phronèsis* aristotélicienne oblige au dépassement heuristique de la rationalité instrumentale qui, d'une certaine manière, conduit le chercheur à épouser les vues d'une partie des contemporains de l'époque sans interroger les *plans de vie* auxquels les acteurs devaient se conformer au risque de *se* perdre. En accordant des prébendes à des individus ordinairement exclus des sphères de pouvoir tout en qualifiant les formes de l'appartenance communautaire par l'octroi de statuts fortement différenciés et hiérarchiquement ordonnés, le régime nazi démontrait sa volonté d'organiser les relations sociales non sur un rapport de causalité du type moyen/fin, mais sur la complexité d'une configuration les reliant à un "idéal" de société donné. La question n'était pas tant "comment", ni "pourquoi" mais "combien de temps nous sépare du moment de l'unité retrouvée ?". Poser après P.Ricœur la primauté de l'éthique sur la morale, de la visée sur la norme _« *Viser à la vie bonne avec et pour l'autre dans des institutions justes* »_ appelle une mise en perspective des fondements de l'action réciproque et du sens de l'amitié politique dans toute relation sociale ordinaire : on peut émettre l'hypothèse que les choix préférentiels initiant les pratiques suivaient les inclinations et commandements parcourant les discours, les textes de lois et les procédures réglementaires, organisant l'interdépendance institutionnelle et les modalités de l'immersion de l'individu dans les systèmes.

La sollicitude, la spontanéité bienveillante devaient être réfrénées, réprimées, délaissées au bénéfice de l'obéissance au devoir, d'une assignation à responsabilité[78] envers la communauté enjoignant de sacrifier le *besoin de l'autre* au *souci du Nous*, l'épiphanie d'un visage à la présomption de culpabilité. La *contrainte de réciprocité* forçait à l'exercice du jugement pratique afin de se protéger de l'autre, des passions qui l'animaient, des désirs qui suspendaient ses facultés d'appréciation : la défiance investissait des interactions sociales mettant en présence des systèmes psychiques fonctionnellement en situation de concurrence. L'amitié civique, comme « *vertu, excellence à l'œuvre dans des délibérations choisies et capable de s'élever au rang d'habitus, sans cesser de requérir un exercice effectif, sans quoi elle cesserait d'être une activité* »[79], ne fondait plus l'action dans le sens où elle ne pouvait être invoquée pour légitimer les comportements individuels et assurer l'unité narrative des épisodes résumant la contexture d'une vie. Le "sujet" politique nazi n'avait pas besoin d'amis, ni d'aimer l'*autre* dans l'intimité d'une vie partagée ; l'éthique de la mutualité et du vivre-ensemble devait se conformer aux liens de sociation institués, reconnus n'envisageant la survenance de sentiments et d'affects dérivés qu'au titre de corrélats de l'action. La collaboration entre corps constitués, les serments de fidélité au Führer, une obéissance de conviction tenaient lieu de prémisses de la socialité, de propositions ménageant des logiques d'action légitimant une hiérarchisation des cercles sociaux : de fait, la notion d'*égalité* n'avait de sens qu'au sein des sous-systèmes en présence _égalité juridique et biologique davantage qu'égalité citoyenne ou statutaire. Privés de tout espace de délibération et de discussion publique, les agents ne sont membres qu'en dernière instance d'une communauté politique : les modalités d'adhésion aux sphères administratives, corporatives et organisationnelles réclamaient de leur part une conscience aiguë, avisée de la présence dans la cité d'*ennemis* aux multiples visages, une confiance dans le Verbe, une foi résolue dans les fins dernières du régime. Les formes de l'appartenance étaient initiées par une amitié commune à tous (*koinophilês dianoia*) s'exprimant à travers des horizons d'action partagés refusant toute conciliation ou compromis à l'adresse de ceux qui en étaient exclus. « *Le terme de politique ne désigne pas un domaine d'activité propre, mais seulement le* degré d'intensité d'une association ou d'une dissociation *d'êtres humains dont les motivations peuvent être d'ordre religieux, national (au sens ethnique ou culturel), économique ou autre* »[80] ; le nazisme repense la nature du lien social en déplaçant les frontières de la communauté, conçue en tant que forme de socialisation et *unité politique*. La *polis* désignait à la fois un espace d'auto-légitimation et un cadre d'instanciation de la citoyenneté fondée sur des conditions discriminantes et ségrégatives : face aux inspirations de C.Schmitt tendant à démontrer l'absence d'*ennemi* au sein d'une société civile dès lors que les conflits et différends opposant individus, groupes sociaux ou institutions trouvent une issue légale acceptée par chacune des parties _« *la tâche d'un*

Etat normal *est avant tout de réaliser une pacification complète à l'intérieur (...) et de créer de cette façon la situation* normale, *qui est la condition nécessaire pour que les normes du droit soient reconnues* »[81] _, le système politique nazi fermait le dêmos aux atteintes potentielles portées à son endroit par les formes sociales présentes dans le champ politique et disposant d'un *jus belli*[82]. Se conjuguant aux conflits d'Etat à Etat, l'inimitié politique entraînait une concentration du pouvoir et de la décision politique, un renforcement des instances décisionnelles ; l'absence d'un espace libre de discussion empêchait la polarisation de débats autour d'idées-forces concurrentielles défendues par des unités et sous-unités politiques différenciées. Des lignes de brisure apparaissaient, rendant flous les critères de distinction communément admis pour discerner les entités collectives : la confrontation changeait de forme, les intérêts et les aspirations individuelles n'étaient plus nécessairement pris en charge, les solutions possibles aux problèmes structurels restaient en suspens. Le politique[83] et la sphère économique enserraient les autres systèmes fonctionnels et organisaient le quotidien des groupes sociaux et des individus ; l'absence de contre-pouvoirs et d'oppositions était supposée délier la communauté des effets du hasard, de la contingence historique, des « *correspondances homologuées dans la production propre des systèmes et sous-systèmes* »[84], incitant par là même ses membres à ne pas user de procédés de dérivation de nature à les éloigner des activités relevant proprement du politique. L'ordre des rapports était d'hostilité, si ce n'est d'indifférence : la *prudence*, commandant de rechercher les moyens les plus adéquats en vue de la réalisation d'une fin préalablement posée, tenant compte des conditions équivoques et circonstances socio-historiques particulières, imposait une confiance totale ou à l'inverse l'exclusion de l'autre hors de la sphère privée, l'observance de conduites normalisées, prévisibles, formatées donnant les apparences de la conformité et de la transparence aux actions réciproques ordinaires.

Le nazisme instruisait une pratique de *la* politique prêtant une fonction purement instrumentale à la décision, référant non pas à une vertu morale, une conception moyenne du bien, à une droiture de l'intention ou à un sens du discernement spécifiques[85] mais à l'*utile*, en tant qu'elle sert les intérêts du pouvoir. Il s'évertuait à infléchir les processus de socialisation croissante de l'Etat et de politisation de la société en éloignant les individus des centres de décision, en créant un vide irréductible entre les gouvernants et leurs administrés, rappelant ceux-ci à leur obligation de réserve et aux devoirs induits du fait de leur adhésion au dogme. L'impossibilité ou la difficulté de la prise de décision politique propre à tout régime parlementaire républicain, défini par « *la transformation de l'ensemble des relations sociales dans le sens d'un renforcement des dépendances et des contrôles réciproques et multipolaires* »[86], trouvait de multiples voies résolutoires dans une topique nazie interrogeant sans discontinuer le degré d'engagement, l'intensité des sentiments et guettant les signes de ce dessaisissement partiel de soi. Si la socialisation était bien conçue comme un processus dual associant une volonté de conformation aux valeurs d'un groupe de référence et l'adoption intentionnelle de conduites et d'attitudes voués à la maximisation des potentialités actorielles, la formalisation des systèmes ne procédait pas des seuls systèmes d'action et observations mais de règles autoritairement édictées institutionnalisant des relations d'autorité, de pouvoir et de domination inédites. L'hypothèse d'une occurrence de comportements normés répondant aux attentes d'un régime révélait une conception de la construction sociale de l'identité détachée de ses procédures courantes, conventuelles : l'*espérance* placée dans la remise en cause des réquisits idéologiques et des représentations sociales sur lesquels s'étaient établis les fondements de la vie en commun devait investir le jeu des interactions, le sens visé de l'activité sociale et sa signification pour les acteurs. L'"abstraction des rôles" (G.H. Mead), la genèse sociale des sentiments référaient à l'expression d'une *foi* inconditionnelle dans l'action politique visant à l'individuation et la légitimation de la communauté en tant que système : l'ambivalence des affiliations, l'ambiguïté des engagements, le risque de dissociation du Soi étaient en quelque sorte déniés, rapportés à l'inconsistance des liens interindividuels précédant l'avènement du nazisme. Les valeurs constituantes de la communauté nécessitaient un consensus, un plébiscite de tous les jours ; les conditions d'usage et de passation du serment passé avec le Führer prévalaient sur la fidélité à soi-même, aux préceptes éthiques fondant l'être-au-monde : au-delà du caractère incantatoire de discours doctrinaires et prosélytes, assénés comme autant de sentences impératives par l'entremise des médias mis à la disposition de la propagande, l'unicité de l'idéologie national-socialiste reposait sur le souci de placer l'individu au centre de la problématique théorique organisant les conditions phénoménologiques du rapport-au-monde de l'agent[87]. Apposant sur le « monde vécu » un univers signifiant et symbolique à haute valeur ajoutée, le nazisme inséminait des catégories mentales et schèmes objectivants de nature à suppléer certaines fonctions du « savoir de base » et à affirmer des rôles sociaux redéfinis. La socialité ainsi convoquée proposait des modèles de conduites, une proxémie définissant une distance à l'autre, l'expression sociale d'émotions normées, des lieux servant de cadre à la monstration de liens sociaux et d'une affectivité en relation de corrélation. La quotidienneté tendait à se ritualiser, à ménager des espaces de rencontres au cours desquels la confusion entre distance intime, distance personnelle et distance sociale révélait ses limites : l'immixtion du politique dans le cours des interactions ordinaires devait participer de l'esthétisation de relations de sociabilité désormais soumises à l'appréciation institutionnelle et traversées par des enjeux les excédant. Les *codes* permettant de juger de la typicalité d'une situation pour l'ensemble des interactants étaient faiblement différenciés tant les distinctions entre le proche et le lointain, le privé et le public perdaient de leur pertinence dans les modalités du rapport-à-l'autre et les configurations sociatives souhaitées par le régime. L'usage de catégorisations instillait une grammaire de l'action, ses règles sémantiques, une syntaxe plaçant le Verbe avant le sujet et ses objets ; la socialisation secondaire se destinant à « *l'intériorisation de sous-mondes institutionnels spécialisés (...)* [et à] *l'acquisition de savoirs spécifiques et de rôles directement ou indirectement enracinés dans la division du travail*»[88] était consécutive à un processus englobant et achevé, faisant de l'individu l'otage de prescriptions formelles, de directives et lois non écrites (*nomoi agraphoi*) le dissuadant de s'y dérober par des sanctions explicites (légales) et implicites (stigmatisation, mise au ban, rumeur). La réciprocité se muait en interdépendance, l'autocontrôle des émotions en violence nominative et graduelle : pris en charge par des institutions, rationnellement organisées et soucieuses de défendre leurs attributions respectives, l'agent devait certes adapter ses conduites, endosser des pratiques, user d'un langage dont il devait maîtriser les morphèmes lexicaux sans toutefois se méprendre sur les conséquences de ses choix. La conscience individuelle, définie en tant que système, devait être protégée des irritations intrasystémiques et découplages structurels susceptibles d'apparaître lors de confrontations mettant aux prises les agents, les institutions, les événements, les faits sociaux. En accédant aux désirs et en assouvissant la jouissance de quelques-uns, le nazisme sapait les fondements de l'éthique de responsabilité et concevait la socialisation comme incorporation d'habitus : dans une société rétribuant le mérite personnel au nom de l'intérêt pluriel du collectif, l'individu s'en remettait à l'autorité de la règle de droit prescrite et aux diatribes formulées par le Führer pour juger de la portée morale de ses agissements et de ceux d'autrui. Les valeurs communautaires brisaient la synchronie de comportements jusqu'alors placés sous les auspices de la mimèsis, de la spécularité, de "réponses" non aléatoires à la contingence des rencontres : dans cette mesure, la "solidarité" liant les êtres à l'intérieur de l'espace conflictuel se muait en un processus rompant avec les *échanges réparateurs_* décrits par Goffman _sensés rétablir les dissonances rituelles apparues dans l'interaction. L'individu-type du nazisme était gagné par des émotions qui ne lui laissent guère de répit, elles l'investissaient, lui dictaient ses orientations de comportement en fonction d'une symbolique sociale dont il ne pouvait espérer infléchir significativement le cours. « *Elles ne puisent pas dans une physiologie indifférente aux circonstances culturelles ou sociales, ce n'est pas la nature de l'homme qui parle en elle, mais ses conditions sociales d'existence. Elles s'inscrivent plutôt au sein d'un tissu de significations et d'attitudes qui imprègne simultanément les manières de la dire et de la mettre physiquement en jeu. Elles sont donc des émanations sociales rattachées à des circonstances morales, et à la sensibilité particulière de l'individu, elles ne sont pas spontanées, mais rituellement organisées, reconnues en soi et signifiées aux autres, elles mobilisent un vocabulaire, des discours* »[89]. La composition offerte au regard se conformait aux attentes de la foule en se manifestant à travers une gestuelle, un répertoire de sentiments et d'émotions fonctionnellement organisés en vue de laisser transparaître une sincérité, une apparence affectuelle en adéquation avec les modes d'affiliation communautaire : « *Donnez les spectateurs en spectacle ; rendez-les acteurs eux-mêmes ; faites que chacun se voie et s'aime dans les autres afin que tous en soient mieux unis* »[90]. L'*ethos*[91] nazi régissait la normalité et la pathologie des démonstrations affectives : l'entrelacement de sens et de valeurs intelligibles et référentiels conférait une résonance particulière au débat intime qui s'engageait, donnant une coloration toute particulière aux sentiments devant être mis en scène. Le souci de présenter une image de soi, une contenance appropriée découlait d'une démarche raisonnée au cours de laquelle une identité de circonstance émergeait, s'imposait d'elle-même : seules les populations mises à l'index, stigmatisées et progressivement exclues de certains systèmes et réseaux ne pouvaient se mêler à ce jeu de dupes et de faux-semblants où se décidaient les destinées individuelles. La foule fanatisée était témoin de sa propre destitution en tant que totalité collective ; son unanimité circonstanciée n'exprimait rien de moins qu'une démission du jugement, le renoncement à l'exercice de facultés délibératives visant à estimer la conformité d'une politique rapportée aux référents éthiques individuels. La cérémonie nazie était une "fête triste" tournant le dos au temps des célébrations républicaines, révolutionnaires ou de libération carnavalesque, parodie des travers et excès d'une société singeant un renversement des valeurs pour mieux s'en réapproprier les codes et les usages : elle désamorçait d'autant moins les tensions et violences diffuses qu'elle cherchait à les exacerber tout en en contrôlant les manifestations contre-productives. Aucune limite n'était fixée aux débordements langagiers, à l'outrance des invectives et aux formes de la répression prodiguée ; la dramaturgie des rites illustrait « *l'invention dramatique immanente* [à un] *corps social*»[92] en quête de modèles devançant leurs espérances : dans la lignée des intuitions de J.-J. Rousseau décriant les *aspects* de l'art dramatique comme « *corrupteurs du peuple, ou de quiconque, se laissant amuser par leurs images, n'est pas capable de les considérer sous leur vrai point de vue, ni de donner à ces fables le correctif dont elles ont besoin* »[93], la séduction finissait par se muer en fascination et la soumission en réflexivité. Les agents se trouvaient face à un dilemme _concilier sentiment *et* devoir_ dont il leur fallait s'accommoder pour honorer leurs obligations envers le régime : la division identitaire s'affrontait à l'unicité du moi exigée du pouvoir dans des discours-programmes spécifiant les voies de désignation et d'éradication de l'*ennemi*. Le débat de conscience était dès lors inévitable : seules les absences conjuguées de scrupules, des sentiments de gêne, de culpabilité ou de compassion, l'inhibition de la tempérance et de la mesure, l'immodération des passions ou l'incontinence des instincts pouvaient satisfaire aux réquisits posés par le discours. Dans le même temps, l'individu devait exprimer leurs envers respectifs lorsqu'il se présentait face à ses pairs au sein des instances professionnelles, corporatistes, politiques, associatives ou familiales. User de notions psychanalytiques ou de sens commun _schizophrénie, *dédoublement de personnalité, ruse de la raison*_ offre quelque avantage auquel ne peuvent prétendre certaines catégories conceptuelles moins usuelles et plus complexes issues des sciences humaines et sociales : ils permettent de prendre la mesure de l'habileté nécessaire, des aptitudes requises en vue de déjouer l'arbitraire du "jugement" condamnant ou récompensant l'image de soi renvoyée aux autres lors des actions réciproques. La singularité de la dictature hitlérienne consiste dans la légitimité acquise dans l'opinion populaire _et dans les formes d'obéissance_ d'un système de lois statuant sur la gravité de faits ou de comportements généralement considérés comme anodins dans d'autres régimes politiques et appliquant des sanctions totalement disproportionnées. L'amplitude et les conséquences liées faisaient de tout individu un justiciable en puissance, nonobstant les motifs invoqués. La judiciarisation de la vie publique ne le protégeait pas contre lui-même précisément du fait qu'il avait accepté de servir sous serment la cause de la *Volksgemeinschaft* : les règles étant fixées *ex cathedra*, chacun des pairs détenait le pouvoir d'apprécier la conformité d'un acte et d'en dénoncer le ou les auteurs en toute connaissance des effets induits.

Gageure de l'idéologie nazie que de vouloir "convaincre" des individus de l'importance 1) d'une *observation panoptique* à des fins essentiellement punitives, 2) du décèlement de la *déviance* de conduites en vertu de considérations dictées par des textes de lois arbitraires, 3) de l'*obligation* d'une mise en scène des émotions, 4) de la *dépense de sacrifice* à laquelle il leur faudra consentir. Le consentement aux règles normatives, la participation aux rituels sociaux, la motion de défiance à l'égard d'autrui voisinaient puis se confondaient par nécessité sans réconcilier pour autant la conscience individuelle avec certains des choix opérés, fussent-ils motivés. Les hyperboles communautariennes, organiques émaillaient les liturgies politiques au cours desquelles étaient investies et confirmées les hiérarchies constitutives de la société : l'épanchement des émotions lors de réunions publiques était d'autant plus prononcé qu'elles instituaient un espace (réglementé) unique de libération de sentiments concurremment ambivalents et complémentaires. *Société visuelle* (Duvignaud), elle suscitait le regard, éduquait les sentiments, instruisait les conduites : l'*autre* était de fait un archétype, un "rôle" interprété et restitué avec la conviction qui sied à ceux pour qui la peur devient une seconde nature. Que pouvait bien percevoir un agent jetant un regard circulaire sur son environnement et tentant d'apprécier la trame de l'événement, les motivations différenciées des acteurs ? Des marionnettes, des figures, des typifications ou à l'inverse des manifestations de transgression, de rébellion à l'ordre établi ? ; pouvait-il trancher parmi la coloration des sentiments et décider d'une attitude à adopter, de pratiques à privilégier ? La suspicion se nourrissait-elle de "signes" objectivement étayés, corroborés par un faisceau d'éléments à décharge ou ne se fondait-elle que sur des impressions diffuses, des préjugés réducteurs, un calcul d'intérêt ? Les interrogations soulevées, générées par les perturbations intrasystémiques du champ politique, touchaient au sens à donner à l'action, aux valeurs à défendre, aux idées à combattre ; elles se formalisaient dans les menus "détails" de la quotidienneté, dans les ratés de la communication, la transparence des affects, le masque d'un visage. L'ébauche ou l'affirmation de marques d'incivilité et de désobéissance manifestaient une forme de résistance à la suprématie et à l'indifférence des systèmes, une adaptation à leurs effets d'imposition : elles étaient la marque d'une éthique personnelle inconciliable avec les référents idéologiques nazis ou décrivaient plus prosaïquement la prééminence de mobiles égoïstes sur les intérêts communautaires. La réflexivité, la réactivité, l'intentionnalité, le jugement, la critique en tant que catégories d'intellection se redéployaient à l'intérieur du social et réhabilitaient l'agent dans ses prérogatives actorielles.

2.5. La norme juridique comme vecteur d'une identité plurielle.

2.5.1. Coopérer au risque d'un consentement sur les fins.

Le sentiment d'appartenance à un ensemble social résulte à la fois d'une identité d'intérêts, d'expectations, de motivations ou de besoins, trouvant dans la trame de la sociabilité ordinaire un espace d'émergence, et d'une certaine idée du vivre-ensemble posant la primauté de l'unicité du Tout sur la diversité des parties. « *De même qu'il y a plusieurs cavernes mais seulement un seul soleil, de même la communauté politique est particulière et pluraliste en caractère, là où la connaissance philosophique est universelle et singulière* »[94]. L'esprit *völkisch* soufflant sur la quotidienneté des individus traduisait un renversement de perspectives soumettant le politique aux injonctions de l'ethnicité, du racisme d'Etat et du primat communautaire en tant que principe d'existence. La concorde civile ne fondait plus les pratiques institutionnelles, ni l'esprit des lois ; les relations interpersonnelles faisaient l'objet d'observations et de communications spécifiques dans des champs organisant les procédures visant à déceler en leur sein les manifestations jugées déviantes. La *polis* idéale présentée dans les discours doctrinaires était structurellement hiérarchisée selon des métaprincipes idéologiques et systèmes de domination irrationnelle divisant le social en couches autonomes voisinant sans jamais se confondre. Les étapes successives de l'existence, l'adhésion aux groupements sociaux, politiques et institutionnels, les rites d'intronisation et de cooptation dépendaient étroitement de la "naissance", du mérite et de l'intérêt (« *nous décidons qui est juif et qui ne l'est pas* » Goebbels) : l'enfance en tant que catégorie conceptuelle, les institutions de jeunesse, la "conscription" et la nomination dans les plus hautes instances de l'Etat (*Wehrmacht* et *SS*), le mythe du "travail créateur et ennoblissant", l'*Arbeitgemeinschaft*, la formation d'une *Volks- und Leistungsgemeinschaft*, le culte sacrificiel, les serments de fidélité au Führer ponctuaient la vie d'un individu, imprégnaient et influençaient son rapport-au-monde, son sens des valeurs, son appréhension de l'autre. Les devoirs envers la communauté reposaient sur une économie des *biens sociaux* obéissant à des modalités de répartition différenciée, qui, contrairement à ce qui se déroule dans un régime démocratique, n'était en rien relative à une conception de la *valeur* partagée par l'ensemble des acteurs : la justice distributive, bien que soumise à certaines considérations universelles, supposait l'explicitation de normes procédurales réglementant leur attribution et les circonstances de leur passation d'un individu à un autre.

« *Les hommes et les femmes acquièrent une identité concrète en vertu de leur façon de concevoir et de créer, puis possèdent et utilisent les biens sociaux. (...) Il n'y a pas d'ensemble unique de biens primaires ou de base qui transcende les mondes moraux ou matériels (...) ; c'est la signification des biens qui détermine leur mouvement. Les critères et les dispositifs de répartition ne sont pas intrinsèques au bien-en-soi mais au bien social* »[95]. Dans un régime démocratique, la notion d'égalité complexe pose l'autonomie des sphères distributives au sein desquelles les biens sociaux (matériels, symboliques, affectuels[96]) peuvent être monopolisés par un groupe d'individus au cours d'échanges licites ; l'injustice naît à l'endroit d'une défiance à l'égard de mécanismes régulant ces échanges introduisant selon M.Walzer des disparités dans la répartition : « Aucun bien social x ne doit être réparti entre des hommes et des femmes qui possèdent un autre bien y du simple fait qu'ils possèdent y et sans tenir compte de la signification de x »[97]. Un individu ne doit retirer aucun avantage de sa position dans une sphère donnée ou de la possession d'un bien particulier susceptibles de lui conférer un surcroît de légitimité dans une autre : le principe de différenciation de biens cessibles par le don, le contre-don ou l'achat est attesté par l'Etat, dans son rôle de garant de l'imperméabilité des différentes sphères, et d'instance de légitimation du droit. Le pluralisme des valeurs et des biens sociaux, l'égalité des chances d'accès aux systèmes, au moins en tant que plausibilité théorique, protègent des velléités hégémoniques et tyranniques d'individus ou de groupes sociaux ; les communautés constituent un espace de délibération des besoins, non de détermination du juste. La satisfaction d'un désir n'est moralement admissible que dans l'hypothèse où un large consensus des opinions se dégage des discussions publiques : un accord sur les fins s'avère nécessaire afin que puisse se définir une répartition des biens « *fidèle aux compréhensions partagées de ses membres* »[98].

Le nazisme opposait au processus d'autodétermination politique d'un peuple la préséance d'une volonté anhistorique, rationaliste exprimée par une élite politique : la convergence des faits, des imaginaires sociaux, des conflits et des formes de négociation en un point ultime _la "fin de l'Histoire"_ consacrait la plénitude institutionnelle d'un régime, l'indivision de la communauté, l'adhésion contrainte à des schèmes d'action. L'unicité dogmatique de l'idéologie défendait une acception proche du républicanisme civique dans son injonction en responsabilité et en devoirs envers la chose publique par le biais d'un activisme politique à la fois participatif et éthique. Aucun des groupes sociaux constituant la communauté politique ne se composait à proprement parler de citoyens, d'agents détenant le pouvoir d'arbitrer entre différents projets et de fonder le sens de leur appartenance : le juste prévalait alors sur le bien, la coexistence sur la coopération mutuelle. « *Les devoirs et les droits d'un Etat ne sont rien de plus que les devoirs et les droits des individus qui le constituent* »[99] : « *les droits des Etats reposent sur le consentement de leurs citoyens. (...) La stature morale d'un Etat dépend de deux facteurs : quelle est la vie en commun qu'il protège ? Et dans quelle mesure les sacrifices qu'exige cette protection sont-ils volontairement acceptés et jugés légitimes ?* »[100]. De quel fonds le nazisme puisait-il son autorité, en tant que doctrine organisant la mondanéité des individus et les conditions de leur vivre-ensemble ? Souhaitant nous placer dans une approche en marge des analyses de I.Kershaw, il nous semble judicieux d'interroger par des voies détournées les pratiques, le rapport aux valeurs ou les représentations des acteurs à travers la notion du juste imposée par l'Etat, défendue par l'ensemble des institutions et naturalisée dans les discours de propagande.

Le pluralisme des biens sociaux procède, dans une société ouverte aux débats et à la résolution négociée des conflits, de principes moraux s'énonçant dans des règles coutumières et normatives, des proverbes et maximes[101], des conventions, des usages se substituant en quelque sorte à la recherche d'un consensus réel sur les fins de l'action collective : l'assentiment aux valeurs fondant l'idéal communautaire relève davantage de l'absence de contestation des formes sociales par les acteurs (*individus*, au sens simmélien du terme, et institutions) que d'une délibération effective, par nature aléatoire et indécise.

La raison communicationnelle de J.Habermas relie le sens (*Bedeutung*) et la validité (*Geltung*) : la compréhension d'une proposition postule non seulement l'entente des interactants sur ses conditions de validité, mais induit le recours à un idéal régulateur, permettant à chacun « *d'adopter une posture évaluative en mesurant l'écart qui sépare les communications concrètes de l'idéal vers lequel elles tendent* »[102]. Les accords s'énoncent à l'aune d'une perspective critique mettant en demeure les discours politiques d'"expliquer" les choix opérés afin que les pratiques adoptées puissent être invoquées comme allant de soi et trouvent une légitimité dans le sens commun. Le programme national-socialiste opposait aux réquisits d'une morale minimale issue de la tradition, entrant en résonance avec les écueils de la socialité, la prééminence de différentes sphères d'appartenance dont les conditions d'admission et d'exclusion étaient régies par des règles strictes et autoréférentielles, bien que pour la plupart non formalisées. L'impossibilité de quitter un cercle social sans mettre en cause l'allocation de la motion identitaire induite semblait une réponse possible aux dérives dissociatives et ségrégatives libérant les agents de leurs obligations envers la communauté politique ; face à la mobilité "sociative" autorisant un individu à se désolidariser des groupes et associations auxquels il a adhéré, le nazisme instaurait des contraintes d'affiliation mésestimant l'importance du procès de différenciation à l'œuvre au sein d'une société complexe. Il surimposait aux idiomes épousant la sensibilité d'un peuple un système fonctionnellement organisé posant l'équivalence entre une conception abstraite, universelle de la justice et les considérations subjectives qui lui sont attenantes : la confusion entre normes et valeurs, la congruence entre communauté légale et morale (simple postulat dans la problématique de M.Walzer), l'imposition de desseins de vie partagés étaient supposées ôter toute légitimité aux formes de contestation ou de dissensus susceptibles d'émerger des confins du social.

Dans la thèse soutenue par M. Walzer selon laquelle « *des idées morales s'incarnant dans des pratiques sociales* [*s'avèrent*] *parfaitement compatibles avec le fait que certaines de ces idées soient d'ordre philosophique* »[103] affleure une difficulté d'ordre logique que ne parvient pas davantage à résoudre une proposition antithétique du type _« *une société donnée est juste si sa vie substantielle est vécue d'une certaine manière, c'est-à-dire d'une manière qui soit fidèle aux compréhensions particulières de ses membres* »[104] ; le consentement sur les fins de l'action collective et les préceptes éthiques qui les sous-tendent suppose en effet que la multiplicité des points de vue et la variété des interprétations ne constituent pas un obstacle infranchissable à son instauration. Le rendement marginal d'axiomes idéologiques ayant tendance à décroître significativement dès l'instant où ils s'affrontent à une réalité par trop prosaïque, la permanence d'un régime ne saurait relever que d'un dépassement du paradigme initial : face à une unanimité ontologiquement appelée à se dérober, le politique trouve dans une théorie abstraite de la justice le cadre fonctionnel capable d'assumer et de régler les conflits d'opinion. La plausibilité d'une prise de contrôle de certains systèmes par le biais d'une procédure d'affectation de *biens sociaux* dans des sphères qui ne sont pas à l'origine destinées à les accueillir doit être posée au titre d'hypothèse (octroi de prérogatives, de pouvoirs discrétionnaires à des individus occupant une fonction, une position statutaire, un "état" ou une situation donnée ne *requérant* pas ordinairement l'exercice de telles attributions). L'interdépendance institutionnelle initiale, si elle contraste singulièrement avec l'autonomisation croissante observable des diverses sphères, cercles et systèmes, visait à l'instauration et au maintien de nouvelles configurations sociales capables d'asseoir la légitimité d'un régime via l'autorité d'un homme. Le mode de gouvernement des affaires de la cité tentait de contrôler les mécanismes distributifs, modifiait les significations sociales attachées aux sphères de justice en en dénaturant l'objet et les principes formels : les conduites, sous peine d'être assimilées à des formes investies de déviance ou d'opposition, devaient se plier aux injonctions de nouvelles objectivations, à la mise en adéquation de valeurs métasociatives porteuses de sens avec une "réalité" politique en mutation, suscitant par là même des schèmes d'action et des échanges symboliques et matériels déstructurant les formes de solidarité consacrées. La pertinence des enjeux échappait dans une large mesure à la compréhension raisonnée des acteurs sociaux distants des diverses instances décisionnelles : la teneur et la cohérence des propositions trouvaient un cadre d'expression, à défaut de traduire une demande culturelle effective, dans la volonté "politique" de déplacer les frontières entre le privé et le public. Les manifestations d'ingérence, d'intrusion dans la sphère privative du sujet introduisaient de nouvelles procédures d'appréciation d'individu à individu, fondées contradictoirement à la fois sur la réputation, la dépersonnalisation des relations, la défiance et un esprit de confraternité biologique, ethnique et idéologique. La complexification croissante des modalités de fonctionnement des institutions, l'enchevêtrement de logiques systémiques et d'action individuelles, les empiétements du pouvoir dans l'ensemble des secteurs de la vie publique, la subordination des différents champs à la prééminence d'une Idée conditionnaient les lignes de partage entre dedans et dehors, proche et lointain. En cherchant à redéfinir les conditions fondant la dissymétrie entre sphères privé/public, le nazisme défaisait la trame des identités dans un jeu spéculaire fait de faux-semblants, d'approximations et de tâtonnements supposé aboutir à l'expression d'une bienveillance envers le Parti, une obéissance inconditionnelle et un unanimisme idéologique là où les formes de la confiance semblaient devoir se contredire. Se défier tout en donnant le sentiment de se conformer aux règles instruites, prendre la mesure des risques encourus, mettre autrui à une distance jugée "raisonnable", se soustraire autant que faire se pouvait aux contraintes de situation, se mêler au jeu de rôles orchestré par le pouvoir et procédant des échanges communicationnels imposés par les systèmes en présence : autant de positions et dispositions "liant" l'individu à un environnement instable, agrégeant actions privées et activités publiques. La déprise relative de certains systèmes vis-à-vis des événements éclaire l'importance prise par les volontés et motivations individuelles exprimées dans des pratiques discursives et actancielles au cœur même des sphères institutionnelles : elle semble dans le même temps contredire l'idée développée par Luhmann, sans pour autant parvenir à totalement l'infirmer, selon laquelle la validité de principes de justice ne dérive pas d'une normativité éthique référentielle et historicisée[105]. Ainsi les représentations sociales afférentes au fait juridique ne découleraient pas de processus d'instanciation régis par une conception partagée de la vie en commun mais de l'observation et de la description du système juridique par lui-même. Thèse difficilement soutenable du fait de l'emprise d'une idéologie organisant les rapports sociaux en s'immisçant dans des relations formelles mettant en présence des unités socio-politiques se liant et se déliant au gré des contraintes d'appartenance et des glissements de sens de l'action collective. « (...) dans les sociétés basées sur le rôle-guide des plus forts, la partie individuelle, égoïste et transgressive de notre identité prévaut sur la partie sociale, collaborative et respectueuse des règles communes. (...) La réalité de la compétition sans scrupules alimente, avec ses déséquilibres, notre monde des symboles (notre mentalité), qui à son tour justifie et consolide les déséquilibres de la réalité, dans un cercle vicieux qui produit et justifie l'exclusion »[106]. Les distinctions, le respect des écarts hiérarchiques entre les différents groupements sociaux, les inégalités de condition, de visibilité, de perspective statutaire avalisaient l'ordonnancement des différents cercles sociaux, l'enchâssement[107] des formes de socialisation, et condamnaient les attentes normatives réelles ou suggérées des individus à être prises en charge par des institutions et résolues par des procédures impersonnelles. Les rôles sociaux endossables étaient en définitive en nombre restreint et laissaient peu de place à l'expression d'interprétations en marge des conventions ; l'observation et le contrôle des informations transitant et s'élaborant lors des actions réciproques pérennisaient la structure *métasociative*[108] déclinée dans les discours de propagande.

2.5.2. La judiciarisation de la vie publique.

La confusion des sentiments s'emparant d'individus en demeure de nouer des liens les prédisposant à observer certaines attitudes et à se conduire de manière déterminée était consécutive pour partie à l'autolégitimation d'un système juridique organisant le vivre-ensemble. La place prééminente allouée à la famille, aux valeurs du mariage et de la naissance, à l'éducation voisinait avec les vertus de *compétence*, de *mérite*, de *courage*, d'*obéissance*, de *foi* requises dans l'exercice des tâches bureaucratiques et exigibles quelle que soit la nature de l'action réciproque en cours. Le maintien de la normativité de la règle de droit, la mise en place d'un formalisme et d'un légalisme éthique « *selon lesquels est juste ce qui est conforme au droit positif, de telle sorte que le droit positif mérite d'être obéi, quel que soit son contenu* »[109], l'autonomie du langage prescriptif _ne transmettant des *informations* sur le système juridique que dans la mesure où elles permettent d'influer de manière significative et d'induire un certain type de comportement de la part d'autrui_ organisaient les conditions de mise à l'index de certains groupes sociaux. Les fondements du droit nazi ne relevaient ni de la tradition juridique ou de la coutume, mais étaient bien davantage l'émanation de la volonté d'un *législateur*, secondé tantôt avec zèle, tantôt avec neutralité par les détenteurs du savoir juridique (constitutionnalistes, juristes et juges demeurés en poste). Ils référaient à une conception proche, dans ses modalités d'énonciation, du droit naturel (*cognitivisme éthique* ou *jusnaturalisme*) tout en s'en distanciant dans ses critères d'applicabilité formelle et ses méthodes résolutoires : le principe d'imputation empruntait aux sources d'une double filiation, nécessitant par là même de trouver une légitimité aux assertions idéologiques, un contenu normatif extra-légal.

La réification de valeurs par le sous-système politique n'accompagnait plus l'accroissement de complexité de la société et contrariait le procès de *positivisation* du droit en privilégiant un fondement de la loi extérieur au système juridique : le nazisme invoquait des valeurs stabilisées_ *vérité, loi d'évolution, essence* _trouvant une justification dans leur indexation à des droits jugés fondamentaux par la communauté restreinte (individus appartenant aux sphères de l'autorité, de l'administration, des institutions ; représentants de l'aryanité). Il réfutait la *contradiction* en tant que vecteur de complexité et de différenciation interne des systèmes par le biais de la *diffamation*, mettant en cause des personnes et avec elles les systèmes de représentations, les pratiques, les référents culturels dont elles étaient porteuses ou auxquels elles étaient associées. En faisant dépendre l'acte d'accusation de motifs consacrant l'invalidation des garanties de protection du justiciable face aux abus de pouvoir, il fragilisait paradoxalement les diverses instances juridictionnelles en suscitant des rivalités de compétence, des compromissions, une subordination aux intérieurs supérieurs de l'Etat : en les confirmant dans leurs prérogatives coutumières de dire le droit mais aussi concurremment d'attester le vrai, le champ politique déléguait ce qui aurait dû relever de ses attributions et être laissé à sa seule discrétion. Le politique introduisait le désordre intrasystémique en cherchant à anticiper, suspendre et solutionner les conflits relevant d'une problématisation différente, obéissant à d'autres procédures de résolution ; il condamnait les sous-systèmes du droit à trouver dans leurs propres modalités d'organisation les voies de leur autonomisation tout en maintenant un flux de communications, des échanges informationnels de nature à leur permettre d'assurer leur rôle. L'indifférenciation visant à l'abaissement du niveau de complexité était entravée par les procédures de contrôle utilisées par la sphère politique pour en corriger les effets indésirables. « *Directives, procédures et cérémoniels, s'ils continuent à être appliqués au pied de la lettre, ne le sont que parce que leur sens et leur intention ont été profondément infléchis. C'est là que les points de vue principiellement directeurs (buts de l'organisation, programmes d'exécution...) doivent être déplacés, que les valeurs orientant le système doivent être remodelées, les intentions déclarées démythisées et que l'agencement des moyens et des fins est bouleversé. Un comportement littéralement correct et exclusivement formel paralyserait complètement le système* »[110]. L'adaptation du système juridique à son environnement induisait de la part des personnels en charge d'en assumer le bon fonctionnement une capacité d'*abstraction* conforme aux conditions de généralisation systémique et de *relativisation* entendue comme faculté de différencier le *moi* de la fonction assignée dans l'interaction formelle. Autrement dit, les dysfonctionnements introduits dans le champ juridique par des schèmes et valeurs idéologiques contraires à "l'esprit" des institutions sous Weimar résultaient précisément de la difficulté de conformer les conduites à un sens du devoir inadaptés à de telles sphères. L'apparition de *cas de conscience*, de modulations de l'être et du paraître mettant en évidence toute l'ambiguïté des engagements, l'*identification* aux rôles ou aux fonctions (proche de la mauvaise foi sartrienne) empêchaient du fait de leur spécificité que les acteurs pussent développer les formes de la *confiance* nécessaires à l'institutionnalisation de conduites affectivement neutres. La dissolution de la substance proprement juridique des règles, l'intrusion de normes définies dans l'environnement du sous-système détournaient le champ juridique de sa finalité. Les interactions qui y prenaient naissance, l'inadéquation des expectations aux énoncés sémantiques de la sphère politique visant à lui soumettre ses exigences propres, l'impossibilité de pouvoir y exprimer des sentiments allant à l'encontre des règlements prescrits ou implicites dénaturaient les informations qui en émanaient, entravaient les communications sensées se diffuser à l'intérieur comme à l'extérieur de la sphère du droit. Invoquer un *ethos bureaucratique* permet de saisir une forme d'"indifférence aux choses" _bien qu'elle soit difficilement soutenable en pareille hypothèse_, les logiques sous-jacentes de certains choix opérés, empreints de mépris, de calcul ou d'ignorance, et, dans le même temps, une possible inclination à surestimer son propre rôle dans la permanence des institutions (au risque de passer sous silence les délicats accommodements avec la morale personnelle, la *schizophrénie fonctionnelle* en tant que *moyen*, non *effet* d'une configuration particulière s'instaurant en vue de la préservation de sa position dans l'organisation). Aucune instruction de quelque nature qu'elle fût ne devait revêtir les accents de la confusion, d'une prise de possession d'une aire de pouvoir donnée à des fins personnelles, de l'excès d'affectivité ou d'une violence non contenue pouvant remettre en cause la stabilisation émotionnelle imposée par l'arbitraire politique. La répression des émotions passait par l'adoption de schématismes et stéréotypes affectuels ; de fait, le risque, l'*insécurité* consubstantiels à toute action réciproque étaient partiellement conjurés dans un vaste processus d'euphémisation des comportements, des actes de langage, des prises de position, des modes de présentation de soi. Ces "attitudes" et "postures" entérinaient la subordination des systèmes d'actions, de l'agir singulier au système politique : la rigidité requise des réactions émotionnelles, l'absence de protection contre les atteintes portées à la sphère privative, une mise en scène de soi marquée du sceau de l'insincérité, la prévisibilité relative des interactions, enfin la restriction de mobilité des agents facilitaient l'émergence d'un assentiment communautaire factice, d'une illusoire concordance entre expectations et conduites, projets de vie et virtualisation des rôles sociaux de l'individu. "Consensus" fédérant les volontés, accréditant la conception d'un Etat détenteur d'une vérité ultime à laquelle devaient aspirer ceux que la génétique entourait de ses faveurs : le rapport-à-l'autre institué signait la cristallisation de profils d'action confinant les rationalités spécifiques des acteurs à n'exprimer au cœur de l'interaction que ce qui était éminemment admis par le système politique. La différenciation fonctionnelle de l'ordre social était placée, du moins dans les discours programmatiques, sous tutelle d'un Etat ménageant des occurrences de rencontres limitées, peu favorables au déploiement de relations de confiance hors de son contrôle. L'apaisement des tensions passait par la mise en place de *règles* coercitives, dont l'efficacité reposait sur la pleine participation des agents à une *surveillance réciproque* (ce qui les distingue structurellement des *décisions générales*, obligeant l'ensemble de la collectivité, émises par l'administration publique dans nos systèmes politiques) visant non à une pacification des mœurs mais à une suppression pure et simple de la contradiction, autrement dit, du débat public. La bureaucratie ne servait pas les intérêts des administrés _bien que cherchant à institutionnaliser des valeurs communes_ et n'était en phase avec son environnement que dans la mesure où celui-ci en épousait les valeurs, les desseins et les priorités. La doctrine nazie propageait des idées, des représentations appelées à circonvenir puis à régir l'activité, les procédures, les modalités des rapports individus/institutions ; la surdétermination des programmes consolidait la dépendance des subsystèmes (droit, économie, systèmes psychiques)[111] en y introduisant des mesures contraignantes perturbant les relations interindividuelles, parasitant les communications, sécrétant en définitive les conditions d'une résistance ambivalente au changement comme à la pérennité des propriétés formelles des organisations.

Le conformisme des conduites allant d'une obéissance inconditionnelle à une distance au rôle constituait un prérequis essentiel à la coordination des différents services et à la régulation des rares expectations politiques : l'administration du IIIème Reich ne pouvait associer une tentative de réduction de la complexité externe et dans le même temps parvenir à contenir les effets dérivés des contraintes qu'elle imposait à ses membres sans imposer une fidélité absolue, une confusion des rôles liée à l'abaissement de la frontière privé/public, une forme de démission volontaire du *moi* face aux injonctions du *Nous*. Les irritations systémiques relevées dans les analyses de l'historiographie contemporaine étaient-elles consécutives à la mise en place d'une stratégie de différenciation interne inadaptée aux exigences d'une situation en évolution constante ou reflétaient-elles une fin de non-recevoir des volontés individuelles en butte à une logique de système difficile à décrypter ? Là où Weber notifie un renversement de la rationalisation formelle en réification (*Versachlichung*)_ « *Lorsque l'ascétisme se trouva transféré de la cellule des moines dans la vie professionnelle et qu'il commença à dominer la moralité séculière, ce fut pour participer à l'édification du cosmos prodigieux de l'ordre économique moderne (...) qui détermine avec une force irrésistible, le style de vie de l'ensemble des individus nés dans ce mécanisme_ et pas seulement de ceux que concerne directement l'acquisition économique. (...) Nul ne sait encore, qui, à l'avenir, habitera la cage, ni si à la fin de ce processus gigantesque, apparaîtront des prophètes entièrement nouveaux, ou bien une puissante renaissance de la pensée et des idéaux anciens, ou encore_ au cas où rien de cela n'arriverait _une pétrification mécanique, agrémentée d'une sorte de vanité compulsive* »[112] _entraînant une autonomisation des systèmes formellement rationnels et une perte de liberté pour les agents sociaux, Luhmann oppose une rationalité systémique rapportant la permanence des organisations à la fois au processus de *formalisation* et aux conséquences dysfonctionnelles de toute *performance*. La domination légitime naissait au cœur d'institutions rendues hermétiques aux demandes émanant des différentes composantes de la société : une confiance irrésolue empêchant l'acceptation spontanée des décisions étatiques nécessitait l'institution de pratiques de coercition ôtant tout son sens à une participation citoyenne aux affaires publiques. Les principaux systèmes augmentaient leur complexité interne dans le but de répondre aux sollicitations de leur environnement ; la prise de pouvoir par les agents sociaux s'effectuait dans le cadre d'une procédure de délégation de prérogatives restreintes, limitées le plus souvent à des sphères de compétence clairement définies, possédant la particularité de dépendre à la fois de la fonction occupée, de la position tenue dans la stratification sociale et de l'identité civile, raciale ou ethnique. Les programmes finaux nazis, en prétendant être à eux-mêmes leur propre fin, dissociaient l'action et ses finalités attendues des aléas de la quotidienneté : leur ambition allait pourtant être remise en cause à l'épreuve de faits contingents dont la gestion politique requerrait une certaine souplesse et adaptabilité de la sphère institutionnelle n'entrant pas à proprement parler dans les nouvelles pratiques instituées.

L'affrontement de logiques mises de facto en relation de concurrence par la différence de nature de leurs préoccupations ultimes accentuait le trouble ressenti par les agents sociaux devant l'absence apparente d'état d'âme de l'Etat : indifférence aux misères silencieuses, aux déchirures de l'être, à la peur (forcément) irrationnelle d'une population prise en otage par son administration. La subsidiarité de certains services placés en marge des grands rouages, dont l'Etat se plaisait à dissimuler l'existence sinon les fonctions véritables, allait se muer en prééminence, en pouvoir d'ingérence. Ils avaient vocation à soustraire à la connaissance du plus grand nombre les mesures pouvant heurter les sensibilités par leur radicalité : ce devoir de précaution, s'il n'empêchait ni la circulation de l'information _même erronée sous la forme de la rumeur_ ni le développement de représentations du régime contre-productives en terme d'images, incitait à la mise en place de structures parallèles conduisant paradoxalement à une démocratisation et à un partage du pouvoir portant remède au risque d'entropie par complexification démesurée du champ politique. Les stratégies identitaires se formant dans le cadre de la socialisation professionnelle consolidaient, voire redoublaient les effets de la fonctionnarisation : la réputation importait autant que le mérite personnel, le rôle imparti ou la détention de prérogatives. L'identité propre était ainsi nouée dans la trame de socialisations multiples, antinomiques dans les processus auxquels elles astreignaient l'individu, complémentaires dans ce qu'elles tendaient à exiger de lui ; l'agent devait s'accommoder de ces circonvolutions autour d'une unité modale dont les conditions de résiliation, les propriétés, les obligations étaient posées par la doctrine et entérinées par les dispositifs et règlements administratifs. Les processus de rationalisation pouvaient s'avérer déstabilisants dès lors que les exigences liées à l'occupation d'un poste dépassaient le seuil de compromission de l'éthique individuelle avec la "morale publique" : l'absence d'émotions apparente, l'obtempération aux ordres les plus iniques, l'acceptation du pire n'avaient aucune frontière commune avec une quelconque perversion des sentiments, ni même probablement avec une banalisation ou une accoutumance au mal. La responsabilité de chacun était *de facto* engagée si l'on ramène les mœurs à l'intérieur des institutions à la seule volonté de préservation ou d'élargissement des avantages acquis ; il apparaît cependant illusoire de vouloir juger la recevabilité de conduites à l'aune d'une évaluation morale nécessairement lestée des contraintes contemporaines des faits. Le sens commun a coutume de rapporter l'identité aux manifestations de soi les plus immédiatement saisissables et appréhendables ; il apprécie la conformation d'une personnalité aux motivations semblant l'animer, s'appliquant à référencer et catégoriser les comportements selon des critères de jugement estimant leur normalité et leur déviance à l'aune de ce que la communauté juge admissible. Lorsque les agents sociaux éprouvent les plus grandes difficultés à s'extraire de carcans normatifs attribuant aux uns et aux autres des étiquettes suspensives de droits et de privilèges, une menace objective plane sur leur complexion identitaire. Si la construction sociale des identités réfère généralement aux conditions de l'appartenance aux différents cercles sociaux, le nazisme introduisait une spécificité formelle visant à une redéfinition des positions différentielles dans l'espace social, de nature à faciliter l'intériorisation de conditions objectives singulières et l'autocontrôle des émotions, i.e. la répression de certaines dispositions subjectives. L'arbitraire du repositionnement des agents dans le champ social en fonction d'une nouvelle "économie générale des pratiques" souligne l'importance prise par le champ politique dans le travail d'assignation des identités sociales, des statuts, des distance de rôles. Les ressources mobilisables dans une configuration sociale de type libéral ne procurent plus les mêmes avantages, ni une utilité subjectivement investie équivalente sous régime dictatorial ; les stratégies d'optimisation du capital social devaient tenir compte d'une désinence inédite des trajectoires sociales désormais soumises à l'examen du politique : quel que soit le système d'action adopté par l'acteur, la reproduction du système devait être assurée, les "positions objectives" confirmées. Cette perspective idéaltypique des modalités du rapport-à-l'autre, des relations institutions/individus tente de cerner les limites de l'approche réductionniste de P.Bourdieu dont la dialectique circulaire décrivant les conditions de « *structuration* »[113] des relations sociales par la théorie de l'habitus soulève des questions, qui, nous semble-t-il, ne trouvent pas de réponse satisfaisante. La « *tendance à se perpétuer selon sa détermination interne* »[114] dans le cadre du régime national-socialiste _explicitant la relation de nécessité entre position et disposition sans laquelle le postulat d'une dépendance de l'habitus vis-à-vis de contraintes externes perd toute pertinence théorique _ est entravée du fait de la difficulté d'une « *prise de position pratique sur l'espace social* »[115]. La confusion entourant les représentations collectives condamnait les pratiques à une forme d'invariance et de prévisibilité : les opportunités permettant de rompre avec une forme de déterminisme liée à la "position différentielle" occupée dans la stratification sociale étaient en nombre restreint et contraignaient les individus à redoubler d'imagination (dans toutes les acceptions du terme) pour donner sens à une collaboration avec le régime. Tout se passe comme si l'identification de l'espace des positions et des dispositions associées passait par l'acceptation préalable des clauses d'un *contrat* stipulant les conditions de reproduction du système politique mis en place. Les identités individuelles découlant des règlements institutionnels, codifiées et formalisées par les normes juridiques suppléaient l'habitus, en tant que « *système de schèmes générateurs de pratiques et de schèmes de perception des pratiques (...) [définissant] la perception de la situation qui le détermine* »[116]. Les positions dans certains cercles sociaux s'en trouvaient bouleversées _éviction, modification statutaire, transfert de compétences, attribution d'autres fonctions, etc._ ; la perception des champs sociaux devenait opaque, incertaine, privée des repères lui donnant une cohérence rassurante. « *People are no longer placed in a fixed social setting but must have access to all functional subsystems of the society on which they simultaneously depend. Structures become contingent ; the law can be changed, if not by statute then by judicial practice* »[117]. L'identité politique se situait à la confluence d'une "trajectoire" balisée, conditionnée par le vecteur idéologique, et de "stratégies" de participation, d'évitement ou de retrait encouragées par les dissensions et rapports de force entre les diverses instances de pouvoir : les individus appartenant aux groupes sociaux les plus menacés dans leur existence propre s'appliquèrent, contre toute attente mais non sans fondement logique (dans le sens où ils ne firent qu'utiliser un modèle rationnel inductif "parfait", dans l'acception que Luhmann en donne dans sa critique de la rationalité instrumentale-technique wébérienne), à vouloir s'accommoder d'une situation inédite, déjouer les effets les plus tragiques en adoptant des pratiques qui leur permettaient de se nourrir de l'illusion d'un répit. Mais, à la vérité, l'arbitraire politique visait l'ensemble des individus composant la communauté politique : les constructions mentales retraçant les étapes d'une trajectoire de vie, les ressources subjectives favorisant la dépense de "capacités" au cours de l'interaction, le maintien d'une logique communautaire dans les relations sociales servaient l'intérêt commun des acteurs et du régime pour des raisons radicalement opposées et à des degrés variables d'un individu et d'un système à un autre.

- Les *agents*, en intériorisant les règles et normes énoncées, feignaient d'ignorer les paradoxes et écueils soulevés par leur acceptation tacite : derrière le voile d'un *capital social* présumé salutaire s'agitaient l'ombre de processus faisant obstacle à la reconduction des positions sociales "acquises" et un doute entourant la possibilité de juger des opportunités véritables mises en jeu par chaque système. L'écart entre, d'une part, la position d'origine de l'individu, sa trajectoire personnelle ainsi que celle de ses différents groupes d'appartenance dans le champ social et, d'autre part, leur "situation objective" présente pouvait apparaître à n'en point douter proprement déroutante voire incompréhensible.

- La *doctrine* dotait les agents appartenant à des groupements sociaux déterminés d'habitus communs, de sentiments, d'appétences, de désirs équivalents laissant présager l'adoption de conduites stratégiques devant aboutir à des conséquences prévisibles. La reproduction de l'espace des positions était assurée en dépit des incertitudes afférentes aux choix à opérer en vue d'optimiser le rendement des "valeurs" mobilisables. Les habitus étaient au service d'une idéologie qui tentait de réconcilier la logique "relationnelle", accordant une prépondérance à l'investissement de soi dans un espace de reconnaissance identitaire fondé sur la distinction dominants/dominés, avec la logique "instrumentale" ou "stratégique" visant à l'acquisition et à la maximisation de biens sociaux disponibles.

L'individu devait dans cette mesure renoncer à accéder à certaines fonctions sans entrer pour autant dans une stratégie d'opposition avec les valeurs produites par les systèmes et leur environnement, se convaincre dans le même temps qu'à défaut de pouvoir contester la dynamique négative des relations s'établissant entre agents et systèmes, une position identitaire lui était acquise *a priori* s'il admettait de conformer une certaine logique d'action avec les normes organisant les pratiques à l'intérieur des institutions. La *confiance* investie par les agents dans la structuration des systèmes et dans l'idéologie sous-jacente constituait une sorte de *moyen terme* sans lequel tout échange communicationnel aurait été vidé de sa substance. Le désir de partager une information faisant "sens" pour les individus accroissait leur dépendance à l'égard de processus structurels qui ont *in fine* la faculté de les en dessaisir : en confinant les acteurs dans un rôle de simples agents de la reproduction du système social, en institutionnalisant les appartenances aux cercles sociaux par l'érection de frontières imperméables, en limitant, enfin, leur liberté de déplacement dans l'espace social, le nazisme n'aurait pu être assuré de leur inféodation idéologique sans les médiations conjuguées d'une *Idée* qui soit en même temps *promesse* de communion et d'une *autorité charismatique* susceptibles de desserrer l'étreinte de la logique fonctionnelle à l'œuvre.

Une hypothèse centrale de notre travail peut désormais être défendue et posée : un conflit irréductible opposait dans la conscience individuelle (ou système psychique) le prosaïsme de l'expérience, la perception de ses ambivalences constitutives à un horizon d'attente indiscernable, mêlant indistinctement passé, présent et futur. Les contraintes de système pesant sur l'individu ne lui laissaient que peu d'options alternatives acceptables :

1) adhérer en consentant à l'éventualité d'une perte, d'une mise en cause ou d'une immutabilité de son *identité plurielle*, de ses *appartenances singulières*, de *ressources* dont la détention ne procurait plus nécessairement les avantages espérés ; 2) désavouer un régime, quelles que soient les raisons invoquées, en ne concédant à ses desseins les plus notoires qu'un intérêt ponctuel et circonstancié, à mi-chemin entre conviction et calcul utilitaire (ces observations rejoignent la conceptualisation élaborée par Albert Hirschman *_demeurer loyal, protester* ou *partir*). Le postulat de l'*indifférence* n'a aucune consistance heuristique, non parce que le sentiment en lui-même n'aurait pas trouvé les opportunités de s'exprimer mais du fait précisément qu'il était trop uniment partagé, comme recours tout autant que comme expression de l'attentisme. L'individu, dans le souci sécuritaire d'être associé au procès d'individuation et d'autonomisation de ses cercles sociaux de rattachement, devenait l'agent d'un type de rationalité réhabilitant la catégorie ontologique du *but* (*Zweck*) : les choix rationnels auxquels il était continûment astreint résultaient des nombreuses causes de déficience apparues dans l'organisation et la spécification des sphères institutionnelles, de la perte de crédibilité des objectifs avancés, d'une confiance mise à l'épreuve de faits déligitimant l'autorité des gouvernants (à l'exception du Führer) et jetant un doute sur le sens de la fidélité en l'Etat.

« *L'interdépendance accrue est une condition de possibilité de l'autonomisation et de la « libération » de l'agir singulier. Elle permet une interférence plus intensive des intérêts sans susciter de conflit ainsi qu'un « agir plus rationnel » de la part des intéressés. Dans l'ensemble, c'est un bien plus grand nombre d'intérêts et de besoins qui peuvent être réalisés sur la base des mécanismes généraux de détente institués par l'interdépendance systémique »*[118] : dans quelle mesure l'échec des transformations (*Umformung*) de complexité externe en complexité interne de la bureaucratie ministérielle, la mise sous tutelle des relations entre services de l'Etat, leur subordination aux passions politiques, aux systèmes politique et économique ne portaient-ils pas en germe, en faisant obstacle à la formation d'une rationalité systémique, les conditions d'une instabilité structurelle obligeant les agents sociaux à s'en départir sous peine d'assister, impuissants, à la déchéance annoncée de leur *être-au-monde*, sans autre perspective que celle d'une *impropriété (Uneigentlichkeit)* définitive ?

Rien ne semble en effet plus éloigné de la formalisation organisationnelle et de la théorie de l'équifonctionnalité de N.Luhmann que l'architectonie institutionnelle instable et irrationnelle mise en place aux seules fins de maintenir la légitimité d'un régime et de ses finalités. « *Le procédé systémique n'est pas méthodique et ne peut l'être. Les différenciations ne sont ni voulues, ni planifiées, encore moins élaborées exprès comme des solutions explicites à des problèmes thématisés par le système. Elles s'inscrivent en réalité dans une logique de l'évolution imprévisible et risquée qui prend son départ dans des phénomènes de variation et d'oscillation pour enclencher des processus de sélection et aboutir enfin, si les conditions historiques, sociales et sémantiques d'une réussite sont réunies, à une stabilisation des systèmes concernés. (...) tant l'idée d'un déterminisme causal que celle d'un volontarisme rationalisant sont strictement rejetées* »[119]. L'autoréférence permanente[120] du système politique se traduisait, dans la configuration systémique singulière instaurée, par un manque d'élasticité des programmes, une absence de souplesse empêchant l'accroissement de la capacité de prise en compte des informations et des relations environnementales de chacun des subsystèmes formalisés. La subdivision hiérarchique de l'appareil administratif rendait la mise en œuvre de toute décision dépendante d'aléas formalistes et de lenteurs ayant peu à voir avec le rendement souhaité par les hauts dignitaires du régime et par les injonctions de la nécessité. La perte de contrôle progressive des institutions et des modalités de leur interdépendance trahit l'usure (la routinisation) d'une pratique du politique, les détours et retournements d'une vision univoque du social. La tentative vouée à l'échec (dans le sens où elle s'est constamment affrontée aux résistances structurelles et aux systèmes psychiques) d'assujettissement conjoint des individus *et* des sphères les prenant en charge, à des fins excédant de loin le cadre de leur compétence coutumière, place le paradigme systémique en position de préséance par rapport à d'autres modèles et ensembles propositionnels, bien que la référence au programme luhmannien puisse prêter à débat et ouvrir le ban aux objections les plus légitimes. L'entrée en vigueur de la politique d'éradication des populations prises dans les mailles d'un racisme d'Etat appliquant une politique de désubjectivation achevait de déséquilibrer les relations de pouvoir et de révéler au grand jour les dysfonctionnements de l'appareil administratif, les réticences des uns ou le coupable aveuglement volontaire des autres, les conflits mûs davantage par le souci de conservation de prérogatives individuelles que par la sauvegarde des intérêts collectifs, la confusion entourant principes d'autorité et de domination. L'ampleur du désastre tendrait pourtant à accréditer l'idée d'un désordre générateur de pratiques ne contrevenant pas aux objectifs initiaux fixés par un programme idéologique et d'un système politique tirant profit d'interférences s'immisçant au cœur des actions réciproques et des communications entre instances administratives. Ainsi des événements "négatifs" de nature hétérogène (Solution finale, front russe, entrée en guerre des Etats-Unis, naissance de mouvements de résistance dans certaines zones occupées suite au besoin de main-d'œuvre dans l'industrie de guerre) ont pu constituer à différents titres des éléments de perturbation, parasitant la circulation des informations, obligeant les agents à se prémunir des risques du déclassement, de la perte d'influence et du profit à coopérer. Certaines attitudes passées au crible de la morale ordinaire et des jugements de sens commun, condamnées à l'aune de valeurs universelles demeurent ainsi sous la juridiction de *procédures explicatives* ramenant leur occurrence au souci de préservation d'une identité "lisible". Dans cette mesure, l'ensemble des comportements ont une origine, une justification, une finalité, un sens, une consistance que ne peut leur démentir aucune interprétation, aussi éloignée soit-elle de l'approche compréhensive.

L'agent était en toute hypothèse *acteur* en tant qu'il constituait le *terme*, le *sujet* ou l'*instrument* d'une pratique dans laquelle, d'une manière ou d'une autre, il était engagé ; cela ne signifie pas, loin s'en faut, qu'il était en mesure (ou dans l'obligation) de garder le contrôle de et sur son existence, mais qu'il pouvait trouver les conditions émergentes l'autorisant à s'exprimer ou à se mêler aux processus sociaux en cours. Ainsi, même les individus pris dans l'étau concentrationnaire étaient en dépit des brutalités, des atteintes à leur intégrité physique, psychique et morale, de la séparation avec les membres de leur famille, des mesures de rétorsion et des privations, à la fois *acteurs* et *agents* d'un système au sein duquel ils parvenaient à recréer des affinités, des liens de solidarité, des groupements d'intérêts communs mais aussi à instaurer des mesures de ségrégation, de discrimination, d'exclusion, d'étiquetage selon leur origine, leurs cercles d'appartenance antérieurs, leurs agissements au sein même de l'institution[121].

2.5.3. Le droit comme fait et comme norme.

Au cœur de la société allemande, la peur insidieuse d'être victime de
représailles arbitraires, la crainte d'une "mauvaise lecture" de ses propres
conduites, l'adoption de comportements ne prêtant pas (ou peu) le flanc au
risque d'être mal interprétés ou d'être surdéterminés, la fuite et la
dissimulation dans la sphère privée ou dans les replis de la conscience
composaient quelques-unes des séquences se présentant à l'individu en tant
que conditions d'appréhension et de *résolution* de situations problématiques.
Si une partie des règles fondant la dynamique des systèmes échappent
ordinairement aux opérateurs y prenant part (tout semble se passer comme si
elles précédent et conditionnent l'action réciproque), elles sont loin d'être
toutes structurées autour d'un noyau modal ou d'une valeur relevante. Toutes
les interactions sociales ne procédaient pas d'une volonté manifeste de
coopération ou de participation à une situation en cours ; certaines n'avaient
d'autre motivation que de constituer à elle-mêmes leur propre justification :
finaliser un besoin, un désir, un choix n'engageant que ceux directement
concernés par la relation. Ces échanges peu formalisés se raréfiaient, se
limitant aux liens familiaux, amicaux, intimes régis par une confiance *aveugle*
en l'autre. Raison pour laquelle les communications sociales reposaient
essentiellement sur l'ambiguïté, le déséquilibre, l'inégalité dans les rapports
de pouvoir, la méfiance, la suspicion, le doute raisonnable. La
bureaucratisation progressive de tous les secteurs de la vie[122], le
développement de communications formalisées à l'excès, l'insécurité, pour ne
pas dire la dangerosité, consubstantielle à toute interaction sociale
contraignaient les systèmes psychiques à l'autonomisation au risque de se
dissoudre dans des systèmes plus vastes. La relation de consécution reliant
l'effacement du sujet à l'hégémonie de l'Etat dans la formulation de valeurs et

dans le contrôle exercé sur les informations, observations et distinctions mettait en question le maintien de la différenciation interne du système politique, en tant que processus de communication et d'élaboration bureaucratique de la décision. Elle confirme paradoxalement les intuitions de N.Luhmann afférentes au bénéfice de la *généralisation*, de la *fluidification* et de l'*abstraction* nécessaires du pouvoir : « *Les programmes, les décisions, les actions [de l'Etat] non seulement ne peuvent s'unifier en une finalité et un ordre unitaires, mais sont de plus incapables d'atteindre directement leurs adresses sociales. (...) Ils doivent au contraire se distinguer et se spécialiser pour s'équilibrer mutuellement et spécifier de plus en plus finement leur fonction, leur domaine de validité et leurs relations aux autres systèmes de l'environnement. Le "principe même de l'Etat de droit" n'est rien d'autre qu'"une forme de généralisation, de déliement et de détermination détournée de la relation entre le citoyen et l'Etat"* »[123]. De la ferveur à la transparence, un doute sur le degré d'engagement personnel, la sincérité des prises de position et l'authenticité de la "foi" subsistait comme condition même de l'obéissance aux injonctions doctrinales : une violence de plus en plus indifférenciée avait d'autant plus de justifications que les signes de contestation et de désapprobation recensés par les services de l'Etat corroboraient la méfiance pathologique du régime envers ses administrés. Les conduites ordinaires relevaient d'une logique en actes opérée à l'aune d'un choix rationnel ; de leur adéquation aux impératifs d'une situation allait dépendre davantage que la confirmation d'une position acquise : la banalité même des actes de la vie quotidienne recouvrait une importance significative dans la construction sociale des identités individuelles et collectives.

L'individu devait céder à la force d'imposition de prédicats politiques tenant lieu de normes culturelles ; obéir à la lettre de la *Loi* ne se justifiait dès lors d'aucune connaissance apriorique des présupposés du métalangage juridique, ni d'une compréhension affirmée du sens des actes de communication produits par le champ lui-même.

L'absence de séparation entre les pouvoirs, la primauté du *légal* sur le *juste*, la moralisation de la vie publique dans l'expérience du dessaisissement des droits les plus élémentaires ayant satisfait au contrôle de constitutionnalité, le déficit interprétatif, consacrant la « *tautologie mystificatrice* »[124] de la devise "*Gesetz ist Gesetz*", cautionnait la doctrine de l'infaillibilité de la loi et renforçait les relations d'interdépendance entre l'individu et l'organisation formelle que constitue le système juridique. La Loi était première, les valeurs dont elle était porteuse s'incarnaient dans un corpus de normes subrogeant les règles non écrites tout en fixant l'indivisibilité communautaire. Le droit comme *fait* et comme *norme* inscrivait dans le corps des textes les principes de l'inégalité entre les races[125], néodarwinisme social s'élevant sur les ruines d'un idéal républicain désavoué avant d'avoir pu trouver une légitimité doctrinaire et symbolique dans toutes les strates de la société civile. Les énoncés juridiques entérinaient certains axiomes fondant l'"ordre naturel" dans la théorie évolutionniste en restaurant la hiérarchisation sélective des groupements sociaux et les valeurs les justifiant en retour. L'instauration de mesures discriminantes soumettant la destinée sociale des individus à l'appréciation d'instances juridictionnelles spéciales et des tribunaux ordinaires _sous des motifs ne trouvant plus leur fondement dans les droits fondamentaux ou les normes surplombantes traditionnelles _finalisait une volonté de réforme partielle du système juridique et la procéduralisation de cadres d'action sous l'égide des lois mises en vigueur. Le dévoiement du positivisme juridique[126], se déclinant autour de trois paradigmes (positions *pseudo-positiviste*, *positiviste stricte* et *réaliste*[127]) et délimitant l'aire de légitimité des travaux d'interprétation, a facilité, par des *effets de récit*[128] naturalisant les propositions juridiques, la conversion des représentations collectives à une réalité légale, l'inculcation par l'habitude d'une certaine vision du monde. Des prémices de règlements formels au sein de la bureaucratie, de l'armée, des unités mobiles, apparaissaient dans un double souci de discipline et de morale afin d'atténuer les symptômes de désintégration psychologique : ils prévoyaient une classification en homicide involontaire tout acte de tuerie motivé par l'égoïsme, le sadisme ou la perversion sexuelle, rejetaient les prélèvements non autorisés sur les biens saisis, punissaient la recherche de bénéfices personnels, dissociaient les actes accomplis au nom de la politique menée des conduites se référant de justifications personnelles. L'inférence de normes particulières et des valeurs les sous-tendant traduisait une forme de stratégie de repli vers une axiologie essentiellement descriptive, soustrayant les juristes à leur responsabilité dans l'édification d'une nouvelle approche des rapports de l'individu au droit. « *Le droit positif produit un effet de reconnaissance : définissant au départ des situations et des comportements légaux, il en arrive à déterminer la sphère d'acceptabilité des actes et des conduites, à indiquer ce qu'il est normal de faire ou de penser et ce qui ne l'est pas* »[129] : le fondement rationnel des règles positives ne convoquait pas de jugement réflexif sur la norme, pour autant que celle-ci ne venait pas contredire les valeurs (évolutives au gré de la nécessité) du nazisme. La subordination du droit des personnes à des réquisits normatifs, dont les contenus ne faisaient l'objet que de timides mises en cause, était entérinée sous couvert de discussions de spécialistes statuant sur la conformité des décisions juridictionnelles avec les règles habituelles de la procédure administrative contentieuse en matière probatoire ou sur la détermination de la compétence des juridictions civiles, pénales, tribunaux spéciaux (*Sondergerichte*) ou d'exception _auxquels il faut ajouter la Cour du peuple (*Volksgerichtshof*). En se parant de la respectabilité qui lui est en quelque manière consubstantielle, l'expertise disciplinaire banalisait les mesures inscrites dans les lois et arrêts portant atteinte à la dignité de la personne humaine ; les controverses doctrinales et jurisprudentielles consécutives au développement du contentieux et des voies de recours n'orientaient pas le commentaire, ni la mise en jeu de la légitimité professionnelle au-delà de ce qui était fonctionnellement nécessaire. La *Loi* (législations, arrêts, décrets-lois, jurisprudence, traités, dispositions, ordonnances, circulaires) était souveraine face aux recours et pourvois engagés par les requérants, en dépit du maintien d'éléments de présomption dans l'administration de la preuve, visant par là même à conférer à l'ensemble du dispositif toutes les apparences d'un respect des formes légales. La compromission des juristes atteignit son apogée dès l'instant où il leur fallut motiver et objectiver la légitimité des valeurs fondant le droit dans les législations ségrégationnistes et racistes : les "appariements structurels" entre les champs scientifique (expertises eugénistes commandées à des universitaires et à des centres de recherche en anthropologie physique, en génétique et en psychiatrie, permettant la mise en place de nomenclatures et de critères de classification), juridique, économique et politique (« *l'Etat national-socialiste s'est donné le droit, tant que ceci est en son pouvoir, d'influencer le devenir humain comme l'exige le bien-être du peuple et de l'Etat. La nouvelle attitude idéologique de notre peuple fait qu'on utilise des résultats de recherches que les gouvernements antérieurs regardaient avec indifférence ou gêne* »[130]), dévoilant les pratiques de forclusion systématique de postes à responsabilité dans les institutions stratégiques, conféraient une respectabilité, un sens à des mesures d'éviction contrevenant à l'égalité juridique mais possédant désormais une dimension apodictique, un fondement rationnel justifiant l'adoption de mesures adéquates et proportionnées à la gravité des enjeux[131].

L'univers sémantique introduit par les lois raciales, les tensions prévues et résolues par les règlements d'application posés apparaissant dans les procédures institutionnelles de retrait de la citoyenneté allemande influençaient l'évolution et la fonctionnalité même du champ juridique : « *le caractère tout à la fois distinctif mais compatible de ces orientations raciales et eugéniques en général, antijuives en particulier, est au cœur même du système nazi. L'élément moteur des lois de Nuremberg était antijuif ; mais la troisième loi laissait assez de champ pour couvrir d'autres exclusions raciales, et elle conduisit logiquement à la législation raciale additionnelle de l'automne 1935. Les deux courants idéologiques se renforcèrent mutuellement* »[132]. Ainsi, à la loi sur la citoyenneté (*Reichsbürgergesetz*) s'ajoutaient la loi sur le drapeau du Reich (*Reichsflaggengesetz*) et celle sur la défense du sang allemand et de l'honneur allemand (*Gesetz zum Schutz des deutschen Blutes und der deutschen Ehre*) interdisant le mariage et les rapports hors mariage entre juifs et citoyens de sang allemand ou apparenté. Si elles ne faisaient pas expressément mention, jusqu'aux décrets additionnels et ordonnances d'exécution de la loi sur les citoyens du Reich en dates du 18 octobre (loi sur la protection de la santé héréditaire du peuple allemand), 14 novembre et 21 décembre 1935, du *juif* et du *métis de juif* (*Mischlinge*), elles en définissaient implicitement la situation sur le plan légal en énonçant les conditions d'obtention et de maintien de droits politiques et civiques : être né juif était désormais passible de poursuites judiciaires, leur anéantissement relevait d'une guerre préventive. Les ordonnances du 26 avril et 5 juillet 1941 précisant et radicalisant les dispositions initiales visaient non à rendre irrecevables les demandes de recours et les requêtes en révision, mais à limiter les pratiques d'impétration. La rigueur avec laquelle les experts juridiques rédigèrent les textes de lois, leur quête minutieuse de failles valant clauses suspensives ou dilatoires contrastait avec l'emphase des discours de propagande, avec les expédients et stéréotypes éculés utilisés aussi bien par les partisans que par les opposants (nazis extrémistes, parti communiste, Eglises,...) de ces mesures : l'obsession pathologique de la souillure étant fondée en fait et en droit, une culture de la délation, de la calomnie allait parasiter les relations sociales ordinaires. Excédant le cadre de leurs propres compétences, les cours statuèrent sur les cas les plus improbables et finirent par accréditer la légitimité de dénonciations à l'encontre de personnes coupables d'incivilités dérisoires, comme d'entretenir une relation "amicale" avec un juif. « *La grande majorité de la population approuva les lois de Nuremberg parce qu'elles étaient en harmonie avec la politique raciste et qu'on avait créé un cadre de discrimination permanent propre à mettre fin au règne de la terreur et à fixer des limites précises aux activités antisémites* »[133] : elles constituaient dans l'opinion publique un préalable incontournable, auquel en définitive tout individu pouvait trouver des raisons de se rallier, à l'entrée en vigueur d'autres parties du programme économique et social. Consécutivement à l'euphémisation des notions employées, des actes communicationnels et des informations donnant à voir les logiques sociales dominantes _désignant une refonte des rapports individus/institutions dans la subordination à la loi_ se nouaient de nouvelles ritualités oscillant de la transparence, de l'invisibilité (« *Lotte Paepke apprit à étouffer sa personnalité, à revêtir l'image négative que lui renvoyait son entourage. Avec des métaphores évocatrices, elle raconte comment elle avait assumée en public les traits d'une humble personne :*

On essaie cette robe, le dédoublement, on l'essaie encore et encore dans différentes situations. Comme si on avait commandé une robe de soirée extravagante qui vous reste étrangère. Vous rentrez chez vous et vous vous plantez devant le miroir ; vous marchez, tournez ; et vous essayez de vous y sentir à l'aise, afin que plus tard, dans le beau monde, personne ne remarque qu'elle est toute neuve et que vous l'avez commandée spécialement pour cette occasion. Pendant ces années, j'appris progressivement à revêtir cette robe, jusqu'à ce qu'elle semble avoir été cousue sur moi ; et petit à petit, je découvrais que je ne pouvais plus l'enlever »[134]) à la mise en scène d'une conformité supposée atténuer les effets stigmatisants d'une politique d'exclusion : « *nous devons éviter de nous faire remarquer et de susciter l'hostilité. Adoptez le goût le plus sûr dans votre façon de parler, celle de vous habiller, dans votre ton et votre présentation* »[135]. La confiance recouvrait des acceptions et des connotations différentes selon qu'elle décrivait l'attachement affectif aux valeurs séculaires de la culture allemande, la foi dans les institutions et le respect procédural qu'elles sont sensées observer, ou le sentiment de familiarité avec le *bon sens* populaire ; elles nourrissaient à des degrés variables les imaginaires sociaux, les croyances afférentes à la fragilité constitutive d'un régime ayant une assise populaire mais ne disposant pas de liens de filiation avec les idées, les événements, les hommes qui firent la grandeur de l'Allemagne pré-républicaine. Corrélativement se développait une conviction tenace qu'au-delà des vicissitudes de la vie quotidienne une utopie sociale prenait forme et contenance sous leurs yeux et que face au diktat du *fait accompli* comme mode de gouvernement de la communauté politique la sagesse commandait la discrétion, la mesure, des commentaires élusifs sur les questions sensibles, une apparence de loyauté envers le régime et ses institutions. Faute de ne pouvoir prendre part au processus d'élaboration d'un espace de pouvoir et d'en contester la portée signifiante autrement qu'en en constituant le vecteur de répulsion, les *communautés* "ostracisées" se mettaient, lorsque les circonstances le permettaient, à l'abri des commérages accusatoires en réhabilitant une forme de convivialité et de solidarité de groupe : « *Les conversations entre amis sûrs se réduisaient elles-mêmes à des platitudes débitées avec lassitude tant on ne croyait plus possible une quelconque résistance. Sans presse libre, les spéculations les plus terribles remplaçaient l'information : les rumeurs sur les camps de concentration, les tortures les plus épouvantables et les ragots infâmes sur la vie privée des dirigeants nazis. Aucune information n'étant fiable, il était plus facile de tout nier* »[136]. Le terme de *communauté* serait impropre si l'on entendait décrire par là une collectivité d'individus agrégés symboliquement ou objectivement dans la référence à un *Nous*, exprimant une appartenance à un ensemble politique défini par opposition à d'autres groupements institués et reconnus de la société. La conscience d'une judéité, d'une communauté de destin vécue en partage par les agents (groupes des "asociaux", des "apatrides", des "communistes", etc.) n'allait pas de soi et dépendait dans une large mesure des circonstances particulières conduisant les existences à se croiser et les intérêts à se confondre. R.Hilberg, dans sa magistrale étude sur la destruction des Juifs d'Europe, dépeint l'interdépendance des conduites liant les victimes aux agents du crime, les stratégies respectives mises en place par les acteurs pour répondre aux exigences d'une politique. La typologie proposée révèle les conséquences paradoxales (acceptation du sacrifice d'une minorité pour sauver le reste de la communauté) des partis pris, concessions et choix dont les faits allaient démontrer les limites et la vacuité : « [*les membres des conseils*] *agissaient au nom de l'autorité que leur avaient conférée les Allemands, mais avec l'authenticité qu'ils tiraient du judaïsme. Jour après jour, ils représentaient des exécutants fiables aux yeux des protagonistes allemands, tout en conservant la confiance des Juifs* » ; « *ils aidaient les Allemands par leurs qualités aussi bien positives que négatives, et les Allemands s'appropriaient, en dernier ressort, les réalisations les plus achevées de la bureaucratie juive pour un processus de destructions qui ne laissait rien derrière lui* » ;

« *Confronté à la force, un groupe peut réagir de cinq manières différentes : en résistant, en essayant d'atténuer ou de neutraliser le danger* [*requêtes, pétitions, appels, corruption, salut par le travail*], *par la fuite, par la paralysie, par la soumission* [*individuelle, institutionnelle*]. (...) *Les réactions de base face à la force diffèrent fondamentalement les unes des autres. La résistance est l'opposition à l'agent du processus. La neutralisation ou l'atténuation est l'opposition aux décrets de l'administration* »[137]. La collaboration des conseils juifs (déclaration des biens, obtention de papiers d'identité, présentation en un lieu précis pour être soumis au travail forcé, paiement des amendes, remise des biens, publication des instructions allemandes, fourniture de listes de noms[138]), les marques de sollicitude et d'obéissance, l'empressement à répondre aux demandes de l'autorité occupante, la prévision et le devancement des directives aggravaient les conséquences de la coopération en créant des cas de conscience insolubles, contraignant chacun à élaborer des solutions de recours palliatives et à échafauder des explications plausibles à défaut d'être acceptables. La participation des populations incriminées et des personnels se situant à tous les échelons de la procédure s'appuyait sur un double processus commun, bien que s'exprimant de manière différente, de *refoulement* et de *rationalisation* : la "sensiblerie" de certains exécutants dénoncée par les séides du régime inclinait au rappel du sens du devoir. R.Hilberg ainsi dénombre cinq stades de refoulement des scrupules moraux du *bureaucrate allemand* que l'organisation du système et des relations entre services lui autorisait, tout en précisant le caractère auto-administré du mécanisme chez les Juifs :

1. fermer les sources d'informations à tous ceux qui n'avaient pas à être au courant ;
2. s'assurer que tous ceux qui savaient allaient participer ;
3. interdire toute critique ;
4. bannir le processus de destruction des conversations mondaines ;
5. omettre toute mention du "massacres" ou d'"installations de mise à mort", même dans la correspondance secrète rendant compte des opérations.

et deux types de rationalisation permettant de justifier la nature des activités : l'une ne dépendant pas de ses compétences propres, justifiant son implication dans le processus de destruction par l'invocation d'une propagande explicitant la responsabilité des Juifs dans le désordre ; l'autre tenant lieu d'auto-légitimation par l'acceptation d'un certain nombre de principes, règles ou évidences objectivées _ordres de nature supérieure, devoir impersonnel, critères moraux fluctuants, argument de l'impuissance, théorie de la loi de la jungle (*blood kit*)[139]. L'une procède d'une volonté de coopération à un régime dont l'échec ne serait pas vécu sur le mode de la responsabilité personnelle (*confidence*), l'autre relèverait davantage de la confiance (*trust*) dans la relation, entendue comme engagement dans un échange dont la réussite et l'achèvement dépendent pour une grande part de l'investissement propre : « *If you choose one action in preference to others in spite of the possibility of being disappointed by action of others, you define the situation as one of trust. In the case of confidence you will react to disappointment by external attribution. In the case of trust you will have to consider an internal attribution and eventually regret your trusting choice* »[140]. L'évolution des impératifs économiques et militaires devait conduire les personnels en charge de la mise en œuvre de la politique d'expansion territoriale et de la gestion administrative de ses conséquences à modifier à leur libre appréciation les procédures, de manière à contourner pour en faciliter l'application les pratiques formelles antérieures devenues par trop contraignantes. Les lois et décrets furent supplantés par des avis circonstanciés émis au détour de conversations, des ordres prononcés oralement requérant une compréhension des attendus, des non-dits, des implicites du discours. Les activités bureaucratiques ordinaires enracinées dans l'habitude, la routine et la tradition se muèrent en processus d'instanciation d'une politique : elles participèrent à l'institution de clivages identitaires, à la distribution et au positionnement des individus et des groupes auxquels ils étaient affectés dans l'espace social et politique. Les agents pouvaient se trouver en situation de cumul des handicaps sociaux au gré des orientations et des pratiques, des anticipations et de l'obéissance d'un simple fonctionnaire.

Coopération, choix rationnel et *confiance* fondaient-ils pour autant l'horizon ultime et pour le moins paradoxal des formes de l'interaction ?

Notes de la Deuxième partie

[1] G.Simmel, *Sociologie. Etudes sur les formes de la socialisation*, Paris, P.U.F. éd., 1999, pp.177-178.

[2] « (...) c'est-à-dire les pulsions, les buts, les contenus objectifs qui ne deviennent sociaux que lorsqu'ils sont assumés dans les actions réciproques entre les individus », K.Gassen, M.Landmann (éd.), Buch des Dankes an Georg Simmel, Berlin, Duncker & Humblot, 1958, cité in L.Deroche-Gurcel, *Simmel et la modernité*, Paris, P.U.F. éd., 1997, p.22.

[3] J.Rémy, *Georg Simmel : ville et modernité*, Paris, Editions L'Harmattan, 1995, p.173.

[4] G.Simmel, « *Le problème de la sociologie* », op.cit., p.44.

[5] G.Simmel, « *Excursus sur la question : comment la société est-elle possible ?* », ibid., pp.78-79.

[6] ibid., p.65.

[7] P.Watier, *Georg Simmel. La sociologie et l'expérience du monde moderne*, Paris, Méridiens Klincksieck éd., 1986, p.71.

[8] G.Simmel, 1999, op.cit., p.67.

[9] ibid., p.572.

[10] ibid., p.59.

[11] ibid., p.576.

[12] J.Rémy, op.cit., p.157.

[13] G.Simmel, 1999, op.cit., p.169.

[14] J.Freund, « Préface », in *Georg Simmel. La sociologie...*, op.cit., p.14.

[15] L.Deroche-Gurcel, « Préface », in G.Simmel, 1999, op.cit., pp.29-32.

[16] R.Gellately, « Denunciations and Nazi Germany : New Insights and Methodological Problems », Historical Social Research/Historische Sozialforschung, 22, 1997, p.229 cité in E.A.Johnson, *La terreur nazie. La Gestapo, les Juifs et les Allemands "ordinaires"*, Paris, Editions Albin Michel, 2001, p.312.

[17] G.Simmel, 1999, op.cit., p.416.

[18] ibid., p.41.

[19] ibid., p.417.

[20] I.Kershaw, *L'opinion...*, op.cit., p.135.

[21] G.Simmel, op.cit., 1999, p.161.

[22] voir F.Rudolf, « Environnement comme événement », Sociétés, 47, 1995.

[23] G.Simmel, 1999, op.cit., p.255.

[24] ibid., p.230.

[25] ibid., p.265.

[26] ibid., p.201.

[27] ibid., p.67.

[28] ibid., p.69.

[29] ibid., p.75.

[30] A.Enegrén, op.cit., p.60.

[31] M.Heidegger, *Être et Temps*, Paris, Authentica éd., 1985, p.108.

[32] G.Simmel, 1999, op.cit., p.270.

[33] ibid., p.162.

[34] E.Kant, *Anthropologie du point de vue pragmatique*, Paris, Vrin éd., 1979, p.33.

[35] voir R.Esposito, *Communitas, origine et destin de la communauté*, Paris, P.U.F. éd., 2000.

[36] J.-L.Nancy, *L'expérience de la liberté*, Paris, Editions Galilée, 1988, pp.21-22.

[37] R.Pol-Droit, *101 expériences de philosophie quotidienne*, Paris, Editions Odile Jacob, 2001, p.25.

[38] A.Weber, *Première personne*, Paris, Editions du Seuil, 2001, p.7.

[39] G.Simmel, 1999, op.cit., p.179.

[40] G.Orwell, *The Collected Essays. Journalism and Letters of George Orwell*, III, Londres, Secker & Warburg éd., pp.132-133.

[41] J.-J.Rousseau, *Discours sur l'origine et les fondements de l'inégalité parmi les hommes*, Livre I, Paris, Flammarion éd. (coll. "GF"), 1992, p.250.

[42] G.Simmel, 1999, op.cit., p.170.

[43] G.Simmel, *Sociologie et épistémologie*, Paris, P.U.F. éd., 1981, p.87.

[44] J.-P.Dupuy, *Le sacrifice et l'envie. Le libéralisme aux prises avec la justice sociale*, Paris, Calmann-Lévy éd., 1992, p.314.

[45] J.Duvignaud, *Fêtes et Civilisations*, Arles, Actes Sud, 1991 ; R.Brasillach, « Cent heures chez Hitler », *Revue universelle*, 1er octobre 1937.

[46] J.-P.Dupuy, op.cit., p.318.

[47] « (…) une théorie ne se définit plus seulement par son armature conceptuelle et propositionnelle mais par sa soumission à des principes et des valeurs métaphysiques implicites caractérisant un "paradigme" ou une "tradition" de recherche » in J.-M.Berthelot, op.cit., p.464.

[48] « si la fécondité d'un programme réside dans ses capacités de traduction des axiomes du noyau dur en orientations de recherche (heuristique positive) et d'élaboration d'hypothèses protectrices face aux contradictions empiriques (heuristique négative), le terrain où se situent ces opérations est d'abord cognitif », ibid., p.471.

[49] « si toute vérification n'est qu'interne au paradigme et n'atteint jamais la réalité en tant que telle, tout est possible : tous les points de vue sont valables dès lors qu'ils trouvent preneur », in ibid., p.464.

[50] ibid., p.498.

[51] N.Luhmann, « La société comme différence », *Sociétés*, 61, 1998, p.36.

[52] idem, p.29.

[53] ibid., p.36.

[54] ibid., p.37.

[55] F.Vandenberghe, 1997, op.cit., p.37.

[56] voir J.Billig, op.cit., pp.47 et s..

[57] F.Khosrokhavar, *L'instance du sacré. Essai de fondation des sciences sociales*, Paris, Les Editions du Cerf, 2001, p.10.

[58] P.Watier, 2000, op.cit., p.81.

[59] G.Simmel, 1999, op. cit., pp.32-33.

[60] J.-M.Vincent, « La fermeture du systémisme : sur la sociologie de N.Luhmann », in T.Andréani, M.Rosen (dir.), *Structure, système, champ et théorie du sujet*, Paris, Editions L'Harmattan, 1997, p.51.

[61] voir « L'analytique pure de la Tétrade », F.Khosrokhavar, op.cit., pp.19-79.

[62] ibid., p.39.

[63] R.Boudon, *L'idéologie ou l'origine des idées reçues*, Paris, Editions du Seuil (coll. « Points Essais »), 1992, p.117.

[64] J.-M.Vincent, op.cit., p.52.

[65] R.Boudon, « L'acteur social est-il si irrationnel (et si conformiste) qu'on le dit ? », in *Individu et justice sociale : autour de J.Rawls*, Paris, Editions du Seuil (coll. « Points Politique »), 1988, p.219.

[66] définie « comme un effet d'émergence résultant de l'agrégation des processus de raisonnement subjectif » in F.Vandenberghe, 1997, op.cit., p.159.

[67] R.Boudon, 1992, op.cit., p.295.

[68] F.Vandenberghe, 1997, op.cit., p.163.

[69] M.Weber, 1995, op.cit., p.28.

[70] I.Kershaw, 1995, op.cit., p.170.

[71] F.Vandenberghe, 1997, op.cit., p.168.

[72] P.Ricoeur, « Préface », in P.Bouretz, *Les Promesses du monde. Philosophie de Max Weber*, Paris, Gallimard éd., 1996, p.12.

[73] « le choix rationnel n'exige pas la compréhension des significations que l'individu attache subjectivement à ses actions. Si les fins et les valeurs sont données, il ne reste plus qu'à connaître les conditions de l'action et d'y intercaler un algorithme pour en déterminer les moyens » cité in F.Vandenberghe « La philosophie marginale de Max Weber », in S.Bateman-Novaes et al., op.cit., p.91.

[74] J.Clam, *Droit et société chez Niklas Luhmann. La contingence des normes*, Paris, P.U.F. éd., 1997, p.X .

[75] cité in E.H.Erikson, *Adolescence et crise. La quête de l'identité*, Paris, Flammarion éd., 1972, p.16.

[76] P.Ricœur, *Soi-même comme un autre*, Paris, Editions du Seuil, 1990, p.202.

[77] idem, p.207.

[78] « C'est du fond de cette spontanéité bienveillante que le recevoir s'égale au donner de l'assignation à responsabilité, sous la guise de la reconnaissance par le soi de la supériorité de l'autorité qui lui enjoint d'agir selon la justice », ibid., p.222.

[79] ibid., p.213.

[80] C.Schmitt, *La notion du politique. Théorie du partisan*, Paris, Flammarion éd. (coll. "Champs"), 1992, p.77.

[81] idem, p.85.

[82] « Parmi les associations humaines, seules sont politiques celles qui, dans une situation extrême, ont la possibilité de discriminer l'ami de l'ennemi à l'intérieur du champ politique, en d'autres termes, de distinguer une partie belligérante », in C.Meier, 1995 op.cit., p.28.

[83] « les rapports politiques bénéficient d'une autonomie relative et sont mus par des motivations politiques. Le champ du politique est ouvert aux problèmes les plus divers posés dans d'autres horizons ; il les englobe potentiellement tous, c'est-à-dire qu'il

peut les politiser et en faire un objet de ses associations et de ses dissociations », in ibid., p.29.

[84] J.-M.Vincent, op.cit., p.48.

[85] « La délibération représente la voie humaine, c'est-à-dire moyenne, celle d'un homme qui n'est ni tout à fait savant ni tout à fait ignorant, dans un monde qui n'est ni tout à fait rationnel ni tout à fait absurde, et qu'il convient pourtant d'ordonner en usant des médiations boiteuses qu'il nous offre », in P.Aubenque, *La prudence chez Aristote*, Paris, P.U.F. (coll. « Quadrige »), 1993, p.116.

[86] N.Elias, *Qu'est-ce que la sociologie ?*, La Tour d'Aigues, Editions de l'Aube, 1991, p.78.

[87] voir V.Descombes, « Relation intersubjective et relation sociale », in J.Benoist et al., *Phénoménologie et sociologie*, Paris, P.U.F. éd., 2001, pp.127-155.

[88] P.Berger, T.Luckmann, *La construction sociale de la réalité*, Paris, Méridiens Klincksieck éd., 1986, p.189.

[89] D.Le Breton, *Les passions ordinaires. Anthropologie des passions*, Paris, Masson & Armand Colin, 1998, pp.98-99.

[90] J.-J.Rousseau, *Lettre à Mr d'Alembert sur les spectacles*, Genève, Librairie Droz, 1948, pp.168-169.

[91] « système culturellement organisé des émotions » in G.Bateson, *La Cérémonie du Naven*, Paris, Le Livre de Poche (coll. « biblio essais »), 1986, cité in D.Le Breton, op.cit., p.104.

[92] J.Duvignaud, *Sociologie du théâtre. Sociologie des ombres collectives*, Paris, P.U.F. (coll. « Quadrige »), 1999, p.367.

[93] J.-J.Rousseau, 1948, op.cit..

[94] M.Walzer, « Philosophy and Democraty » in *Political Theory*, vol.9/3, 1981, p.393.

[95] M.Walzer, *Sphères de justice. Une défense du pluralisme et de l'égalité*, Paris, Editions du Seuil, 1997, pp.29-30.

[96] « le bien premier que nous nous distribuons entre nous est l'appartenance à une communauté humaine quelconque » ; « l'idée de justice distributive présuppose un monde limité à l'intérieur duquel les répartitions prennent place : un groupe de gens s'engageant à diviser, à échanger et à partager des biens avant tout entre eux » in idem, p.61.

[97] ibid., p.46.

[98] « Quand les gens sont en désaccord au sujet des significations des biens sociaux, quand les compréhensions sont sujettes à controverse, alors la justice requiert que la société soit fidèle aux désaccords, et qu'elle fournisse des canaux institutionnels pour les laisser s'exprimer, des mécanismes d'adjudication et d'autres sortes de distributions » in ibid., p.434.

[99] J.Westlake, *Collected Papers*, Cambridge, L.Oppenheim éd., 1914, cité in M.Walzer, *Guerres justes et injustes. Argumentation morale avec exemples historiques*, Paris, Editions Belin, 1999, p.96.

[100] ibid., pp.96-97.

[101] J.Elster, « Sagesse et science. Le rôle des proverbes dans la connaissance de l'homme et de la société » in J.Baechler, F.Chazel, R.Kamrane, *L'acteur et ses*

raisons : mélanges en l'honneur de Raymond Boudon, Paris, P.U.F. éd., 2000, pp.351-362.
[102] Y.Sintomer, *La démocratie impossible ? Politique et modernité chez Weber et Habermas*, Paris, Editions La Découverte & Syros, 1999, p.152.
[103] B.Guillarme, *Rawls et l'égalité démocratique*, Paris, P.U.F. éd., 1999, p.64.
[104] M.Walzer, 1997, op.cit., p.434.
[105] voir L.Carrino, « Philippe Lucas : l'intrigue de l'identité » in P.Fritsch (dir.), *Implication et engagement. Hommage à Philippe Lucas*, Lyon, P.U.L., 2000, pp.15-27.
[106] idem, p18.
[107] voir A.Petitat, « Tyrannie de la transparence et transformations des frontières privé-public » in *Revue des Sciences Sociales*, 28, 2001, p.44.
[108] « [désignant] les processus socio-historiques d'intégration des unités sociales inférieures dans des unités plus larges », idem.
[109] N.Bobbio, *Essais de théorie du droit*, Bruxelles, Bruylant L.G.D.J. éd. (coll. « La pensée juridique »), 1999, p.6.
[110] J.Clam, op.cit., p.24.
[111] ibid., p.93.
[112] M.Weber, *L'éthique protestante et l'esprit du capitalisme*, Paris, Plon éd., 1964, pp.249-251.
[113] A.Giddens, *La constitution de la société*, Paris, P.U.F. éd., 1987, p.140.
[114] P.Bourdieu, *La Noblesse d'Etat*, Paris, Editions de Minuit, 1989, p.9.
[115] idem.
[116] P.Bourdieu, *Questions de sociologie*, Paris, Editions de Minuit, 1980, p.135.
[117] N.Luhmann, « Familiarity, Confidence, Trust : Problems and Alternatives », in D.Gambetta (éd.), *Trust : breaking and making cooperative relations*, New-York, Basil Blackwell Inc., 1988, p.102.
[118] J.Clam, op.cit., p.56.
[119] ibid., p.122.
[120] N.Luhmann, in D.Gambetta, op.cit., p.109.
[121] voir la description des mécanismes d'exclusion dans le milieu asilaire soulignée par L.Carrino, op.cit..
[122] F.Vandenberghe, 1997, op.cit., p.105.
[123] J.Clam, op.cit., p.64.
[124] D.Salas, « La loi dévaluée », *Le Monde des débats*, 27, juillet-août 2001, p.27.
[125] D.Lochak, « La race : une catégorie juridique ? », *Mots*, 33, 1992.
[126] « Le positivisme rejette catégoriquement toute référence à un prétendu droit naturel et refuse corrélativement de subordonner la validité d'un ordre juridique à un jugement porté sur sa valeur morale. Du point de vue méthodologique, il conçoit la science du droit comme une science empirique et non normative, qui doit se borner à la connaissance descriptive ou explicative de son objet en s'abstenant de tout jugement éthique », in D.Lochak, « La doctrine du droit sous Vichy ou les mésaventures du positivisme », in (collectif) *Les Usages du droit*, op.cit., pp.266-267.
[127] M.Troper, « La doctrine et le positivisme », ibid., pp.291-292.
[128] désignent selon J.-P.Faye la dualité de tout récit, fondant l'action en même temps qu'il en énonce les traits distinctifs.

[129] M.Troper, op.cit., p.276.

[130] E.Rüdin, Erblehre und Rassenhygiene im völkischen Staat, Munich, Lehmann, 1934, cité in M.Pollak, *Une identité blessée. Etudes de sociologie et d'histoire*, Paris, Editions Métailié, 1993, p.131.

[131] Dans sa thèse doctorale soutenue à la fin de l'année 1942 à Paris, A.Broc pouvait ainsi aborder la question de l'identification juridique du juif en donnant une tonalité de froide réserve et de détachement à ses propos : « *il est une question préliminaire qu'il importe d'examiner avec soin : celle de la définition du juif, dans un pays où rien ne le distingue plus légalement d'autrui, et celle, subséquente, de l'attribution du caractère juif aux entités économiques ou aux personnes morales auxquelles des juifs participent* » (p.6) ; « *la plupart des juifs sont reconnaissables comme tels, beaucoup plus aisément que les Anglais ou les Italiens, par leur aspect physique, principalement celui du masque (nous soulignons), qui se rapproche plus ou moins des quatre ou cinq types qu'une classification empirique et semi-inconsciente a permis à chacun de nous d'abstraire de son expérience journalière* » (p.12) ; « *L'on ne saurait admettre qu'un élément de l'état des personnes aussi important que la qualité du juif ou du non-juif, ne puisse être établi que dans certaines circonstances dépendant de la volonté de l'individu considéré ; lorsqu'il a l'intention de devenir fonctionnaire par exemple* » (p.51). Voir en particulier chap.II, « La qualification du juif donnée par l'autorité occupante », pp.30-47.

[132] S.Friedländer, *L'Allemagne nazie et les juifs. 1.Les années de persécution (1933-1939)*, Paris, Editions du Seuil, 1997, p.162.

[133] D.Bankier, *The Germans and the Final Solution : Public Opinion under Nazism*, Oxford, 1992, p.80, cité in ibid., p.170.

[134] C.Koonz, *Les Mères-Patrie du IIIème Reich. Les femmes et le nazisme*, Paris, Lieu Commun éd., 1989, pp.438-439.

[135] idem.

[136] ibid., p.403.

[137] R.Hilberg, *La destruction des Juifs d'Europe*, Paris, Librairie Arthème Fayard, 1988, pp.888 et s..

[138] idem, p.894.

[139] ibid., pp.868-888.

[140] N.Luhmann, « Familiarity, Confidence, Trust : Problems and Alternatives » in D.Gambetta, op.cit., pp.97-98.

TROISIÈME PARTIE

Confiance et formes de socialisation : les conduites entre rationalité utilitaire et rationalité axiologique.

« *Perdre ou gagner en définitive importe peu, mais l'erreur est de jouer perdant comme le fait celui qui n'attend rien d'une partie qu'il jugeait déjà perdue avant même de l'avoir engagée et met par entêtement son point d'honneur à ne pas tenter sa chance* ».

(Louis-René des Forêts, *Ostinato*)

3.1. Les rôles, des guides de l'action ?

Dans une société "ouverte" les accords de compromis privilégiant, en fonction de l'empire de la situation, le juste ou l'efficacité tendent à s'autonomiser, à se réifier en normes, à régir le fonctionnement des institutions dont ils procèdent. Les agents ne remettent pas en cause la validité transcendante des valeurs et des principes qu'ils tiennent pour naturels ; les objets, les dispositifs dans lesquels ils sont intriqués, sont constamment actualisés dans les discussions et débats émaillant la quotidienneté : ils entrent dans les argumentaires développés en constituant à eux-mêmes leur propre fin, contraignant par là même les acteurs à justifier leurs prises de position et leurs engagements d'un point de vue éthique. Le problème n'est pas tant de savoir si les cadres conventionnels précèdent les décisions, les volontés conscientes ou l'inverse mais de se demander dans quelle mesure les idées politiques soumises sans discontinuer à l'appréciation de l'opinion influencent effectivement, et de quelle manière, les rapports sociaux ? L'observation des conduites adoptées en vue de réaliser les objectifs définis par l'idéologie national-socialiste ne nous informe pas sur les raisons ayant poussé les individus à y adhérer, sur les circonvolutions de leurs raisonnements, ni sur leur perception du système politique. Hitler est-il le crieur de la théorie walrassienne autorisant chacun à se sentir "quitte de tous les autres"_ prélude à la destitution des individus en tant qu'acteurs de la vie des institutions ? Si la maximisation des intérêts communautaires nécessitait sans nul doute un assentiment collectif à coopérer, la dialectique des rapports individus/institutions instaurés découlait d'une conception non conventionnaliste des rapports sociaux ; cette observation amène le propos dans le voisinage de l'interaction stratégique et de la théorie des jeux, pour lesquels l'incertitude, le risque, l'anticipation et le calcul probabiliste constituent les paramètres objectifs de toute action négociée. La nature des principes de gouvernementalité du régime nazi repose sur le postulat implicite, fondant à la fois le sens de ses pratiques de persuasion et l'usage de la violence comme fin ultime de son action, d'un agent autonome. La distance à l'événement rapportée à son expérience personnelle et à ses capacités d'abstraction le conduisent à porter des appréciations, à adopter des positions plus ou moins affirmées sur les faits affectant son existence quotidienne : le refuge dans l'anonymat relève dès lors de postures ontologiques _oscillant du repli sur soi (dimension sécuritaire) aux manifestations différenciées de la clandestinité_ relatives à la difficulté de maintenir des relations d'amitié individualisées, à une volonté de répondre aux atteintes portées aux relations de parenté et à la banalisation des mesures discriminatoires. La dissimulation, l'opacité émotionnelle entraient en résonance avec la démonstration des signes d'allégeance imposés par la sociabilité instituée : la différenciation des formes de l'être et du paraître, de la solitude et de l'isolement était constitutive de la gestion interactionnelle du "soi", des contraintes d'interaction propres au système nazi. « *Si le propre d'une action est de pouvoir produire une sorte de définition publique de la relation, définition qui sera au cœur de la continuation de l'interaction, alors la question de la rationalité dans l'interaction n'est plus tant celle de la rationalité des choix que celle de la rationalité du cadre* »[1]. La définition d'un cadre d'action nécessitait l'identification des acteurs participant effectivement à l'interrelation et la prise en considération de la nature des interdépendances ; la recherche d'une situation d'équilibre et d'une réduction de l'indétermination devait s'affronter aux calculs stratégiques visant l'optimisation non nécessairement des intérêts égoïstes mais de la relation elle-même. La majorité des interactions ordinaires est en effet dépourvue de mobiles clairement circonscrits donnant lieu à la mise en place de stratégies finalisées ; les individus agissent couramment en ne se souciant pas des conséquences de leurs propres conduites, ils ne subordonnent leurs intentions à des impératifs ou des injonctions éthiques que dans des configurations sociales garantissant à leurs engagements une probabilité élevée d'aboutir au résultat espéré. La théorie des jeux attribue une "valeur" numérale, une signification interactionnelle aux différentes combinaisons possibles s'offrant aux individus en postulant la détention d'un capital de type essentiellement informationnel : le dilemme du prisonnier perdrait toute portée si les ressources possédées n'étaient pas posées comme équivalentes. La modélisation mathématique prive les acteurs de tout choix alternatif du fait des exigences formelles auxquelles elle est soumise visant à réduire les comportements à un jeu purement spéculatif d'optimisation du rendement des actifs. Elle ne peut mettre en équation des variables telles que le doute, les affinités, la pression du groupe dans le jugement individuel, la spécularité inhérente aux relations de dépendance réciproque, l'absence de certitude d'un accord sur les fins de l'action. Elle réfute, dans le même temps, le poids des conventions sociales, les changements de stratégies en cours d'interaction et la difficulté de coordonner les conduites humaines. Le plus souvent, les parties peuvent « *s'arranger en dépit d'un différend sur les rapprochements et transiger, c'est-à-dire s'arranger de gré à gré, localement, momentanément, en sorte que le différend soit dénoué sans être pour autant réglé par référence à un rapprochement commun* »[2] ; « *la possibilité de sortir de la situation présente et de la dénoncer en prenant appui sur un principe extérieur et, par conséquent, la pluralité des mondes, constituent donc la condition d'une action justifiée. Mais (...) la contrainte de justification peut peser de façon très inégale sur les actions des personnes selon le degré auquel l'accès aux différents mondes est ouvert à tous. Dans un univers où des esclaves seraient tenus dans un état qui abolirait ou restreindrait à l'extrême leurs possibilités de critique et où ils seraient assignés, par la violence, à un monde dont ils deviendraient des*

241

objets, les maîtres pourraient se prendre pour des dieux et affirmer leur volonté sans être tenus de se justifier. Mais ayant détruit la cité en déplaçant les frontières de l'humanité et en introduisant une discontinuité radicale entre les dominés et les dominants, ils aboliraient le cadre dans lequel s'affirme leur supériorité et perdraient le sens de leur propre grandeur »[3]. Si les individus ne peuvent espérer être perçus conformément à l'image d'eux-mêmes qu'ils présentent sur la scène publique _autrement dit, si les conduites par lesquelles ils marquent leur volonté de coopérer passent inaperçues pour diverses raisons_ il va sans dire que la stratégie dominante qu'ils souhaitent défendre ne pourra être médiatisée et de fait, le dilemme n'en être plus un. Un doute subsistant sur les intentions inavouées des interactants et la réalité des solidarités invoquées oblige à rechercher dans la dynamique procédurale les conditions même d'une acceptation unanime des règles en vigueur ; ce qui n'induit pas pour autant l'existence d'enjeux effectifs maximisables, la volonté partagée de respecter les normes jusqu'au terme de l'action, ni l'envie de poursuivre l'interaction plus avant. Comment inférer d'une passion du jeu dans un système politique où les joueurs eux-mêmes ne pouvaient décemment, sauf à occuper une position d'extériorité particulière, faire *confiance à la confiance* ? où l'intérêt ne constituait pas, par la force des choses, l'horizon ultime des relations interindividuelles ? Les renversements de conjoncture intimaient une modification du degré d'engagement en faisant pencher les liens d'interdépendance indifféremment vers le pôle symbolique ou stratégique : le consensus apparent autour des grandes orientations spécifiant la politique intérieure n'empêchait pas le développement de dissensus notoires et la formation de blocages communicationnels dans les actions les plus routinières. La théorie systémique propose une approche explicative du social s'opposant, sans toutefois pouvoir nier l'importance des compromis, à l'axiomatique de l'*opportunisme généralisé* de Williamson : la théorie des jeux non coopératifs (ou mixtes) stipule les modes résolutoires, organise la mise en équation des items constituant les différentes alternatives envisageables par lesquelles les individus ont la possibilité de sortir de situations de conflit. L'arbitrage des institutions ne pouvant s'exercer lorsqu'elles sont trop intimement liées ou sous contrôle d'une caste au pouvoir, les normes de coordination des activités sociales sont activées au cours des interactions, même si les acteurs ne peuvent guère, à titre individuel, espérer infléchir la grammaire de l'accord social. En l'occurrence, les conventions émergent à la faveur de la volonté de l'Etat de produire des *biens collectifs* hors de toute considération des nécessités apparues au cours des interrelations : sous le nazisme, les institutions n'avaient pas vocation à s'entremettre pour réguler les différends apparaissant entre le pouvoir et les exclus du système. L'absence de chaos institutionnel quasiment jusqu'à la fin de la guerre est-elle la conséquence non prévisible de l'agrégation de comportements autonomes, d'intérêts privés poursuivant des objectifs dissemblables ? Quels sens prenait la notion de "bien commun" dans un environnement doctrinal se souciant peu de conformité au principe d'unanimité ? L'équilibre en stratégies dominantes (« *chaque joueur sait qu'il joue une stratégie optimale indépendamment de ce que feront ses adversaires* »[4]) ayant une faible probabilité d'occurrence au sein de la communauté nationale, l'intérêt commun ne pouvait émaner que d'une volonté de coopération propre à des groupes d'individus de faible densité, unis par des liens préexistants à la poursuite d'objectifs déterminés. Dans les relations s'instaurant avec l'extérieur, l'usage de stratégies mixtes (fondées sur un certain degré de tromperie ou de manipulation des résultats) prévalait en raison de la circulation d'informations parcellaires fragilisant les échanges communicationnels et d'obstacles à la conclusion d'accords contractuels, ayant force de loi, entre cosociétaires. Les rapports de subordination liant les individus aux institutions enjoignaient chacun à élaborer une échelle de risques ménageant une possibilité de retrait temporaire ou de défection définitive du jeu : un enchaînement d'événements jugés défavorables ou contraires aux intérêts personnels provoquait une réponse relevant de l'utilité espérée, à défaut d'être cohérente ou logique *en soi*. Le régime impliquait les agents dans le déroulement de l'action non contingente tout en leur imputant une impéritie justifiant ses interventions répétées dans les activités quotidiennes : le jeu du solitaire de Schelling démontre la vacuité des stratégies visant à ne satisfaire que ses propres intérêts en ce qu'elles aboutissent invariablement à des situations finales sous-optimales au regard du bien-être collectif. « *Les modèles issus de la théorie des jeux peuvent être élégants et satisfaisants, dans leur formulation logico-mathématiques ; toutefois, leurs relations avec les conduites concrètes sont souvent fort minces* »[5]. S'il est vrai que l'on peut se tromper de bonne foi ou dans un contexte d'incertitude forte (rationalité limitée), s'il nous faut admettre que les espaces sociaux sont par essence différentiellement encodés et producteurs de sens, de signifiance et de dispositions, il nous apparaît fondamental de corréler les situations "hors champ", abstraites, exemplifiées par la théorisation mathématique à la quotidienneté vécue, ressentie, pensée par les agents sociaux. Le bonheur commun ne constituait pas l'horizon d'attente auquel pouvait légitimement aspirer les individus dans un temps t fini ; les intérêts personnels, la défense de l'intégrité des cercles sociaux d'appartenance, les obédiences idéologiques (en tant que vecteur de conflits multivariés), l'évaluation rationnelle des risques attachés à l'expression de discours critiques à l'égard du régime concouraient à révoquer les idéaux universels, le souci des autres au profit d'une "pragmatique du présent", d'un sentiment du juste référant à la sauvegarde de ses acquis. L'impossibilité de connaître avec une marge d'erreur satisfaisante le nombre n d'adversaires et d'alliés empêchait de faire prévaloir les intérêts du collectif sur le sien propre : chaque agent pouvait dès lors se représenter la situation comme un jeu coopératif à 2 (adversaires ou alliés) s'opposant ou collaborant avec l'autorité légitime, possédant *a priori* la même matrice de jeu et excluant par suite les *n* individus non affectés au contexte inféré. La seconde proposition procède de la tendance (inexprimée mais décelable dans leurs attitudes) ordinairement manifestée par les agents sociaux à considérer toute situation comme une donnée intangible pour autant que des éléments nouveaux ne viennent en contredire l'effectivité : à moins de voir toutes leurs tentatives irrémédiablement vouées à l'échec (faute d'avoir choisi une matrice à peu près équivalente à celle du régime et de ses institutions), les agents "coopèrent" en adoptant des stratégies faiblement dominantes ne les exposant ni aux représailles légales ou aux actes de dénonciation, ni à leur exclusion définitive des jeux de rôles et d'attente de rôles convoqués. Confrontés à l'impératif de métaphoriser la réalité sous peine de perdre tout contact avec le réel, les acteurs sociaux utilisaient des schèmes d'interprétation proches des matrices signifiantes des modèles mathématiques : la connaissance partagée des différents systèmes de *règles constitutives* (Searle) conférait au jeu une dimension paradigmatique facilitant l'accès à une compréhension des faits et la possibilité d'une mise en intrigue de l'expérience temporelle (Ricœur).

La pérennité des programmes politiques repose dans une large mesure sur leur capacité à convaincre l'opinion de la légitimité de leur vision du social : les justifications éthiques qu'ils invoquent doivent aller à la rencontre des imaginaires sociaux, des idéaux collectifs, des systèmes de valeurs et des jugements d'expérience. La confusion des composantes axiologiques et normatives dans les dispositifs décisionnels tendait à influencer les modalités d'attentes réciproques de comportements : les conditions de coexistence étaient définies au regard d'une *raison publique* organisant les principes de coopération dans l'oubli volontaire et assumé des valeurs éthiques substantielles sans lesquelles l'idée même de *monde commun* se vide de son sens. Le postulat d'un unanimisme de fait sur des questions essentielles intéressant le vivre-ensemble ôtait toute consistance sur la scène publique aux représentations et croyances individuelles. Aucune forme de consensus par recoupement (Rawls) ou par confrontation (Habermas) n'était en mesure de remettre en cause les normes de la vie publique imposées par la doctrine nazie ; le problème de la justification de la norme était résolu par l'invocation d'une éthique de conviction portant au jour la congruence des idées politiques, des valeurs éthiques socialement prescrites et des systèmes de régulation des interactions au sein de la communauté : de la sorte, elle ne pouvait « *faire violence au sens commun éthique* »[6] en s'accordant indifféremment aux préférences et motifs rationnels des agents, à leurs sentiments de justice ou à leur souci d'intelligibilité. Les formes de coopération nécessitaient de la part des acteurs l'acceptation de solutions normatives communes se revendiquant d'une même croyance en la suprématie du mythe racial ; il leur fallait admettre l'élection de valeurs non issues de leur propre expérience ou d'un continuum historique vécu en partage. Ils devaient faire abstraction de leurs convictions éthiques lorsqu'elles disconvenaient à la doctrine officielle et se plier à la puissance normative de réquisits idéologiques faisant dépendre leur validité d'une praxéologie (théorie générale de l'action efficace) politique. Le déficit de rationalité de l'ordre politique qui en découlait n'avait pas *a priori* d'incidence sur le degré d'engagement et la nature des sentiments entourant leur adhésion : l'interchangeabilité des normes, valeurs, principes et règles dans les invectives du Führer et de la propagande rendait tout événement acceptable et recevable en soi nonobstant son ambiguïté constitutive, l'ambivalence des interprétations l'accompagnant, la quasi-absence de voix s'élevant pour en contester la teneur. Si « *la liberté dite formelle ou négative a été justement consacrée, à la charnière des valeurs et des normes, comme la métavaleur permettant de gérer avec économie les conflits de passions et d'intérêts, en même temps qu'elle fonde comme* métanorme, *le système libéral du droit* »[7], il y a lieu d'interroger la fonction des actes de discours et de tenter de déceler dans les déclamations dogmatiques son équivalent fonctionnel : le racisme d'Etat, l'antisémitisme politique, la *Volksgemeinschaft* (communauté raciale populaire), le *Volkskörper* (corps du peuple), la *Weltanschauung*, l'*Arbeitgemeinschaft*, l'*Erlebnis*, le *Leinstungsprinzip*, le *Führerprinzip*, le *Volksgeist*. La liberté formelle du libéralisme politique trouve-t-elle un pendant dans l'espace doctrinaire du national-socialisme ; autrement dit, quelle valeur succède à la tolérance pour fonder le lien social ? La violence, l'intolérance, le racisme ordinaire ne sont pas, sauf à en dévoyer la signification, des "valeurs" au sens où elles ne permettent pas à elles seules de pérenniser un système politique : il nous faut à cet endroit introduire le concept de *méfiance* en tant que norme fondamentale instruisant le procès d'instanciation du politique dans la quotidienneté des agents sociaux. Les procédures formalisées, les règles impersonnelles en actualisaient la structure prégnante en se jouant de systèmes de croyances collectives désormais invalidés pour en imposer arbitrairement d'autres : les *positions pratiques* se situaient à la jonction de modèles comportementaux déterminés, de contraintes de position pesant sur le choix des conduites à adopter et de la visée proprement éthique de l'action. Face à un contexte fortement empreint d'incertitude, la raison instrumentale et ses modes d'évaluation s'affronte à la fois aux critères formels de la morale, présents dans les maximes de la raison pratique, et à la volonté de mise à distance des faits par l'agent comme condition préalable d'une possible, bien qu'illusoire, prise d'autonomie à l'égard des phénomènes sociaux. La rationalité axiologique, plaçant les *raisons fortes* au fondement des croyances (aussi bien descriptives que prescriptives) et des jugements de valeurs, présuppose la connaissance des conditions normatives socialement admises ou prohibées au moment où l'action se déroule et la mise au jour des ajustements "en situation" accomplis par les agents sociaux dans le but d'interroger les mécanismes de reproduction de l'ordre social. La démarche empirique censée permettre de déduire à partir de l'observation de comportements agentiques les raisons sous-tendant certaines pratiques procède nécessairement d'une réflexion approfondie sur la dimension éthique de l'action et sur les ressorts normatifs qui en organise l'effectuation. La sagesse pratique s'exprimant dans toute interaction "située" laisse en définitive peu de traces visibles ou perceptibles des questionnements intérieurs ayant animé les consciences individuelles ; les intentions ressortissent à une position morale supposée devoir prévaloir en toute hypothèse dans les circonstances décrites par le chercheur : les valeurs constitutives de la dimension éthique de l'action sont posées au titre d'hypothèses à défaut de pouvoir être authentifiées. Les raisons opportunistes et axiologiques se confondent dans le discours scientifique dès lors que les propositions supposées expliquer le choix de valeurs ne permettent pas d'établir de lignes de force susceptibles de distinguer et d'objectiver les fondements éthiques des conduites sociales. La subordination des institutions aux priorités posées par le champ politique nous semble reposer en filigrane sur une démarcation entre la morale civique et les principes régissant les conditions du vivre-ensemble auxquels les individus sont libres d'adhérer ou non : si Eichmann fit explicitement référence à Kant au cours de son procès en reprenant à son compte le thème du mal radical afin de justifier certaines orientations politiques, la raison pratique, posant l'irréductibilité de la morale à toute validation empirique, disqualifie les « *irréversibilités axiologiques* »[8], les assertions ayant véritablement valeur d'axiome pour les agents. En contestant la dimension rationnelle de certaines croyances par l'imposition de système de valeurs non représentatives des aspirations individuelles, le nazisme suscitait une méfiance réciproque au cœur des relations d'interdépendance, d'évidents écueils et contradictions dans les schèmes d'action qu'il tentait d'initier : de l'autonomie à la sujétion, des expectations et horizons d'attente aux contraintes de rôle, de l'universalisme des valeurs à la méritocratie, de l'ethos raciologique à l'injonction de principes individualisants, une stricte conformation des conduites individuelles aux dispositions normatives ne pouvait manquer de donner naissance à des conflits autour de la *valorisation* achevant de dénoncer la corruption des mœurs et la juridicisation des formes de la sociabilité. De là à n'en point douter l'une des raisons de l'escalade de la violence contre les ennemis de la communauté nationale et de l'émergence d'une suspicion inconsidérée contre ses propres membres. Le processus dynamique de production des règles sociales était assujetti à la nécessité de prendre en compte les anticipations prévisibles d'autrui : « *le fait que personne n'a pour s'y engager le moindre indice préalable d'un engagement des autres dans la même perspective [suffisait] à bloquer la coordination* »[9]. Les mesures prescriptives encadrant les comportements individuels ne pouvaient manquer de susciter des formes de déviance assimilées à de la désobéissance civique par les autorités, des écarts types à la moyenne apportant une manière de réponse aux apories d'une raison utilitaire censée subsumer des situations extrêmement différenciées et hétéroclites : loin de rechercher en toute circonstance la maximisation de possibles avantages, les individus agissent ordinairement en vue de satisfaire leurs penchants naturels ou d'asseoir leurs convictions intimes. A force de donner de la réalité une représentation asymptote, de dénigrer les dispositions précatives (vœu, recommandation, prière) des agents au profit de rapports purement prévisionnels, le nazisme éveillait les tentations de *nicodémisme*, de *simulation* de l'adhésion sans lesquels le "lieu de l'autre" (Lacan) demeurerait inaccessible. Les inégalités sociales ne s'accordaient aux jugements du sens commun que dans la mesure où les règles contraignantes énoncées par les diverses sphères institutionnelles apparaissaient parfaitement légitimes au regard des fins poursuivies. Les raisons de coopérer s'accommodaient de la structuration hiérarchique de la société dès l'instant où les inégalités d'allocation de ressources et de biens sociaux semblaient devoir refléter des différences fondamentales en termes d'utilité, de mérite, de services rendus à la nation. L'"équilibre réflexif" stipulant la pleine concordance de principes fondant le vivre-ensemble sur le plan juridico-légal avec les sentiments de justice était implicitement invoqué pour justifier les mesures de rétorsion et de discrimination à l'encontre de groupes sociaux (toute décision de justice consistait dans la mise à l'index simultanée d'un individu *et* de son groupe social d'affiliation). Leur approbation tacite n'avait aucune incidence objective dans la réalité, la connaissance des conditions d'instauration de disparités "fonctionnelles" (i.e. justifiées par la nature des rapports de force dans la société) ne pouvant les rendre *a priori* plus légitimes aux yeux des acteurs. Les pratiques d'exclusion n'étant pas fondées sur des aléas événementiels, leur justification ultime procédait de l'émergence de *raisons fortes* de souscrire à la politique nazie : en leur absence, l'épreuve des faits aurait vite fait d'empêcher l'adhésion au schème culturaliste. Les éventuelles revendications visant au respect des libertés fondamentales et à l'existence de formes d'inégalité acceptables ne trouvaient que peu d'écho dans les strates de la société allemande du fait des incertitudes entourant le caractère contingent des changements institutionnels (directement indexés sur la conjoncture). Les configurations sociales dans lesquelles les agents étaient engagés laissaient peu de place à la possibilité d'exprimer autre chose que les sentiments conformes à la topique idéologique et à ses habitus investis : de ce point de vue, le lien social sous le nazisme repose formellement sur des considérations strictement opposées à l'idéaltype rawlsien. En dépit de son refus de faire reposer sa démarche sur une approche de type métaphysique dans la continuité de l'idéalisme transcendantal kantien (ou quasi-transcendantal comme dans la perspective de Habermas), Rawls fonde en effet l'équité sur la possibilité d'une reconnaissance réciproque des individus, des convictions morales partagées, un certain degré de convergence des jugements bien pesés, un raisonnement pratique à l'origine de l'objectivité des principes normatifs sans pour autant que les dialogues s'instaurant entre les personnes sur le sens des valeurs, les conditions de répartition des biens sociaux ou le rejet concerté de doctrines contraires à leurs idéaux ne viennent interférer dans l'édification d'une société conforme aux hypothèses posées initialement.

Le durcissement d'une politique répressive de plus en plus systématique à l'encontre d'un ennemi aux contours indistincts, les changements d'orientation de certaines pratiques de pouvoir, le retournement de conjoncture après l'enlisement des fronts orientaux aboutissaient à la modification constante des matrices utilisées par le régime dans ses rapports avec la société[10]. Si la baisse de popularité du programme politique était inversement proportionnelle aux signes de l'attachement envers le Führer, cela provenait en partie du fait qu'aucun jeu n'existât qui permît de négocier sans intermédiaire avec lui : les bureaucrates étaient seuls à même de faire au quotidien la démonstration de leur volonté de coopérer en raison d'une "*distance au pouvoir*" plus faible. Un moyen à moindre frais de marquer son adhésion à Hitler et à sa politique consistait en la pratique de la dénonciation : anonyme en cas de doute, publique dans l'hypothèse de signes avérés, elle était une manière d'approbation tacite accompagnée d'un investissement personnel minimal. La recherche de configurations sous-optimales, l'instauration de stratégies prudentielles (*maximin*) semblaient de mise dans les activités ordinaires pour des acteurs référant leurs conduites aux principes de base organisant la distribution des biens sociaux dans les sociétés développées : « *il n'y a jamais eu de point de décision unique à partir duquel les répartitions seraient contrôlées ni aucun ensemble unique d'agents qui prennent les décisions. Aucun pouvoir d'Etat n'a jamais été assez puissant pour réglementer toutes les structures de partage, de division et d'échange, à partir desquelles une société prend forme. Les choses échappent à l'emprise de l'Etat ; de nouvelles structures se créent_ des réseaux familiaux, des marchés noirs, des alliances bureaucratiques, des organisations politiques et religieuses clandestines. Les fonctionnaires de l'Etat peuvent créer des impôts, instituer la conscription, donner des allocations, établir des règlements, nommer, récompenser, punir, mais ils ne peuvent pas s'occuper de l'ensemble des biens ni se substituer à chacun des agents qui interviennent dans la distribution. (...) il n'a jamais existé d'unique critère, ou d'unique ensemble de critères associés, pour évaluer toutes les répartitions. Le mérite, le degré de qualification, la naissance et le sang, l'amitié, le besoin, le libre échange, la loyauté politique, la décision démocratique, chacun de ces critères a eu sa place, en même temps que bien d'autres, coexistant non sans mal, invoqués par des groupes rivaux, et confondus les uns avec les autres* »[11].

3.2. L'individu, un agent rationnel ?

3.2.1. Interroger les propriétés sémantiques des configurations sociales.

« *Nous voulons comprendre (...) les phénomènes sociaux, et nous ne pouvons les comprendre indépendamment de leur placement à l'intérieur du schème des motifs humains, des moyens et des fins humaines, des projets humains,_ bref_à l'intérieur des catégories de l'action humaine* »[12]. Le savoir ordinaire réfère à une *rationalité pragmatique* à laquelle les acteurs sociaux recourent dans toute situation nécessitant une mise en équation de *structures de signification* conformes aux attentes intersubjectives et aux contraintes fonctionnelles propres à toute interaction. Dans cette mesure, ils en sont à la fois les dépositaires et les agents de légitimation : au-delà d'une compréhension empathique de l'expérience vécue d'autrui par la prise de conscience d'une réciprocité irréductible des perspectives, le "sens" d'une activité advient à l'aune d'un procès d'objectivation des conduites, affects, pensées *validant* («*praxis cristallisée*» Sartre) des formes relationnelles au sein desquelles chacun des interactants occupe une *position* particulière, endosse des *systèmes d'action* appropriés aux rôles qu'il va être amené à interpréter. «*En vertu de ces rôles qu'il joue, l'individu est conduit dans des régions spécifiques de connaissance socialement objectivée non seulement dans le sens cognitif le plus étroit, mais aussi dans le sens d'une "connaissance" des normes, des valeurs et même des émotions*»[13]. La formalisation de l'action en cours dépend de la confrontation de schèmes interprétatifs spécifiques débouchant, selon un ordre de vraisemblance implicitement reconnu et accepté, sur une configuration sociale pouvant être très éloignée des intérêts, expectations et appétences exprimés à l'origine : la saisie du sens intentionné d'une conduite actancielle passe par l'usage de médiations cognitives, de typifications issues de l'expérience, d'un «savoir commun» (Giddens) détenu en partage. L'appréhension d'un *acte signifiant* est certes assujettie à ses conditions singulières d'élaboration, de diffusion et de réception, mais elle procède essentiellement du sentiment d'une communauté de vie et d'action, d'une familiarité fondant l'être-ensemble et la présence-à-soi de l'autre : l'intersubjectivité vise à la finalisation de l'interchangeabilité des perspectives sur le monde social avant même d'être le cadre d'instanciation des règles formelles de l'échange. La conscience individuelle est amenée à réactiver un *contenu passif* de connaissances, acquises au long de l'existence, voué à donner "sens" à l'identité polymorphe de l'agir d'autrui[14] et plus généralement aux pratiques sociales institutionnalisées : la prévisibilité du déroulement de l'action dépend de la distance focale utilisée, appréciant la complexion identitaire des acteurs en présence, la nature de la relation et les expectations en jeu, la topographie de l'espace de production de signification. L'accord des volontés ne traduit pas nécessairement un consensus sur les fins, une convergence de vues consécutive à un discussion publique : le recoupement décrit en creux l'émergence d'un engagement révocable des agents dans la relation en pleine connaissance des *contraintes conceptuelles* pesant sur la détermination d'un compromis. Les ressources à leur disposition (« *connaissance des objets naturels, artefacts matériels, objets logiques, objets sociaux abstraits ou semi-abstraits comme les promesses, les injures, les amitiés, les subordinations, le civisme, les honneurs...* »[15]) entrent en résonance avec les propriétés sémantiques propres à une configuration sociale donnée, *en vue de* l'établissement d'un lien civil conforme aux attentes respectives supposées. Le face-à-face peut être motivé par un faisceau de causes implicites ou indicatives et de raisons bonnes ou irraisonnées ne se dévoilant que de manière inégale au cours de l'interaction : l'intentionnalité s'exprime dans un processus interlocutoire, engageant les différentes subjectivités en présence et la culture diachronique des groupes d'appartenance, dont une intelligence mutuelle postulée semble régir les règles d'explicitation. Le langage assure en tant que médium de communication la fluidité des informations, la normativité des structures logiques et linguistiques, la permanence des institutions symboliques et environnementales : « *l'ordre de l'action se révèle à la communauté réflexive par les contraintes sémantiques* [i.e. de vraisemblance et de vérité] *qui sélectionnent les descriptions et compréhensions d'action, en les triant du point de vue de leurs valeurs de vérité* »[16]. Le sens commun repose sur une *grammaire*, au sens où l'entendait Wittgenstein[17], codifiant l'adéquation des structures conceptuelles (états de conscience, schèmes interprétatifs, positions...) à la réalité objective des faits de signification : la socialité acquiert une dimension infrapolitique dès l'instant où les agents sociaux sont assurés de la continuité des choses, de l'irrémédiabilité des événements, de l'intégrité des personnes. L'accointance réflexive (*Einfühlung*) ne signifie pas pour autant l'unicité des représentations, la concordance de points de vue différenciés, l'attribution d'une valeur équivalente à l'action : la typicalité des conduites découle précisément du *fondement cognitif* de l'incorporation de rôles et d'une *dénotation* (valeur de vérité prétendue du contenu de l'acte de parole) des motifs inférés par chacune des parties. Les *pensées*, l'appréhension de *faits empiriques particuliers*, les *catégories* de rôles, de sentiments, de relations et d'agents, exprimés dans la quotidienneté participent de la validation d'un ordre politique légitimant en retour l'usage de savoirs, de conventions sociales appelés à encadrer les *faits institutionnels* que sont les actions et leur compréhension. La détermination d'un sens spécifique des conduites d'autrui doit composer avec la variance des interprétations possibles constitutive de la multiplicité des positions d'observation : la qualification d'"acte civil" suppose l'existence d'un relation d'interconnaissance entre systèmes psychiques n'induisant pas pour autant que les tenants et aboutissants soient réfléchis par les interactants. Conçu en tant que dérivé « *d'un acte dirigé par une première personne vers une seconde, la première pensant que la seconde saura que l'action s'est produite, et la seconde sachant effectivement que l'action a été accomplie et par qui elle l'a été* »[18], le lien civil s'inscrit dans des modalités propositionnelles donnant à voir la *force d'imposition* (ou perlocutoire) des discours : « *la combinaison des termes dénotatifs, personnels, temporels* [contenu évaluatif], *moraux* [contenu expressif], *déontique* [contenu prescriptif] *dans le contenu de la proposition détermine la valeur de l'acte de parole, pourvu qu'elle* (...) *satisfasse, chaque fois que c'est nécessaire, à un critère de bonne foi et de vérité* »[19]. La philosophie pratique concède à l'individu la capacité de décrire, de saisir réflexivement le sens des actes, de prévoir et d'anticiper les faits et gestes d'autrui.

L'invocation d'une *ignorance* constituante couramment évoquée dans les sciences humaines _de la mouvance freudienne à l'école bourdivine_ comme principe explicatif liminaire sensé justifier *in fine* la primauté du politique, est contestée par les courants ethnométhodologique, phénoménologique et la philosophie analytique (Austin, Grice, Davidson) accordant à des degrés variables aux faits de langage et aux procédures circonstancielles et continuées de l'esprit une importance que ne leur allouent ni le béhaviorisme classique, le naturalisme cognitif ou le conventionnalisme. En réduisant le "sens subjectif" à n'être que la manifestation de dispositions quasi-inconscientes à agir soumises aux propriétés sémantiques de l'événement, le structuralisme génétique prive l'action sociale de toute régulation normative et de l'indexicalité du langage ordinaire : en menant la démonstration à son terme, les raisons poussant un individu à légitimer sa conduite et ses choix demeurent dérisoires ou à tout le moins obscures. L'argumentaire utilisé omet certaines données contingentes, une part d'inaperçu, des faits "implicités" échappant à une conscience qui ne renonce pas pour autant à opérer une description objective de l'activité : les observations seraient-elles fidèles aux conditions effectives et contextuelles de l'action, l'analyse normative ajustant les différentes séquences composant le fait social pourrait ne pas emporter l'adhésion de l'ensemble des agents y prenant part. Les erreurs de perspective, écueils de l'interprétation, préjugés et omissions d'informations émaillant l'action réciproque subordonnent l'appréciation d'une situation à une heuristique fortement marquée par une valeur de vérité transcendant les intérêts particuliers et les conduites adoptées : les dispositions symboliques répondant à la fois aux injonctions de sens requises par une configuration sociale donnée et aux incertitudes de l'engagement tendent à se substituer aux valeurs de référence lorsque la morale publique au fondement du civisme ordinaire se voit dangereusement remise en cause par un groupe social. Le bien commun procède en premier lieu du respect de règles du jeu organisant la passation des conditions normatives instituant une confiance apriorique dans les conventions sociales : le sectarisme doctrinal, le durcissement pathologique se révélant aussi bien dans le "détachement civil" (reposant sur l'idée contrefactuel que rien d'immédiatement décisif ne peut être fait[20]), "l'inconséquence" (erreurs de désengagement dus à un mésusage de la connaissance normative[21]), "l'évitement" (refus de participer au jeu interlocutoire et civil) ou la "cruauté" (érosion des convictions morales, passage à l'acte, cercles de confirmation, routinisation) obligent les partenaires sociaux à ouvrir une discussion publique par le biais de leurs organes de représentation en vue de trouver un compromis acceptable sur un plan éthique. Dans l'hypothèse inverse, certaines conduites irrationnelles, i.e. dont les fins et les moyens sont incertains ou confus[22], sont susceptibles de donner naissance à des « *situations critiques* »[23] du fait de l'inadéquation des schèmes explicatifs utilisés par rapport à l'objet observé. Autrui peut dès lors n'être plus perçu comme un semblable (*Mitmensch*) mais comme un contemporain (*Nebenmensch*) tombant dans un anonymat relatif l'exposant aux incertitudes d'une conjoncture politique instable ou aux aléas du jugement collectif. La continuité de l'action devient indistincte, la saisie du sens intentionné n'a plus qu'un lointain rapport avec les motifs inférés : la modification des *matières* de la socialisation (pulsions, intérêts, buts, tendances, états, mouvements psychiques) engendre des conséquences inattendues et de nature à déstabiliser les modes de reconnaissance de l'intersubjectivité. « *Ce n'est pas simplement par charité que l'on est amené à accorder aux gens un large degré de cohérence psychologique. (...) La confusion totale, comme l'erreur universelle, sont impensables (...) l'idée d'une erreur massive annule l'arrière-plan des croyances vraies sans lequel l'erreur elle-même ne peut s'expliquer (...). Si nous ne parvenons pas à découvrir une trame cohérente et plausible dans les attitudes et les actions d'autrui, nous perdons tout simplement toute chance de le traiter comme une personne »*[24]. L'entente (*Einverständnis*), « *le fait qu'une activité qui s'oriente d'après les expectations que suscite le comportement d'autrui possède une chance "valant" empiriquement de voir ses expectations se réaliser, pour la raison qu'il existe objectivement une probabilité selon laquelle les autres considéreront pratiquement eux aussi ces expectations comme significativement "valables" pour leur propre comportement,* malgré l'absence de tout accord préalable. Les motifs pour lesquels on peut compter sur ce comportement d'autrui sont conceptuellement indifférents (nous soulignons) »[25].

Les raisons des acteurs ne suffisent plus à elles seules à expliquer, et *a fortiori* à comprendre, la dissonance cognitive contrariant la plausibilité d'un accord sur les règles civiles du vivre-ensemble. Si le *Je* demeure le support ontologique de toute relation sociale au cœur du nazisme, il ne peut s'en extraire totalement au risque de se voir soumis aux significations qu'autrui pourrait être tenté de lui attribuer en conformité avec les attentes du système politique : les formes pratiques _gestuelles et langagières_ deviennent dans leur ambivalence générique soit des *moyens* de retrait de l'avant-scène sociale préservant l'individu du jugement de l'autre soit les *causes* de sa perte.

Les structures d'interaction, associant les positions respectives des acteurs dans la stratification sociale, le degré d'abstraction et de hiérarchisation du contexte et la variable distance/proximité entre les personnes, étaient régies par des référentiels normatifs produits et légitimés par des institutions soumises à la systématicité du politique pour lequel la relevance de normes de justice devait trouver son origine dans des déterminants idéologiques et métasociaux en dehors de toute délibération collective. La béance culturelle scindant irrévocablement la société allemande en autant de groupements aux mœurs, coutumes et perspectives inconciliables était constamment réaffirmée, légitimant par là même l'adoption de mesures légalisant les différences. Les droits et devoirs envers la communauté nationale explicités dans les discours de propagande s'insinuaient dans des règles de coexistence et d'échanges communicationnels justifiant la mise en place de "cadres relationnels" institutionnalisés, de « *sentiers spatio-temporels* »[26] : la transparence des sentiments, la sincérité de l'attachement au Führer et à son projet politique, le principe de non-contradiction entre les idées et les actes, la confusion entourant la perception du réel et l'horizon d'attentes ressortissaient à une volonté manifeste de personnaliser certains types d'actions réciproques (agents/agents, agents/institutions) en énonçant les conditions formalisées de leur effectuation tout en renforçant l'intégration systémique[27] liant les individus aux sources de l'autorité légitime. L'*ennemi* était conceptuellement investi de propriétés et caractéristiques morales, physiques, affectuelles, mentales empêchant qu'un sentiment d'obligation à son égard ne vienne à s'exprimer. L'utilisation de moyens modernes de communication en vue d'une esthétisation des formes du politique, de célébrations de cultes et de ritualisations théâtralisées médiatisaient une conception du juste s'encombrant peu des valeurs universelles consacrées par la philosophie des droits de l'homme. Persuader les acteurs de la légitimité d'une pratique de pouvoir supposait leur participation pleine et sans réserve aux affaires publiques, ou du moins à ce qui était de leur ressort : les archétypes et préjugés sociaux voisinaient avec les représentations symboliques émanant des systèmes dominants en se légitimant mutuellement pour mieux souligner la dimension apodictique des mesures d'exclusion. G.S.Leventhal a su démontrer l'influence du degré de tension entre un groupe et son environnement sur la fixation et la validation de normes de justice : « *en premier lieu, l'existence d'un conflit entre le groupe et son environnement est associé à une moindre sensibilité au thème de la justice à l'intérieur du groupe : d'une part, l'attention se focalise sur la relation avec l'extérieur, d'autre part, la conformité et la cohésion à l'intérieur du groupe sont très accentuées ; il est alors plus difficile de remettre en question l'équité des distributions en son sein. En deuxième lieu, l'existence d'un conflit externe fait prévaloir les préoccupations de macrojustice (comment assurer le fonctionnement du groupe, comment le rendre optimal ?) plutôt que de justice interindividuelle. (...) Il n'est pas évident qu'un conflit avec l'out-group se traduise systématiquement par un égalitarisme accru. Si l'accent mis sur la cohésion peut favoriser cette tendance, la nécessité de maximiser l'efficacité du groupe et la rigidification des hiérarchies agissent en sens inverse. En troisième lieu, les normes de propriété individuelle sont affectées par le conflit : l'appropriation privée est soumise à de plus grandes restrictions »*[28]. Curieuse dialectique de la *distinction* et de l'*indistinction* requérant de l'individu de réelles prédispositions à s'ouvrir au monde, à reconnaître l'ami comme l'ennemi, à se mettre à l'écoute des clameurs et des passions ébranlant de leurs tremblements convulsifs les certitudes les mieux établies : l'agent décrit est rationnel, doté de ressources et de compétences, capable de juger de la gravité d'une situation mais s'en remettant invariablement aux institutions pour légiférer et appliquer la loi dans le pur respect des codes de procédures. L'Etat accède au statut de prestataire de services, juge et partie d'une action qu'il aura lui-même initié en dédouanant moralement chacun des membres de la *Volksgemeinschaft* (et non de la société civile) de pratiques de délation, de dénonciation de comportements douteux sur des critères le plus souvent purement subjectifs. Le défaut de "sens moral" dû à l'équivocité de certaines conduites désormais admises traduisait une ambiguïté fondamentale touchant aux formes de l'intentionnalité : comment agir à la fois pour le bien commun contre l'autre, avec l'autre pour le bien de l'Etat tout en étant à la merci de volontés individuelles ou institutionnelles, sans qu'il n'existe parmi toutes ces propositions de lien apparent ?

La théorie de l'utilité espérée, posant que face à une situation d'incertitude, un individu opte pour la conduite lui offrant le plus d'avantages (ou le moins de désagréments), prête à l'agent des croyances, préférences et opportunités lui permettant d'opérer une délibération interne prenant en compte l'environnement social et politique afin de déterminer une solution maximisant ses propres intérêts : au-delà de l'adéquation de moyens d'action avec les buts poursuivis (rationalité instrumentale), il aura sélectionné au préalable parmi les multiples fins envisagées celle(s) qui lui paraîtra (ont) convenir aux ressources objectives dont il dispose_ « *des agents rationnels ne sont pas limités au raisonnement moyens/fins, car ils peuvent pondérer leurs fins ultimes en fonction de leur importance pour leur plan de vie pris comme un tout, de leur cohésion et de leur complémentarité les unes par rapport aux autres* »[29].

L'adoption d'une posture comportementale et psychologique s'effectuait sous l'emprise de contraintes structurelles, interactionnelles, éthiques réduisant considérablement l'éventail des rôles endossables ; elle incitait l'agent à se satisfaire de représentations partielles d'une situation, de connaissances fragmentaires sur les projets d'autrui (rationalité cognitive limitée), d'objectifs restreints et de choix simplifiés déterminés *a priori*.

Il y a tout lieu de penser que les actions susceptibles d'imputation étaient généralement subordonnées au souci de se préserver de l'ingérence possible d'autrui.

L'activité sociale se conformait aux places et fonctions assignées par les différents systèmes, en dépit des contradictions et incohérences qui ne manquaient pas d'apparaître ; les agents étaient en quelque sorte les "supports" de rapports sociaux, liés par une clause léonine au bénéfice de potentats et d'une élite raciale.

Les modalités de la relation au Führer relevaient ainsi d'une logique contractualiste, bien que celle-ci n'ait pas été formalisée dans des règles écrites. Le consentement, l'obéissance, la liberté d'indifférence (chère à Descartes) pouvaient de cette manière s'accommoder de conséquences paradoxales ou inattendues (effets de composition), d'une approbation de la domination au refus d'accorder créance aux coûts computationnels des luttes de pouvoir auxquelles ils ont à prendre part : évalués selon leur mérite respectif tout en demeurant fonctionnellement complémentaires (principe de hiérarchisation), les individus agissaient comme si les gratifications et traitements allaient obéir à des principes de répartition proportionnelle[30]. Les modes de retrait, variant en fonction de la conjoncture, de certaines franges de la population de la scène publique procédait de la conviction que les conceptions du juste dépendent étroitement de la présence physique d'autrui (proximité affective) et de ses capacités supposées de réaction : la rationalité instrumentale pouvait dès lors se déployer dans les couloirs des bureaucraties d'Etat où s'exprimaient sans s'opposer stratégies individuelles et conduites coopératives, rigidité des procédures et libertés prises avec les règlements, réticence à s'engager dans une action collective (pour des raisons d'intérêt bien compris) et crainte des sanctions, volonté de s'abstraire de la contingence par l'adoption de conduites normées et recherche d'informations (même incomplètes) de nature à consolider les positions occupées. L'escalade politique, les ordres contraires ou irréalisables dans les temps impartis sans contraintes supplémentaires, la "décapitalisation" possible de ressources, l'imbrication de situations réclamant des compétences étendues, une connaissance parcellaire des mécanismes d'inclusion/exclusion à l'œuvre, la tentation de dissimuler de l'information, des aspirations individuelles se jouant de la contradiction comme de la dialectique : autant de paramètres repérables, objectivables sous couvert d'une inflexion probabiliste d'hypothèses de travail initiales, traduisant le manque de pertinence de tout programme qui viserait à proposer un modèle de rationalité unique à même d'"expliquer" l'action. Des axiomes de rationalité convoqués par le sens commun rapportent les motifs actanciels à des structures nomologiques leur donnant à la fois consistance et cohérence ; l'agent social n'a pas accès à l'ensemble des données et phénomènes entrant dans la composition d'une action sociale et tend de fait à réduire les motivations d'autrui à de simples substrats utilitaires tout en leur prêtant des desseins qui n'en relèvent pas exclusivement. Si le chercheur doit limiter dans un souci de plausibilité heuristique les motifs d'action, sous peine de se perdre dans les linéaments de la réflexion d'autrui, les acteurs en font de même bien qu'il puisse leur en coûter une totale mésestimation, voire une méprise sur le sens donné à l'action par d'autres individus agissant dans le même champ. Certains groupements sociopolitiques se trouvaient en position hégémonique sur le marché des capitaux et des biens acquis dont la détention leur permettait d'orienter leurs stratégies de conservation et de reproduction ; la singularité du contexte politique et idéologique annihilait les risques de subversion en confinant certains dans des champs et systèmes spécifiques les privant par là même des informations dont ils auraient pu avoir besoin. La compréhension de certains comportements ne doit-elle pas être référée à la conjonction des *moyens*, de *fonctions*, de *connaissance*, de *pouvoir* dont d'aucuns eurent le bénéfice dans des circonstances particulières, à des degrés variables et sur des périodes de temps plus ou moins longues : les membres des SS, les séides du régime occupant des postes-clés dans les différentes administrations et institutions (y compris dans le système concentrationnaire) et tous ceux qui eurent le sentiment de pouvoir accorder leurs moyens aux fins du régime ou aux leurs propres. Les formes (conditions d'émergence, durée, finalité(s), expectations, attentes de rôles...) de l'action réciproque donnaient à la sociabilité quotidienne certains accents des romans de Broch, Moravia ou de Zamiatine : les engagements contractuels entre agents allaient en se raréfiant du fait d'un évident déficit de confiance en l'autre, mais aussi d'un doute sur le respect des clauses implicites et le sens même de la responsabilité individuelle. Si l'hypothèse d'une variabilité des normes de justice en fonction des cadres relationnels à été mise en évidence et validée dans certains travaux de philosophie politique et juridique, le sentiment de justice lui-même découle de la corrélation d'éléments stratégiques qui, à la limite, n'ont rien à voir avec une notion du *juste* immuable et universelle. Les différences de perception d'autrui _comme occupant un *rôle* transitoire ou comme *personne* dans sa dimension de permanence_ influe notablement sur le choix de référentiels normatifs, et ce, corrélativement aux différences de positions statutaires, d'affinités idéologiques, de schèmes de raisonnement, de situations juridiques, de "qualité" de leurs relations interindividuelles, d'appartenance à des groupements sociaux... Les études menées par J.Greenberg aboutissent à la conclusion que « *l'accentuation de la conscience de soi a pour résultat d'augmenter l'importance ou la visibilité des contributions dépendant du sujet, qui deviennent le critère-clé de la répartition. L'accentuation de la conscience de groupe aboutit à des distributions plus égalitaires. (...) La conscience de groupe accentue l'idée de similitude, d'indifférenciation des partenaires ou leur sentiment de la communauté de leurs destins* »[31]. Prise à la lettre, la démonstration, appuyant son interprétation sur des associations statistiques moyennes, accréditerait l'idée qu'en fait d'adhésion communautaire et de ralliement idéologique l'intérêt individuel régirait la nature des interactions sociales ; on sait qu'il n'en est rien du fait d'une situation complexe non maîtrisable par la seule volonté des acteurs. L'observation est pourtant de quelque poids dans la mesure où elle rappelle opportunément que l'utilisation de modèles de rationalité ne résiste guère aux injonctions de sens multiples produites par les faits eux-mêmes. Autrement dit, les justifications éthiques des actes énoncées par les agents ou reconstruites selon certaines règles de plausibilité par les chercheurs sont typifiées par défaut pour des raisons diamétralement opposées : les jugements de valeur et les maximes de moralité défendus par les uns, attribués cognitivement à partir de jugements d'expérience et d'hypothèses théoriques par les autres prétendent à un statut épistémique équivalent. Comme le souligne J.-M.Ferry, « *les valeurs ont à la fois le statut de limites axiologico-sémantiques définissant une certaine compréhension du monde et le fonction de normes éthico-juridiques régulant les interactions sociales à l'intérieur de la communauté où cette compréhension est partagée* »[32] : les phénomènes sociaux comme les logiques d'interaction relèvent de l'unité fonctionnelle d'un monde éthique structuré autour d'un *système de valeurs* et de *normes régulatives*. Les valeurs juridiques sont "évaluées" (par le législateur, le juge, le justiciable), leur sens réexaminé dès l'apparition de conflits dont la résolution nécessite avant même leur prise en charge par le champ juridique l'adoption d'une raison pratique attachée soit à une rationalité procédurale, soit à une métanorme supplantant toute norme déjà existante. Dans la doctrine nazie, le choix de valeurs ayant une « *puissance proprement ajustée aux impératifs fonctionnels d'intégration du système social* »[33] influençait normes éthiques et juridiques : certaines valeurs partagées reconnues comme essentielles par une collectivité font rarement l'objet de débats sur la scène publique, elles dispensent la politique de trouver les fondements de son auto-légitimation. « *L'institution politique de la liberté moderne engage une différenciation interne de la raison pratique, la différenciation fonctionnelle du droit et de la morale, notamment, mais aussi, une différenciation procédurale entre l'élection de valeurs et l'adoption de normes* »[34] ; dans cette mesure, le mythe de la race et ses corrélats constituait la norme constitutive de la vie en société, en tant qu'il s'appliquait à stabiliser les attentes de comportements. La théorie du *rational choice* et ses variantes permettent d'inférer *ceteris paribus* que la plupart des décisions prises par le sujet s'effectue de manière plus ou moins aléatoire en fonction de l'expérience acquise dans d'autres contextes situationnelles : il ne faut y voir nulle contradiction sinon une confusion possible entre raisons et causes de l'action. Les faits portés à la connaissance de l'agent par observation directe ou par les voies de la rumeur, des médias ou de circuits d'information informels ne sont que les prémisses d'une position morale pouvant susciter un dispositif normatif rationnellement élaboré. « (...) *le principe du caractère manifeste de la vérité a notamment pour objet de couper court à la régression à l'infini ; ce qui n'est pas sans intérêt pour expliquer la faveur rencontrée par cette position.* (...) *Outre son caractère fastidieux, ce qu'il y a de plus frappant dans le programme observationaliste qui prescrit de toujours rechercher quelles sont les sources d'une connaissance, c'est qu'il va absolument à l'encontre du sens commun. En effet, lorsqu'une affirmation suscite en nous des doutes, la démarche normale consiste à tester celle-ci, et non à s'enquérir de sa source ; et si nous parvenons à la corroborer de manière indépendante, dans bien des cas, nous admettrons l'affirmation sans nous soucier le moins du monde de sa provenance*»[35]. Les formes de manipulation de l'opinion populaire, le contrôle des communications systémiques dévaluent fonctionnellement la variable de *vérité* supposée régir les conditions d'attestation de l'information : l'individu confronte dès lors son propre système de valeurs aux phénomènes requérant une explicitation raisonnable (selon un degré de vraisemblance déterminé), en tenant compte de prescriptions morales et juridiques pouvant conduire dans l'hypothèse de leur transgression à l'application de sanctions symboliques ou effectives. Les valeurs morales ne possédant en théorie pas de puissance normative, les conclusions auxquelles l'individu souscrira traduiront davantage l'état d'un rapport de forces d'une situation politique donnée qu'une compétence actorielle mise en œuvre en vue de définir une position ontique reflétant l'étendue de ses connaissances. Une rationalité annexée par les passions conserve-t-elle néanmoins un potentiel heuristique suffisant ?

3.2.2. Du bon usage des règles du jeu.

K.Popper a proposé un "rationalisme critique" illimité distinguant une rationalité comme *adaptation à une situation envisagée du point de vue de l'acteur* et une rationalité comme *adoption d'une attitude critique* : la passion de la raison ne saurait être confondue avec la passion comme condition de la raison. Les conduites sociales s'effectuent à l'aune d'un cadre juridique régulant la quasi-intégralité des échanges comme des conflits entre individus ou avec la puissance publique ; les conditions d'application d'une règle repose sur les systématisations des juristes tentant de concilier les attentes attachées au désir de socialité et la dogmatique juridique. L'analyse du *skat* offrait l'occasion à Weber de définir les dimensions d'une règle en tant que "norme idéelle" (ou normative) ou "norme empirique" : son appréhension découle de "maximes" concernant l'adéquation à la *morale (Sittlichkeitsmaxime)_* le joueur a-t-il bien "joué", i.e. conformément au but du jeu _, à la *juridicité (Rechtlichkeitsmaxime)* et à la *finalité* du jeu. L'analogie énoncée entre les règles des systèmes juridiques et les règles (formant système) des jeux procèdent de leur nature "eidético-constitutive" : la règle est la condition apriorique minimale de la connaissance empirique du *jeu* (ou du procès), elle est dite *agonistique* du fait de la rupture qu'elle instruit avec les règles de la vie courante. Une partie se décompose en une succession de situations factuelles déterminant un comportement adapté de la part des participants ; la mise en place de stratégies ("maxime d'utilité") procède d'une connaissance partagée des règles usuelles, d'une rationalisation des procédures ou des techniques de jeu, d'une anticipation des stratégies adverses (prémisses normatives) : les acteurs doivent être conscients que leurs conduites respectives vont mutuellement s'influencer faute de quoi la partie ne pourra être engagée. Le respect de la règle induit l'adoption de conduites en situation, une interprétation continue de la norme en cours d'interaction, une conception dynamique de dispositions juridiques congruentes avec les valeurs endossées et les ressources mobilisables par les agents. La corrélation du modèle du jeu et du droit soulève quelques réserves en ce que cela induit un principe d'égalité de répartition des moyens juridiques théoriques, une capacité à discerner les règles normatives[36] des règles constitutives[37] et présuppose la possibilité d'identifier dans le champ linguistique du droit « *des relations juridiques dépendantes de la constitutivité juridique qui soient représentables de manière simplifiée_ et donc efficace _selon le schéma de la constitutivité des règles du jeu* »[38]. Pour autant, il permet de mettre en perspective le rôle de la volonté individuelle dans la décision de qualifier une question comme ressortissant au droit et ce, quelle que soit la justesse de l'évaluation des gains espérés. Les acteurs modulent leurs requêtes en fonction des "cadres" juridiques préexistants à leur demande et de la *réalité multiple* des contextes sociaux auxquels ils participent : la situation d'action est en elle-même productrice de logiques et de configurations d'action, créatrice de valeurs et porteuse de disparités dans l'attribution des identités d'action respectives. Weber identifiait la *rationalité formelle* du droit fondée sur le rejet des impératifs éthiques, utilitaires ou politiques externes à un champ « *se [transformant] sous l'influence de considérations rationnelles en finalité* »[39] à « *l'autorité s'imposant en vertu de la légalité, en vertu de la croyance en la validité d'un statut légal et d'une compétence positive fondée sur des règles établies rationnellement, en d'autres termes l'autorité fondée sur l'obéissance qui s'acquitte des obligations conformes au statut établi* »[40], la légitimité à la légalité, l'effectivité de l'ordre juridique à l'Etat. Dans la domination légale, « *les membres du groupement, en obéissant au détenteur du pouvoir, n'obéissent pas à sa personne mais à des règlements impersonnels ; par conséquent ils ne sont tenus de lui obéir que dans les limites de la compétence objective, rationnellement délimitée, que lesdits règlements fixent* »[41]. La rationalisation bureaucratique instruit une domination de l'impersonnalité *sine ira et studio*, sans haine et sans passion, sans amour, sans enthousiasme, sans considération de personne, de manière égale pour tout le monde[42] : à l'efficacité accrue dans le traitement de l'information par la calculabilité (*Berechenbarkeit*) et la prévision répondent la dénonciation d'une incapacité à assumer ses responsabilités sur le plan politique, la prétention à vouloir être l'unique dépositaire de l'intérêt général, le danger d'une absence de contrôle par d'autres instances et contre-pouvoirs bureaucratiques, le manque de transparence et de publicité données aux affaires traitées. Le type "pur" construit par Weber réfère à une vision diachronique fortement influencée par l'observation du fonctionnement des institutions prussiennes ; si la séparation entre la sphère privée et le poste occupé (« *séparés des moyens d'administration et sans appropriation de leurs emplois* »[43])[44], l'existence d'un corpus de règles écrites et la procédure d'enregistrement systématique des actes sont clairement posées comme conditions (parmi d'autres) de la *confiance* dans l'administration bureaucratico-monocratique (unité de commandement), l'écart entre les pratiques informelles et les procédures formelles ainsi que la place de l'expertise (autorité professionnelle) ne sont pas abordés. La violence physique ne peut être que le fait de l'Etat qui en détient l'usage dans toute circonstance relevant directement de sa seule compétence ordinaire (dans l'hypothèse d'une défaillance des autres moyens) : son exercice traduit l'incapacité du droit à résoudre un conflit opposant l'ami à l'ennemi. En ce sens, l'Etat nazi coïncide avec un *Etat gouvernemental* (C.Schmitt) dont une légitimité plébiscitaire empêcherait le retour à un régime légal : le rationalisme formel et la bureaucratisation affectent les idées éthiques comme les conduites individuelles en réduisant considérablement les perspectives sociales envisageables. Les croyances collectives ne sont plus déduites de "raisons fortes" énoncées en "équilibre réfléchi" (N.Goodman) avec leurs propres intuitions : la valorisation d'une conception particulière du bien, et par là même d'un système de valeurs unique, sur le juste trouble les frontières entre droit et morale[45]. L'explication sémantique faisant suite à l'*intercompréhension pratique* de l'action introduit « *une* dépendance normative *des normes juridiques vis-à-vis de normes non-juridiques* » et « *une* génération endogène d'un droit ordinaire *en fonction du déroulement intercompréhensif du commerce civil_ génération endogène qui n'est nullement contradictoire avec le fait attesté d'une préexistence de certaines règles de la vie sociale mais qui au contraire rend nécessaire l'étude du rapport de la normativité en situation d'interaction avec les règles ou les principes susceptibles d'en garantir le bien-fondé* »[46]. Certaines lois édictées acquièrent une effectivité normative et prescriptive dans les interactions quotidiennes ; leur réactivation permanente du fait du respect continu des règles qu'elles instruisent révèle les structures d'attentes sociales dont la norme juridique procède. Vouloir se soustraire à leur effet d'imposition revient à nier les processus de rétroaction et de récursivité du droit et des expériences sociales ; la validité normative d'une règle réfère à son appréhension présente et à l'évaluation à laquelle elle est soumise (A.Ross parle de "validité autoréférentielle").

En subordonnant les actions réciproques au respect de règles abstraites et autoritaires sensées redéfinir le rapport à la Loi pour les citoyens du Reich, la doctrine du droit informait le social davantage qu'il n'était la conséquence de la régulation normative des actes civils. La différenciation fonctionnelle des instances de décision dans le champ juridique ne fut pas remise en cause du fait de l'interpénétration de systèmes concurrentiels et d'une division du travail entre les institutions permanentes assumant l'exigence d'un système de décision complexe[47]. La signification d'une norme est plurielle et contingente ; elle résulte d'une interprétation opérée par les sphères judiciaires compétentes en fonction des éléments mis à sa disposition pour juger de la validité d'une demande. La fonction ordonnatrice du droit s'exprime dans un espace spécifique clairement délimité, clos, ritualisé protégeant l'individu de pratiques d'ingérence dans la sphère privée ; la séparation des pouvoirs protège l'ensemble de la société civile contre les tentations du contrôle social : la ségrégation spatiale est une condition nécessaire, mais non suffisante contre l'abus de droit, l'erreur judiciaire, l'incompétence d'un juge ou les luttes de légitimation à l'intérieur du système juridique. Le sujet peut en être victime, comme être l'"instrument" d'une procédure ouverte expressément à son encontre : l'appropriation du champ juridique par le politique est une constante des régimes dictatoriaux, le maintien des formes procédurales, l'élargissement des compétences des tribunaux ordinaires, la création de nouvelles juridictions, la confusion entre le délibératif (législations spéciales) et le judiciaire en est une autre. La propagande ne relâchait guère son emprise pour rappeler opportunément la conception *panjuriste* présidant à l'esprit des lois, l'exigence d'en connaître les grandes lignes comme les traits originaux. La *personne* ne pouvait échapper à la loi du simple fait que la loi lui était clairement destinée : l'hypothèse du *non-droit* défendue par une sociologie juridique affirmant l'insignifiance du contentieux _« *la plupart des rapports de droit n'accèdent pas à la litigiosité* »[48] _ par rapport à l'universalité du droit dans la vie sociale _« *Nul doute que sous ses formes élémentaires, irraisonnées, le respect de la règle de droit ne soit, pour une grande part, liée à une sensation de régularité, qui trouve son contentement dans la généralité et la permanence de l'impératif coutumier ou légal* »[49] _ est partiellement invalidée par les faits : le *renoncement* à saisir certains faits, l'*auto-limitation* et l'*auto-neutralisation* du droit doivent être resitués dans leur contexte de relevance. La préséance de la législation raciale soulève indirectement un certain nombre de remarques fondamentales si l'on veut prendre la mesure du pouvoir d'objectivation de la règle de droit dans l'appréhension de l'autre :

- « *c'est en regardant opérer le droit que chacun acquiert le besoin d'un ordre même pour le non-droit, et conquiert la pratique élémentaire de cet ordre : la régularité, l'équilibre, la modération, le respect de l'autre* »[50] (1) ;
- l'individu évolue quotidiennement dans des situations juridiques (2) ;
- le droit occupe une place réduite dans la psychologie individuelle (3) ;
- l'amitié n'est pas régi par les lois civiles (4).

Ces considérations sont valables dans un Etat de droit respectant certaines clauses généralement associées au régime démocratique, inutile de préciser que la judiciarisation à outrance de l'espace civique en conteste (à l'exception de la mention (2)) la substance ; de plus, ceux qui y sont désignés comme des *non-sujets* de droit (les *incapables*, les *indiscernables*, les *choses*, les *morts*[51]) sont requalifiés par le droit objectif nazi comme catégorie juridique et tombent de fait sous le joug de la Loi. La pédagogie législative se mue en mode de prescription doctrinale, les sources de l'obligation étant à rechercher dans l'hétéronomie du droit, aussi bien que dans l'autodiscipline de l'agent. Point de fictions consolatrices ou de symbolique du peu : l'ombre portée par le droit sur la société n'aura de cesse d'en subvertir les gestes les plus ancrés dans la pratique[52]. Le politique ne brouille pas les limites du champ juridique au point de rendre ses contours imprécis, voire indistincts : l'omniprésence du droit dans les relations sociales n'entraîne pas fonctionnellement la déterritorialisation de l'espace judiciaire comme dans *Le Procès* ; au contraire, son aire de compétence est plus que jamais reconnaissable, identifiable et par là même présente dans les consciences individuelles. Le *Juif* en est le justiciable par essence mais loin d'en être l'unique objet de pratiques : l'inférence de modalités organisationnelles, ramenant en creux une fois de plus les activités de justice vers le jeu, dans la description de la structure formelle des institutions suffit-elle par analogie à émettre l'hypothèse d'une société gérée, gouvernée *comme* une organisation ? Crozier réfute la représentation réduisant l'agent au rôle prescrit qu'il occupe au sein d'un ensemble organisé et sa conduite à une *attente de rôle* de la part de ses partenaires ; un ordre social émerge précisément parce que l'individu interagit et oriente ses choix en fonction des allocations de ressources qu'il en espère, mais aussi du fait de son refus de participer à tous les jeux qui s'offrent à son attention : dans une société complexe, ni les décrets, ni les règles n'ont le pouvoir d'évocation et d'influence sur l'action que recèlent les mécanismes et les normes se constituant au cœur des actions réciproques[53]. Les stratégies mises en place pérennisent les régulations existantes dans les systèmes d'actions concrets à l'intérieur des organisations structurées comme dans les relations interindividuelles les plus banales. Dans la perspective couverte par le nazisme, le modèle hiérarchique du contrôle social cherchait à anticiper les effets émergents inattendus découlant des mesures qu'il avait lui-même initié : l'interventionnisme essayait de remédier aux dérives prévisibles, tout en en légitimant d'autres, en se justifiant d'une politique visant à l'acculturation des agents à sa propre vision du social. La mise en conformité du régime juridique à la volonté politique mettait en cause la logique propre du champ et de ses règles fonctionnelles : les individus étaient contraints de modifier leurs habitudes, de se conformer à leurs nouvelles prérogatives et "libertés" d'action. Il est loisible de voir dans l'esthétisation du politique des moyens de domination accroissant considérablement la dimension contraignante des discours de propagande, représentations graphiques, symboles et informations émanant des médias ; la doctrine infusait au cœur des interactions une conception de l'identité individuelle reposant sur une logique en terme d'habitus et de structuration de processus signifiants. La constitution d'un sens déterminé de l'activité sociale parachevait l'œuvre d'innovation, d'institution de nouvelles conditions du vivre-ensemble indexé sur la lettre de la loi et s'appuyant sur un cadre légal dans lequel les mises en scène du sujet incarné, de son corps, de ses gestes et de sa complexion psychologique se développaient sous une surveillance réciproque. L'action était conditionnée par son lieu d'explicitation, dans une configuration situationnelle régie par le droit : quelles stratégies les acteurs adoptèrent-ils pour en déjouer les inconvénients les plus manifestes, s'extraire de la rigidité fonctionnelle induite ?

Les formes du *secret*, consistant en une limitation de la connaissance réciproque (« *restriction/non-restriction de l'information, modification/non-modification de la réalité perçue/représentée, transgression/non-transgression des normes des échanges* »[54]) et s'exprimant par des non-dits rituels ou stratégiques, une déformation de représentations mentales, un non-respect de conventions, sont au principe d'un espace de jeu interactionnel dans lequel les figures relationnelles prennent consistance au travers d'échanges d'influence et de séduction, de marques de connivence ou de méfiance. La dialectique du voilement/dévoilement de soi, les manière d'être et de paraître amènent les individus à user de stratégies défensives ou offensives afin de priver l'autre (ou les autres) d'une information dont il pourrait avoir besoin. « *Trois axes le long desquels l'acteur peut virtuellement se déplacer délimitent un espace de réversibilité symbolique virtuelle : l'expression ou la non-expression des représentations, l'expression authentique ou déformée des représentations, le respect ou l'irrespect des conventions. Cet espace est morphogénétique : il imprime profondément sa marque aux acteurs individuels et collectifs et à leurs relations. La révolution symbolique accroche le secret aux signes, ces passeurs entre visible et invisible, et par là toute la connaissance ordinaire, à la définition identitaire et interactive des acteurs* »[55]. L'engagement procède de la possibilité même de pouvoir rompre l'accord sous-jacent fondant tout lien d'interrelation : l'hypothèse d'une manipulation volontaire de l'information de nature à contester le maintien d'une relation de confiance inhérente à certains échanges renforce paradoxalement la dynamique de la coopération. La faillibilité des dispositifs, le risque d'une remise en question d'une convention tacite, propre à la plupart des interactions sociales, "obligent" moralement les agents qui y prennent part en les soumettant à une pression sociale, aux remontrances et aux accusations d'autrui, voire à une condamnation, dont les modalités sont toujours spécifiques d'une situation donnée. La réversibilité du secret dans les dyades, triades[56], quartets…s'inscrivant dans les formes d'interactivations sociales (Quéré) et de sociabilité devient un facteur déterminant dans le processus d'autonomisation de l'acteur collectif[57] et d'objectivation des formes elles-mêmes : les acteurs (comme les organisations) protègent leur association (les rapports intrasystémiques) de l'immixtion (de l'infiltration) d'un tiers grâce à une asymétrie constitutive entre le dedans et le dehors[58] leur permettant de différencier les espaces sociaux. Les formes symboliques, les actes et les règles du langage accompagnent l'institution de conventions dans le cadre duquel peut s'exprimer la capacité offerte au sujet de prendre position, d'adopter une conduite conforme à son désir de se soustraire au regard, au jugement d'autrui ou à l'inverse de le convier à partager une information. Le *signe* se dissocie de son *référent* dans des configurations sociales aménageant des zones d'intimité et de socialité particulières tolérant le mensonge ou le non-dit : les individus agissent directement sur les cadres interprétatifs de l'action. L'incertitude entourant le secret éventuel détenu par autrui produit de la croyance mais aussi de la contrainte : serment, menace, initiation, apprentissage du silence sont tacites dans les micro-connivences sociales, invoqués dans les sociétés secrètes. L'analyse simmélienne doit à cet endroit être dépassée dans ses assertions, comme dans certains de ses attendus ; l'idéologie nazie, à travers les postures interactives réciproques qu'elle impose, semble concevoir la communauté nationale comme une société secrète. Il nous faut immédiatement ajouter que si le secret était consubstantiel aux pratiques communicationnelles à l'intérieur des institutions, le mensonge l'était pour tout ce qui avait trait aux relations pouvoir/opinion populaire : le renoncement à l'expression de certains affects et émotions annonçait l'assujettissement, la mise sous tutelle de l'imagination, elle-même à l'origine de la réversibilité du conventionnel fondant nos normes relationnelles[59]. Le secret devenait de la sorte l'axiome d'une politique et l'unique moyen d'en sortir : les médiations symboliques entre intérieur et extérieur facilitaient la constitution de métareprésentations plus ou moins légitimées mais comment le secret, qui, avant d'être une marque d'authenticité et de sincérité consiste en la dissimulation d'une information à des tiers, pouvait-il dans cette mesure accompagner les intérêts d'un système ? Si l'on admet que la fragilité structurelle d'une action réciproque, de quelque nature qu'elle soit, doive être rapportée à une volonté exprimée par au moins deux agents de lui accorder une dimension éthique (qu'elle n'a pas nécessairement initialement), si, autrement dit, le secret est indissociable de la confiance, la nature du lien social sous le régime nazi lui prêtait-elle un sens particulier ?

3.2.3. Le modèle pour pallier les insuffisances du récit ?

La connaissance implicite, donnée en partage à tous les individus, des modes de formation de liens sociaux est au fondement de toute problématique abordant la question de la constitution de la société : un *savoir de socialisation* tacite ou, selon Weber, un savoir nomologique des manières habituelles d'agir dans des situations typiques, en tant que condition *a priori* d'un travail d'interprétation d'une situation en cours, se conjugue à la foi inductive que l'ensemble des acteurs sociaux conformeront leurs conduites au métaprincipe de la rationalité. Les actions réciproques s'orientent en vertu de savoirs pratiques, de typifications, d'attentes, d'anticipations, de conjectures et d'un complexe motivationnel (sentiments, désirs, pensées) par lesquels la connaissance de l'autre peut être posée, car ne se résumant pas à la saisie d'une hexis privée de toute consistance intentionnelle. Les formes sociales actualisent la conscience de la socialisation comme *processus* donnant naissance à une configuration singulière et instable, dans le sens où elles dépendent étroitement des volontés individuelles de s'y inscrire ou non. Les expectations individuelles réfèrent à la prévisibilité du comportement d'autrui, plus précisément à « *des extrapolations à caractère psychique* »[60] permettant à chacun d'en imputer mentalement les motifs et visées probables : la compréhension réciproque d'une activité implique le recours nécessaire à des *a priori*, des présuppositions idéelles ainsi que des sentiments psychosociaux sans lesquels il serait inconcevable de vouloir entrer en relation avec d'autres entités subjectives. Les agents se livrent à une interprétation des cadres de l'action, de leurs conduites respectives en usant d'un savoir commun, ordinaire, issu de l'expérience, d'une psychologie conventionnelle leur permettant de choisir parmi les faits connus ou fragmentaires à leur disposition les éléments entrant dans le processus d'élaboration d'une image de l'autre sous des catégories générales (intellectuelles, esthétiques ou affectives). L'autre, au travers de l'observation de son comportement, des informations recueillies au cours d'une relation de face-à-face ou de l'idée que l'on peut s'en faire, devient une *personne*, une unité psychique ayant une histoire, des affects, des émotions, des projets, des dispositions, du fait de son insertion dans un monde culturel commun, mais aussi de par la prescience d'un schème d'orientation réciproque implicite permettant de lui attribuer des représentations mentales identiques aux nôtres. « *D'une part, la compréhension intemporelle ou objective est en relation avec des événements spécifiques qui acquièrent un ordre systématique et un cadre commun de référence en raison*

d'une analyse du développement historique, de l'autre la compréhension
immanente offre un cadre d'interprétation à partir d'a priori qui ne sont pas fixés
une fois pour toute mais dont la nécessité est évidente »[61]. La manière dont un individu est engagé dans une forme de socialisation découle dans une large mesure de la faculté qui lui est offerte de pouvoir s'en extraire ; le retrait, librement consenti ou contraint, des cercles sociaux est d'autant plus rare que l'individu n'y investit qu'une part de lui-même et a peu à gagner à vouloir s'en départir, particulièrement lorsque ses affiliations institutionnelles sont en jeu. Les réticences de la population de confession juive à quitter l'Allemagne à la suite de la promulgation des Lois de Nuremberg permet d'en prendre la mesure : la perte de certains droits fondamentaux, la déconsidération et la pariatisation dont ils furent l'objet n'eurent pas l'effet escompté par les autorités, l'attachement patriotique, culturelle, politique, la confiance placée dans la raison semblent avoir eu raison, pour un temps, de la peur des esprits les plus clairvoyants. L'appartenance à certains cercles sociaux n'est pas fondamentale en soi dans la procédure instituante d'une identité sociale : l'individu possède la faculté de s'en revendiquer comme d'en taire l'existence. Une grande partie des adhésions auxquelles nous consentons, des raisons les motivant et des stratégies mises en œuvre conservent la dimension de confidentialité qui en fonde en quelque sorte les prémisses : nous supposons que certaines d'entre elles sont au moins postulées par autrui du fait de leurs occurrences moyennes dans la vie des individus se trouvant dans une situation sensiblement identique à la nôtre. « *Les individus socialisés* *comptent en moyenne avec probabilité sur le fait que les autres conforment leur* *comportement au règlement suivant l'interprétation qu'on en donne en moyenne,* *qu'ils organisent leur propre comportement conformément aux expectations* *analogues des autres* »[62].

Le sentiment de confiance pallie à la précarité des informations dont nous disposons pour appréhender un individu dans ses ambivalences constitutives.

La confiance envisagée dans ses conditions propres d'émergence au sein d'une institution administrative ne recouvre pas en toute rigueur les mêmes attendus et n'a pas la même fonction que dans une relation interindividuelle. L'impersonnalité présidant aux rapports entre services, juridictions ou instances décisionnelles permet à l'individu de se dissimuler derrière un rôle, une attribution ou une compétence dont il peut être dessaisi eu égard à des circonstances dont la finalité lui échappe le plus souvent ; l'agent, en tant que citoyen, justiciable ou contribuable, typifie la situation interactionnelle, l'évalue à l'aune de ce qu'il en a appris par ailleurs ou de l'opinion qu'il s'en fait intuitivement. Le face-à-face avec un interlocuteur jusque-là "abstraitement" imaginé, au sens où il pouvait revêtir au gré des rapports informels divers traits de caractère ou être réduit à des contours exagérément simplifiés, modifie radicalement la nature de la perception : les certitudes aprioriques qui constituaient l'horizon ultime de la relation sont dès lors appelées à évoluer, les orientations réciproques se spécifient selon d'autres critères de mise en forme du donné_ l'autre a désormais un visage[63]. « *La confiance représente soit une sorte de don accordé les "yeux fermés" ou sur un seul regard, soit un crédit-risque alloué sur une parole, des garanties légales et/ou une évaluation raisonnable. (...) La confiance ne se résume pas davantage à des attentes réciproques. Elle se présente plutôt comme une* incontournable amorce réflexive d'échanges marqués par l'incertitude de la réversibilité virtuelle »[64]. La conviction diffuse de détenir un savoir susceptible de corroborer la croyance en la validité de nos propres jugements nous pousse à accorder foi en la probabilité forte que nos attentes vont être satisfaites et que notre représentation de la réalité socio-historique possède une réelle pertinence. La confiance était un adjuvant explicitement requis dans le bon fonctionnement des administrations du Reich ; la loi du silence, le serment de fidélité et d'obéissance au Führer étendu à tous les fonctionnaires, le code d'honneur dans l'armée allemande, la foi en la réussite d'une politique et les sanctions brutales et définitives accompagnant la transgression des "engagements" passés (bien que non codifiés) témoignent de sa portée signifiante. Elle reposait sur l'idée que les personnels impliqués dans l'effort de guerre allaient collaborer à la pérennité du système politique : le manque de fiabilité des hommes, de cohérence des directives, de cohésion décisionnelle et d'homogénéité dans leur mise en application était contrebalancé par leur familiarité avec l'appareil juridico-légal, leur maîtrise de l'outil, leurs intérêts respectifs à y consentir, la surveillance à laquelle ils étaient quotidiennement soumis et l'assurance non directement explicitée que chacun souscrivait bien aux mêmes objectifs, partageait des aspirations communes, des ambitions inavouables ou des sentiments dénués de dimension morale. « *La confiance renvoie à la définition de la situation et à la compétence d'une personne à qui on peut se fier, c'est-à-dire personne dont le comportement ne remettra pas en cause l'ensemble des présupposés sur lesquels le monde social est journellement et familièrement vécu* »[65].

La confiance au principe de la légitimité du régime nazi ? Nous allons tenter d'apporter des éléments de réflexion qui puisse valider une semblable hypothèse. La confiance, en tant que forme configurant les modalités relationnelles dans l'interaction, adoptait les apparences d'une idolâtrie collective à l'adresse d'un démagogue ; quels contours l'autorité charismatique recouvrait-elle dans les consciences individuelles, peut-on se fier à l'expertise des observateurs contemporains des faits ou faut-il appréhender ce phénomène de manière inductive en élisant certaines données objectivables et en procédant par recoupement ? Confiance dans le credo politique[66], l'exigence d'un changement, la légalité et la légitimité des mesures prises, la nécessité d'un contrôle total sur la société par l'Etat, la pertinence idéologique de l'*Idée*, l'essence messianique de l'autorité de Hitler et sa réputation de théoricien[67], sa lucidité en matière politique, son pouvoir exceptionnel et illimité, le caractère inéluctable des processus en cours, la réalité du danger communiste, la violence comme instrument de la régénération de la conscience communautaire, l'absence de solution alternative ou encore l'adhésion massive et inconditionnelle d'une grande partie de la population et en particulier de ses élites (liste non limitative). Le retournement progressif de l'opinion populaire _rapporté à la question de la confiance_ bien que jamais décisif ni irrévocable (en toute hypothèse non évaluable faute d'indicateurs) ne constitue pas en soi un facteur déterminant dans la mise en évidence d'une montée de courants de contestation au sein de la société allemande : la tension dialectique _liant savoir et non-savoir_ et « *l'imbrication de typifications et d'identifications* »[68] soulignées par Simmel sont une condition *sine qua non* de l'attachement et des modes d'inscription des acteurs dans des formes sociales stabilisées. Les sentiments sociaux tels que la confiance, la fidélité, la tempérance et leur envers respectif participent de la même manière à la possibilité d'une coexistence et au maintien des cadres sociaux institués ; ils suppléent à la méconnaissance ou aux distorsions communicationnelles, inclinant à ne pouvoir juger autrui que sur des impressions, en autorisant une économie de moyens, de compétences et d'engagement dans la relation réciproque. La confiance pallie à l'absence de certitudes tangibles et là n'est pas le moindre de ses paradoxes : si en effet l'agent n'interroge plus la situation dans laquelle une part de lui-même s'insère, si, autrement dit, le principe probatoire n'est plus posé en tant que présupposé d'une appréhension possible du social, il pourra invoquer l'ignorance pour justifier sa conduite et ses prises de position jugées a posteriori illicites par la collectivité. Considérée d'un certain point de vue, elle permet indirectement au pouvoir et à certaines de ses instances exécutives de s'affranchir des contraintes liées à l'exercice même de leurs prérogatives : postuler un processus de routinisation et de bureaucratisation guettant tout mouvement charismatique est une autre manière de signifier l'instauration et la prévalence sur les schèmes d'activité réciproque d'*habitudes* étroitement imbriquées à la dynamique de la rationalisation formelle. Certaines circonstances peuvent venir en contrarier l'effectivité, contraindre les agents comme les systèmes qu'ils servent à s'adapter à de nouveaux impératifs configurationnels, la confiance n'en reste pas moins au principe d'une stabilisation des attentes sociales, des mécanismes abstraits et de l'équilibre des rapports de force dans les limites que les individus lui concèdent. Les services de l'administration durent ainsi s'accommoder de mesures contraires à leur expertise coutumière en étant tenus de définir un équilibre entre répression et consentement, coercition et adhésion qui soit jugé positivement, ou à tout le moins nécessaire, par le plus grand nombre.

Une partie de l'historiographie contemporaine semble encline à adhérer à l'idée selon laquelle certains mécanismes structurels concouraient sans conteste à servir les intérêts du régime en dépit de la force de destruction que le pouvoir charismatique renfermait. Nous ne saurions reprendre pour autant à notre compte quelques-uns des développements explicités dans l'ouvrage de Kershaw dont la tonalité wébérienne de sa réflexion est clairement revendiquée dans la préface mais où les fondements proprement théoriques de l'analyse du charisme ne sont abordés en définitive que de manière élusive et presque anecdotique. D'autre part, certaines observations nous semblent entachées de raccourcis hasardeux tendant à laisser apparaître des liens de corrélation et des aperçus déterministes dans l'évocation des événements ; ainsi, dans le chapitre III, « Répression et pouvoir », affirme-t-il : « *la plupart des juges et des avocats allemands étaient hostiles à la république de Weimar qui, à leurs yeux, menaçait leur indépendance et portait atteinte à leur prestige et à leurs intérêts matériels. Politiquement, leurs préférences allaient plutôt aux nationaux et aux conservateurs qu'aux nazis. Néanmoins, dans l'ensemble, ils accueillirent favorablement le nouveau régime,* promesse d'une restauration d'un

Etat fort et donc d'un regain d'autorité pour tous ceux qui avaient la charge de maintenir "la loi et l'ordre". (...) *En dernière analyse, si les partisans de la légalité n'avaient aucune chance de l'emporter, c'était parce qu'ils étaient disposés à reconnaître le caractère exceptionnel et illimité du pouvoir du Führer, principe foncièrement inconciliable avec un Etat de droit* »[69]. Les rapports de causalité proposés faisant de l'homme de loi (l'indifférenciation des juges et des avocats est infondée et probablement abusive : difficile d'imaginer qu'ils puissent avoir une interprétation convergente des faits, si tant est qu'ils soient corporativement en mesure de parler d'une seule voix, qu'ils aient des attentes, des intérêts, une représentation du système juridique en commun) un adepte de la méthode forte par souci de l'ordre et du légalisme manquent à l'évidence d'une mise à distance nécessaire de l'objet de la recherche : tenter de vouloir cerner la question des couplages structurels apparaissant au cours de la différenciation fonctionnelle dans un régime oppressif et de l'autonomie laissée aux individus pour continuer de s'y mouvoir constitue une épreuve éminemment complexe. S'il est légitime de parler d'une érosion du pouvoir judiciaire, d'un rapport ambigüe au droit pour Hitler, d'une dérive policière, d'un recul de compétences, d'une scission entre sphères juridique et politique sur certaines questions épineuses, il l'est tout autant de référer le maintien des formes institutionnelles (au moins jusqu'à la mi-1943) à l'octroi de prébendes, à la congruence d'intérêts, au consensus partiel bien qu'artificiel dont les autorités pouvaient se prévaloir. La confiance accordée aux systèmes par les agents a permis à une méthode de gouvernement, récompensant l'allégeance à la politique poursuivie et le respect des procédures et règlements, de s'inscrire dans la durée nous semble être une proposition prêtant moins le flanc à la critique que celle développée par Kershaw en conclusion de son travail : « [ce modèle] *correspond à un type de domination politique où les liens d'allégeance personnelle de type néo-féodal l'emportaient sur les structures bureaucratiques de gouvernement* (...) [il] *rend compte de la décomposition de tout semblant de système ordonné ou rationnel de gouvernement* »[70]. La domination charismatique constitue une réponse possible à la perte de légitimité d'un régime, avant d'être explicitement une pratique de pouvoir en mesure de substituer une infrastructure institutionnelle et bureaucratique à une autre ; les actes répressifs ne trouveraient aucune justification politique s'ils ne pouvaient prendre appui sur une acceptation tacite des individus à leur usage : la violence et le consentement à en subir les possibles effets ont destin lié. Hitler ne pouvait asseoir son autorité qu'en préservant les apparences, la continuité des institutions et de leur formalisme était le gage de la légitimité de sa politique : la confiance de ses "administrés" était à ce prix. Que les séides et potentats de son entourage direct aient été amenés à adapter, contourner ou violer les lois ne fait aucun doute ; en ce sens, les analyses de Kershaw gardent toute leur pertinence, mais le peu de goût qu'il semble porter à l'adresse de la théorie systémique confine son propos à l'emploi de raccourcis interprétatifs l'empêchant d'interroger le sens de l'obéissance qui ne peut être simplement rapporté à une perspective utilitaire ou de position[71]. L'enchâssement de la confiance dans les actions réciproques doit être pesé faute de quoi l'usage généralisé du secret, le silence, l'attentisme, la délation, les idées fausses continueront de vivre de leur existence propre, gravitant autour d'ensembles théoriques comme simples hypothèses adventices. Si un individu au moment de glisser un bulletin dans une urne ou se préparant à acclamer le chef de file d'un parti dans une réunion publique raisonne bien en terme de choix rationnel (quelle que soit la nature de ses motivations réelles), lorsque son existence reprend un cours "normal", composée essentiellement de routines et de la satisfaction de besoins primaires, la relativité de ses croyances et de ses aspirations confrontées à une réalité insaisissable l'amène à se représenter la situation dans laquelle il pense être partie prenante sous d'autres principes d'intelligibilité. La sécurité ontologique procurée par l'emploi de catégories affectives dans les relations interindividuelles explique la prééminence dévolue au maintien des apparences, au parti pris de la normalité des attitudes, des comportements. Les actions quotidiennes n'avaient pas de raison d'être modifiées dès l'instant où elles semblaient devoir assurer une tranquillité relative et offrir quelques garanties face au risque de la dénonciation et de la vindicte. La méfiance à l'égard de l'autre, des services se situant en dehors de la sphère proprement administrative, de l'intégrité des proches de Hitler n'empêchait nullement l'individu d'exprimer de multiples façons sa foi dans l'issue des conflits multilatéraux, sa confiance dans le fonctionnement ordinaire des administrations d'Etat, dans le déroulement d'événements conformes à ce qu'il devait légitimement en attendre, dans la crédibilité de certaines sources d'informations _« *Le communiqué militaire continue à dissimuler, camoufler, passer sous silence. Mais, dans les rapports des journaux, les considérations, etc., on commence à parler un langage plus clair* »[72] _, dans le jusqu'au-boutisme des dirigeants _« *Editorial du Reich du 3 septembre 1944 : Goebbels, "La fermeté de notre confiance"* »[73] _, dans les qualités gestionnaires et l'essence messianique du Führer_ « *Comment le tournant allait venir, il n'en savait rien, mais il savait qu'il allait venir. "Adolf Hitler" y est toujours arrivé, il faut "croire en lui aveuglément", on croit aveuglément en tellement de choses qui ont bien moins fait leurs preuves que le Führer. Dernièrement une sinistrée des bombardements lui a dit : "Ca, nous le devons au Führer !" Il l'a houspillée : "Sans lui, vous n'auriez pas seulement perdu votre maison sous les bombes, mais vous seriez depuis longtemps réduite en chair à pâté !" (...) Il faut seulement "croire au Führer et à la victoire"* »[74] dans la possibilité même d'entretenir des relations de familiarité avec certains,...

3.2.4. L'identité entre repli sur soi et pratiques de conversion.

Redécouvrir le "sens endogène d'une activité sociale" (Pharo) soulève d'évidentes difficultés d'ordre logique : l'action finalisée, achevée, conservée dans les mémoires individuelles[75] ne dévoile d'elle-même que ce qui a été jugé digne d'intérêt par les observateurs ou les contemporains de l'événement en étant mentionnée dans une rhapsodie de récits contextualisés ou d'épisodes édifiants ; rares sont les écrits biographiques permettant de remonter aux sources de l'intention, des motivations et des buts, de décrire les linéaments de la conscience, les périodes de doute, de certitude, l'enchevêtrement des intérêts, des convictions et la part de contingence que "produit" toute relation de réciprocité. Il ne s'agit pas dès lors d'infléchir les faits objectivement repérables au point de n'en plus laisser paraître qu'une représentation asymptote à force de vouloir leur assigner un sens qu'ils ne recouvraient pas pour les acteurs eux-mêmes : aussi le chercheur ne devra-t-il pas introduire de variables cognitives rationalisant à l'excès les conduites et céder par là même à la tentation de ramener les faits rapportés à d'autres spécifications que celles des schèmes qu'il utilise quotidiennement dans son rapport à la réalité _« *si les hommes définissent des situations comme réelles, elles sont réelles dans leurs conséquences* »[76]. Pour tous les semblables malchanceux ou ignobles qui nourrissent la statistique ou les manuels d'histoire, que d'*a priori* de sens commun, de prénotions, de raisonnements captieux offrant un aperçu de la subjectivité et du point de vue de leurs auteurs. La méthode inductive est inscrite dans la procédure même de conceptualisation, dans la définition des règles sémantiques de l'action, dans la dimension *agentique* des pratiques (désignant la capacité reconnue aux individus de pouvoir agir autrement que ce que les habitudes ou les normes sociales enjoignent de faire). L'agent actualise les règles sociales et est détenteur de ressources d'allocation et d'autorité sans lesquelles ni la prévisibilité, ni la routinisation, ni les conditions de la reproduction continue des institutions ne pourraient être proprement envisageables. « *Un sentiment de confiance dans la continuité du monde des objets et dans le tissu de l'activité sociale dépend de liens particuliers et identifiables entre l'agent individuel et les contextes sociaux dans lesquels cet agent opère dans la vie de tous les jours* »[77]. Les raisonnements naturels ouvrent l'individu à l'expérience intersubjective, à l'intuition d'un partage possible de croyances ordinaires et de représentations qui finissent de le convaincre d'un accord minimal possible sur la constitution d'un être-commun. Le savoir nomologique procède de la faculté de référer la conduite d'autrui à des schèmes d'action, à des observations "en situation" effectuées tout au long de l'existence grâce à une psychologie ordinaire selon des procédures culturellement définies de mise à distance, d'interprétation de la praxis, d'imputation causale plus ou moins fondée des motifs de l'action.

L'entrée dans certains cercles sociaux conduit à la survenue de cadres d'interprétation et de signification susceptibles de changer le rapport au monde de l'agent s'ils exigent de lui davantage que ce qui est ordinairement requis ou si les effets de position accompagnant son engagement révèlent des contraintes inattendues : en voulant démontrer une compétence pragmatique dans l'accomplissement des tâches spécialisées qui lui incombe et une propension à se mouvoir au cœur d'un système de pratiques institutionnalisées et de réquisits normatifs, il s'expose aux regards, aux jugements, aux typifications. « *Le sentiment d'appartenance semble jouer un rôle clé dans le maintien d'une sécurité ontologique, précisément parce qu'il fait office de lien psychologique entre l'histoire de vie de la personne et ces lieux qui sont les cadres des sentiers spatio-temporels dans lesquels cette dernière se déplace* »[78]. Le tact « *conçu comme un accord conceptuel latent entre des personnes engagées dans des contextes d'interaction* »[79] par lequel elles font la démonstration de leur aptitude et de leur habileté culturelle à reproduire les conditions d'instauration des rencontres, participe de la réduction des risques de conflit et de dissentiment en démontrant la bonne volonté réciproque des interactants de voir leur désir de sociabilité s'inscrire dans un cadre instituant. La confiance préexiste à la volonté d'entrer en communication à travers la maîtrise des ethnométhodes, l'estime de soi du sujet, la valeur accordée à ses propres idées et la croyance dans sa capacité à influer sur le cours de l'événement. Les routines, les habitudes, la stabilité émotionnelle, institutionnelle et des structures de la personnalité, la délimitation et la clôture de zones d'espace-temps composent les repères, les points d'ancrage de la familiarité, les conditions de confirmation des conventions de la vie sociale : la distribution des rencontres est fonction de l'appropriation des lieux dans lesquels elles sont appelées à se produire, des traits contextuels qui leur sont propres et de la nature de l'intégration (sociale ou systémique[80]). La *conscience pratique* (connaissance tacite des règles sociales sans prédisposition particulière à pouvoir les expliquer de manière discursive) apprécie la contrainte structurelle concomitante du moment de mise en place de stratégies de coordination dans les différents contextes de l'activité sociale ; les manières d'être et de paraître[81], le discours, la mise en scène de soi trahissent le degré de compréhension des propriétés structurelles des systèmes sociaux, le souci pour l'acteur de démontrer par les formulations verbales et les formes de son inscription dans l'espace et le temps son savoir d'expérience et ses *raisons*. Les institutions sociales sont reconduites par l'entremise des pratiques adoptées par les acteurs sociaux en vue de donner sens à leurs relations ; elles puisent dans le temps de cette évocation le fondement de leur légitimation, l'actualisation de leur prédisposition (ou de leur résistance) au changement et à l'assomption de discontinuités affectant leur organisation :

« *Le monde social se constitue par des actions situées, produites dans des situations concrètes particulières, que les acteurs concernés reconnaissent, décrivent, et utilisent en tant que fondement sûr pour procéder à de nouvelles inférences et à de nouvelles actions dans ces mêmes occasions aussi bien que dans d'autres qui leur font suite. Les actions situées sont produites au moyen de mécanismes d'interaction sociale qui n'appartiennent à aucun contexte mais qui sont sensibles à tous les contextes, et les membres de la société utilisent la structure sociale pour rendre leurs actions intelligibles et cohérentes dans des situations particulières. Dans ce procès, la structure sociale est une ressource essentielle pour l'action située, en même temps qu'elle en est le produit ; de plus, la structure sociale est reproduite en tant que réalité objective qui contraint en partie l'action. La transparence de ce qu'affichent les acteurs [l'intelligibilité réciproque des conduites] s'accomplit par une exploitation de la dépendance contextuelle de la signification, via la relation réflexive qui s'établit entre la structure sociale et l'action située* »[82].

Les deux formes d'intégration donnent lieu à l'expression de pratiques itératives, récursives, régularisées (structurées dans le cas des institutions et possédant une large extension spatiale et temporelle), rassurantes pour les agents lorsqu'elles peuvent être rapportées soit à des effets de système soit à une intentionnalité et que leurs conséquences restent prévisibles. Une compétence restreinte est à l'origine de la mise en place de stratégies visant à minimiser le risque d'apparition de contraintes et d'obligations élevées : si la mise en exergue des conséquences contradictoires de l'action accrédite l'idée selon laquelle les individus n'optent pas nécessairement pour la solution la plus bénéfique pour eux ou sont en quelque sorte "victimes" du conformisme de leur choix, il semble qu'il faille supposer l'existence d'un lien entre l'apparition de conflits sociaux et la contradiction structurelle lorsque celle-ci tend à engendrer des effets pervers mal compris ou difficilement justifiables[83].

La régionalisation des contextes d'action leur permet de s'extraire de la normativité des règles d'un cercle social particulier et des contraintes d'appartenance qui lui sont attachées en se réfugiant temporairement dans des "niches" d'où ils pourront observer dans une position d'externalité apparente (très incertaine au demeurant et ne leur assurant pas nécessairement la sécurité ontologique qu'il espère en retirer) le déroulement de l'action. En démontrant sa connaissance des règles propres à un contexte d'interaction déterminé et la pleine assimilation de ses dimensions spatio-temporelles, l'individu concourt à la permanence et à la dissolution des propriétés structurelles des systèmes sociaux. La compétence actée sélectionne parmi les ressources d'autorité et d'allocation celles lui permettant de réduire les asymétries de pouvoir susceptibles d'apparaître lors d'une rencontre ; elle s'exprime à travers des modes de comportements standardisés, des interactions routinisées mettant en présence des individus endossant des rôles spécifiques. Les cercles sociaux sont régis par des règles[84] d'accès, de maintien et d'exclusion fondant concurremment les structures de signification et sanctionnant les conduites déviantes : l'agent pourra être tenté de mettre en jeu certaines de ses ressources afin d'introduire une distorsion communicationnelle susceptible de créer une "différence" en terme de position ou de pouvoir. Il encourt le risque de voir émerger des conséquences non intentionnelles, d'accentuer sa méconnaissance des sources de l'action, de perdre l'estime des autres : « *le pouvoir apparaît ainsi comme un contrôle exercé sur l'activité d'autrui à travers la mise en œuvre stratégique de ressources. Le concept de pouvoir, à la fois comme capacité transformatrice et de domination, dépendra de l'utilisation des ressources* »[85]. La spontanéité apparente de choix jugés légitimes, leur concordance possible avec les fins embrassées par d'autres, l'existence de *raisons fortes* d'adopter une conduite spécifique constituent les conditions d'une acceptation collective d'une idée ou d'un programme ; une combinaison des rationalités axiologique (prééminence des principes sur les conséquences attendues) et psychologique ("raisons du cœur" selon R.Boudon) aura plausiblement davantage d'effets sur l'opinion que la rationalité instrumentale ou utilitaire qui emportent à elles seules rarement l'adhésion. Les intérêts personnels et collectifs sont dans les actes de discours la plupart du temps entremêlés, les revendications en faveur d'une démocratisation des biens publics ont généralement peu à voir avec l'expression d'un intérêt purement égoïste. En inversant le sens du raisonnement, l'absence d'une résistance à l'oppression peut s'expliquer par l'impossibilité de faire des choix guidés par la seule utilité. Les rapports de force qui s'instaurent sont conditionnés par un conflit de légitimation entre ceux dont les intérêts sont pourtant communs : les tensions et les désaccords portent dès lors tout autant sur le sens de l'action, la nature des discours, les conduites à adopter, les stratégies à mener que sur la capacité de réaction de l'adversaire. Les loyautés naissent et se renforcent dans la compréhension et la mise à distance de l'événement par rapport aux buts poursuivis : « *Pour être effectif un investissement émotionnel dans une action désintéressée doit être contrebalancé par un bilan réaliste de la manière dont les autres profitent de votre générosité* »[86]. Etant entendu que dans les pratiques socio-filiaques[87] le cours de l'action épouse la fin réfléchie, les relations dénuées de toute dimension politique ont peu de chance d'affleurer dans une société dictatoriale ; de fait, un mouvement social de quelque ampleur ne peut se structurer qu'autour d'idées-forces faisant l'objet de définitions consensuelles minimales se déduisant d'une représentation et d'un diagnostic communs de la réalité (*modèle d'action orientée vers la compréhension* de J.Habermas). L'indistinction des moyens et des fins caractérise les activités routinisées (principe de non-conscience) et selon des modalités différentes les rapports de séduction, d'amitié ou de désintéressement : les "jeux" auxquels ils donnent lieu ne durent que le temps

291

de leur déroulement, l'acteur s'en détournera ou s'y complaira en pariant sur leur immutabilité et leur invariance. L'accomplissement d'actions routinières dénote un besoin de trouver refuge dans un quotidien ancré dans les certitudes, les convictions et les croyances en la permanence du monde ; les raisons, les attitudes propositionnelles peuvent se confondre avec les causes de l'action, les motifs avec les moyens mis en œuvre. Le refus de l'indifférence à l'injustice peut prendre les formes différenciées de la résistance (choix de l'action *pour* croire), de l'*akrasie* (faiblesse de la volonté) ou du mensonge (collectif ou individuel) à soi-même (*self-deception*) ; la philosophie analytique a fait ressortir la double dimension de l'intentionnalité, communicative et informative, fonctionnellement imbriquée (du type : *a* sait que *b* sait que *a* sait que…) dans la communication réflexive permettant d'éclairer les stratégies actorielles visant à informer autrui de ses propres motivations en les dissimulant. « *On peut définir une communication véritablement transparente comme celle dans laquelle le locuteur a l'intention de rendre son intention informative common knowledge entre lui et son auditeur* »[88]. Les écarts au *common knowledge* sont ressentis (inconsciemment ?) par les agents comme une condition nécessaire au maintien de pratiques de réciprocité et d'échange ; le savoir partagé, affecté de l'omission de ce qui fonde la relation (Dupuy parle de « collaboration négative avec autrui »), offre aux sentiments, idées et valeurs la possibilité de s'exprimer par des voies détournées sans porter préjudice au déroulement prévisible de l'interaction, ni à l'estime de soi. L'aliénation décrite par Sartre traduit la subordination de la liberté à la recherche de l'option la plus profitable (maximisation d'un critère du bien) pour l'individu : le régime nazi n'est pas en ce sens "aliénant" dans la mesure où le choix de la liberté supposait soit une collaboration totale soit la mise en danger de sa propre vie et de celle de ses proches ; à l'inverse, adopter une conduite contraire à ses intérêts relevait clairement de cette perspective. Le paradoxe du "choix de sa prédestination" peut être rapporté à la situation de l'acteur assujetti à la politique de nazification : en l'absence de "stratégie dominante" (la question *que faire?* ne trouvant pas de réponse assurée), il était raisonnable d'être "compatibiliste", i.e. de croire à la compatibilité du déterminisme causal et du libre-arbitre[89]. Examinons les deux propositions suivantes :

a) les individus croient que leurs conduites peuvent leur permettre d'échapper aux mesures de rétorsion ;

b) les individus croient qu'ils ne sont pas libres de faire des choix.

a et *b* ne sont en rien antithétiques ; elles sont intimement corrélées et portent à conclure à la nécessité de ne rien faire qui fasse encourir des risques inutiles, "négatifs" en terme de présentation de soi. L'activisme relevait donc, selon toute vraisemblance, de *raisons fortes* puisant dans des convictions politiques, morales, dans des choix non réfléchis (protéger une personne en fuite par humanité, altruisme ou compassion) ou dans la "mauvaise foi" sartrienne[90] (poser une hypothèse comme vraie, agir en connaissance de cause sans se sentir pour autant partie prenante de sa confirmation éventuelle). L'irrationalité se loge dans les décisions rationnellement élaborées mais où les avantages et les inconvénients n'ont pas pu être estimés faute de connaissances suffisantes sur les risques encourus ; le caractère par trop aléatoire des conséquences non intentionnelles de l'action (rappelons que selon Giddens elles contribuent au maintien des relations sociales existantes) pousse l'agent à la plus grande prudence et circonspection. L'inégalité de répartition des biens publics conférait aux formes de la domination une réalité tangible inscrite dans les lieux mais aussi dans les esprits : l'attribution d'une position dans la stratification hiérarchisée de la société allouait à chacun une visibilité, des devoirs spécifiques et modifiait les formes de relations de réciprocité. L'encadrement juridique et policier enserrait l'agent dans un système de contraintes décourageant l'adoption d'attitudes contestataires et empêchant l'émergence de liens de solidarité et de leur symbolique. Les référents communs étaient d'autant plus difficiles à dégager de la gangue idéologique d'avant-guerre que les lieux de ralliement et de discussion politique étaient légalement interdits ; si l'adversaire prenait sans ambiguïté les traits de l'occupant, la disparité des intérêts en jeu apparaissait dans le choix des moyens, dans les divergences idéologiques et l'impossibilité de rapporter la logique de l'action syndicale (par exemple) à une activité de résistance. Olson a montré l'influence de la taille du groupe sur les obligations interrelationnelles et les comportements personnels, et le postulat selon lequel un individu tirera profit à ne pas s'engager dans la voie d'une participation à un mouvement social s'il lui semble probable qu'un grand nombre des agents placés dans la même situation que lui le feront. Seul un ensemble structurellement organisé par une minorité active peut susciter une action collective en cherchant à fédérer autour de motifs consensuels des ensembles d'individus, aux intérêts diffus, non constitués en groupements représentatifs. Les avantages à ne pas participer sont manifestes et sertis d'évidence dans le cas qui nous intéresse directement ; le modèle de la rationalité collective de M.Olson n'est certes pas transposable à une configuration sociale ne mettant pas aux prises des entités institutionnelles mais il nous rappelle opportunément que l'énoncé d'un programme nécessite qu'il ait été jugé légitime au préalable par la société civile (ou par les groupes concernés) _d'où l'importance des revendications avancées comme gage de légitimation_, que les coûts humains et matériels aient été "discutés" par des instances de coordination afin qu'il puisse s'imposer. Les solidarités élémentaires n'existaient pas forcément parmi les individus soucieux de s'opposer au système de contraintes nazi : entrer en résistance n'avait pas de sens tant que les exigences ne dépassaient pas un certain seuil de "tolérance" n'ayant pas dans les faits de limites fixées une bonne fois pour toutes. L'absence de structuration minimale ne constituait pas un écueil infranchissable dans la mesure où l'appartenance à un groupe donné pouvait procurer un certain nombre d'avantages en termes de représentativité, d'identité (l'agent se voit attribuer les caractères et spécificités du groupe) ou de prestige. On peut présumer que les agents collaboraient davantage par conviction que par intérêt, ce qui excluait de l'activisme résistant tous ceux qui raisonnaient en fonction d'un choix rationnel autocentré ou d'un calcul utilitaire égoïste. « *Le mal qu'on souffrait patiemment comme inévitable semble insupportable dès qu'on conçoit l'idée de s'y soustraire* »[91] : les bonnes raisons de ne rien faire ne manquaient pas, celles d'opérer des prévisions à l'identique non plus (« *Dans notre vie quotidienne, comme dans notre monde scientifique, nous, en tant qu'être humains, avons tous tendance à présumer, plus ou moins naïvement, que ce que nous avons vérifiés une fois comme valide demeurera valide à l'avenir, et que ce qui nous est apparu ne pas faire question hier ne fera toujours pas question demain* »[92]). Un changement de cadre de réflexion trahit un certain désarroi face à l'augmentation d'événements dont la mise en perspective s'avère nécessaire pour juger d'une situation dans sa globalité ; un risque de mauvaises interprétations est d'autant plus prégnant que les agents auront tendance à estimer les difficultés à surmonter à l'aune d'informations partielles et de raisonnements implicites : « *afin de rendre plus préhensible un problème, nous en décomposons quelquefois les données, ce mode de résolution peut conduire à des logiques locales acceptables mais qui, accolées les unes aux autres, produisent un raisonnement faux* »[93]. Faut-il dès lors ramener l'attentisme à une réflexion rationnellement élaborée jugeant la situation comme objectivement inadaptée à la mise en place d'un programme d'actions ? La rationalité d'une action procède d'une sélection des moyens et d'une détermination des fins référées à une situation problématique donnée :

l'agent choisit sur le mode prédictif parmi le champ des possibles la ligne d'action lui paraissant la plus adéquate pour atteindre son objectif. Ce qui rend un comportement irrationnel tient davantage aux mauvaises options opérées, rapportées aux fins visées, qu'à leurs conséquences réelles, effectives ; autrement dit, une conduite est rationnelle si elle répond au degré d'exigence d'une élaboration raisonnée qui exprime une capacité intuitive à faire les bons choix. Quelles sont les limites à poser dans l'appréhension *a posteriori* d'une action qui respectent les opérations de sélection effectuées en situations d'incertitude extrême ? Sur quels fondements l'appréciation des actes d'autrui conserve-t-elle une pertinence heuristique compte tenu de la précarité des informations à la disposition de l'acteur comme de l'observateur ?

Si le chercheur est à même d'"interpréter", d'"expliquer" une conduite, peut-il la "comprendre" à la lumière de ce qu'il "sait" (ou croit connaître) du contexte sociohistorique, en fonction de la manière dont il présume les raisons et motivations de l'acteur et se représente la réalité des conflits parcourant le social ? La familiarité du monde, que nous avons en commun et dont nous partageons l'épreuve de la contingence, peut bien découler de l'engagement des agents dans la structuration des pratiques sociales, ni la typification des expériences vécues, ni l'emploi de médiations cognitives communes, ni l'attribution à autrui d'un système de croyances cohérent (principe de charité dans la philosophie de l'esprit) ne sauraient suppléer la non contemporanéité des faits et de leur analyse, remplir les vides et les silences ou empêcher que le portrait d'une époque et des individus dont l'histoire nous a laissé quelques *indices* (dans l'acception donnée par C.Ginzburg et la micro-histoire) et traces ne maquillent nos doutes légitimes sur la justesse du trait. La raison pragmatique ou ordinaire questionne le rapport que nous entretenons au "milieu environnant signifiant" et aux formes du récit : chaque acte de connaissance consistant selon T.Blin en « *une expérience vécue sédimentée, typifiée* et une expérience créatrice présente toujours renouvelée (nous soulignons) »[94], l'événement n'est pas interprété, il se confond avec l'interprétation. Le paradigme rationaliste incline à fractionner l'action en séquences, liées en apparence dialectiquement les unes aux autres : de la connaissance de l'interrelation des fins, des conséquences désirables ou indésirables, des moyens accessibles, techniquement ou ontologiquement appropriés à la réalisation des fins choisies jusqu'à la prévoyance et l'anticipation de la réaction d'autrui[95]. Toute explication infère dès lors que « *l'unanimité attendue se serait produite n'eût été l'absence, la défectuosité ou la violation d'une condition nécessaire de cette unanimité, cette condition étant présupposée, mais jamais préalablement explicitée* »[96]. La politique raciale du régime nazi informe les individus des clauses stipulant les conditions d'appartenance comme d'exclusion de la communauté nationale et accordant une identité instituée, constitutive des droits et obligations vis-à-vis de celle-ci ; le vernis juridique apposé sur les pratiques de révocation laissait le justiciable à l'intérieur des limites formelles de la société des individus. La nature fondamentalement oppressive des mesures gouvernementales, les brimades et manquements journaliers au respect de la personne, l'absence de qualification pénale de la plupart des actes délinquants à l'encontre des populations légalement discriminées préparaient l'opinion à accepter l'idée que certaines de ses composantes soient un jour déclarées radicalement inaptes à utiliser des schèmes d'expression partagés (principe d'interchangeabilité des perspectives) et à vivre dans un monde commun. Les conditions de fermeture de la communauté sur elle-même ne sont bien évidemment pas spécifiques du système nazi ; les raisons sous-jacentes ayant dicté la ségrégation des groupes sociaux le distinguent d'autres formes de gouvernement en ce qu'il affirmait la primauté de la doctrine raciologique (bio-politique) lorsque les autres systèmes la justifient généralement à partir de considérations (pseudo-) objectives (démographique, ethnique, politique, géopolitique, économique, idéologique). *« Proposer une solution possible revient à affirmer que le monde est bien l'ordre intersubjectif d'événements que l'on sait et qu'une communauté d'expériences concordantes se serait manifestée, si les méthodes, les motivations, ou les circonstances de l'une ou l'autre des personnes en contradiction n'avaient eu un caractère exceptionnel »*[97]. Les individus créent les conditions formelles d'une discussion juridique sur la base de situations fictives qui seront l'occasion d'exprimer leur compréhension (savoir) de la Loi, confirmant par là même son emprise _« *la conception "réputationnelle" de la loi permet de décrire les observations effectuées, mais elle ne serait pas complète si on ne réinscrivait l'objectivité de la loi comme garant du sens de ce que font les acteurs* »[98]. Vouloir en ignorer la portée signifiante et structurante sur les interactions reviendrait à dénier aux acteurs l'essentiel de leurs compétences : la *juridicisation* (présence de la Loi et de la rationalité juridique dans l'ensemble des actions réciproques) des relations quotidiennes est une dimension de l'existence sociale contre laquelle aucun pouvoir ne peut s'opposer ; pour en faire accepter les dispositions les plus notoires, le régime nazi ne pouvait escompter le désintérêt ou l'apathie des masses. Les agents devaient croire en ce qu'ils faisaient, se fondre dans les rôles qui leur étaient assignés, réprimer leurs désirs d'autonomie, redonner au quotidien sa banalité_ condition *sine qua non* de la création. Le nazisme correspond-il à un moment de l'histoire se refusant à la modernité et à la destruction des essences, des appartenances, des croyances ? En donnant de la réalité des rapports de force dans la société une lecture néodarwiniste et conflictuelle, il est loisible de supposer que le régime en espérait une modification profonde des structures de la personnalité, des schèmes mentaux présidant à l'interprétation, de la perception d'autrui invariablement ami ou ennemi. Les modifications structurelles initiées dans l'organisation des institutions, la réification des concepts servant à dépeindre le social, le rétrécissement des réseaux d'interdépendance, la prééminence des systèmes politique, économique, idéologique, l'accaparement du pouvoir par une oligarchie d'autodidactes soulignaient la volonté de voir la dépendance réciproque entre les individus, l'émulation et la compétition inhérentes à la constitution des formes sociales être subordonnées aux prédicats idéologiques catégorisant et classifiant les êtres sociaux selon leur origine ethnique, nationale, religieuse, sociale. L'image d'un système réticulaire[99] permet de décrire les variations corrélées des structures du réseau humain et de l'individu et de se représenter les tensions anormales auxquels sont assujettis certains des fils composant la trame de l'existence sociale : tout projet politique visant à l'instauration d'une société ordonnée différemment tend à vouloir instituer de nouveaux liens de sociabilité, de solidarité et de domination et à intervenir dans les processus de socialisation. On peut raisonnablement supposer que les individus enjoints de se soumettre au vecteur idéologique et à ses principes éthiques, normatifs et esthésiques se plieront aux recommandations et impératifs prescrits ou implicitement interprétés sauf s'ils n'en perçoivent pas l'intérêt manifeste ou s'ils en jugent les voies d'application irréalisables. Les configurations sociales, en tant que *«figures globales et toujours changeantes que forment les joueurs [incluant] leur intellect [instance de contrôle psychique], les actions et les relations réciproques»*[100], évoluent au gré des interrelations se constituant en fonction des processus, des changements, d'une dynamique des "positions" nouvellement occupées dans la stratification sociale. L'individu endosse les traits de ses différents cercles d'appartenance ; son identité est rapportée à l'image collective (positive ou négative) qui leur est attachée : le Nous du groupe dans les rapports qu'il établit avec d'autres ensembles collectifs, voire avec le reste de la société, crée une *configuration*, une forme sociale structurée autour d'un système de contraintes réciproques engageant chacun des acteurs y prenant part. « *Tant que ne sont pas associées avec l'unité d'ordre supérieur des sentiments d'identité personnelle, un sens du nous, l'effacement voire la disparition du groupe de rang inférieur apparaît effectivement comme une menace de mort, une forme de déclin collectif et par conséquent une profonde perte de sens* »[101]. En fondant l'idée de la nation sur l'insistance d'un dualisme ontologique fondamental (inclusion/exclusion ; intériorité/extériorité ; sujet/objet ; individu/société), la doctrine nazie "essencialise" les concepts permettant de décrire la *société* en en soulignant la dimension immanente, coercitive et "objectivée". « *Les ennemis qui s'affrontent en l'occurrence parlent de part et d'autre comme s'ils avaient reçu leur savoir du ciel ou de la raison hors de toute expérience. Que ce soient ceux qui considèrent la société ou ceux qui considèrent l'individu comme l'objectif suprême, ils procèdent tous dans leur esprit comme si un être extérieur à l'humanité, ou son représentant dans notre esprit, la "nature" ou une "raison" divinisée, agissant a priori, avant toute expérience, avaient fixé cette fin suprême et cette échelle de valeurs pour l'éternité* »[102]. Dotée de visées et d'intentions propres, la société serait la traduction des inflexions du politique en figeant les rapports de domination entre groupes sociaux et leur structuration hiérarchique : les esclaves de l'industrie en auraient constitué les marginaux, les laissés-pour-compte de l'impérialisme économique, ceux sans qui l'occurrence même des liens d'interdépendance institués, la réversibilité des positions, l'état d'"équilibre" des tensions entre cercles sociaux, la reproduction des schèmes d'autoperception et d'incorporation des stigmates sociaux, la régulation des émotions (l'apathie et l'indifférence décrites par les contemporains ne ressortissaient-elles pas au souci accru de se préserver des atteintes possibles, et par là même de l'obligation de tenir davantage compte d'autrui ?) n'auraient pu participer de la permanence du régime. Les Juifs n'étaient nécessaires à la légitimation du groupe racial aryen que dans la phase initiale du programme politique nazi ; l'hégémonie des nationaux-socialistes, uniques détenteurs des appareils de pouvoir aurait selon toute vraisemblance agrégé leur action sur une rationalité purement économique. L'usage des concepts de *rapports d'interdépendance* et d'*habitus* (désignant les structures mentales attachées à une position déterminée) dans la sociologie configurationnelle procède d'une volonté quelque peu paradoxale de faire reposer les processus de rationalisation sur le désir d'entrer en compétition, essentiellement par goût du jeu et du pouvoir, tout en retirant aux acteurs la faculté d'en anticiper les éventuelles conséquences attachées : « *si [Bourdieu] dispose avec sa trilogie des capitaux d'une théorie de l'obtention des biens rares, donc des enjeux, et avec la notion de violence symbolique d'une théorie de l'engagement dans le jeu, il n'y a pas d'équivalent dans la sociologie de Norbert Elias (...) [la configuration] laisse dans l'ombre la question des ressorts du jeu concurrentiel et celle de l'ajustement entre rapports d'interdépendance et habitus* »[103]. La combinaison d'actions individuelles produit des *effets d'agrégation pervers* sous l'injonction de volontés soucieuses de voir leurs initiatives l'emporter sur celles de leur adversaire : le jeu se conforme aux stratégies mises en place, crée des contraintes de rôles, suscite de nouveaux dispositifs, entérine les "coups" jugés illicites en leur opposant les règles formelles en vigueur. La doctrine nazie ne ménage aucun espace de retrait ou d'attente permettant aux agents d'observer le déroulement d'une "partie" : leur participation, leur investissement personnel n'admettent aucune procédure dérogatoire les dessaisissant de leurs devoirs vis-à-vis de leurs groupes d'appartenance. La mise en exergue de l'autonomie des configurations et des processus d'autorégulation réfère davantage dans l'approche eliasienne à un conflit de légitimation entre groupes sociaux qu'une compétition entre individus isolés : raison pour laquelle l'impéritie de certains d'entre eux ou le refus de jouer n'entrent pas en tant que probabilité théorique dans l'analyse. Si la systémique nazie affirmait l'obligation de se soumettre aux processus impulsés, le règlement des désaccords au profit des groupes sociaux dominants par des mécanismes formalisés ne pouvait trouver en toute circonstance des individus disposés à y souscrire : la désaffiliation de certaines sphères de rattachement, le désaveu des enfermements identitaires et des prosopopées idéologiques constituaient des virtualités parmi d'autres d'échapper à l'emprise des conditionnements sociaux. Les formes de domination généraient de l'interdépendance entre groupes sociaux en poussant les individus, aussi bien que les habitus et les schèmes d'appréhension de la réalité à s'adapter à de nouvelles règles : l'évolution des interrelations tendait à instituer une répartition inégalitaire des biens sociaux se défiant des effets de composition pouvant en atténuer la finalisation.

Les réseaux de dépendance interindividuelle, la méfiance réciproque ne venaient-ils pas contredire directement le procès de rationalisation propre à la modernité, l'autocontrôle requis des pulsions et émotions ? Comment expliquer que la transformation des pratiques productives de la quotidienneté sous l'influence de structures sociétales globales n'ait pas débouché sur un mouvement collectif de contestation ? La production de l'événement par le pouvoir pouvait-elle recueillir l'accord d'agents eux-mêmes auteurs de conduites élaborées, codifiées à partir d'un quotidien servant de tremplin lui aussi à l'événement ?[104]

« Les structures de domination ont tout intérêt à passer outre à la réalité du quotidien, où apparaissent les carences réelles de l'organisation sociale et les vrais sacrifices : le pouvoir cherche à faire que le maigre pain de l'aujourd'hui soit mangé en pensant aux circenses de demain. Cet aspect met en évidence que le quotidien ne peut être transformé sans une transformation des structures sociales, si l'on veut interrompre le cercle vicieux qui fait que plus on refuse le quotidien plus il perd de sens, et que plus il perd de sens plus on le refuse »[105].

Comment assumer seul la quotidienneté aliénée, l'omniprésence du risque, l'inauthenticité des liens sociaux ?

3.3. La confiance au fondement de la légitimité du régime ?

> « Etudier la stratégie du conflit, c'est avant tout prendre conscience du fait que la plupart des situations de conflit sont également des situations de négociation »[106].

Les conduites routinisées, les habitudes, l'existence de normes et de valeurs communes, l'adoption d'un comportement rationnel sont au principe de l'émergence d'attentes réciproques de relations fondées sur la confiance : la probité morale d'autrui, la présupposition de son honnêteté précèdent l'évaluation de ses motivations et l'anticipation d'une attitude opportuniste[107] faite de tromperie, de ruse, de dissimulation d'informations ou de non-respect possible de la règle. Les rapports de dépendance liant les individus procèdent d'une mesure du risque acceptable, de la prise en compte des menaces de sanction sans lesquelles la coopération espérée laissera la place à un calcul d'intérêt égoïste. Les risques n'existent pas par eux-mêmes, ils sont une composante de la décision et de l'action _« it is a purely internal calculation of external conditions which creates risk »[108] _ et donnent naissance à une relation de confiance pouvant être déçue : « trust is only possible in a situation where the possible damage may be greater than the advantage you seek. Otherwise, it would simply be a question of rational calculation and you would choose your action anyway, because the risks remain within acceptable limits. Trust is only required if a bad outcome would make you regret your action »[109]. Les modalités de la confiance intuiti personae, relationnelle et institutionnelle, en tant qu'elles présupposent le choix de la coopération, n'obéissent pas aux mêmes procédures d'élaboration et de systématisation : la bonne foi, la bonne volonté (« *quasi non calculatrice* » selon Williamson), la prédiction des comportements ne suffisent pas à l'instauration d'une relation de confiance se déjouant de l'incertitude consécutive à la mise en évidence de l'état de vulnérabilité ressenti par un ou plusieurs des agents engagés dans l'interaction. La rationalité limitée, l'insuffisance d'informations crée un déséquilibre dans l'échange communicationnel pouvant être fatal à la poursuite de celui-ci : la délimitation de *zones de confiance* est dès lors requise en vue de la stabilisation des formes sociales dont certaines sont particulièrement "sensibles" aux inflexions des acteurs, à leurs luttes d'influence et de légitimité. La confiance se soumet aux effets d'imposition suscités par l'évolution des rapports interindividuels ; la différenciation des positions génère des asymétries de pouvoir (équivalent fonctionnel de la confiance) que les acteurs s'efforcent de réduire en le répartissant, afin de limiter l'occurrence de pratiques de manipulation, la suspicion généralisée et d'éviter ainsi autant que faire se peut la tentation du dessaisissement. Dans une société où les relations de face-à-face entre personnes se connaissant mal tendent à la fois à se raréfier en raison des risques constants de délation, de dénonciation d'activités ou d'attitudes jugées subjectivement répréhensibles ou, paradoxalement, à se multiplier pour ceux exposés de fait ou donnant prise volontairement, par obligation ou au nom de principes éthiques (raisons non instrumentales), idéologiques ou politiques, à la répression. Les individus mobilisent certains réseaux informels dont la légitimité procède précisément de la réputation de ceux qui y participent. La bienveillance réciproque ne pouvant qu'être présupposée, les individus fondent leurs décisions sur la recherche de signes "objectifs" générateurs de confiance venant corroborer les propos glanés au fil des discussions : l'absence de coordination, la nécessité d'accéder *a priori* aux demandes d'autrui enjoignent d'en assumer certains coûts dérivés, de surseoir à l'obtention d'avantages, voire d'y renoncer. Si l'échange d'informations hors de tout contexte institutionnalisé peut ne pas rapporter de bénéfices immédiats, il permet à tout le moins aux partenaires d'en exprimer la prééminence et de substituer à l'expertise d'un tiers-garant la dimension contraignante de l'engagement réciproque. La confiance n'est pas commutative ; elle n'"oblige" pas à la réciprocité, en toute hypothèse, ceux (agents ou institutions) auxquels l'individu voue un tel sentiment. Elle suppose un processus d'apprentissage, une mémoire, une prévision du comportement d'autrui en fonction de ce que l'on sait, ou croit savoir de lui : l'évidence des avantages procurés par une coopération apparaît avec le temps (ce qui n'était pas sans poser un certain nombre d'écueils passablement rédhibitoires sous le régime nazi), les situations de forte indécidabilité substituent aux mécanismes formels garantis par un contrat ou des normes d'obligation de réciprocité des transactions reposant essentiellement sur l'inférence d'expériences sociales répétées au cours desquelles la fiabilité d'autrui a pu être testée. L'individu consent à être déçu à condition de ne pas avoir à en subir de trop forts désagréments ; les concessions réciproques s'énoncent à l'aune de menaces crédibles dont la mise à exécution virtuelle authentifie en quelque sorte la volonté de ceux qui les prononcent de s'engager effectivement dans une relation basée sur la confiance. Au sein d'une bureaucratie, la rationalisation des procédures, l'évaluation périodique des compétences, l'autocontrôle, la fréquence des interactions, la structure hiérarchisée de l'organisation confèrent aux rapports de coopération une forme stable, institutionnelle laissant peu de place à la défection ou aux stratégies de manipulation. Les mécanismes de "réenchâssement"[110] des activités sociales découlaient de leur subordination directe aux prédicats politiques et idéologiques : la répartition inégale du pouvoir entre diverses instances représentait potentiellement des sources de blocage, la prévisibilité des conduites opportunistes (anticiper les directives du Führer) rendant les problèmes de gestion de leurs rapports insolubles dans certaines circonstances. Les significations partagées n'auraient pu suffire à donner aux dispositifs institutionnels la cohésion nécessaire si les agents du processus n'en avaient accepté le principe : la confiance en la politique suivie, en la justesse des décisions prises par Hitler déplaçait dans le temps, repoussait l'échéance de conflits d'intérêt susceptibles de donner naissance à certaines formes de concurrence motivée par la seule obtention d'avantages statutaires. La mise en veille des revendications personnelles, le renoncement à faire valoir ses propres exigences (en refusant par exemple de transmettre une information, en la déformant ou en retardant sa diffusion) assuraient les sphères politiques de la pleine participation de ses fonctionnaires à la cause soutenue : la parfaite interprétation des rôles alloués, la conformité des pratiques référaient à une *confiance identitaire*, caractéristique des groupes fermés à forte cohésion interne. L'efficacité de la surveillance panoptique de la société, en dépit d'effectifs en définitive assez faibles, provenait selon toute vraisemblance pour partie de la croyance (*confiance cognitive*) en l'impossibilité d'échapper au maillage de l'espace social par les services créés à cet effet. L'apathie, l'indifférence, l'aveuglement, le fatalisme dérivaient de l'observation de leur rendement, de leur compétence, de la trahison possible de l'entourage élargi : la confiance institutionnelle contribuait à la reproduction des systèmes sociaux en se substituant à la confiance relationnelle. La confiance dans le respect des règles prescrites, les attentes réciproques de comportement renforçaient les processus de légitimation de la politique gouvernementale : le pouvoir promouvait la coopération en usant de la confiance à la fois en tant que lubrifiant des relations sociales (confiance institutionnelle) en s'immisçant dans la quotidienneté des personnes, et ciment des liens interindividuels (confiance interpersonnelle) en exerçant une forme de harcèlement moral portant à leur connaissance les sanctions encourues. La confiance devenait un bien rare structurant les attitudes et favorisant une transmission de ressources sujettes aux spéculations et expectations des acteurs : véritable capital social, elle ne pouvait trouver à s'exprimer sans l'entremise de dispositifs de jugement et de promesse censés pallier de possibles erreurs d'appréciation ou de suppléer à l'absence de prévisions. Le référent communautaire soulignait l'importance des relations de proximité affective, de voisinage (fussent-elles entachées de rapports viciés par une méfiance réciproque), conditions de l'acceptation de règlements implicites organisant la stabilisation des systèmes normatifs. Un doute sur la fiabilité des tiers institutionnels imposait la recherche d'ententes librement consenties, de négociations intégratives (convergence des intérêts) ou distributives (maximisation des gains) loin des échanges intraorganisationnels, dont ils étaient par principe exclus. La confiance relationnelle parvint-elle à convaincre les individus de s'engager contre toute attente dans la voie d'une coopération durable (contredisant par là même les intuitions afférentes à l'opportunisme) ? ; les attributs individuels reconnus suffirent-ils à asseoir la confiance ? Les agents préférèrent-ils faire preuve de longanimité ou opérer des *spotmarkets* (contrat acquitté sur-le-champ sans promesse ni obligation, dépourvu de toute dimension temporelle selon Williamson) ? Les desseins divergents, la difficulté de définir des objectifs communs ménageant les intérêts de chacun constituaient de véritables dilemmes pour les parties en présence ; l'irrésolution entre la conservation des avantages acquis, l'obtention de biens supplémentaires ou la prise en considération de l'engagement d'autrui dans une relation devaient s'accommoder de la contingence et des limites de temps imparti (la stratégie du *donnant donnant* entre individus anonymes suscitant de l'incertitude). Les arrangements contractuels n'étant pas garantis par des institutions, ni passibles de sanctions autres que l'opprobre de ceux qui en prendraient connaissance, les individus ne peuvent être apparentés à des agents rationnels intéressés par le seul profit qu'ils pourraient tirer de la réciprocité, ni à des automates privés de la faculté de juger de la singularité d'une situation et des enjeux s'y développant. La confiance non calculée (*personal trust*[111]), tacite, est en quête constante de signaux positifs de coopération, en l'absence de supports objectifs sûrs (garanties légales, contrats, écrits, engagements devant témoins assermentés,...) à même de répondre à son indétermination radicale : la pluralité des motifs guidant l'action incite à se détourner des modèles de la rationalité substantielle et conventionnelle, postulant un espace de calcul homogène et d'observation commun. La théorie du choix rationnel fonde ainsi son axiomatique sur la présupposition d'un monde peuplé d'agents calculateurs mus par la maximisation de leur intérêt propre et procédant systématiquement à l'évaluation d'une situation donnée en terme de coûts de transaction ; de la même manière, les travaux de Williamson, bien que s'en démarquant sur des points essentiels, concluent à l'inutilité du sentiment de confiance dans la détermination d'une conduite rationnelle conforme aux intérêts personnels réciproques : la *calculabilité générale* (*calculativeness*) protège la relation interpersonnelle contre les risques de dérive opportuniste en obligeant opportunément chacun à apprécier les bénéfices et les coûts liés à leur engagement et à prendre en compte les attentes prévisibles d'autrui.

« *Conceptual and theoretical arguments likewise suggest that the maintenance of trust via the extension of associations based on personal bonds might be seen to involve an element of rational pursuit. Trust, although a potential spin-off of familiarity, friendship, and moral values, must not be confused with them, for it has quite different properties* »[112]. L.Karpik oppose à ces développements les « *principes d'orientation de l'action* », « *l'hétérogénéité des critères de décision* », les «*jugements diversifiés*», « *la conflictualité des savoirs sociaux et des "définitions de la situation" attachée à la diversité des acteurs individuels et collectifs* »[113] ; le partage d'un "monde commun" a peu à voir avec la modélisation de l'existence sociale et l'universalité de modes de calcul applicables en toute circonstance : aucun principe de réalité ne prédispose ou ne contraint les agents à rechercher *a priori* un accord ménageant les intérêts respectifs et ne leur impose d'indexer leur volonté sur celle d'autrui. La convergence des intérêts n'explique pas à elle seule la coopération, pas plus qu'elle ne permet de spécifier les raisons poussant les uns et les autres à rechercher des engagements réciproques crédibles. La dimension morale de l'action se trouve déniée au même titre que les intentions non utilitaires : l'altruisme, la générosité, le libre consentement sont dépendants de configurations sociales singulières basées sur la confiance personnelle. Les relations interpersonnelles trouvent leur origine dans la curiosité, l'envie, la sociabilité naturelle, les sentiments diffus, les codes moraux (« *we define affective commitments as feelings of liking for, and attachment to, a specific exchange partner, which are indicated by expressions of commitment to the partner and positive evaluations of the partner* »[114]) aussi bien que dans leur envers ; leur permanence et leur stabilité sont inscrites dans l'observation des usages et le respect des normes. Autrement dit, l'emphase de la proposition « *do not walk in the woods with strangers* » (cas-type du viol d'une collégienne par un inconnu à qui elle aurait fait confiance pour des raisons liées essentiellement au contexte d'action) n'a de sens que rapportée à la démonstration qu'elle tente de légitimer_ « *donnez-moi le savoir social pertinent et je vous donnerai la solution la plus rationnelle* »[115]. Il ait des questions, des situations, des sujets à propos desquels les individus ne pourront s'entendre ; leur relative méconnaissance des paramètres structurant l'action, la contingence de l'événement, les contours fuyants du réel les voue irrémédiablement à opérer des choix présentant plus ou moins d'inconvénients, immédiats ou s'échelonnant dans le temps, et à poser des règles rationnelles d'action variant selon un certain nombre de critères objectivables. Le jugement[116] et le calcul se confondent dans l'approche néo-institutionnaliste de Williamson, raison pour laquelle le second terme permet d'avancer certaines hypothèses et de les généraliser à l'ensemble des pratiques sociales. Les agents ne transigent pourtant pas sans fonder leur raisonnement sur une habileté singulière (*tacit skills*) à juger d'une situation, sur des considérations implicites, des régularités comportementales, des sentiments sociaux, une appréhension d'autrui étayée par la connaissance de ses réseaux d'appartenance (auxquels ils sont libres de se référer ou non) : ils jugent la pertinence d'une pratique en cherchant à réduire l'occurrence de possibles effets inattendus qu'ils savent ne pas pouvoir totalement empêcher. La différenciation des principes d'évaluation tendait à rapprocher les motifs, les expectations et les appétences individuels, sous l'effet d'un système de contraintes dictant les conduites à observer et de la connaissance des sanctions encourues en cas de non-respect des prescriptions actancielles : lorsque sa propre existence est en jeu au détour des rencontres les plus routinières, l'individu peut-il raisonnablement agir sans se livrer à un calcul d'opportunité sachant que la confiance dépend dans une large mesure des conditions la garantissant ? (« *The problem, therefore, is essentially one of communication : even if people have perfectly adequate motives for cooperation they still need to know about each other's motives and to trust each other, or at least the effectiveness of their motives. It is necessary not only to trust others before acting cooperatively, but also to believe that one is trusted by others* »[117]). Les cadres de l'action définissent une temporalité dans un espace devenu familier à force d'habitudes permettant aux agents de se repérer, de se mouvoir, de se dispenser de réfléchir aux intentions mutuelles, d'accomplir des gestes qu'ils n'ont pas besoin de penser, ni d'intellectualiser: « *il n'est pas nécessaire de supposer que les joueurs sont rationnels. Il n'est pas nécessaire que ceux-ci cherchent à maximiser leurs récompenses. Leurs stratégies peuvent simplement refléter des procédures normales, des méthodes empiriques, des instincts, des habitudes ou des imitations. Les actions des joueurs n'ont même pas à être des choix conscients. Une personne qui tantôt renvoie l'ascenseur, et tantôt pas, ne réfléchit pas nécessairement à la stratégie qu'elle emploie. Il n'est pas du tout nécessaire de supposer que les choix sont délibérés* »[118]. La société nazie, cela va sans dire, était elle aussi traversée par diverses manifestations de routine, par la banalité du quotidien et la permanence des structures d'interaction ; en ce sens, l'histoire des régimes dictatoriaux démontre l'adaptabilité des acteurs face aux changements structurels impulsés et leur propension à endosser les rôles les plus contraires à leurs aspirations. En dépit de l'imposition de systèmes d'action qu'ils ne peuvent approuver sans quelque part trahir (mais dans quelle proportion ?) une part d'eux-mêmes, l'abstraction et la hiérarchisation du contexte de déroulement de l'action couplées à l'usage de référentiels du sentiment de justice inscrivent leurs pratiques dans des processus s'opposant directement à la rigidité des conventions sociales voulues par le régime. L'inégalité de répartition des ressources informationnelles et des biens sociaux créaient des disparités, des situation de concurrence empêchant les agents d'appréhender leurs rencontres dans un état de confiance minimale : leur application n'en était que plus grande pour tenter de déceler les signes d'une volonté réelle de négocier, de nouer des relations indirectes susceptibles d'apporter un faisceau d'éléments concordants permettant d'accréditer le consentement d'autrui à perdre une partie de ses biens dans une coopération et de trouver les moyens de le contraindre à respecter sans possibilité de réversion ses engagements. La décision de se maintenir dans une relation et d'opérer des choix conformément aux exigences de la *forme* instituée amenait les individus à décider sous couvert d'une justice procédurale. L'obtention de biens sociaux étant des plus aléatoires, la confiance dans ses propres jugements prévalait en l'absence de garanties institutionnelles contre les aléas de l'existence et l'effectivité des engagements pris : la plupart des conduites quotidiennes s'accommodaient des risques consubstantiels aux actions réciproques subordonnées à la primauté d'une idéologie à la fois sécuritaire et impérialiste. Les sentiments sociaux comme l'indifférence, l'apathie, l'attentisme ou la méfiance peuvent constituer des facteurs aggravants d'une situation déterminée s'ils s'avèrent n'être pas la résultante d'un choix raisonné mais de contraintes structurelles propres à un contexte donné : l'agrégation d'agirs individuels non motivés par la réaction d'autrui mais relevant d'intentions sensiblement similaires donne à leur occurrence conjuguée, par un effet de distanciation avec l'objet, toutes les apparences d'un phénomène collectif. Ce retrait volontaire mais momentané de la scène publique procédait de la crainte, fondée du fait de l'atmosphère délétère viciant la qualité des rapports humains, que les conduites les plus courantes n'offrent prise aux interprétations les plus éloignées des raisons ayant dicté leur apparition et soient prétexte à la mise en place de mesures discriminatoires. A défaut de pouvoir lire dans les pensées, l'individu utilisait les "signes" visibles ou perceptibles comme des interfaces lui donnant accès aux linéaments de la conscience des autres : l'effet de sommation produit par la peur d'être mis à nu, quand bien même n'y aurait-il rien eu à cacher, incitait chacun à une certaine retenue et à privilégier les relations dyadiques propices à l'expression de la confiance et du secret. L'imputation d'une posture morale ne peut se déduire que par l'observation des comportements successifs d'autrui avec des tiers et des règles de décision par lesquelles il choisit de se présenter à eux : la stratégie du "*donnant donnant*" consistant dans un premier temps à lui démontrer sa propre volonté de coopérer puis d'imiter systématiquement son comportement au "coup" précédent pallie à l'absence de réputation permettant de juger de l'opportunité de s'engager dans une coopération sans livrer d'informations sur soi-même. La connaissance et le respect de la règle appartiennent aux "maximes empiriques" influençant directement le comportement des joueurs de manière causale : difficile de croire que les agents aient pu être oublieux des normes et valeurs transmises par les formes séculaires du vivre-ensemble et les enseignements tirés de la tradition éducationnelle au point d'y renoncer pour en adopter des manifestations résiduelles. La confiance peut dès lors être définie comme « *une relation de délégation qui est fondée sur une anticipation du comportement du délégataire. L'asymétrie et la réciprocité de l'engagement constituent les deux caractéristiques essentielles et indissociables de la relation de confiance* »[119].

« *Trusting a person means believing that when offered the chance, he or she is not likely to behave in a way that is damaging to us, and trust will typically be relevant when at least one party is free to disappoint the other, free enough to avoid a risky relationship, and constrained enough to consider that relationship an attractive option. In short, trust is implicated in most human experience, if of course to widely different degrees* »[120]. La difficulté tient pour un agent de savoir si l'autre agit en vue de donner un gage de sa bonne foi, une garantie sur ses intentions ou s'il cherche simplement à manifester son intention d'honorer cette garantie : toute tentative visant à asseoir une relation de confiance à partir de simples prémisses éludant les motivations réelles d'autrui semble vouée à une forme d'indétermination dont les individus ne pourront se départir qu'en aménageant des « *intervalles de confiance* », lieu de « *fonctionnement des règles à l'intérieur duquel les stratégies individuelles n'ont pas d'ambiguïté* »[121] où pourra s'exprimer leur indulgence devant les écarts de conduite constatés. Paradoxalement, la confiance dite *contractuelle*, s'exprimant dans la prestation de serment de fidélité au Führer, ne permet pas d'interroger le désir de respecter les termes prévus, fût-ce par l'évaluation rationnelle de la probabilité que les clauses du contrat soient effectivement observées. Les agents peuvent confier aux institutions (confiance organisationnelle ou systémique) le soin de notifier des règles rigides réduisant significativement l'incertitude sur les comportements futurs, et, par suite favorisant l'apparition de conditions substitutives aux intentions individuelles (engagements conditionnels explicites), une aporie surgira à l'endroit des normes jugées non légitimes : sont-elles en mesure de créer des irréversibilités en obligeant chacun à conformer ses conduites aux normes sociales ? La question de la genèse de cadres de coordination des actions collectives réfère au processus dynamique de production des *règles* : comment l'individu dans le souci de défendre ses intérêts se les approprie-t-il et participe-t-il de la sorte à leur reconduction ? Les conventions sont le produit d'une sémantique de l'action collective explicitant les règles interprétatives et fonctionnelles à l'œuvre au cours des actions réciproques : les individus usent de procédés cognitifs leur permettant d'appréhender le réel à partir d'"objets" porteurs de sens, par l'intermédiaire desquels ils consolident des principes de justice et jugent de leur légitimité. L'entremise de tiers institutionnels (contrat, serment, réputation) extérieurs aux stratégies mises en place par les agents introduit des difficultés adjacentes dans le processus de formalisation de la confiance : le coût de la vérifiabilité en cas de non-respect des clauses du contrat, la nécessité d'une durée aléatoire de la relation (« *la théorie des jeux a démontré par* backwards induction *que dans un jeu de durée finie déterminée, le seul équilibre est la défection généralisée* »[122]) et de coups pouvant se répéter à l'infini, l'ignorance du résultat final de l'action, l'existence de menaces crédibles entraînant d'éventuelles sanctions obèrent la capital confiance investi par les individus dans leur coopération. La confiance dérive fonctionnellement de différentiels de ressources, de capitaux informationnels inégalement répartis (une connaissance parfaite et partagée des termes de l'échange communicationnel de même que l'absence de volonté de mise en commun de l'information dispensent de l'évaluation des capacités d'autrui à tenir ses engagements) ; les individus disposent de médiations sociales[123] leur permettant de se représenter la nature de leurs rapports de réciprocité de manière non strictement instrumentale : ils auront tendance à juger leur comportement respectif en faisant preuve d'une bienveillance tacite dans l'hypothèse où autrui n'honorerait pas ponctuellement sa promesse (l'essentiel étant d'éviter les conflits inutiles tant qu'il apportera des gages de sa volonté de coopérer). La récurrence de mensonges, la violation répétée de la parole donnée avaient une incidence autrement plus pernicieuse et passablement disproportionnée dans le cadre de la société nazie : si la "qualité" d'une personne se jugeait à l'aune de son appartenance (consentie ou contrainte) à différentes sous-communautés, l'attachement ou le rejet qu'elle leur signifiait importait peu. Dans une société ouverte, les déterminations et modes de perception subjectives servent en quelque sorte de cadres d'instanciation de la confiance : comment dès lors les "entités collectives" (Orléan) (la politique raciale, l'hitlérisme, l'impérialisme économique) substantivant de multiples dimensions de la réalité pouvaient-elles se délier[124] des discours des acteurs sociaux sans faire encourir au système politique le risque d'apparaître irréductiblement autonome et indifférent à leurs préoccupations ? Face à la volonté de non-savoir et à l'ignorance des acteurs (découlant d'un manque de transparence du jeu auquel ils participent), le régime légitimait une politique collaborationniste en encourageant chacun à la défense de ses propres intérêts : se conformer à une communauté de pratiques en vue du bien-être collectif n'était que l'acte préparatoire à la réalisation des aspirations individuelles. De cette amitié civique totalement dévoyée, caricaturée à force de verbiages haineux et d'appels à la transparence des passions, la confiance en tant qu'"institution invisible" (K.Arrow) comblait les moindres aspérités, les insuffisances du cœur et les manquements aux formes de solidarité : « *trust is a solution for specific problem of risks* »[125]. L'existence d'intérêts mutuels à s'entendre ne suffisait pas pour inférer d'une prédisposition à la coopération, ni du désir de se faire confiance : les individus devaient trouver des raisons valables de mettre en commun leurs connaissances et leurs compétences en se résignant à ne pouvoir selon toute vraisemblance être en mesure de maximiser les bénéfices de leur participation. La coopération peut néanmoins, sous certaines conditions, procéder de la conjonction d'intérêts personnels nullement animés par le désir de mettre en commun leurs informations : elle est en quelque sorte la résultante paradoxale de sa propre dénégation (ce qui tendrait à démontrer que l'absence de métaprincipes (bien-être collectif, l'esprit civique ou défense de l'universalité de certains droits fondamentaux) dans les argumentaires développés par les acteurs sociaux ne constitue pas un empêchement à la poursuite de la relation). En paraphrasant Simmel dans son étude sur le secret, "la coopération [le secret] serait un fait social en raison non pas de son contenu mais de sa structure, elle n'est pas une fin mais un moyen". Si la confiance accordée a priori par *a* à *b* dépend de la perception de la « *qualité intrinsèque* »[126] de *b* par *a*, il nous faut concurremment concevoir la peur comme une autre matrice de la sociabilité inclinant les agents à se retrancher derrière leur fonction, leur attribution afin de se protéger du jugement d'autrui : le zèle fonctionnarial, l'éthique de conviction, la criminalité de bureau sont les ostensibles avatars d'une quotidienneté conflictuelle où la complémentarité n'était pas recherchée pour elle-même, en tant que vecteur de coopération. La propension des formes de la domination charismatique à générer de la *foi* se substituait à la *confiance* mise ordinairement dans les individus appartenant à la même communauté : au-delà des positions occupées par chacun dans un système, des calculs raisonnés ou des mesures prévisibles sanctionnant tout acte déviant, son avènement avait à voir avec la *croyance* en la pérennité d'un régime millénariste, avec la *puissance symbolique* de certains référents et valeurs du discours idéologique (pureté de la race, unicité communautaire, messianisme de la politique suivie par le Führer,...), avec la *conviction* d'une revanche à prendre sur les ennemis héréditaires et non avec l'exigence de preuves tangibles ou la recherche de bien-fondés de l'action. La professionnalisation de fonctions nécessitant désormais une haute technicité ne s'accompagnait aucunement des valeurs de probité, de désintéressement et de modération[127], conditions liminaires de rapports fondés sur la confiance entre administrés et institutions : le dévouement à autrui étant loin de constituer la norme, l'adhésion aux croyances renforçait considérablement la vulnérabilité des agents sociaux et leur état de dépendance à l'égard des sphères de l'autorité légitime, du Parti, des milieux associatifs et des médias de propagande. « *Ils peuvent nous faire dire n'importe quoi, absolument* n'importe quoi, *mai ils ne peuvent nous le faire croire. Ils ne peuvent entrer en nous.* (...) *Non. C'est bien vrai. Ils ne peuvent entrer en nous. Si l'on peut sentir qu'il vaut la peine de rester humain, même s'il ne doit rien en résulter, on les a battus* »[128] : la méfiance, le conformisme des apparences ne protégeaient pas de l'inoculation de ferments de dissension, ni de l'inexistence d'un quelconque hiatus entre les discours d'intention et l'application effective des mesures prises par le pouvoir. Si l'on admet que la confiance dans les institutions_ "*a* peut faire confiance à l'Etat si celui-ci a effectivement intérêt à coopérer avec *a*" _supplée la confiance *a priori* placée dans autrui selon l'idée ou la représentation que l'on choisit d'en donner (rappelons que pour Williamson la réputation rendrait inutile la confiance), la confiance interpersonnelle ne peut affleurer que dans les relations préexistantes à la réflexion sur l'opportunité de coopérer (nous retrouvons à cet endroit la restriction des rapports intimes relevant du *personal trust*). La désobéissance civile et la résistance, au-delà de leur polysémie constitutive,

317

réfèrent à la volonté de donner crédit à l'autre dès l'instant où sa réputation ne peut être mise en doute : cette *foi*, conjonction de croyances et de confiance, nécessite la prise d'un risque calculé pouvant s'avérer décisif et bénéfique en terme d'avantages acquis. La naissance des mouvements de résistance organisés procède tous invariablement d'un événement jugé insupportable (STO, répressions aveugles ressenties comme injustes au regard d'un quotient de supportabilité collective, entrée en vigueur de lois de discrimination à l'égard du plus grand nombre (et non simplement d'une des minorités nationales), escalade meurtrière sur les différents fronts européens alimentant les rumeurs les plus folles,...) déséquilibrant le rapport coûts/bénéfices des acteurs sociaux et remettant plausiblement en cause leurs activités routinières. Les actions ponctuelles de "mouvements" ou de groupuscules de résistance doivent-elles être rapportées à une pression particulièrement forte des autorités d'occupation, à une économie de moyens policiers rapprochant la situation des conditions d'instauration de la *pax Romana*[129] (les effectifs affectés aux fonctions de surveillance se sont avérées en définitive beaucoup plus faibles que ne l'avait laissé suggérer le sentiment d'oppression décrit par les contemporains, ce qui tend à corroborer l'hypothèse d'une répression des émotions et d'une auto-surveillance avancée par Elias), à la politique répressive elle-même qui rendait difficile à la fois l'identification de l'*ami* et la détermination du degré d'intensité de l'association et de la dissociation ? ; à l'attentisme inhérent à tout changement dans les habitudes, à une longanimité liée à la conviction que la situation pouvait s'aggraver par la démonstration de signes de mauvaise volonté, voire plus prosaïquement à la prise en compte (rationalité purement instrumentale) des désavantages d'une entrée dans l'activisme politique ? Une variante du dilemme du prisonnier nous est fournie par Orwell dans un ouvrage étranger aux assertions visionnaires que d'aucuns furent enclins à lui prêter : « *Il se peut que nous restions ensemble encore six mois, peut-être un an, on ne sait pas, mais au bout du compte, nous sommes certains d'être séparés. Est-ce que tu te rends compte à quel point nous serons seuls ? Quand ils se seront emparés de nous, nous ne pourrons rien, absolument rien l'un pour l'autre. Si je me confesse, ils te fusilleront. Si je ne me confesse pas, ils te fusilleront de la même façon. Quoi que je dise, quoi que je fasse, et même si je me retiens de parler, rien ne retardera ta mort de cinq minutes. Aucun de nous deux ne saura si l'autre est vivant ou mort. Nous serons absolument démunis, absolument désarmés. La seule chose qui importe, c'est que nous ne nous trahissions pas l'un l'autre, mais, au fond, rien ne changera rien »*[130]. La situation décrite est paroxystique et révèle l'absurdité vécue par certains individus pris dans les mailles du système répressif nazi : l'absence de dilemme est en propre ce qui définit de la manière la plus explicite la nature d'un régime ne fondant pas sa légitimité sur la résolution des problèmes qui lui sont posés par l'application de la règle de droit. Les configurations dans lesquelles sont engagés les acteurs sociaux leur intimaient de ne se fier qu'à eux-mêmes sous peine de vivre dans la crainte de la trahison : ce mode d'appréhension de la réalité signe leur effacement de la vie publique sans aucune solution de continuité, mais tend à omettre une dimension irréductible de l'interaction, à savoir le sens et la valeur que toute relation prend pour les individus. L'esprit du don, caractérisé par l'absence de gratuité inconditionnelle ou d'absolu désintéressement, la quête de notoriété, de dignité dans le regard d'autrui placent pour une durée indéterminée la trahison en périphérie de l'action ordinaire, la rationalité paramétrique en extériorité radicale vis-à-vis du souci de soi et des autres. Si la perte de confiance aboutit à préférer la trahison plutôt que la coopération même si celle-ci devait procurer en toute hypothèse des bénéfices supérieurs, la défense d'intérêts isolés n'aboutit à des conséquences désastreuses que dans certaines formes sociales dont les propriétés structurelles et structurantes s'avèrent incompatibles avec une situation d'incertitudes généralisées. Face à la modélisation des processus sociaux, les agents opposent leur désir d'autonomie, la concrétude de leurs engagements et de leur fidélité, leur savoir-faire et leur attachement aux rituels sociaux : si la défection pure et simple emporte ordinairement l'adhésion par les évidents avantages qu'elle procure, elle découle d'un choix délibéré, instruit des éléments portés à la connaissance d'un individu soucieux de s'entourer de garanties, de preuves de la bonne volonté d'autrui et de s'assurer des possibilités qui lui sont offertes de pouvoir peser (menace de sanctions, possibilité de se jouer d'autrui en cas de nécessité ou de se dérober soi-même à la relation[131]) sur l'interaction. La probabilité de ne plus se revoir après une première entrevue est élevée dans nos sociétés ; une confiance mutuelle ne peut s'instituer que dans l'hypothèse d'une relation suivie dont l'issue importe pour chacun des interactants et sous la condition que les intérêts respectifs n'entrent pas à un moment donné en contradiction. L'emploi de règles d'action conditionnelles est suspendu aux circonstances mêmes de l'interaction, au nombre d'individus souhaitant interagir (la protection du groupe peut constituer un avantage), à la possibilité de pouvoir conformer sa conduite à celle d'autrui ; de plus, les agents doivent se convaincre qu'il n'existe potentiellement pas de meilleure stratégie dans l'absolu[132].

La conduite rationnelle consistait à trahir ou à ne pas jouer ; le choix de la trahison relevait d'une stratégie rationaliste consistant à concevoir l'autre comme un acteur également rationnel (et non comme un Dieu bienveillant et altruiste), la défection étant une manière de marquer ses désaccords en encourant un minimum de sanctions immédiates. « *S'il n'y a qu'une façon d'être rationnel, il y en a plusieurs d'être raisonnable* »[133] : la société nazie le permettait-elle ? En ouvrant un espace de personnification de l'intérêt et du calcul, le régime y révélait les apories qu'il initiait lui-même par sa volonté de subordonner les agents à sa politique (une méfiance s'inscrivant au cœur des rapports interindividuels ; une foi assurée dans la politique poursuivie) : il scellait inconsidérément son destin à l'observance d'une fidélité à son action tout en produisant les ferments de dissensus interindividuels potentiels. La scénographie quotidienne plaçait chacun dans un rôle spécifique, un système d'action et d'attentes réciproques étroitement corrélés à la raison instrumentale ; « *courtiser le sentiment d'autrui* » (Kant) devenait pour le moins hasardeux. L'irrationalité apparente de certaines conduites n'était qu'une rationalité se pliant au principe de réalité de l'immédiateté ; « *si tout comportement irrationnel n'est pas raisonnable, il peut être raisonnable d'être rationnel quand le domaine est* naturellement quantifiable »[134] : si tous les secteurs de la vie sociale ne l'était pas, le risque objectif de trop en montrer lui l'était. La mise en exergue des dialectiques confiance/intérêt et trust/commitment permet d'affirmer que l'intérêt ne pourrait apparaître sans être sous-tendu par la confiance, sans que *a* et *b* aient le choix de s'engager (ou non) dans une forme d'échange négociée ou réciproque : « *our subjects still came to trust their partners and to feel positively toward them to a much greater degree in the reciprocal exchanges than in the negociated exchanges* »[135]. La présence de plusieurs agents détenant des ressources équivalentes, la négociation des termes de l'échange ou un différentiel de pouvoir trop ostensible sont quelques-unes des conditions créant des relations asymétriques entre le système d'interaction et son environnement s'avérant néfastes au développement de relations de confiance (*trust*) car donnant à voir aux acteurs les fondements inégalitaires sur lesquels reposent leurs interrelations : « *Confidence emerges in situations characterized by contingency and danger, which makes it meaningful to reflect on pre-adaptive and protective measures* »[136]. Une forme de méconnaissance, d'incertitude quant aux intentions d'autrui doit rester de mise afin que puissent se développer des liens de confiance entre les individus_ « *We propose that the weaker assurance and greater risk of exploitation in reciprocal exchange provides greater opportunity for actors to demonstrate trustworthiness to one another*»[137] ; « *unlike trust, which refers to expectations based on inferences about a partner's personal traits and intentions, assurance refers to expectations of benign behavior from an exchange partner based on knowledge of an incentive structure that encourages such behavior rather than exploitation*»[138]. Les inflexions de l'opinion populaire semblent démontrer un changement de nature de la confiance en fonction de l'évolution de la situation intérieure (problème des denrées alimentaires, forte pression liée à l'effort de guerre, doute sur les choix stratégiques, effacement visuel de Hitler,...) : la foi dans le Führer, les institutions et la politique, fondée sur une forme d'inconditionnalité se mue en confiance présageant d'une possible déception (*confidence*). « *The lack of trust simply withdraws activities. It reduces the range of possibilities for rational action. It prevents, for example, early medication. It prevents, above all, capital investment under conditions of uncertainty and risk. It may lead to a bad life in moral terms, because one no longer expects to be rewarded after death*»[139]. La difficulté de parvenir à définir des objectifs communs (quel sens et quelle valeur attribuer à la coopération ? dans quels buts et sous quels motifs ?), un doute sur la fiabilité d'autrui (sa réputation est-elle fondée ? veut-il réellement coopérer et jusqu'à quel point ?), des délais impartis incertains (faut-il s'engager de suite ou attendre une opportunité ? le temps dont je dispose sera-t-il suffisant pour atteindre mes/nos objectifs et pour instaurer une relation de confiance ? le poids de l'événement et de la contingence historique ne risquent-ils pas de réduire à néant les efforts consentis ?), l'existence de *raisons fortes* de ne pas s'investir (risques pesant sur les proches ; délation ; mise en danger de son existence pour des objectifs indistincts ou ne justifiant pas la fragilisation de sa propre position dans le système), la manipulation de l'information incitant à une certaine circonspection, le démantèlement partiel ou total de certains réseaux amicaux, corporatifs, associatifs, politiques, culturels et économiques étaient sans exclusive susceptibles de contrarier le déploiement de relations de coopération en venant en troubler les enjeux. La mise en évidence de ces propositions permet de postuler que certaines formes de confiance trouvaient dans la société nazie un espace d'émergence particulièrement propice du fait de la conjonction de facteurs de *risque* et de *dangerosité* directement liée à la participation à la vie sociale : le changement dans les habitudes, la corruption des activités routinières ou la mise en question de l'un des prédicats mentionnés en déstabilisaient les conditions d'expression.

Notes de la Troisième partie

[1] F.Néno, « Décrire l'interaction : une critique pragmatique de la théorie des jeux », *Revue du M.A.U.S.S.*, 8, op.cit., p.87.

[2] L.Boltanski, L.Thévenot, op.cit., p.48.

[3] ibid., pp.289-290.

[4] G.Giraud, *La théorie des jeux*, Paris, Flammarion éd. (coll. « Champs Université »), 2000, p.90.

[5] A.Giddens, op.cit., p.372.

[6] J.-M.Ferry, « De l'élection des valeurs à l'adoption de normes », in S.Mesure, *La rationalité des valeurs*, Paris, P.U.F. éd., 1998, p.178.

[7] idem, p.149.

[8] R.Boudon, « La rationalité axiologique » in idem, p.48.

[9] R.Salais, « Paul Ladrière, la sagesse pratique et l'action en économie » in S.Bateman-Novaes, op.cit., p.104.

[10] M.de Montaigne, « non seulement chaque pays, mais chaque cité a sa civilité particulière, et chaque profession » cité in P.Pharo, *Sociologie de l'esprit. Conceptualisation et vie sociale*, Paris, P.U.F. éd., 1997, p.24.

[11] M.Walzer, *Sphères...*, op.cit., pp.24-25.

[12] A.Schütz, *Collected Papers II. Studies in social theory*, La Haye, Martinus Nijhoff éd., 1976, p.85 cité in T.Blin, *Phénoménologie de l'action sociale. A partir d'Alfred Schütz*, Paris, Editions L'Harmattan, 1999, p.11.

[13] P.Berger, T.Luckmann, op.cit., p.107.

[14] T.Blin, op.cit., p.18.

[15] P.Pharo, op.cit., p.4.

[16] ibid., p.193.

[17] voir L.Wittgenstein, *De la certitude*, Paris, Gallimard éd., 1976.

[18] P.Pharo, op.cit., pp.193 et s..

[19] ibid., p.219.

[20] ibid., p.30.

[21] ibid., p.165.

[22] « la façon la plus pertinente d'analyser et d'exposer toutes les relations significatives irrationnelles du comportement, conditionnées par l'affectivité et exerçant une influence sur l'activité, consiste à les considérer comme des "déviations" [*Ablenkungen*] [des "perturbations" [*Störungen*]] d'un déroulement de l'activité en question, construit sur la base de la pure rationalité en finalité » in M.Weber, 1995, op.cit., p.31.

[23] A.Giddens, op.cit., pp.110 et s..

[24] D.Davidson, *Actions et événements*, Paris, P.U.F. éd., 1993, p.297.

[25] M.Weber, 1992, op.cit., p.341.

[26] A.Giddens, op.cit., p.198.

[27] ibid., p.351.

[28] J.Kellerhals et al., « Justice, sens de la responsabilité et relations sociales », *L'Année sociologique*, vol.45, op.cit., p.325.

[29] J.Rawls, *Libéralisme politique*, Paris, P.U.F. éd., 1995, p.79.

[30] voir article J.Kellerhals, op.cit., pp.318-325.

[31] ibid., pp.324-325.

[32] J.-M.Ferry, op.cit., p.145.

[33] ibid., p.149.

[34] ibid., p.153.

[35] K.Popper, *Des sources de la connaissance et de l'ignorance*, Paris, Rivages éd., 1998, pp.120-122.

[36] « gouvernant des formes de comportement préexistantes ou existant de façon indépendante » in J.R.Searle, *Les actes de langage. Essai de philosophie du langage*, Paris, Pauchard éd., 1972, p.72.

[37] « créant ou définissant de nouvelles formes de comportement », idem.

[38] G.Ferrari, « Le droit dans la forme praxéologique du jeu » in F.Ost, M.van de Kerchove, *Le jeu : un paradigme pour le droit*, Paris, L.G.D.J., 1992, p.197.

[39] M.Weber, *Sociologie du droit*, Paris, P.U.F. éd., 1986, p.234.

[40] M.Weber, 1990, op.cit., p.102.

[41] M.Weber, 1995, op.cit., p.291.

[42] ibid., p.300.

[43] ibid., p.295.

[44] contrairement aux pratiques ayant cours au sein de l'"administration patrimoniale".

[45] « Dans l'Etat total que nous voulons instituer, il n'y aura pas de différence entre la morale et le droit » Hitler, discours du 13 avril 1933.

[46] P.Pharo, « Le droit ordinaire comme morale ou commerce civil », in F.Chazel, J.Commaille (dir.), *Normes juridiques et régulation sociale*, Paris, L.G.D.J., 1991, pp.245-246.

[47] A.-J.Arnaud, « Du jeu fini au jeu ouvert : vers un Droit post-moderne », in F.Ost, op.cit., p.123.

[48] J.Carbonnier, *Flexible droit. Pour une sociologie du droit sans rigueur*, Paris, L.G.D.J., 1992, p.21.

[49] idem, p.93.

[50] ibid., p.37.

[51] voir « Etre ou ne pas être sur les traces du non-sujet de droit », ibid., pp.176-190.

[52] ainsi J.Carbonnier précise-t-il que même « le mouvement qui pousse le jeune enfant vers son père a un ressort juridique : il a fallu des millénaires de droit patriarcal pour le produire », in ibid., p.342.

[53] M.Crozier, « Le problème de la régulation dans les sociétés complexes modernes », in F.Chazel et al., op.cit., pp.131-135.

[54] A.Petitat, *Secret et formes sociales*, Paris, P.U.F. éd., 1998, p.17.

[55] idem, p.11.

[56] « composé de deux nœuds relationnels auxquels s'appliquent les propriétés morphogénétiques de l'espace de réversibilité symbolique », in ibid., p.96.

[57] « tout acteur collectif tend à se structurer en cercles concentriques, avec en son centre le sommet des hiérarchies et les informations névralgiques ; ce trait est particulièrement saillant dans les sociétés secrètes », in ibid., p.107.

[58] « toute interaction implique un double niveau de communication, officiel et officieux, ainsi qu'une double définition de la situation, publique et privée », in ibid..

[59] ibid., p.108.

[60] P.Watier, « La compréhension, la socialité et le problème de la constitution de la société », in *Sociétés*, 53, 1996.

[61] idem, p.219.

[62] M.Weber, 1992, op.cit., p.327.

[63] nous avons à l'esprit le concept d'"épiphanie" dans la pensée philosophique d'E.Lévinas.

[64] A.Petitat, 1998, op.cit., p.91.

[65] P.Watier, 2000, op.cit., p.189.

[66] « Sa vision du monde s'articulait autour de trois grands axes : une conception de l'histoire comme lutte entre les races, un antisémitisme sans concession et la conviction que l'avenir de l'Allemagne dépendait de la conquête d'un espace vital aux dépens de la Russie » in I.Kershaw, 1995, op.cit., p.35.

[67] « J'ai l'intime conviction que Hitler ne s'éloignera pas d'un iota de sa doctrine national-socialiste. (...) Si, néanmoins, cela semble parfois le cas, c'est toujours au nom d'intérêts supérieurs. En effet, il réunit en sa personne le créateur de programme et l'homme politique. Il sait ce qu'il veut et comment l'obtenir. Moi qui doutais encore à Göttingen, je retire de mon séjour ici une *confiance* absolue dans l'instinct politique de Hitler » cité par A.Tyrell, *Vom "Trommler" zum "Führer"*, Munich,1975, p.170 cité in ibid., p.48.

[68] P.Watier, 2000, op.cit., p.185.

[69] I.Kershaw, 1995, op.cit, pp.89-90.

[70] ibid., p.194.

[71] « malgré l'absence de sondages d'opinion, on peut raisonnablement supposer que chez la majorité de ceux qui apportaient leurs suffrages au NSDAP, des questions prosaïques de gagne-pain, des considérations locales, de froids calculs d'intérêt ou même le sentiment que Hitler ne pouvant faire pire que les autres, autant valait lui donner une chance, l'emportaient sur la foi en une idéologie ou la fervente adhésion à une idée prophétique », in ibid., p.62.

[72] V.Klemperer, *Je veux témoigner jusqu'au bout. Journal 1942-1945*, Paris, Editions du Seuil, 2000, p.523.

[73] idem, p.547.

[74] ibid., p.701.

[75] voir « Constructions et crises de l'identité personnelle » in C.Dubar, *La crise des identités. L'interprétation d'une mutation*, Paris, P.U.F. éd. (coll. « Le lien social »), 2000, pp.163-218.

[76] W.I.Thomas, cité in F.Vandenberghe, 1997, op.cit., p.32.

[77] A.Giddens, op.cit., p.109.

[78] ibid., pp.433-434.

[79] ibid., p.125.

[80] voir ibid., pp.194-200.

[81] voir chez E.Goffman la dialectique de l'Identité pour Soi et pour Autrui.

[82] T.P.Wilson, « Qualitative "versus" quantitative methods in social research », *Kölner Zeitschrift für Soziologie und Sozialpsychologie*, 1982, vol.34, cité in ibid., p.398.

[83] ibid., pp.368-392.

[84] « Nous pouvons donc concevoir les règles de la vie sociale comme des techniques ou des procédures généralisables employées dans l'actualisation et la reproduction des pratiques sociales », in ibid., p.70.

[85] J.Lazar, « La compétence des acteurs dans la théorie de la structuration de Giddens », *Cahiers internationaux de sociologie*, Vol. XCVIII, 1992, p.411.

[86] D.Chong, *Collective action end the civil rights movement*, Chicago, The University of Chicago Press, 1991, pp.50-55, cité in J.Baechler et al., op.cit., p.285.

[87] J.Machado Pais, « la sociofilie consisterait en des pratiques sociales entre individus ayant une disposition prédominante pour la sociabilité, la convivialité. Dans la sociofilie, vue sous cette forme, il n'y pas de desseins, d'objectifs, d'intentions, ni de fins », *Sociétés*, 44, 1994, p.165.

[88] J.-P.Dupuy, « La place de l'irrationnel dans la philosophie de l'action », in T.Andréani, op.cit., p.210.

[89] ibid., p.218.

[90] voir *L'Être et le Néant*, Paris, Gallimard éd. (coll. « Tel »), 1976, Première partie, chap.2.

[91] A. de Tocqueville, *L'ancien régime et la Révolution*, Paris, Garnier-Flammarion éd., 1988, p.267.

[92] A.Schütz, « The Problem of Rationality in the Social World », *Collected Papers II, Studies in Social Theory*, The Hague, M.Nijhoff, 1976, p.67, cité in T.Blin, « Sociologie phénoménologique et ratio mundi (à partir d'Alfred Schütz) », *Sociétés*, 53, op.cit., p.249.

[93] G.Bronner, « Quelques bonnes raisons de mal anticiper le futur », *L'Année sociologique*, 2, vol.46, 1996, p.355.

[94] T.Blin, 1996, op.cit., p.250.

[95] ibid..

[96] M.Pollner, « Que s'est-il réellement passé ? », *Raisons Pratiques*, 2, op.cit., p.93.

[97] ibid., p.95.

[98] R.Dulong, « "On n'a pas le droit…" Sur les formes d'appropriation du droit dans les interactions ordinaires », in F.Chazel et al., op.cit., 260.

[99] « [L'image] suffit à titre de schéma conceptuel de l'imbrication des relations humaines pour donner une idée un peu plus claire de la façon dont naît, de l'interdépendance reliant de nombreuses unités, un ordre qui ne peut pas s'étudier sur les différentes unités prises isolément ; mais les relations entre les hommes ne peuvent jamais s'exprimer simplement en termes de formes dans l'espace », in N.Elias, *La société des individus*, Paris, Fayard éd., 1991, p.71.

[100] idem, p.157.

[101] ibid., pp.291-292.

[102] ibid., p.44.

[103] J.-H.Déchaux, « Sur le concept de configuration : quelques failles dans la sociologie de Norbert Elias », *Cahiers internationaux de Sociologie*, vol.99, 1995, pp.303-306.

[104] C.Lalive d'Epinay, « La vie quotidienne. Essai de construction d'un concept sociologique et anthropologique », *Cahiers internationaux de Sociologie*, vol.LXXIV, 1983, p.35.

[105] F.Crespi, Le risque du quotidien », idem, p.44.

[106] T.Schelling, *Stratégie du conflit*, Paris, P.U.F. éd., 1960, p.18.

[107] « L'opportunisme est la tentative de réaliser des gains individuels sur la base d'un manque de franchise ou d'honnêteté dans les transactions. [La forme] la plus communément admise est l'exploitation d'asymétries d'information et la divulgation d'informations stratégiques », in O.E.Williamson, « Markets and Hierarchies : Some Elementary Considerations », *American Economic Association*, vol.63, 2, mai 1973, p.317.

[108] N.Luhmann in D.Gambetta, op.cit., p.100.

[109] ibid., p.98.

[110] « Le désenchâssement fait référence à l'extraction des relations sociales des particularités des lieux et à leur recombinaison dans des étendues spatio-temporelles indéfinies. Les mécanismes de désenchâssement incluent des médias symboliques (...) i.e. des formes codifiées d'information qui sont abstraites du "savoir local" » in A.Giddens, « Une théorie critique de la modernité avancée », in M.Audet, H.Bouchikhi (éd.), *Structuration sociale et modernité avancée. Autour des travaux d'Anthony Giddens*, Sainte-Foy, PUL, 1993, p.38.

[111] « reserved for very special relations between family, friends and lovers » in O.Williamson, « Calculativeness, Trust and Economic Organization », *Journal of Law & Economics*, vol.XXXVI, avril 1993, p.484.

[112] D.Gambetta, « Can We Trust Trust ? », op.cit., p.232.

[113] L.Karpik, « La confiance : réalité ou illusion ? Examen critique d'une thèse de Williamson », *Revue économique*, vol.49, 4, 1998, pp.1043-1056.

[114] L.D.Molm, N.Takahashi, G.Peterson, « Risk and Trust in Social Exchange : An Experimental Test of a Classical Proposition », *American Journal of Sociology*, vol.105, 5, mars 2000, p.1406.

[115] L.Karpik, 1998, op.cit., p.1052.

[116] « On nomme *jugement* cette opération complexe qui s'enracine dans une singularité plus ou moins partagée pour intégrer des critères d'évaluation hétérogènes et redéfinir corrélativement les attributs pertinents des personnes et des biens », in ibid., p.1050.

[117] D.Gambetta, op.cit., p.216.

[118] R.Axelrod, *Comment réussir dans un monde d'égoïstes. Théorie du comportement coopératif*, Paris, Editions Odile Jacob, 1996, pp.23-24.

[119] B.Reynaud, « Les conditions de la confiance. Réflexions à partir du rapport salarial », *Revue économique*, vol.49, 6, 1998, p.1458.

[120] D.Gambetta, op.cit., p.219.

[121] B.Reynaud, op.cit., p.1455.

[122] A.Orléan, « Sur le rôle respectif de la confiance et de l'intérêt dans la constitution de l'ordre marchand », *Revue du M.A.U.S.S.*, 4, 2ème semestre 1994, p.27.

[123] « au regard de l'opinion publique, la morale ne commence que quand commence le désintéressement, le dévouement. Mais le désintéressement n'a de sens que si le sujet auquel nous nous subordonnons a une valeur plus haute que nous, individus. Or, dans le monde de l'expérience je ne connais qu'un sujet qui possède une réalité morale, plus riche, plus complexe que la nôtre, c'est la collectivité » in E.Durkheim, *Philosophie et Sociologie*, Paris, P.U.F. éd., 1967, p.59.

[124] A.Orléan, op.cit., p.36.

[125] N.Luhmann in D.Gambetta, op.cit., p.95.

[126] A.Orléan, op.cit., p.22.

[127] L.Karpik, *Les avocats. Entre l'Etat, le public et le marché XIIIème-XXème siècles*, Paris, Gallimard éd., 1995, p.156.

[128] G.Orwell, *1984*, Paris, Gallimard éd. (coll. "folio"), 1985, p.237.

[129] « Gaulois, Ephésiens, Africains, pérégrins pouvaient espérer devenir un jour citoyens latins, voire romains, chevaliers et, pourquoi pas sénateurs, pourvu qu'ils fussent irréprochables. Ce type de considération ne peut avoir sa place qu'à partir du moment où il est devenu clair pour vainqueurs et vaincus que l'occupation romaine sera *longue*. C'est probablement ce type de "contrat" implicite (...) qui permet d'expliquer la quasi-absence de gardiens de la paix romaine » in G.Giraud, op.cit., pp.122-123.

[130] ibid., p.236. nota : nous aurions également pu utiliser des passages de l'ouvrage de Heinrich Böll, *Gruppenbild mit Dame*, Cologne, Kiepenheuer und Witsch, 1971.

[131] la stratégie la plus rationnelle selon R.Axelrod étant de pratiquer la réciprocité dans la coopération comme dans la défection.

[132] R.Axelrod, op.cit., p.22.

[133] S.Latouche, « Le rationnel et le raisonnable. Les antinomies du postulat métaphysique de la raison économique », *Revue du M.A.U.S.S.*, op.cit., p.157.

[134] idem, p.155.

[135] L.D.Molm et al., op.cit., p.1423.

[136] N.Luhmann in D.Gambetta, op.cit., p.99.

[137] L.D.Molm, op.cit., p.1404.

[138] ibid., p.1403.

[139] N.Luhmann in D.Gambetta, op.cit., p.104.

PERSPECTIVES

« *Il ne faut pas voir la*
réalité telle que je suis »
(Paul Eluard)

« *L'institution du monde commun est nécessairement chaque fois institution de ce qui est et n'est pas, vaut et ne vaut pas, comme de ce qui est faisable et non faisable, aussi bien "à l'extérieur" de la société qu'à "l'intérieur" de celle-ci. Comme telle, elle doit être nécessairement aussi "présence" pour la société du non être, du faux, du fictif, du simplement possible mais non effectif. C'est moyennant la synergie de tous ces schèmes de signifiance que se constitue la "réalité" pour une société donnée* »[1].

Décrire les fondements d'une action "située" suppose avant tout autre préalable de l'isoler de son contexte d'émergence pour en signifier le sens qu'elle recouvre au regard de l'histoire du temps présent et de la morale ordinaire : l'atmosphère d'une période peut être restituée à l'aide de sémiophores, de corpus hétéroclites, de fonds archivistiques ou de récits de vie dont aucun ne peut prétendre à lui seul retranscrire le nuancier des idées, des valeurs et des sentiments. L'élection de données "pertinentes" éclaircit la voie, dans le sens où elle définit un domaine de compétence, un espace et un temps de la recherche, sans résoudre les écueils initiaux : l'écriture sociologique ne peut totalement s'abstraire de l'impératif de cohérence du discours, de la plausibilité démonstrative, d'une certaine complaisance à souligner ses propres limites pour mieux se laisser tenter par l'intuition. L'agent se voit "habillé", doté de ressources, de dispositions et d'une intelligence contextuelle (fondée sur le postulat de l'existence de catégories de perception communes) afin que les conduites quotidiennes, les règles de base du système d'interaction, les choix opérés et les motifs les sous-tendant viennent épouser les déclivités d'une réalité réinstruite par le chercheur. Les normes de l'action, la sémantique des attitudes et la grammaire des passions transparaissent dans une mise en intrigue qui tient autant de la fiction littéraire que de l'autolégitimation récitative : la volonté de produire du "sens" se confond de plus en plus avec la tentation d'introduire de la *morale* judiciaire, au risque d'une simplification délibérée de la complexité du phénomène étudié. L'historicisation du régime nazi soulève des difficultés d'ordre épistémologique en ce qu'elle contraint le chercheur à plus que jamais redéfinir les finalités de sa recherche, réfléchir à la dialectique modèle/récit[2] et prendre la mesure des limites de son cadre interprétatif. En renonçant au paradigme "Auschwitz", il se voit contraint de repenser les conditions de son engagement et de remettre en cause certaines règles légitimant son activité : entre récit de vie (l'identité narrative n'est de bien des manières que l'expression d'un processus d'appropriation symbolique engagé par un *Je* en quête de personnages) et individualisme méthodologique (nous pensons particulièrement aux travaux de Gary Becker et de l'Ecole de Chicago), une position médiane doit être trouvée qui concilie les perspectives en en évitant les dérives. L'écriture de l'histoire nous informe davantage du rapport contemporain au passé que du passé lui-même : aussi convient-il de se demander si les cadres de pensée et catégories interprétatives utilisés permettent véritablement de "comprendre" l'événement ? Quel sens faut-il donner au courage, à la lâcheté ou à la faiblesse que nous attribuons à quelques-uns sinon celui d'interroger notre propre besoin de nous rassurer ? Chaque jour nous instruit de notre incapacité collective à rendre la planète plus "habitable" (Arendt), à faire preuve du discernement qui fait la grandeur d'une civilisation. Faut-il y voir là l'une des raisons pouvant expliquer que certains événements exercent sur nous une telle force d'attraction ?

> « *Juger réellement, seule la partie intéressée le peut, mais en tant que partie intéressée elle ne peut pas juger. Par suite, il n'y a pas de possibilité de jugement en ce monde, il n'y a que sa lueur* »[3].

Si la contingence des vérités énoncées traduit d'une certaine manière la nature des règles et conventions édictées par la communauté des pairs, elle n'en demeure pas moins étroitement dépendante des préoccupations et questionnements traversant la société civile. Les discours d'autorité et vérités dernières, déclamés à l'envi, ne sauraient faire oublier que les relations objectives sur lesquelles se fonde l'unité relative des pratiques dépendent de la structure de distribution du capital scientifique : de fait, si toute production tend à gagner en visibilité ce qu'elle perd en autonomie, elle reste largement tributaire de contraintes normatives et de principes d'énonciation dont elle ne maîtrise pas toutes les conditions d'explicitation. L'instauration de nouvelles formes de domination, le changement de titulaires susceptibles de se les approprier, l'émergence d'un sentiment de confiance se définissant à travers ses paradoxes constitutifs, la multiplicité des schèmes d'action et des conditions d'interdépendance et d'interaction nous ont incité à placer la période étudiée sous les auspices de travaux ayant mis les formes de socialisation, les rapports agents/institutions et les modalités communicationnelles au centre de leur démarche d'élucidation et de dévoilement. Si le processus de différenciation sociale ne fut pas fondamentalement remis en cause sous prétexte de la dissolution de certains cercles sociaux intermédiaires (au motif de refonder le sens d'un *Nous* communautaire composé d'individus de même espèce_ *Gleichartig*), cela tenait en grande partie au fait que les individus continuaient de s'orienter en restant fidèles à certaines règles instituées fondant le vivre-ensemble, à des formes spécifiques de savoir et d'interprétation.

Présupposé dont procède l'hypothèse centrale de notre problématique : si les référentiels éthiques auxquels les agents étaient attachés entraient communément en conflit avec les principes de gouvernementalité du régime nazi, la légitimité populaire de celui-ci tenait à la place qu'il accordait à leur volonté de participer aux affaires publiques. Leur engagement confortait les valeurs instituées, consolidait les processus d'indifférenciation à l'œuvre. Pour autant, le postulat de l'autonomie des champs[4] (ou des systèmes) s'accorde-t-il avec les éléments constitutifs repérables de la réalité ? La description de la structure de distribution des propriétés attachées aux individus et aux institutions dans l'espace social objectif suffit-elle à définir une *aire des possibles* permettant de prévoir *a priori* les conduites probables des agents ?

Ainsi, si la philosophie dispositionnaliste de l'action développée par P.Bourdieu permet de prendre la mesure des processus favorisant la permanence des propriétés et les conditions de reproductibilité des *champs*, la dialectique de la domination et l'analyse en termes d'incorporation de position sur lesquelles s'appuie la démonstration trahissent le refus de toute approche non conséquentialiste[5], non utilitaire de l'action. La mise en évidence des stratégies à l'œuvre en vue de l'obtention d'un droit d'entrée à l'intérieur des champs et des procédures de capitalisation, l'affirmation d'un *sens pratique* dans l'évocation (certes timide) d'intentions conscientes et réfléchies annoncent en vérité la subordination de l'ensemble de la démarche à une forme de déterminisme que les ajustements et adaptations à de nouveaux "enjeux" de recherche initiés dans des ouvrages et articles récents ne viennent pas fondamentalement remettre en cause. La sociologie bourdivine se heurte *in fine* à une complexité qu'elle a la prétention de résoudre par l'entremise d'un appareillage théorique et conceptuel permettant davantage d'expliquer le *tout* que de tenter de comprendre la réalité par fragments, par "touches" successives, idéalisations progressives, construction de types et de catégories.

En situation de fortes incertitudes, les conduites adoptées sont généralement la conséquence directe de décisions prises dans des cercles sociaux de taille restreinte : les tentatives d'immixtion de la sphère politique dans l'espace privé consacrent la déchéance de certaines institutions en tant que lieux d'instanciation du "sens", incitant par là même l'agent social à faire évoluer, en fonction des nécessités présentes, la médiation symbolique qu'il entretient

336

avec autrui, à faire usage du "signe" afin de se préserver des atteintes réelles ou supposées que le système politique pourrait lui porter. « *Cette autonomie virtuelle nie et contourne l'institué, esquisse des alternatives, rêve d'utopies, occupe les ouvertures historiques, s'infiltre dans les conflits et relance inlassablement la production symbolique. Les usages métacognitifs du signe assurent une irréductible autonomie, contre laquelle s'acharnent d'ailleurs tous les totalitarismes, qu'ils soient étatiques ou sectaires* »[6]. Dès l'instant où l'on conçoit que les individus réfèrent une partie de leurs conduites et de leurs sentiments normatifs à une perspective non conséquentialiste, qu'ils évoluent à l'intérieur de "cadres" portant l'empreinte d'une volonté réciproque de s'engager dans l'action et d'y négocier leur identité, il nous faut admettre qu'ils entrent en opposition avec le processus de réduction de la complexité (hiérarchisation des groupements sociaux, définition juridique de l'identité sociale, mécanismes d'exclusion), avec l'état de pré-différenciation initié par le système politique nazi. On assiste à une « *production de différence qui n'est en rien le produit de la recherche de la différence* »[7] ; les tensions apparaissant à l'intérieur de certains champs, les incertitudes de l'engagement découlent dès lors directement de la pluralité des valeurs de référence qui peuvent s'y exprimer. Les désirs et sentiments se voient ainsi le plus souvent dénier par les cycles de satisfaction symbolique émanant des individus et groupements au pouvoir. L'usage même de la notion de *public*[8], découlant de l'existence de "frontières" identifiables entre systèmes, champs ou sphères d'action, devient éminemment problématique si l'on refuse d'appréhender la société nazie pour ce qu'elle était constitutivement : une mosaïque de mondes différenciés composés d'agents porteurs d'informations élaborées à l'intérieur du champ politique.

Le "sens" indexical d'une action peut référer à un événement ou à sa description par les actes de langage : autrement dit, les énoncés décrivant un

337

fait social sont assujettis aux propriétés sémantiques du discours qui en rend compte. « *C'est la nature de l'événement _non l'intentionnalité de l'action_ qui rend vraie ou qui rend fausse l'attribution usuelle (intentionnelle) d'action à l'agent* »[9] : l'indistinction entre intentions, motifs, raisons et causes mentales dans le sens commun provoque une certaine confusion aussi bien dans le discours du locuteur que dans l'interprétation que le chercheur est susceptible d'en faire. Si les conduites y sont ordinairement dépeintes à l'aide de concepts logiques et empiriques, les contraintes ayant pesé au moment de donner à l'action une orientation déterminée se dérobent dans une large mesure à toute tentative visant à en restituer les raisons à leur origine. L'identification partielle des registres permettant l'intercompréhension de l'action en cours ne permet pas une "interprétation causale juste" : les liens entre les motifs de l'action et la description de son déroulement ne peuvent être établis du fait précisément de l'indétermination des raisons. La sémantique de l'action rapporte ainsi un agir spécifique aux intentions plausibles leur ayant donné naissance tout en permettant d'expliciter les conditions de mise en œuvre d'un discours déterminé : motifs et actes de langage obéissent aux mêmes règles de cohérence, de pertinence et de responsabilité[10]. Dans une situation d'entretien se pose le problème de l'identification des différents ordres de discours : la signification des événements décrits relève-t-elle de causes ou de raisons ? Est-on en présence de motifs d'ordre général, orientés vers le passé ou vers le futur ? « *Seuls les motifs orientés vers l'avenir sont à proprement parler des intentions. (...) Ce qui confère aux motifs leur statut de raisons et ce qui les distingue des simples causes mentales, c'est qu'ils ont en commun le caractère d'impliquer le bien et le mal* »[11] : l'hypothèse d'une absence d'horizons d'attente et la difficulté de rattacher les actions évoquées à des référentiels normatifs et éthiques privent *de facto* les acteurs de toute intentionnalité dans leurs conduites quotidiennes. Cette approche possède l'avantage d'"expliquer"[12] les accommodements de la mémoire en mettant en évidence l'impossibilité dans laquelle les individus étaient placés de procéder à une maximisation sous contrainte de leurs préférences : les exigences de mise en forme du récit passent sous silence la hiérarchie des besoins, la nature des expectations et des attentes et tendent à ne présenter de la réalité que ce qui relève expressément du rapport présent au passé. « *Si vous êtes cohérent, peu importe que vous soyez un égoïste obstiné, un altruiste fou ou un militant doté d'une conscience de classe, vous paraîtrez, dans ce monde enchanté des définitions, maximiser votre propre utilité* »[13]. L'autorépression des préférences et finalités de l'action, par les risques qu'elles faisaient encourir ou du fait des difficultés rencontrées à les mettre en œuvre, modifiait l'appréciation des données factuelles et déliait toute conduite d'éventuels référents normatifs ou éthiques. Ce type d'observation induit de poser au préalable les conditions sous lesquelles la description d'une action intentionnelle pourrait être tenue pour vraie.

La connaissance scientifique est, on le sait, anti-relativiste par essence : elle se doit de poser des valeurs, de prendre ses distances à l'égard de la neutralité du criticisme wébérien ou de dépasser la dichotomie durkheimienne sociologie spontanée/discours scientifique. La vigilance épistémologique prend appui sur une démarche réflexive, non évaluative, un raisonnement axiologique qui ne saurait être totalement désindexé de tout jugement sur ce qui doit valoir[14] (« *le savoir et la pratique affrontent la même infinité du réel historique* [en y répondant] *de deux façons opposées : le savoir en multipliant les vues, par des conclusions provisoires, ouvertes, motivées, c'est-à-dire conditionnelles, la pratique par des décisions absolues, partiales, injustifiables* »[15]). La réflexion spéculative, fondant sa démarche sur des valeurs jugées légitimes, ne prend de fait toute sa signification que dans les limites étroites, régionales, de l'objet sur lequel elle porte ; ces normes socioculturelles doivent être explicitées, discutées, mises en balance, soumises au feu de la critique argumentative sous peine de ne pouvoir conférer à l'ensemble du dispositif mis en place toutes les apparences d'une objectivité nécessaire. Les données sont le plus souvent produites, pour ne pas dire convoquées, dans un souci de validation, non des hypothèses elles-mêmes, mais du cadre théorique choisi : en marge d'accords intersubjectifs conclus à l'intérieur du champ scientifique doit être engagée une « *réflexivité pratique* »[16], « *l'objectivation du sujet de l'objectivation* » en tant que préalable à la construction de l'objet lui-même. La connaissance elle-même est, en effet, historiquement médiatisée, produit d'une procédure de mise en relation de valeurs et de faits jugés pertinents, très éloignée de la pensée positiviste (« simple science des faits » selon Husserl ; « refus de la réflexion » pour Habermas) d'inspiration rankienne.

Le nazisme proposait une insertion de nature contraignante dans un monde commun dont personne ne devait en théorie pouvoir se soustraire ; pour reprendre les termes mêmes utilisés par Durkheim, les petits mondes sociaux ne pouvaient plus vivre de leur vie propre. Il laissait aux individus une marge de liberté de jouer importante en raison de l'impossibilité de sanctionner toutes les activités illégales (signes de mécontentement, plaisanteries, conduites non conformes...) ; la réification des valeurs publiques ne pouvant dès lors à elle seule servir à décrire la nature de ce régime. La plupart des actions réciproques reposaient ouvertement sur une volonté de coopération et d'échanges de toutes sortes contre lesquels le régime ne pouvait s'opposer : l'adoption de stratégies faiblement dominantes, les formes de simulation de l'adhésion, l'utilité espérée reposaient toutes implicitement sur l'un des postulats fondamentaux du pragmatisme _les acteurs sociaux sont conscients que leurs conduites respectives vont mutuellement s'influencer faute de quoi aucune interaction ne pourrait voir le jour. La nécessité d'élaborer des constructions abstraites rationnelles coïncide avec la volonté d'écarter les schèmes nomologico-déductifs donnant la primauté à l'explication de type causal ; à défaut de pouvoir décrire de manière circonstanciée les attitudes et conduites individuelles, l'hypothèse d'actes psychiquement motivés, posés comme étant intentionnels constitue d'un certain point de vue le terme d'une recherche tentant de répondre à des questions qui nous semblent fondamentales pour la compréhension de notre propre régime démocratique. Faut-il accorder crédit aux propos de R.Musil soulignant que tout ce qu'il y a de décisif dans la vie se produit au-delà de l'intelligence rationnelle ? Si la subjectivité est un élément dynamique dans la configuration de la réalité, de quelle manière peut-elle être prise en charge et insérée dans un modèle formalisant la réalité pour en extraire certaines facettes jugées dignes d'intérêt ? Vouloir y répondre passe par une réflexion sur les notions de causalité, de temps, d'espace, de preuve et d'explication placée sous l'égide d'une lecture de l'histoire ne se déroulant pas, faut-il le rappeler, selon un schéma narratif[17].

Un demi-siècle s'est écoulé, les souvenirs sont encore vivaces mais ils se perdent en route, empruntent des chemins de traverse, gagneraient à être tus ou à se dire ; l'axe d'équilibre change de coordonnées au gré du besoin de connaissances de quelques-uns (journalistes, autodidactes, politiques, universitaires) davantage que par l'insistance collective à essayer de comprendre. Comment accéder à l'information et pour en conserver quelles données ? Comment les intégrer à une problématique qui parvienne à respecter les émotions sans trahir le projet scientifique ? Comment distinguer entre une reconstitution rationnellement élaborée des mentalités d'une période dont on ne peut que supposer la nature et effleurer toutes les ambiguïtés, en dépit de la richesse et de la diversité des travaux et témoignages, et le parti pris idéologique consistant à donner une fonction probatoire à certaines représentations sociales plutôt qu'à d'autres ? La liste, à dire vrai, n'est pas sans fin mais on peut y mettre ce que l'on veut : du dérisoire aux inexactitudes, de l'indémontrable au scandaleux, de l'héroïsme bien-pensant aux doutes les plus dérangeants... autant de manières de clore des discussions qui n'ont pas réellement le temps de s'ouvrir.

L'impératif social de mémoire, les conditions de passation, de validation, de migration[18] et d'instrumentalisation du témoignage, « *l'instinct de conservation des récits* »[19] décrivent en creux, à des degrés variables et selon des modalités différentes d'une société à l'autre, le rôle singulier joué par une partie des archives orales dans l'écriture de l'Histoire. Sans vouloir contester l'utilité d'une éducation fondée sur une forme de ritualité compassionnelle, faire de la mémoire de la Shoah le paradigme de la construction mémorielle biaise l'appréhension de la période. Vichy ne se résume pas à la rafle du Vel' d'Hiv', ni aux mesures "spontanées" de discrimination à l'égard de la population des Juifs étrangers présents sur le territoire français : tout travail historiographique, sociologique ou relevant des sciences politiques se trouve confronté à la nécessité de procéder à un décentrement de la problématique. Interroger les souvenirs constitue dès lors un véritable acte de foi relevant d'une éthique militante soucieuse de dépasser les questionnements relatifs à la "vérité" du récit autobiographique : « *Ce que j'écris de moi n'est jamais le dernier mot : plus je suis sincère, plus je suis interprétable sous l'œil d'autres instances que celles d'anciens auteurs qui croyaient n'avoir à se soumettre qu'à une seule loi : l'authenticité. Ces instances sont l'Histoire, l'Idéologie, l'Inconscient* »[20].

« *Puisque nos pensées d'aujourd'hui ne sont plus celles de notre adolescence et que notre corps délabré n'offre qu'une vague ressemblance avec celui que nous habitions il y a quarante ans, le souvenir subsiste seul pour affirmer la continuité de notre être. Notre vie, ou ce qu'il en reste, est suspendue à ces quelques grains de chapelet enfilés sur le cordelet subtil de la mémoire, dont la rupture est toujours à craindre. Et encore, qui nous prouve que ces bribes de mémoire sont véritablement de première main ? »*[21].

Le récit de vie, en tant qu'objet littéraire, n'a de portée heuristique que dans la mesure où il permet de discerner à travers les flux et reflux de la mémoire la manière dont s'articulent les univers normatifs dans l'activité située dépeinte. Les lieux, les personnes et les contextes d'action ne sont bien souvent que la retranscription littérale de la situation décrite par le témoin, les conventions narratives prenant l'ascendant sur la mise à distance critique propre à la démarche scientifique. Nous contentons par là même notre désir de voir avec les yeux du témoin, de revivre par empathie, de ressentir les choses à partir des motions affectives utilisées par un tiers. Bloch disait des récits qu'ils sont les *témoins volontaires* à partir desquels une compréhension des faits historiques est possible : « *Le témoignage authentifié opère comme une observation oculaire déléguée : je vois par les yeux d'un autre. Une illusion de contemporanéité est ainsi créée, qui permet d'aligner la connaissance par trace sur celle d'observation indirecte. Et pourtant, nul n'a plus magnifiquement souligné que Marc Bloch le lien de l'histoire au temps, quand il la définit comme la science des "hommes dans le temps"* »[22].

Si la sincérité des témoins n'a pas lieu *a priori* d'être mise en doute _« *Pour pouvoir dire que certaines catégories sociales ne savent pas ce qu'elles font ou qu'elles le font avec une conscience obscurcie par des intérêts particuliers, il faut bien être en possession d'instruments de mesure permettant de dire ce qui définit des intérêts non particuliers, c'est-à-dire, être capable d'avoir un point de vue transcendantal sur la société* »[23] ; « *(...) des témoignages qui expriment une telle souffrance que personne, même l'avocat de la défense, le Dr Servatius, n'ose critiquer, hésitant même à mettre en cause, très timidement, leur pertinence par rapport au procès* »[24] _ ni la volonté de porter témoignage de son expérience vécue d'être contestée (en dépit des réserves avancées), la parabole des "deux mains"[25] nous permet de saisir ce qui se joue dans le cadre de l'entretien, aussi bien au niveau de la distribution des rôles que de la remise en cause de la distanciation analytique du chercheur vis-à-vis de son objet de recherche. Que nous soyons en présence d'une mémoire de justification ou de réactualisation ne modifie pas fondamentalement l'essentiel de notre propos : à défaut de pouvoir décrire l'action en situation, certains schèmes et logiques d'action doivent être posés au moins au titre d'hypothèses en vue d'identifier les motifs et les intentions probables des agents placés dans une situation particulière et de saisir les processus à l'œuvre de normalisation des conduites.

« Nous concevons chaque homme_ et ceci a un effet spécifique sur notre attitude pratique à son égard, comme l'Humain Type (Typus Mensch) auquel son individualité le fait appartenir ; nous le pensons, malgré toute sa singularité, sous une catégorie générale, qui à vrai dire ne le recouvre pas complètement et qu'il ne recouvre pas complètement »[26].

La confiance participait-elle de la réduction de la complexité, ce qui en ferait, en dépit de son équivocité même, un instrument au service de la reproduction des systèmes sociaux ou à l'inverse contribuait-elle à en fragiliser les fondations en instillant au cœur du jeu interactionnel des ferments de division et de contestation de l'ordre établi ?

Les incertitudes fortes pesant sur les activités routinières, le risque inhérent à toute prise de position constituaient des *a priori* favorables à l'émergence de formes spécifiques de la confiance au cœur des interrelations sociales. L'engagement dans une action réciproque doit avoir un coût pour tous les interactants : l'obligation naît précisément de l'existence de sanctions possibles dans l'hypothèse d'un non-respect des clauses du contrat. Les agents ne consentent à collaborer qu'en s'étant assurés au préalable auprès de tiers de la réputation des personnes en présence et en ayant acquis certaines convictions quant à la fiabilité et l'honnêteté morale de celles-ci. Les routines empêchent généralement qu'une activité réflexive pouvant aboutir à la formulation de conceptions et principes abstraits ne remette en cause les croyances les plus affirmées du sujet à propos de lui-même[27].

Faire confiance impliquait de s'exposer volontairement au risque de la déception, de la trahison ou de la frustration auxquelles se surajoutaient les sanctions éventuelles des autorités lorsque la conduite référait à une action illicite. Les réseaux de sociabilité antérieures étaient, selon toute vraisemblance, privilégiés dans la quotidienneté et ce en dépit de certaines contraintes d'affiliation dans de nouveaux cercles sociaux institués par le régime : « A reputation for honesty, or trustworthiness, is usually acquired gradually. This alone suggests that the language of probabilities is the right one in which to discuss reputation : a person's reputation is the "public"'s imputation of a probability distribution over the various types of person that the person in question can be in principle »[28]. La raison pratique inclinait les individus à se soustraire, à la mesure de ce qui leur était autorisé, aux devoirs envers la Volksgemeinschaft (ou de l'Etat français) en usant de stratégies d'évitement et de ralliement timide. Les individus ont dû couramment composer _en fonction des circonstances particulières dans lesquelles ils se trouvaient placés _entre l'acquiescement, la soumission et la coopération ; il leur était en tout état de cause impossible de totalement s'abstraire de la réalité, ni de ne pas réaliser les implications que leurs actes de désobéissance ou de soumission ne manqueraient pas d'avoir pour leurs proches. Si les habitudes doivent être rapportées à un calcul utilitaire, sans doute faut-il y voir l'expression de signes manifestes d'une réflexivité constamment à l'œuvre et d'une compétence mise au service de la préservation de soi. Les individus devaient trouver un intérêt à coopérer, des raisons fortes qui les convainquent de la nécessité d'adhérer, de croire aussi en la vacuité des informations qui leur étaient destinées : la théorie du choix rationnel n'offre aucune pertinence heuristique si elle ne s'accompagne d'une réflexion sur les motivations et les attentes individuelles, sur le sens d'une possible simultanéité de l'engagement et du refus dans toute action réciproque. La maximisation de l'espérance d'utilité repose sur l'énonciation de prédictions empiriques ayant un degré de plausibilité suffisant pour que les choix opérés aient une probabilité forte d'advenir. Les agents avaient-ils le temps (R.Axelrod nous en a rappelé l'importance dans les relations de coopération) de rationaliser leurs pratiques et d'en découvrir, si l'on ose dire, la face "cachée" ? Si les conséquences non prévues de leurs conduites pouvaient s'avérer désastreuses pour l'ensemble de la collectivité, il nous faut noter à cet endroit que ces effets émergents n'ont jamais empêché qui que ce soit d'agir en dépit du bon sens. Les événements récents accréditent l'idée si besoin en est que l'existence de raisons fortes suffit à justifier l'inqualifiable aux yeux de ceux pour qui certaines valeurs ou représentations du monde ont une légitimité intrinsèque prééminente sur toutes les autres. La philosophie morale[29] s'est attachée à mettre en évidence l'idée selon laquelle les sentiments ne sont généralement pas régis par les seuls intérêts ; l'altruisme et l'égoïsme sont au fondement de prises de position et d'appréciations portées sur autrui évacuant la question de la confiance (les distorsions communicationnelles et informationnelles suscitées par la présence d'une personne altruiste dans un collectif ont été à maintes reprises mises en exergue). Postuler la confrontation d'individus animés par la recherche de leurs seuls avantages sur le marché des biens sociaux interromprait le raisonnement à son origine : les sciences sociales n'ont de cesse de réaffirmer l'*a priori* fondamental d'un sens visé, à défaut de pouvoir démontrer que toute action est sous-tendue par des intentions assumées consciemment par les agents sociaux. « *Les réflexions sur la coopération révèlent qu'elle est difficile à mettre en place car chaque égoïste est confronté à un dilemme. Soit il adopte un comportement qui n'est pas optimal de son point de vue, étant donné les actions choisies par l'autre. Dans ce cas, il peut être dans une situation préférable à celle qui prévaut lorsque chacun se comporte isolément, à condition que l'autre accepte aussi une perte de contrôle sur ses propres actions, ce qui n'est pas toujours garanti, car il se peut que l'autre annonce des engagements qu'il ne respecte pas. Soit il refuse toute perte de contrôle, quitte à tenter de manipuler les actions de l'autre en lui annonçant qu'il est prêt à coopérer. La coopération ne peut donc être mise en place que s'il existe une confiance mutuelle, éventuellement soutenue par un système de pénalités auquel les agents ne peuvent se soustraire*»[30]. L'écueil de la surinterprétation des faits objectivés procède de la volonté de conformer les procédures explicatives aux intuitions de base du chercheur ; en dépit de la prise en compte de variables multivariées, le recours à une modélisation reproduisant abstraitement une portion de la réalité n'épuise pas la complexité du social sous prétexte d'en éclairer certains présupposés. La plupart des actions réciproques découlent de l'influence mutuelle des agents : leurs comportements tendent partiellement à s'autonomiser et les structures d'interaction qu'ils choisissent d'adopter répondent à une motivation pouvant leur être clairement imputée. L'absence de variables de contrôle, l'existence de facteurs exogènes rendant l'action en cours imprévisible ne remettent pas en cause la pertinence d'une analyse en termes de mécanismes générateurs et de cooccurrences : les raisons sont posées comme étant accessibles en dépit de la distance temporelle nous séparant du cœur de l'action. « *Dès que nous utilisons des concepts collectifs ou des notions que nous sommes incapables de déduire de structures d'interactions individuelles ou dont nous ignorons le mode de production, nous pouvons être assurés de la présence de boîte noire dans la chaîne des raisons que nous donnons du phénomène étudié. Comment peut-on expliquer le comportement des individus dans une foule ?* »[31]. Les faits sociaux ne font "sens" que si le chercheur peut y déceler les intentions qui leur sont sous-jacentes ; le nazisme ne peut être appréhendé sans que l'univers décrit ne soit habité par les acteurs sociaux : les différents courants disciplinaires ne s'affrontent qu'en apparence

347

en n'objectivant que ce qui relève expressément de la problématique soulevée. Le conflit des interprétations n'a pas réellement lieu dans le sens où les perspectives adoptées sont élaborées dans un souci de rupture éthique et non épistémologique : pour preuve, la "querelle des historiens" devait opposer des systèmes de valeurs difficilement conciliables à l'aune desquels se jouait la légitimité d'un certain regard sur le passé. A vouloir en démontrer la pertinence au mépris d'une nécessaire mise à distance de l'événement, certains chercheurs entretinrent la confusion des genres en se parant des attributs du philosophe, congédiant le temps de l'analyse l'historien, ou du rhéteur sacrifiant les conventions et procédures probatoires à l'administration d'une vérité dernière. Il y a lieu de s'interroger sur la pertinence de telles démarches à l'heure où les témoins disparaissent, emportant avec eux un certain rapport à l'expérience vécue. Les vues ambitieuses des philosophes suppléent l'austérité *laborieuse* des historiens et des sociologues : il est vrai que l'objet s'y prête admirablement. La barbarie inspire d'autant plus que sa complexité se laisse réduire à des catégories explicatives que le sens commun affectionne particulièrement ; le passé peut dès lors continuellement se réécrire dans la mesure où il sert des intérêts différents avec une égale complicité (les tenants d'une histoire s'appréciant à travers le prisme de l'extermination de masse, en tant qu'événement en soi, participent de cette compromission du sens avec les *a priori*). La *défamiliarisation* (C.Ginzburg) initiée avec le monde commun est le plus souvent battue en brèche par la réintroduction implicite de jugements de valeur faussement délogés de leur position surplombante : la vocation première de la sociologie n'en est pas pour autant remise en cause quand bien même elle ne parviendrait qu'imparfaitement à répondre à la question posée en son temps par Schütz : "comment des sciences des contextes significatifs subjectifs sont-elles possibles ?". L'agent abstraitement reconstruit et inséré à convenance dans l'explication est-il en soi plus digne de confiance que l'individu abordé en qualité de témoin des faits ? « L'histoire est une chose trop sérieuse pour être laissée aux historiens » déclarait P.Vidal-Naquet en clôture du colloque organisé par l'EHESS en 1992 sur le thème "*1942 et les Juifs en France*". Peut-on abstraire le récit de certaines de ses contraintes sémiotiques tout en prétendant dans le même temps vouloir proposer une mise en intrigue (« *l'intrigue est par nature connaissance mutilée* »[32]) redonnant consistance à l'événement ? « *La connaissance historique n'est qu'une des modalités du travail sur l'événement et de sa transmission* »[33] ; la fécondité d'une contribution sociologique réside sans doute dans les potentialités offertes par ses différents *programmes* de recherche (dans l'acception que Lakatos en donne) lui permettant d'aborder l'objet de recherche dans une profusion de champs théoriques dont il faut s'appliquer à identifier les axiomes constitutifs et les schèmes pertinents[34]. Ne pas se mettre en quête d'un Aleph[35] que l'on sait introuvable, accepter la relativité des points de vue sans tomber dans un relativisme manquant d'exigence. L'absence d'élection durant la période de l'occupation congédie la sociologie électorale et le bénéfice de la méthode comparative : la nature des conduites, la réactivité aux faits événementiels, la sensibilité ne nous sont connues que par des sources indirectes exagérant sans nul doute certains excès constatés, en taisant d'autres, célébrant les conduites de désobéissance tout en déplorant le manque d'enthousiasme et la mauvaise volonté manifestée envers les ordres émanant du Parti et de ses officines ou du régime vichyste. Le trilemme de Münchhausen résume parfaitement les apories apparaissant dans la mise en place d'une modélisation sociologique participant de la compréhension d'un *événement* : « *Considérons une théorie scientifique quelconque. Il est clair qu'elle comporte toujours à la fois un lexique et des propositions premières qu'on est bien forcé d'admettre sans les justifier. Voudrait-on le faire qu'on tomberait inéluctablement dans ce que Hans Albert, s'inspirant de Schopenhauer, a fort joliment dénommé le trilemme de Münchhausen. Car il faudrait alors choisir entre trois solutions aussi peu satisfaisantes les unes que les autres : soit s'engager dans une impossible régression à l'infini, soit arrêter la régression en un point arbitraire, soit, à un certain point, se mettre à tourner dans un cercle vicieux »*[36]. Dans le champ historiographique, la première proposition consisterait à épouser la perspective de l'histoire des mentalités[37] et des représentations collectives, voire de la Nouvelle histoire, à la recherche de "traces" et de "faits de structure sociale" susceptibles de saisir les systèmes mentaux propres à chaque groupe humain ; la seconde inclinerait à adopter les vues de l'histoire du temps présent, la dernière à nous pencher sur les projets d'histoire globale faisant du politique le lieu de naissance de l'esprit public. La structuration d'un arrière-plan historique pertinent nécessite de se demander si nous sommes à la recherche de vraisemblance ou de certitude, de vérité d'adéquation ou de dévoilement : « *il n'y a pas lieu de distinguer entre les auteurs d'histoire et les auteurs de fiction, entre les livres de témoins véritables et ceux de témoins imaginaires. (...) On peut à volonté les considérer tous comme inventeurs, ou bien tous comme reporteurs »*[38].

L'approche compréhensive peut être défendue à condition de vouloir saisir les fins dernières de l'action (« *Nous les poursuivons par une disposition ou détermination de l'âme immédiate, qui dans l'ordre de l'action est toujours antérieure à tout raisonnement ; car aucun jugement ou opinion ne peut pousser à l'action, s'il n'existe pas de désir préalable dirigé vers une fin »*[39]) en s'appliquant à la description des lois de fonctionnement des systèmes sociaux, des cadres d'interaction et des compétences qui y sont exigées de la part des interactants.

Il n'est pas certain que la modélisation de la réalité sur laquelle nous avons choisi de faire reposer l'essentiel de notre dispositif heuristique et interprétatif nous ait permis de remplir tout à fait les objectifs que nous nous étions fixé :

proposer une lecture de la quotidienneté permettant de mettre en exergue à la fois des situations institutionnelles hautement ritualisées et le poids des habitudes, des activités routinières en tant que variables explicatives entrant en résonance avec les logiques d'action et les formes de rationalité. Le postulat d'une interrelation d'éléments faisant système demeure en tout état de cause suspendu à une mise en forme de la réalité réduisant la complexité du social à quelques-unes de ses manifestations tangibles sans que nous soyons en mesure de démontrer la pertinence de certains choix. « *Sans le vouloir, sans le savoir, dans le tumulte de leur âme surexcitée, chacun d'eux, pour se défendre des accusations de l'autre, exprimer comme siens la vivante passion et le tourment qui, pendant tant d'années ont été les affres de mon esprit : le leurre de la compréhension réciproque irrémédiablement fondé sur la vide abstraction des mots ; la multiple personnalité de chacun selon toutes les possibilités d'être qu'il y a en chacun de nous ; et enfin, le tragique et immanent conflit entre la vie qui bouge continuellement et qui change, et la forme qui la fixe, immuable* »[40]. Les systèmes de raisons explicités reposaient de manière sous-jacente sur une conviction fondamentale excellemment résumée par Pierre Birnbaum : « *Dans aucun contexte de contrainte même extrême, l'acteur (...) ne voit sa capacité de compréhension propre disparaître, il ne saurait se réfugier derrière l'accomplissement de sa seule fonction au sein de la bureaucratie* »[41]. La réactivité des agents sociaux aux idées, aux événements ou aux injonctions politiques découle de leur aptitude à les réinvestir, à en donner une interprétation qui ne contredise pas leurs propres systèmes de représentation : si « *le genre humain ne peut supporter trop de réalité* » (T.S.Eliot), l'individu, lui, reste maître en sa demeure...

Notes de la Conclusion

[1] C.Castoriadis, *L'institution imaginaire de la société*, Paris, Editions du Seuil, 1975, p.495.

[2] voir J.-C.Gardin, « Entre modèle et récit : les flottements de la troisième voie » in J.-Y.Grenier et al., *Le modèle et le récit*, Paris, Editions de la Maison des sciences de l'homme, 2001, pp.457-488.

[3] F.Kafka, *Préparatifs de noce à la campagne*, Paris, Gallimard éd. (coll. « Folio »), 1980, p.80.

[4] « Dans un champ (…) très autonome, où le capital collectif de ressources accumulées est énorme, c'est le champ qui "choisit" les habitus propres à réaliser ses tendances propres _ce qui ne veut pas dire que les habitus soient sans importance, dans la mesure où ils déterminent l'orientation des trajectoires individuelles dans l'espace des possibles offerts par un état du champ_ alors que dans un champ dont l'autonomie est sans cesse menacée (…) les habitus contribuent fortement (…) à orienter les pratiques » in P.Bourdieu, *Science de la science et réflexivité*, Paris, Editions Raisons d'agir, 2001, p.139.

[5] voir à ce propos l'article de R.Boudon, « La "rationalité axiologique" : une notion essentielle pour l'analyse des phénomènes normatifs », *Sociologie et sociétés*, vol.XXXI, 1, printemps 1999, pp.103-117.

[6] A.Petitat, « Echange symbolique et historicité », idem, p.97.

[7] P.Bourdieu, L.Wacquant, *Réponses*, Paris, Editions du Seuil, 1992, p.76.

[8] « Le *public* est constitué de tous ceux qui sont concernés par les conséquences de transactions, au point qu'ils jugent nécessaire de veiller [à leur bon déroulement] » in J.Dewey, *The public and its problems*, Chicago, Ohio University Press, 1991, p.15.

[9] J.-L.Petit, « L'action intentionnelle. La théorie de Davidson est-elle vraiment intentionnaliste ? », *Raisons Pratiques*, 1, 1990, p.78.

[10] P.Pharo, « La question du pourquoi », idem, p.270.

[11] ibid., p.287.

[12] « Expliquer, c'est montrer que ce qui a été fait était la chose qu'il fallait faire, vu les raisons et les circonstances. Expliquer, c'est donc justifier, avec la nuance d'évaluation qui s'attache à ce terme ; c'est expliquer de quelle manière l'action a été appropriée », in P.Ricœur, *Temps et récit*, t.1, op.cit., p.231.

[13] A.Sen, *Ethique et économie*, Paris, P.U.F. éd., 1993, p.93, cité in P.Demeulenaere, op.cit., p.333.

[14] voir l'article de P.Corcuff et M.Sanier, « Social scientists et syndicalistes. Ethique du travail intellectuel et nouvelles formes d'engagement dans l'après-décembre 1995 » in P.Fritsch (dir.), 2000, op.cit., pp.313-325.

[15] M.Merleau-Ponty, *Les aventures de la dialectique*, Paris, Gallimard éd., 1955, p.17.

[16] « cette réflexivité pratique ne prend toute sa force que si l'analyse des implications et des présupposés des opérations routinières de la pratique scientifique se prolonge dans une véritable critique (au sens de Kant) des conditions sociales de possibilité et des limites des formes de pensée que le savant ignorant de ces conditions engage sans

le savoir dans sa recherche et qui réalisent à son insu, c'est-à-dire à sa place, les opérations les plus spécifiquement scientifiques, comme la construction de l'objet de la science » in P.Bourdieu, 2001, op.cit., p.176.

[17] F.R.Ankersmit, *Narrative Logic. Semantic Analysis of the Historian's Language*, La Haye-Boston, Martinus Nijhoff éd., 1983 ; cité in J.-Y.Grenier, « Du bon usage du modèle en histoire » in J.-Y.Grenier, op.cit., p.72.

[18] « J'avais écrit fin juin ce dont je me souvenais. C'est aujourd'hui la mémoire de ma mémoire du point de vue factuel » in L.Alcan, *Le Temps écartelé*, Saint-Jean-de-Maurienne, Imprimerie Truchet, 1980, p.80.

[19] R.Barthes, *L'aventure sémiologique*, Paris, Editions du Seuil (coll. « Points Essais »), 1985, pp.207-217.

[20] R.Barthes, *R.Barthes par R.Barthes*, Paris, Editions du Seuil, 1975, p.110.

[21] M.Lévy, *La Vie et moi*, Paris, Phoebus Libretto éd., 1998, p.43.

[22] P.Ricœur, 1991, t.3, op.cit., pp.254-255, n.2.

[23] J.-M.Vincent, « Les cheminements de l'idéologie » in G.Duprat (dir.), *Analyse de l'idéologie*, Paris, Galilée éd., t.I, 1980, p.24.

[24] voir A.Wieviorka, *L'ère du témoin*, Paris, Plon éd., 1998, pp.110-118.

[25] voir l'introduction de E.Kant, *Critique de la raison pure*, Paris, Aubier éd., 1997.

[26] G.Simmel, « Digression... », 1986, op.cit., p.29.

[27] cf., P.Dasgupta, « Trust as a Commidity », in D.Gambetta, op.cit., pp.49-71.

[28] ibid., p.62.

[29] A.Gibbard, *Sagesse des choix, justesse des sentiments*, Paris, P.U.F. éd., 1996 ; S.Blackburn, *Ruling Passions*, Oxford, Clarendon Press, 1998.

[30] P.Cahuc, H.Kempf, « L'altruisme est-il socialement efficace ? », *Revue du M.A.U.S.S.*, 15, 1er semestre 2000, p.229.

[31] M.Cherkaoui, « La stratégie des mécanismes générateurs comme logique de l'explication », in J.Baechler et al., op.cit., p.143.

[32] P.Ricœur, *Temps et récit. t.1*, op.cit., p.303.

[33] L.Valensi cité in P.Laborie, 2001, op.cit., p.55.

[34] « un schème conçu comme une matrice d'opérations de connaissance ordonnée à un point de vue ontologique et épistémologique fondamental. Conçue comme schème, l'intentionnalité des agents est une propriété distinctive de la réalité sociale et commande impérativement des opérations de déchiffrement ou de reconstruction rationnelle du sens subjectif de leurs actes », in J.-M.Berthelot, op.cit., p.481.

[35] « Trouver l'Aleph c'est trouver ce moment où tous les moments se résument et ce lieu qui abrège toutes les formes qu'adoptent les scènes de la vie collective (...) particulièrement, c'est trouver le concept qui représente et permet d'imaginer l'unité de l'objet analysé : une fois qu'on possède cette clef, une fois qu'on parvient à maîtriser ces points de repère du social, on peut reconstruire toute l'architecture d'une identité par référence à ce noyau, d'abord dans le temps puis dans l'espace », in G.Gatti, « Les socialités invisibles : l'Aleph et la limite dans la construction sociologique des identités collectives », *Sociétés*, 57, 1997/3, p.75.

[36] R.Boudon, 1992, op.cit., pp.209-210.

[37] les analyses développées par Geoffrey Lloyd en contestent l'usage de manière convaincante.

[38] P.Valéry, *Regards sur le monde actuel*, Paris, Gallimard éd., 1962, pp.11-12.
[39] F.Hutcheson, *A system of Moral Philisophy*, vol.I, Londres, 1755, III, 1, cité in A.Mac Intyre, *Quelle justice ? Quelle rationalité ?*, Paris, P.U.F. éd., p.294.
[40] L.Pirandello, *Six personnages en quête d'auteur*, Paris, Gallimard éd. (coll. "Folio"), 1994, p.16.
[41] P.Birnbaum, « Sur les "bonnes raisons" des hauts fonctionnaires : l'exemple de la politique antisémite de Vichy », in J.Baechler et al., op.cit., p.275.

BIBLIOGRAPHIE

Essais :

Agamben (Giorgio), *Homo sacer. Le pouvoir souverain et la vie nue*, Paris, Editions du Seuil, 1997.

Agamben (Giorgio), *Ce qui reste d'Auschwitz*, Paris, Bibliothèque Rivages éd., 1999.

Alexander (Jeffrey C.), *La réduction. Critique de Bourdieu*, Paris, Les Editions du Cerf, 2000.

Allen (William Sheridan), *Une petite ville nazie (1930-1935)*, Paris, Robert Laffont éd., 1967.

Amiel (Anne), *Hannah Arendt. Politique et événement*, Paris, P.U.F. éd., 1996.

Anders (Günther), *Nous, fils d'Eichmann*, Paris, Bibliothèque Rivages éd., 1999.

Andréani (Tony), Rosen (Menahem) (dir.), *Structure, système, champ et théorie du sujet*, Paris, Editions l'Harmattan, 1997.

Angel (Pierre), *Hitler et les Allemands*, Paris, Messidor éd., 1982.

Arendt (Hannah), *L'Impérialisme*, Paris, Editions du Seuil (coll. "Points Politique"), 1984.

Arendt (Hannah), *La tradition cachée*, Paris, Editions Bourgois, 1987.

Arendt (Hannah), *La crise de la culture*, Paris, Gallimard éd. (coll. "folio essais"), 1995.

Arnaud (André-Jean), Guibentif (Pierre), *Niklas Luhmann observateur du droit*, Paris, L.G.D.J., 1993.

Aron (Raymond), *L'histoire et ses interprétations. Entretiens autour d'Arnold Toynbee*, Paris/La Haye, Mouton éd., 1961.

Aubenque (Pierre), *La prudence chez Aristote*, Paris, P.U.F. éd. (coll. « Quadrige »), 1993.

Audard (Catherine) et al., *Individu et justice sociale : autour de J.Rawls*, Paris, Editions du Seuil (coll. « Points Politique »), 1988.

Audet (Michel), Bouchikhi (Hamid), *Structuration sociale et modernité avancée. Autour des travaux d'Anthony Giddens*, Sainte-Foy, P.U.L., 1993.

Axelrod (Robert), *Comment réussir dans un monde d'égoïstes. Théorie du comportement coopératif*, Paris, Editions Odile Jacob, 1996.

Ayçoberry (Pierre), *La question nazie. Les interprétations du national-socialisme 1922-1975*, Paris, Editions du Seuil (coll. "Points Histoire"), 1979.

Ayçoberry (Pierre), *La société allemande sous le IIIème Reich 1933-1945*, Paris, Editions du Seuil, 1998.

Azéma (Jean-Pierre), Bédarida (François) (dir.), *Vichy et les Français*, Paris, Fayard éd., 1996.

Badia (Gilbert), *Ces Allemands qui ont affronté Hitler, Paris*, Les Éditions de l'Atelier, 2000.

Baechler (Jean), Chazel (François), Kamrane (Ramine), *L'acteur et ses raisons : mélanges en l'honneur de Raymond Boudon*, Paris, P.U.F. éd., 2000.

Baldner (Jean-Marie), Gillard (Lucien), *Simmel et les normes sociales*, Paris, Editions L'Harmattan, 1996.

Barthes (Roland), *R.Barthes par R.Barthes*, Editions du Seuil, 1975.

Barthes (Roland), *L'aventure sémiologique*, Paris, Editions du Seuil (coll. « Points Essais »), 1985.

Barthes (Roland), *Mythologies*, Paris, Editions du Seuil (coll. « Points Essais »), 1996.

Baruch (Marc Olivier), *Servir l'Etat français. L'administration en France de 1940 à 1944*, Paris, Fayard éd., 1997.

Bateman-Novaes (Simone), Ogien (Ruwen), Pharo (Patrick) (dir.), *Raison pratique et sociologie de l'éthique. Autour des travaux de Paul Ladrière*, Paris, CNRS Editions, 2000.

Bateson (Georges), *La Cérémonie de Naven*, Paris, Le Livre de Poche éd. (coll. « biblio essais »), 1986.

Becker (Jean-Jacques), *1914 : Comment les Français sont entrés dans la guerre*, Paris, Presses de la Fondation nationale des sciences politiques, 1977.

Bédarida (François) (dir.), *L'histoire et le métier d'historien en France 1945-1995*, Paris, Editions de la Maison des sciences de l'homme, 1995.

Benjamin (Walter), *Das Kunstwerk im Zeitalter seiner technischen Reproduzierbarkeit*, Francfort sur le Main, 1963.

Benoist (Jocelyn), Karsenti (Bruno) (dir.), *Phénoménologie et sociologie*, Paris, P.U.F. éd., 2001.

Berger (Peter), Luckmann (Thomas), *La construction sociale de la réalité*, Paris, Méridiens Klincksieck éd., 1986.

Bernard (Ursula), *Regards sur le IIIème Reich*, Grenoble, Publications de l'Université des Langues et Lettres, 1983.

Berstein (Serge), *La démocratie libérale*, Paris, P.U.F. éd., 1998.

Berstein (Serge) (dir.), *Les cultures politiques en France*, Paris, Editions du Seuil (coll. « L'univers historique »), 1999.

Berthelot (Jean-Michel), *Epistémologie des sciences sociales*, Paris, P.U.F. éd., 2001.

Besançon (Alain), *Le malheur du monde. Sur le communisme, le nazisme et l'unicité de la Shoah*, Paris, Fayard éd., 1998.

Billig (Joseph), *L'hitlérisme et le système concentrationnaire*, Paris, P.U.F. éd., 1967.

Blin (Thierry), *Phénoménologie de l'action sociale. A partir d'Alfred Schütz*, Paris, Editions L'Harmattan (coll. « Logiques sociales »), 1999.

Bloch (Marc), *L'étrange défaite*, Paris, Société des Editions Franc-Tireur, 1946.

Bloch (Marc), *Apologie pour l'histoire ou Métier d'historien*, Paris, Armand Colin éd., 1998.

Bobbio (Norberto), *Essais de théorie du droit*, Bruxelles, Bruylant L.G.D.J. éd. (coll. "La pensée juridique"), 1999.

Boltanski (Luc), Thévenot (Laurent), *De la justification. Les économies de la grandeur*, Paris, P.U.F. éd. (coll. "nrf essais"), 1991.

Boudon (Raymond), *L'idéologie ou l'origine des idées reçues*, Paris, Editions du Seuil (coll. "Points Essais"), 1992.

Boudon (Raymond), *L'art de se persuader des idées douteuses, fragiles ou fausses*, Paris, Editions du Seuil (coll. "Points Essais"), 1992.

Boudon (Raymond), *Le Juste et le Vrai. Etudes sur l'objectivité des valeurs et de la connaissance*, Paris, Fayard éd., 1995.

Bourdieu (Pierre), *Questions de sociologie*, Paris, Editions de Minuit, 1980.

Bourdieu (Pierre), *Choses dites*, Paris, Editions de Minuit, 1987.

Bourdieu (Pierre), *La Noblesse d'Etat*, Paris, Editions de Minuit, 1989.

Bourdieu (Pierre), Wacquant (Loïc), *Réponses*, Paris, Editions du Seuil, 1992.

Bourdieu (Pierre), *Science de la science et réflexivité*, Paris, Editions Raisons d'agir, 2001.

Bouretz (Pierre), *Les promesses du monde. Philosophie de Max Weber*, Paris, Gallimard éd., 1996.

Broszat (Martin), *L'Etat hitlérien. L'origine et l'évolution des structures du Troisième Reich*, Paris, Fayard éd., 1985.

Burrin (Philippe), *La France à l'heure allemande 1940-1944*, Paris, Editions du Seuil, 1997.

Burrin (Philippe), *Fascisme, nazisme, autoritarisme*, Paris, Éditions du Seuil, 2000.

Caillois (Roger), *Le mythe et l'homme*, Paris, Gallimard éd. (coll. « Folio »), 1994.

Caloz-Tschopp (Marie-Claire), *Les sans-Etat dans la philosophie d'Hannah Arendt. Les humains superflus, le droit d'avoir des droits et la citoyenneté*, Lausanne, Editions Payot, 2000.

Carbonnier (Jean), *Flexible droit. Pour une sociologie du droit sans rigueur*, Paris, L.G.D.J., 1992.

Castoriadis (Cornélius), *L'institution imaginaire de la société*, Paris, P.U.F. éd., 1975.

Castoriadis (Cornélius), *La montée de l'insignifiance*, Paris, Editions du Seuil, 1996.

Châtelet (François) (dir.), *Dictionnaire des œuvres politiques*, Paris, P.U.F. éd., 1995.

Chazel (François), Commaille (Jacques) (dir.), *Normes juridiques et régulation sociale*, Paris, L.G.D.J., 1991.

Clam (Jean), *Droit et société chez Niklas Luhmann. La contingence des normes*, Paris, P.U.F. éd., 1997.

Conte (Edouard), Essner (Cornelia), *La quête de la race. Une anthropologie du nazisme*, Paris, Hachette éd., 1995.

Davidson (David), *Actions et événements*, Paris, P.U.F. éd., 1993.

Delacampagne (Christian), *Le philosophe et le tyran*, Paris, P.U.F. éd., 2000.

Delacroix (Christian), Dosse (François), Garcia (Patrick), *Les courants historiques en France 19e-20e siècle*, Paris, Armand Colin éd., 1999.

Deroche-Gurcel (Liliane), *Simmel et la modernité*, Paris, P.U.F. éd., 1997.

Dewey (John), *The public and its problems*, Chicago, Ohio University Press, 1991.

Docquiert (Françoise), Piron (François), *Image et politique*, Arles, Actes Sud/AFAA éd., 1998.

Dosse (François), *L'empire du sens : l'humanisation des sciences humaines*, Paris, Editions La Découverte & Syros, 1997.

Douglas (Mary), *Risk and Blame. Essays in cultural theory*, London and New York, Routledge, 1992.

Dubar (Claude), *La crise des identités. L'interprétation d'une mutation*, Paris, P.U.F. (coll. « Le lien social »), 2001.

Dumont (Louis), *L'idéologie allemande. France-Allemagne et retour*, Paris, Gallimard éd., 1991.

Duprat (Gérard) (dir.), *Analyse de l'idéologie*, t.I, Paris, Galilée éd., 1980.

Dupuy (Jean-Pierre), *Le sacrifice et l'envie. Le libéralisme aux prises avec la justice sociale*, Paris, Calmann-Lévy éd., 1992.

Durkheim (Emile), *Philosophie et sociologie*, Paris, P.U.F. éd., 1967.

Duvignaud (Jean), *Fêtes et civilisations, la fête aujourd'hui*, Arles, Actes Sud éd., 1991.

Duvignaud (Jean), *Sociologie du théâtre. Sociologie des ombres collectives*, Paris, P.U.F. (coll. « Quadrige »), 1999.

Elias (Norbert), *Qu'est-ce que la sociologie ?*, La Tour d'Aigues, Editions de l'Aube, 1991.

Elias (Norbert), *La société des individus*, Paris, Fayard éd., 1991.

Elias (Norbert), *Engagement et distanciation. Contributions à la sociologie de la connaissance*, Paris, Fayard éd., 1993.

Elias (Norbert), *Norbert Elias par lui-même*, Paris, Fayard éd. (coll. "Pocket Agora"), 1995.

Elias (Norbert), Scotson (John L.), *Logiques de l'exclusion*, Paris, Fayard éd., 1997.

Enégren (André), *La pensée politique chez Hannah Arendt*, Paris, P.U.F. éd., 1984.

Engel (Pascal), *Davidson et la philosophie du langage*, Paris, P.U.F. éd., 1994.

Erikson (Erik Homburger), *Adolescence et crise. La quête de l'identité*, Paris, Flammarion éd., 1972.

Esposito (Roberto), *Communitas, origine et destin de la communauté*, Paris, P.U.F. éd., 2000.

Faye (Jean-Pierre), *Le langage meurtrier*, Paris, Hermann Editeurs des Sciences et des Arts, 1996.

Ferrarotti (Franco), *Histoire et histoires de vie. La méthode biographique dans les sciences sociales*, Paris, Méridiens Klincksieck éd., 1990.

Finkielkraut (Alain), *La sagesse de l'amour*, Paris, Gallimard éd. (coll. « Folio »), 1994.

Fornel de (Michel), Ogien (Albert), Quéré (Louis) (dir.), *L'ethnométhodologie. Une sociologie radicale*, Paris, Editions La Découverte, 2001.

Foucault (Michel), *Histoire de la sexualité, t.1, La Volonté de savoir*, Paris, Gallimard éd., 1976.

Foucault (Michel), *L'Impossible Prison. Recherches sur le système pénitentiaire au XIXème siècle réunies par Michelle Perrot*, Paris, Editions du Seuil, 1980.

Foucault (Michel), *"Il faut défendre la société". Cours au Collège de France.1976*, Paris, Gallimard/Seuil éd. (coll. « Hautes études »), 1997.

Frei (Norbert), *L'Etat hitlérien et la société allemande*, Paris, Editions du Seuil.

Friedländer (Saul), *L'Allemagne nazie et les Juifs. 1.Les années de persécution (1933-1939)*, Paris, Editions du Seuil, 1997.

Fritsch (Philippe) (dir.), *Le sens de l'ordinaire*, Paris, CNRS Editions, 1983.

Fritsch (Philippe) (dir.), *Implication et engagement. En hommage à Philippe Lucas*, Lyon, Presses universitaires de Lyon, 2000.

Furet (François), Nolte (Ernst), *Fascisme et communisme*, Paris, Plon éd., 1998.

Gambetta (Diego) (éd.), *Trust : making and breaking cooperative relations*, New-York, Basil Blackwell Inc., 1988.

Gauthier (David), *Morale et contrat. Recherche sur les fondements de la morale*, Sprimont, Pierre Mardaga éd., 2000.

Geiger (Wolfgang), *L'image de la France dans l'Allemagne nazie 1933-1945*, Rennes, Presses Universitaires de Rennes, 1999.

Gibbard (Allan), *Sagesse des choix, justesse de sentiments*, Paris, P.U.F. éd., 1996.

Giddens (Anthony), *La constitution de la société*, Paris, P.U.F. éd., 1987.

Ginzburg (Carlo), *A distance. Neuf essais sur le point de vue en histoire*, Paris, Gallimard éd., 2001.

Girard (René), *La violence et le sacré*, Paris, Grasset éd., 1972.

Giraud (Gaël), *La théorie des jeux*, Paris, Flammarion éd. (coll. « Champs Université »), 2000.

Goffman (Erving), *Les cadres de l'expérience*, Paris, Les Editions de Minuit, 1991.

Goldhagen (Daniel Jonah), *Les Bourreaux volontaires de Hitler. Les Allemands ordinaires et l'Holocauste*, Paris, Editions du Seuil, 1997.

Grenier (Jean-Yves), Grignon (Claude), Menger (Pierre-Michel), *Le modèle et le récit*, Paris, Editions de la Maison des sciences de l'homme, 2001.

Guillarme (Bertrand), *Rawls et l'égalité démocratique*, Paris, P.U.F. éd., 1999.

Halbwachs (Maurice), *Les Cadres sociaux de la mémoire*, Paris/La Haye, Mouton éd., 1976.

Halbwachs (Maurice), *La mémoire collective*, Paris, Albin Michel éd., 1997.

Heidegger (Martin), *Être et Temps*, Paris, Authentica éd., 1985.

Hilberg (Raul), *La destruction des Juifs d'Europe*, Paris, Librairie Arthème Fayard, 1988.

Hilberg (Raul), *Holocauste : les sources de l'histoire*, Paris, Gallimard éd. (coll. « nrf essais »), 2001.

Husson (Édouard), *Comprendre Hitler et la Shoah. Les historiens de la République fédérale d'Allemagne et l'identité allemande depuis 1949*, Paris, P.U.F. éd., 2000.

Hüttenberger (Peter), *Die Gauleiter. Studie zum Wandel des Machtgefüges in der NSDAP*, Stuttgart, Deutsche Verlags-Anstalt, 1969.

Jäckel (Eberhard), *Hitler idéologue*, Paris, Gallimard éd. (coll. « Tel »), 1995.

Johnson (Eric A.), *La terreur nazie. La Gestapo, les Juifs et les Allemands ordinaires*, Paris, Editions Albin Michel, 21001.

Kant (Emmanuel), *Anthropologie du point de vue pragmatique*, Paris, Vrin éd., 1979.

Kant (Emmanuel), *Fondements de la métaphysique des mœurs*, Paris, Vrin éd., 1992.

Kant (Emmanuel), *Critique de la raison pure*, Paris, Aubier éd., 1997.

Karpik (Lucien), *Les avocats. Entre l'Etat, le public et le marché XIIIᵉ-XXᵉ*, Paris, Gallimard éd., 1995.

Kershaw (Ian), *Hitler. Essai sur le charisme en politique*, Paris, Gallimard éd., 1995.

Kershaw (Ian), *L'opinion allemande sous le nazisme. Bavière 1933-1945*, Paris, CNRS Editions, 1995.

Kershaw (Ian), *Qu'est-ce que la nazisme? Problèmes et perspectives d'interprétation*, Paris, Gallimard éd. (coll. « Folio histoire »), 1997.

Khosrokhavar (Farhad), *L'instance du sacré. Essai de fondation des sciences sociales*, Paris, Les Editions du Cerf, 2001.

Klemperer (Victor), *Mes soldats de papier 1933-1941*, Paris, Editions du Seuil, 2000.

Klemperer (Victor), *Je veux témoigner jusqu'au bout 1942-1945*, Paris, Editions du Seuil, 2000.

Koonz (Claudia), *Les Mères-Patrie du IIIᵉᵐᵉ Reich. Les femmes et le nazisme*, Paris, Lieu commun éd., 1989.

Koselleck (Reinhart), *Le futur passé. Contribution à la sémantique des temps historiques*, Paris, Editions de l'EHESS, 1990.

Krebs (Gilbert), Schneilin (Gérard), *Exil et Résistance au national-socialisme 1933-1945*, Paris, Publications de l'Institut d'Allemand. Université de la Sorbonne Nouvelle, 1998.

Kriegel (Blandine), *La Cité républicaine. Les chemins de l'Etat 4*, Paris, Galilée éd., 1998.

Kundera (Milan), *L'art du roman*, Paris, Gallimard éd., 1986.

Laborie (Pierre), *L'opinion française sous Vichy*, Paris, Editions du Seuil, 1990.

Laborie (Pierre), *Les Français des années troubles. De la guerre d'Espagne à la libération*, Paris, Desclée de Brouwer éd., 2001.

Lacoue-Labarthe (Philippe), Nancy (Jean-Luc), *Le mythe nazi*, La Tour d'Aigues, Editions de l'Aube, 1991.

Lascoumes (Pierre) (dir.), *Actualité de Max Weber pour la sociologie du droit*, Paris, L.G.D.J. éd., 1995.

Le Bras (Hervé), *Le sol et le sang. Théories de l'invasion au XXème siècle*, La Tour d'Aigues, Editions de l'Aube, 1999.

Le Breton (David), *Les passions ordinaires. Anthropologie des émotions*, Paris, Armand Colin éd., 1998.

Le Goff (Jacques), *La Nouvelle Histoire*, Bruxelles, Editions Complexe, 1988.

Le Goff (Jacques), *Histoire et mémoire*, Paris, Gallimard (coll. « Folio histoire »), 1988.

Le Rider (Jacques), *Modernité viennoise et crises de l'identité*, Paris, P.U.F. éd. (coll. « Quadrige »), 2000.

Lévinas (Emmanuel), *Entre nous. Le penser à l'autre*, Paris, Le Livre de Poche, 1993.

Lévinas (Emmanuel), *Quelques réflexions sur la philosophie de l'hitlérisme*, Paris, Payot et Rivages éd., 1997.

Leys (Simon), *Orwell ou l'horreur de la politique*, Paris, Hermann éd., 1984.

Loraux (Nicole), Milner (Jean-Claude), Mommsen (Hans), Vatimo (Gianni), Yerushalmi (Yosef H.), *Usages de l'oubli*, Paris, Editions du Seuil, 1988.

Losurdo (Domenico), *Heidegger et l'idéologie de la guerre*, Paris, P.U.F. éd., 1998.
Luhmann (Niklas), *Politique et complexité*, Paris, Les Editions du Cerf, 1999.

Mac Intyre (Alasdair), *Quelle justice ? Quelle rationalité ?*, Paris, P.U.F. éd. (coll. « Léviathan »), 1993.
Meier (Christian), *La naissance du politique*, Paris, Gallimard éd. (coll. « *nrf* essais »), 1995.
Merleau-Ponty (Maurice), *Les aventures de la dialectique*, Paris, Gallimard éd., 1955.
Mesnard (Philippe), *Consciences de la Shoah. Critique des discours et des représentations*, Paris, Kimé éd., 2000.
Mesure (Sylvie), *La rationalité des valeurs*, Paris, P.U.F. éd., 1998.
Meyerson (Ignace), *Ecrits 1920-1983. Pour une psychologie historique*, Paris, P.U.F. éd., 1987.
Mommsen (Hans), *Le national-socialisme. Dix essais d'histoire sociale et politique*, Paris, Editions de la Maison des sciences de l'homme, 1997.
Moore (Barrington), *Injustice : The Social Bases of Obedience and Revolt*, New York, M.E Sharpe, 1978.
Mosse (George L.), *De la Grande Guerre au totalitarisme. La brutalisation des sociétés européennes*, Paris, Hachette Littératures éd., 1999.

Namer (Gérard), *Batailles pour la mémoire. La commémoration en France de 1945 à nos jours*, Paris, Papyrus éd., 1983.
Nancy (Jean-Luc), *L'expérience de la liberté*, Paris, Editions Galilée, 1988.
Noiriel (Gérard), *Sur la "crise" de l'histoire*, Paris, Editions Belin, 1996.
Noiriel (Gérard), *Les origines républicaines de Vichy*, Paris, Hachette Littératures éd., 1999.

Olff-Nathan (Josiane) (dir.), *La science sous le Troisième Reich*, Editions du Seuil, 1993.
Ost (François), Van der Kerchove (Michel), *Le jeu : un paradigme pour le droit ?*, Paris, L.G.D.J. éd., 1992.

Passeron (Jean-Claude), *Le Raisonnement sociologique*, Paris, Nathan éd., 1991.
Patocka (Jan), *L'Esprit de la dissidence*, Paris, Editions Michalon, 1998.
Péchanski (Denis), Pollak (Michael), Rousso (Henry) (dir.), *Histoire politique et sciences sociales*, Bruxelles, Editions Complexe, 1991.
Pelassy (Daniel), *Le signe nazi. L'univers symbolique d'une dictature*, Paris, Fayard éd., 1983.
Petitat (André), *Secret et formes sociales*, Paris, P.U.F. éd., 1998.
Peukert (Detlev J.K.), *Inside Nazi Germany : Conformity, Opposition and Racism in Everyday Life*, New Haven-London, Yale University Press, 1987.
Pharo (Patrick), *Phénoménologie du lien civil. Sens et légitimité*, Paris, Editions l'Harmattan, 1992.
Pharo (Patrick), *Le Sens de l'action et la compréhension d'autrui*, Paris, Editions L'Harmattan, 1993.

Pharo (Patrick), *Sociologie de l'esprit. Conceptualisation et vie sociale*, Paris, P.U.F. éd., 1997.

Piette (Albert), *Ethnographie de l'action. L'observation des détails*, Paris, Editions Métailié, 1996.

Platon, *La République*, Paris, Flammarion éd. (coll. « GF »), 1996.

Pois (Robert A.), *La religion de la nature et le national-socialisme*, Paris, Editions du Cerf, 1993.

Pol-Droit (Roger), *101 expériences de philosophie quotidienne*, Paris, Editions Odile Jacob, 2001.

Pollak (Michael), *Une identité blessée. Etudes de sociologie et d'histoire*, Paris, Editions Métailié, 1993.

Pollak (Michael), *L'expérience concentrationnaire. Essai sur le maintien de l'identité sociale*, Paris, Editions Métailié, 2000.

Pomian (Krzysztok), *Sur l'histoire*, Paris, Gallimard (coll. « Folio histoire), 1999.

Prost (Antoine), *Douze leçons sur l'histoire*, Paris, Editions du Seuil (coll. « Points histoire »), 1996.

Quéré (Louis), *La Théorie de l'action*, Paris, CNRS Editions, 1993.

Rammstedt (Otthein), Watier (Patrick), *G.Simmel et les sciences humaines*, Paris, Méridiens Klincksieck éd., 1992.

Rawls (John), *Libéralisme politique*, Paris, P.U.F. éd., 1995.

Raynaud (Philippe), *Max Weber et les dilemmes de la raison moderne*, Paris, P.U.F. éd., 1987.

Reich (Wilhelm), *La psychologie de masse du fascisme*, Paris, Petite Bibliothèque Payot éd., 1979.

Reichel (Peter), *La fascination du nazisme*, Paris, Editions Odile Jacob, 1997.

Rémond (René) (dir.), *Pour une histoire politique*, Paris, Seuil, 1988.

Rémy (Jean) (dir.), *Georg Simmel : ville et modernité*, Paris, Editions L'Harmattan, 1995.

Ricœur (Paul), *Soi-même comme un autre*, Paris, Editions du Seuil, 1990.

Ricœur (Paul), *Temps et récit*, 3 vol., Paris, Editions du Seuil (coll. « Points Essais »), 1991.

Ricœur (Paul), *L'idéologie et l'utopie*, Paris, Editions du Seuil, 1997.

Ricœur (Paul), *Du texte à l'action. Essais d'herméneutique II*, Paris, Editions du Seuil (coll. « Points Essais »), 1998.

Rioux (Jean-Pierre), Sirinelli (Jean-François) (dir.), *Pour une histoire culturelle*, Paris, Editions du Seuil, 1997.

Rolland (Jacques) (dir.), *Emmanuel Lévinas*, 3, Lagrasse, Verdier éd. (coll. « Les cahiers de la nuit surveillée »), 1984.

Roth (Joseph), *Automne à Berlin*, Paris, La Quinzaine littéraire-Louis Vuitton éd., 2000.

Rousseau (Jean-Jacques), *Discours sur l'origine et les fondements de l'inégalité parmi les hommes*, Paris, Flammarion éd. (coll. « GF »), 1992.

Rousso (Henry), *Le syndrome de Vichy. De 1944 à nos jours*, Paris, Editions du Seuil (coll. "Points Histoire"), 1990.

Rousso (Henry), *La hantise du passé*, Paris, Les éditions Textuel, 1998.
Roviello (Anne-Marie), *Sens commun et modernité chez Hannah Arendt*, Bruxelles, Ousia éd., 1984.

Schelling (Thomas), *Stratégie du conflit*, Paris, P.U.F. éd., 1960.
Schirach von (Baldur), *J'ai cru en Hitler*, Paris, Plon éd., 1968.
Schmitt (Carl), *La notion de politique. Théorie du partisan*, Paris, Flammarion éd. (coll. "Champs"), 1992.
Schmitt (Carl), *Théorie de la constitution*, Paris, P.U.F. éd. (coll. "Léviathan"), 1993.
Schnapper (Dominique), *La communauté des citoyens. Sur l'idée moderne de nation*, Paris, Gallimard éd., 1994.
Schnapper (Dominique), *La compréhension sociologique. Démarche de l'analyse typologique*, Paris, P.U.F. éd. (coll. "Le Lien social"), 1999.
Schütz (Alfred), *Le chercheur et le quotidien*, Paris, Méridiens Klincksieck éd., 1987.
Schwok (René), *Interprétations de la politique étrangère de Hitler. Une analyse de l'historiographie*, Genève, P.U.F. éd., 1987.
Searle (John R.), *Les actes de langage. Essai de philosophie du langage*, Paris, Pauchard éd., 1972.
Sen (Amartya Kumar), *Ethique et économie*, Paris, P.U.F. éd., 1993.
Simmel (Georg), *Sociologie et épistémologie*, Paris, P.U.F. éd., 1991.
Simmel (Georg), *Sociologie. Etudes sur les formes de la socialisation*, Paris, P.U.F. éd. (coll. « Sociologies »), 1999.
Sintomer (Yves), *La démocratie impossible ? Politique et modernité chez Weber et Habermas*, Paris, Editions La Découverte & Syros, 1999.
Speer (Albert), *Au coeur du Troisième Reich*, Paris, Fayard éd. , 1971.
Steinbach (Peter), *Widerstand im Widerstreit*, Munich, Schöningh éd., 1994.
Stern (Joseph Peter), *Hitler. Le Führer et le peuple*, Paris, Flammarion éd. (coll. « Champs »), 1995.
Sternhell (Zeev), *L'éternel retour. Contre la démocratie l'idéologie de la décadence*, Paris, Presses de la Fondation nationale des Sciences Politiques, 1994.
Strauss (Léo), *Droit naturel et histoire*, Paris, Flammarion éd. (coll. « Champs »), 1993.

Tabboni (Simonetta) (dir.), *Norbert Elias : pour une sociologie non-normative*, Paris, Éditions Kimé (coll. « Tumultes »), 2000.
Tocqueville (Alexis de), *L'ancien régime et la Révolution*, Paris, Garnier-Flammarion éd., 1988.
Todorov (Tzvetan), *Les abus de la mémoire*, Paris, Arléa éd., 1995.
Traverso (Enzo), *L'Histoire déchirée. Essai sur* Auschwitz *et les intellectuels*, Paris, Les Editions du Cerf, 1997.
Treves (Renato), *Sociologie du droit*, Paris, P.U.F. éd., 1995.

Valéry (Paul), *Regards sur le monde actuel*, Paris, Gallimard éd., 1962.
Vandenberghe (Frédéric), *Une histoire critique de la sociologie allemande. Aliénation et réification. Tome I : Marx, Simmel, Weber, Lukács*, Paris, Editions La Découverte/M.A.U.S.S., 1997.

Vandenberghe (Frédéric), *Une histoire critique de la sociologie allemande. Aliénation et réification. Tome II : Horkheimer, Adorno, Marcuse, Habermas*, Paris, Editions La Découverte/M.A.U.S.S., 1998.

Van Parijs (Philippe), *Le modèle économique et ses rivaux. Introduction à la pratique de l'épistémologie des sciences sociales*, Genève-Paris, Librairie DROZ , 1990.

Walzer (Michael), *Sphères de justice. Une défense du pluralisme et de l'égalité*, Paris, Editions du Seuil, 1997.

Walzer (Michael), *Guerres justes et injustes*, Paris, Editions Belin, 1999.

Watier (Patrick) (dir.), *Georg Simmel, la sociologie et l'expérience du monde moderne*, Paris, Méridiens Klincksieck éd., 1986.

Watier (Patrick), *Le savoir sociologique*, Paris, Desclée de Brouwer éd., 2000.

Weber (Max), *L'éthique protestante et l'esprit du capitalisme*, Paris, Plon éd., 1964.

Weber (Max), *Sociologie du droit*, Paris, P.U.F. éd., 1986.

Weber (Max), *Le savant et le politique*, Paris, 10/18 éd., 1990.

Weber (Max), *Essais sur la théorie de la science*, Paris, Presses Pocket éd. (coll. « Agora »), 1992.

Weber (Max), *Economie et société*, 2 tomes, Paris, Press Pocket (coll. « Agora »), 1995.

Wieviorka (Annette), *L'ère du témoin*, Paris, Plon éd., 1998.

Wittgenstein (Ludwig), *De la certitude*, Paris, Gallimard éd., 1976.

Romans :

Alcan (Louise), *Le Temps écartelé*, Saint-Jean-de-Maurienne, Imprimerie Truchet, 1980.

Broch (Hermann), *Les irresponsables*, Paris, Gallimard éd., 2001.

Kafka (Franz), *Préparatifs de noce à la campagne*, Paris, Gallimard éd. (coll. « folio »), 1980.

Kafka (Franz), *Le Procès*, Paris, Gallimard éd. (coll. « folio »), 1994.

Lenz (Siegfried), *La Leçon d'allemand*, Paris, 10/18 éd., 2001.

Lévy (Marcel), *La Vie et moi*, Paris, Phoebus Libretto éd., 1998.

Orwell (Georges), *1984*, Paris, Gallimard éd. (coll. « folio »), 1985.

Pirandello (Luigi), *Six personnages en quête d'auteur*, Paris, Gallimard éd. (coll. « folio »), 1994.

Rousseau (Jean-Jacques), *Lettre à Mr d'Alembert sur les spectacles*, Genève, Librairie Droz, 1948.

Vila-Matas (Enrique), *Bartleby et compagnie*, Paris, Christian Bourgois éditeur, 2002.

Weber (Anne), *Première personne*, Paris, Editions du Seuil, 2001.

Collectifs :

La mémoire des Français. Quarante ans de commémorations de la Seconde guerre mondiale, Paris, CNRS Editions, 1986.
Devant l'Histoire. Les documents de la controverse sur la singularité de l'extermination des Juifs par le régime nazi, Paris, Editions du Cerf, 1988.
Les Usages du droit, CURAPP, Paris, P.U.F. éd., 1989.
Ecrire l'histoire du temps présent. En hommage à François Bédarida, Paris, CNRS Editions, 1993.
Oublier nos crimes. L'amnésie nationale : une spécificité française ?, Paris, Editions Autrement, Série Mutations, 144, avril 1994.
Passés recomposés. Champs et chantiers de l'Histoire, Paris, Editions Autrement, Série Mutations, 150-151, janvier 1995.

Revues, articles :

American Journal of Sociology, vol.105, 5, mars 2000.
American Sociological Review, vol. 51, 1986.
L'Année sociologique, vol. 45, 2, 1995.
L'Année sociologique, vol. 46, 2, 1996.
Cahiers internationaux de sociologie, vol. 74, 1983.
Cahiers internationaux de sociologie, vol. 98, 1992.
Cahiers internationaux de sociologie, vol. 99, 1995.
Critique, 529-530, juin-juillet 1991.
Critique, 625-626, juin-juillet 1999.
Critique, 632-633, janvier-février 2000.
Droit et société, 11-12, 1989.
Espaces Temps, 71-73, 1999.
Information sur les Sciences Sociales, vol.37, 3, 1998.
Journal of Law & Economics, vol. XXXVI, avril 1993.
Le Genre humain, octobre 1988.
Les Cahiers de médiologie, 8, 2ème semestre 1999.
Mots, 33, Presses FNSP.
Philosophie, 67, septembre 2000.
Philosophie, 68, décembre 2000.
Political Theory, vol.9/3, 1981.
Politix, 27, 1994.
Problèmes d'épistémologie en sciences sociales, IV, 1987.
Raison présente, 128, 4e trimestre 98.
Raisons Pratiques, 1, 1990.
Raisons Pratiques, 2, 1991.

Revue des Sciences sociales, 28, 2001.
Revue européenne des sciences sociales, Tome XXXII, 98-99, 1994.
Revue économique, vol.49, 4, 1998.
Revue du M.A.U.S.S., 4, 2e semestre 1994.
Revue du M.A.U.S.S., 8, 2e semestre 1996.
Revue du M.A.U.S.S., 15, premier semestre 2000.
Saisons d'Alsace, 65.
Saisons d'Alsace, 68.
Sociétés, 43-45, 1994.
Sociétés, 47-48, 1995.
Sociétés, 53, 1996.
Sociétés, 57, 1997.
Sociétés, 61, 1998.
Sociologie et sociétés, vol. XXXI, 1, printemps 1999.

TABLE DES MATIÈRES

Achevé d'imprimer sur rotative numérique par Book It !
dans les ateliers de l'Imprimerie Nouvelle Firmin Didot
Le Mesnil sur l'Estrée

Dépôt légal : Décembre 2002
N° d'impression : 1.1.4786